撰写人员

（按姓氏笔画排序）

尤云弟　李爱慧　吴　楠
张应龙　陈琮渊　罗　杨
费　晟　姚　婷　黄学昆

深圳市侨商智库研究丛书

海外粤籍华人社团发展报告

2018

张应龙　主编

暨南大学出版社
JINAN UNIVERSITY PRESS

中国·广州

图书在版编目（CIP）数据

海外粤籍华人社团发展报告.2018/张应龙主编.—广州：暨南大学出版社，2018.5

（深圳市侨商智库研究丛书）

ISBN 978 - 7 - 5668 - 2377 - 9

Ⅰ.①海…　Ⅱ.①张…　Ⅲ.①华人—社会团体—研究报告—世界—2018
Ⅳ.①D634.3

中国版本图书馆 CIP 数据核字（2018）第 087623 号

海外粤籍华人社团发展报告 2018

HAIWAI YUEJI HUAREN SHETUAN FAZHAN BAOGAO 2018

主编：张应龙

出 版 人：徐义雄
策划编辑：黄圣英
责任编辑：雷晓琪　黄佳娜　颜　彦　何镇喜
责任校对：邓丽藤　苏　洁　叶佩欣　刘雨婷
责任印制：汤慧君　周一丹

出版发行：暨南大学出版社（510630）
电　　话：总编室（8620）85221601
　　　　　营销部（8620）85225284　85228291　85228292（邮购）
传　　真：（8620）85221583（办公室）　85223774（营销部）
网　　址：http://www.jnupress.com
排　　版：广州市天河星辰文化发展部照排中心
印　　刷：佛山市浩文彩色印刷有限公司
开　　本：787mm×1092mm　1/16
印　　张：22.5
字　　数：382 千
版　　次：2018 年 5 月第 1 版
印　　次：2018 年 5 月第 1 次
定　　价：70.00 元

（暨大版图书如有印装质量问题，请与出版社总编室联系调换）

目　录

总 论

张应龙

暨南大学华侨华人研究院

在世界华侨华人中，粤籍华侨华人人数最多。遍布世界的粤籍华侨华人在历史发展过程中组织了数量众多、宗旨不同的社团。通过社团这个平台，粤籍华侨华人互相关照，精神得到慰藉，权益得到维护；借助这个平台，粤籍华侨华人与其他省籍华侨华人互相支持，配合行动，共同传承中华文化；立足这个平台，粤籍华侨华人与当地族群友好交往，融入当地社会，发展多元文化。不同类型、不同宗旨的社团使粤籍华侨华人在自愿的原则上追求和实现共同的意愿，虽然它们之间因为旨趣不同有联合也有对立，但它们就像细胞一样在海外建构了粤籍华侨华人社会。社团，不但使海外粤籍华侨华人实现了组织化，而且使粤籍华侨华人在社团组织这个平台上结成了命运共同体。

一、粤籍华人社团的历史回顾

海外华侨华人组建的社团组织源于中国古代的宗法制度和会馆模式。在很长的历史时间里，住在地政府对华侨实行间接统治的方式，使身处异国他乡、无依无靠的华侨只能依靠自己的力量实现互保互助。社团就是华侨能直接运用的组织形式，也是华侨进行自救自治的组织。

粤籍华人社团的历史发展大致上可以分为三个时期：

（1）19世纪中期之前为初步兴起时期。广东人出洋的历史非常悠久，受地理环境的影响，广东人出洋的路线多是从北到南，循海岸线而下，因而"下西洋""下南洋"成为早期广东人出洋活动的形象概括。早期粤籍华侨建立的组织形态依托神庙和义山。在越南的宪铺，十三四世纪时广东商人就在那里修建了天后宫。① 在日本长崎，1699年广东人在那修建了圣福寺。② 进入19世纪，粤籍华侨组建社团组织的步伐显著加快，在移民人数日增的背景下，各种地缘性社团得到快速的发展。从1800年至1850年，仅新加坡、马来亚成立的粤籍华侨地缘性会馆就有22间。③

（2）从19世纪中期到20世纪中期为发展时期。这一时期以民国成立

---

① 谭志词：《17—19世纪的越南广东籍华侨华人》，刘泽彭主编：《互动与创新：多维视野下的华侨华人研究》，桂林：广西师范大学出版社，2011年，第3页。

② 王维：《华侨的社会空间与文化符号：日本中华街研究》，广州：中山大学出版社，2014年，第45页。

③ 林远辉、张应龙：《新加坡马来西亚华侨史》，广州：广东高等教育出版社，2016年，第258－259页。

为界分成两个阶段。在第一阶段，鸦片战争后广东人大量出洋谋生，移民的目的地从东南亚扩大到美洲、大洋洲、非洲和欧洲，遍布世界各地。移民美洲、大洋洲、非洲、欧洲的粤籍华侨跨越了东南亚华侨最初经历的阶段，直接建立起众多地缘、血缘、业缘性社团。至十九与二十世纪之交，在清政府的倡导和推动下，海外华社纷纷成立中华总商会和中华会馆等全侨性社团组织，在秘鲁则称通惠总局。粤籍华侨在这些地区所建立的社团一直延续下来，号称"百年老店"，成为当地华社的中坚。在东南亚，这一阶段也有大量广东移民到来，随后也成立大批侨团，遍布大城小镇。在第二阶段，商会、政治性社团组织和文化体育性社团组织得到很大的发展。受中国抗日战争的影响，海外华侨社会成立大量政治性社团来动员和支援祖国的抗战，可以说，在华侨华人历史上还没有哪个时期的政治性组织像抗日战争时期那么多、那么活跃，像远在非洲的马达加斯加山区小镇片拿腰也成立片拿腰华侨抗日救国分会。[①] 日本占领东南亚时，亚洲以外地区的粤籍华侨社团继续高举抗日救国的大旗，为争取中国抗日战争的最后胜利和世界反法西斯战争的最后胜利作出了重要的贡献。

（3）从 20 世纪中期到现在为转变时期。这一时期以 20 世纪 90 年代为界分为两个阶段。在第一阶段，东南亚国家对华人社团组织采取了限制甚至取消的政策，尤其是印度尼西亚、缅甸、越南、柬埔寨等国家，它们在 20 世纪 50 年代、60 年代、70 年代轮番发起排华浪潮。与此同时，在社会转型的冲击下，粤籍华人普遍面临社团功能衰退、会员流失、凝聚力下降、后继无人等问题。因应时代和社会的变化，粤籍华人社团有的作出调适，如加强与其他社团的联合，开放门户，完善机制，增强活力，更积极地参与当地社会的活动，从而成功转型；有的则难有作为，逐步衰落。在第二阶段，中国改革开放后，广东侨乡民众发挥人缘优势，以家庭团聚为主要形式移民到美国、加拿大、澳大利亚、新西兰等国家，也有一些人先是出国留学后转换身份留在当地，还有一些是以技术移民身份出去的。近些年来，以投资移民方式移民国外的广东人多了起来。新移民的到来为海外粤籍华人社团注入了新的活力。经过岁月的磨炼，新移民变成老移民，他们逐步在一些老侨团成为主力，担任领导人。有的新移民则自己组织新社团，如广州商会、佛山同乡会、潮汕同乡会、台山联谊会、专业协会、校友会等。

---

① 《腰站抗日救国委员会》，文信部，1942 年。

因此，这一阶段的海外粤籍华人社团因为有了新移民而得到充实和发展。

粤籍华侨华人社团经过几百年来的历史发展，拥有大大小小各种各样的社团，但从华侨华人社会的视角来看，粤籍华侨华人结成的社团组织归纳起来主要有亲缘、地缘、业缘、综合性四大类型。

（1）亲缘性社团是指依照姓氏宗亲关系建立的社团，也叫血缘性社团，其突出特点就是具有较强的跨地域性，更愿意强调天下同姓一家亲，体现了中国宗法制度的传统。亲缘性社团在北美有较大的社会影响力，像黄氏宗亲会、梅氏宗亲会等。

（2）地缘性社团是海外华社最重要的社团组织形式，具有较强的凝聚力、认同感和特别标识感。在地缘的框架下，商人、政客、文人、劳工、家庭妇女都可以聚在一起共同议事，都可以团结成一个整体。从地域的角度来看，地缘性社团倒是一个"综合性"社团组织，因为地缘性社团通常都设有经济、福利、青年、妇女、文化、教育、宗教等部门，活动内容十分丰富，能满足华人的主要需要。如果说，过去的地缘性社团认同多数以乡土为中心，如番禺会馆、南海会馆、开平同乡会、大埔会馆、普宁同乡会、海宴同乡会等，很少用广州、汕头、江门、佛山等城市命名，广州市华侨都被归属到番禺会馆、南海会馆中去。那么，当代的地缘性社团以城市为标识不再稀奇，广州同乡会、佛山同乡会、江门联谊会之类社团在海外已经很常见，不过一般不用"会馆"这个老字号，而是用同乡会、联谊会名称较多。

（3）业缘性社团是指各种专门行业、专门领域的社团组织，教育、宗教、体育、文化艺术、文学等方面的社团都是业缘性社团，业缘性社团不仅仅是指商业和技术行业的社团。业缘性社团在华社中的地位在20世纪以后得到迅速提高，尤其是中华总商会之类的业缘性社团在当地华社通常是领导的核心。在新加坡、马来西亚、泰国、菲律宾、日本、美国等国家，中华总商会组织具有很高的社会地位，历经岁月的考验依然屹立。当代海外华人社会虽然也成立了许多商会组织，但其地位与20世纪初成立的中华总商会相比仍相差太远。尽管这些新的商会很多是冠以全国甚至更大地理范围的名义，但实际影响力并不大，会员人数也不多。至于其他行业与专业技术类的业缘性社团，总体上影响力也不是太大。

（4）综合性社团是指中华会馆、华侨华人联合会之类的社团。这些社团名义上通常是当地华侨华人社团的顶层机关，中华会馆是以前成立的社团组织，而联合会、联合总会则是后来才较多出现的社团组织。联合会、联合总会主要分为两类，一类是原有社团的联合体，例如，马来西亚潮州公会联合会是在各州潮州公会的基础上成立的，这类社团组织具有较大的影响力和较强的领导力；另一类是新成立的联合会、联合总会，因各国具体侨情不同，在有的国家这类社团存在凝聚力和执行力不强，甚至是名实不符的问题。中国和平统一促进会（简称和统会）是新出现的组织形式，既有全国性的和统会也有洲际性的和统会，如哥斯达黎加中国和平统一促进会、中南美洲中国和平统一促进会。联合会、和统会在美洲、大洋洲、欧洲、非洲成立的比较多，粤籍华人在美洲和大洋洲新成立的联合会、和统会当中占有比较重要的地位。

海外华社的基本框架一般是以中华会馆、中华总商会、联合会位处最高，其次是全国性的地缘性会馆及会馆联合会，再次是亲缘性社团、业缘性社团、地方性地缘性社团，即三个层次的架构。虽然近几十年来新建立了许多专业技术、文化艺术、体育类社团组织，但这些社团很多不是限定某个地域的人参加，即使它们在当地社会有很大的影响力和较高社会地位，可以作为一般华人社团，却很难归类到某个地域籍贯的社团中去。总的来说，在海外粤籍华社，地缘性社团、业缘性社团（商会）、综合性社团（中华会馆等）是三大最有影响力的社团类型。

海外粤籍华侨华人在过去多数参加各种各样的社团，其中地缘性会馆和宗亲会馆是普通华侨华人多数会参加的社团组织。"二战"结束以来，华侨华人参加社团组织的情况慢慢发生了变化，有的名字登记在社团里但很少或者没有参加社团活动，有的干脆不加入先辈建立的社团，造成社团后继无人的现象。过去那种差不多全侨参加社团的情况已经成为历史。影响华人加入社团组织的原因有客观的也有主观的。客观原因主要有国家治理能力的提升、社区服务功能的完善、经济活动中心的转移、城镇改造造成的搬迁、会馆周边交通的不便、华人居住模式的改变等，主观原因主要有个人自立能力的提升、工作和生活便利与否的影响、社交手段的变化、社团本身某种不良现象造成的阴影等。与此同时，在很多社团没有新人补充、后继无人的情况下，却有一大批新社团如雨后春笋般出现。涌现新社团的地方一是新移民较多的国家和地区，二是新移民较多的行业。可以说，新移民是海外华社成立新社团的主要动力。

回顾历史，粤籍华侨华人在海外华侨华人社团史上占有非常重要的历史地位。许多国家的第一个华侨会馆是粤籍华侨创立的，例如，马来西亚第一间会馆是 1801 年广东客家华侨创立的仁和会馆，新加坡第一家会馆是 1819 年台山华侨创立的曹家馆，菲律宾最早的同乡会是 1850 年在马尼拉成立的广东会馆；在美洲、大洋洲和非洲的毛里求斯、马达加斯加、南非，欧洲的英国，最早成立的也是广东华侨组织的社团。粤籍华侨华人建立的社团组织不但历史最早，而且数量在中国各省、市、自治区中也是最多的。

二、粤籍华人社团发展现状

粤籍华人社团的历史非常悠久，地域分布非常广泛，在经过历史的冲刷之后，其发展现状表现出了地区发展的差异化和社团形式的多样化。

东南亚是广东移民较早到达的地区，也是粤籍华侨华人人数最多的地方。东南亚粤籍华人社团的主要特点是历史长、数量多、规模大、实力强。泰国、马来西亚、印度尼西亚、新加坡、柬埔寨、越南等国是粤籍华人社团的重点地区。在历史的发展中，新、马、泰三国粤籍华人社团没有遇到太大的挫折，一直在变化发展之中。泰国华侨华人中，广东人尤其是潮汕人占绝大多数，因此在泰国，潮州会馆俨然是华社的领导核心。马来西亚和新加坡的粤籍华人社团由于其独特的生存发展环境而具有更广阔的国际视野，很多粤籍华人社团的世界性恳亲大会是由马来西亚和新加坡的华人社团倡议发起的，在粤籍华人社团的国际化进程中，新加坡和马来西亚的粤籍华人社团发挥了历史性的作用。新加坡的粤籍华人社团较早走联合的道路，1986 年 1 月 27 日，由福建会馆、潮州八邑会馆、广东会馆、南洋客属总会、海南会馆、三江会馆及福州会馆联合发起成立新加坡宗乡会馆联合总会。近年来，新移民的流入，使新加坡出现了一些新的粤籍华人社团。新加坡的独特地位使新加坡成为华人社团国际化的主要舞台，新加坡的南洋客属总会、广东会馆、潮州八邑会馆等都主办过国际性的恳亲大会。马来西亚粤籍华人社团的数量全世界最多，差不多占总数的一半。马来西亚粤籍华人社团主要是广东（广府）、潮州、客属三大方言群社团以及惠州、东（莞）、（宝）安、河婆地缘方言群社团，这些社团不但在马来西亚具有影响力，在世界华人社团中也占有重要的地位。除了在全国层面上有联合会，马来西亚各个州和市镇都有粤籍华人社团，但主要还是集聚在首都吉隆坡。印度尼西亚、缅甸、印支三地的粤籍华人社团原来在当地均占有重要的地位。可惜在 20 世纪 50—70 年代，这些国家先后掀起排华浪潮，粤籍华人社团遭遇灭顶之灾，直到八九十年代后才得以逐步恢复，其中柬埔寨和印度尼西亚的粤籍华人社团发展势头很猛，重新获得发展的势能。在柬埔寨，柬华理事总会在华社中是无可争辩的领导核心；在印度尼西亚，广肇总会的地方分会有 31 个，潮州总会的地方分会有 19 个，客属联谊总会的地方分会有 58 个。粤籍华人社团在这些国家"再出发"。

北美洲是广东传统重点"侨区"。北美地区与澳大利亚在广东移民史上有一个突出的特点，即最早到北美和澳大利亚的广东移民的最初目标就是"淘金"。淘金这个特殊行业造成了粤籍华侨在当地最早组织的社团是洪门致公堂之类的组织，而且在那时差不多所有人都加入了洪门致公堂。虽然时过境迁，但北美和澳大利亚、新西兰的致公堂、安良堂之类的社团能够与时俱进，适应社会，如今依然在为侨服务。相反，在东南亚一些国家，以前的洪门致公堂之类组织因为被视为"秘密会社"而遭到取缔和镇压。美国和加拿大华侨华人以前多数来自广府地区，因而粤语方言在北美成为华社的"官方语言"。相对东南亚的粤籍华人社会，北美的粤籍华人多数来自广东的三邑（南海、番禺、顺德）和四邑（台山、新会、开平、恩平），客家人和潮汕人不多。因此，北美的粤籍华人社团具有浓厚的广府文化色彩，其建立的社团组织以宗亲会和地缘性会馆最多。地缘性社团在北美粤籍华人社团中地位显赫，如台山宁阳会馆在美国就占据非常重要的地位，其名称甚有官气和霸气：驻美台山宁阳总会馆。20 世纪 70 年代后，北美仍是广东人主要移民目的地。其中来自印度支那的粤籍华人在北美建立了多个社团，如潮州会馆（同乡会）、越柬寮华人协会、印支华裔老人相济会等，成立了世界越棉寮华人团体联合会、世界越柬寮华人团体联合会。来自中国大陆的北美粤籍新移民许多来自广东五邑地区，五邑地区的新移民有的参加老社团，有的创立新社团，如台山联谊会、江门五邑青年联合会等。北美粤籍华人成立的社团组织类别是最多的，从传统社团到现代社团，从地缘、亲缘性社团到文学艺术社团，从政治社团到慈善社团，从科技社团到宗教社团，从全国性社团到社区性社团，不一而足。

中南美洲是海外粤籍华侨华人的"后院"。鸦片战争后广东人较多移民中南美洲，与广东人到北美淘金不同，中南美洲的广东华侨最初是被贩运到古巴、秘鲁种植园做苦力，后来又到巴拿马修建铁路，开挖运河，并转移到牙买加、苏里南、圭亚那等国家和地区。20 世纪 60 年代以后，古巴社会制度的变革造成大批粤籍华人外流，原本人多势众的古巴粤籍华人社会衰落下去，所建立的社团也人去楼空。改革开放后，广东向中南美洲的移民活动重新开始，借助原有的人缘关系，五邑地区、广州花都和白云、东莞和潮汕的民众陆续以不同的身份进入中南美洲的巴拿马、委内瑞拉、牙买加、苏里南、哥斯达黎加、厄瓜多尔、秘鲁、智利、巴西等国。其中，在委内瑞拉和巴拿马这两个国家，广东新移民人数很多，占据了当地华社的大多数。但近些年来，由于委内瑞拉社会局势不稳、经济形势恶化，不少新移民离开委内瑞拉转到巴拿马、哥斯达黎加等国家。中南美洲的广东新移民，无论是经济实力还是社会地位都相当突出，他们除了创办新的社团，在当地的传统社团里也占有重要的地位，出任社团领导人，成为当地华社领袖。中南美洲新移民的重要地位是其他地区新移民所不能比拟的。

欧洲的粤籍华人不是很多，粤籍老侨在英国和荷兰成立了一批社团，打下粤籍社团的基础。粤籍华人社团在欧洲的影响力主要集中在英国和荷兰。二十世纪七八十年代进入欧洲大陆的印支难民建立了一批新社团，并在法国等国的华社建立了影响力，法国潮州会馆甚至举办了规模庞大的国际潮团联谊年会。如今，广东新移民也流入欧洲，但数量不大，不能与浙江和福建新移民相比。在欧洲的广东新移民尝试成立了新的社团组织，以凝聚新侨侨心。因此，欧洲的粤籍华人社团分成三部分：一部分是早期来自宝安、香港的移民，称为老侨；一部分来自印度支那和苏里南的粤籍移民；一部分是新移民。新移民在很大程度上改变了外人对以前华人社区的印象。

大洋洲的粤籍华侨华人主要集中在澳大利亚和新西兰，斐济和瓦努阿图、所罗门等岛国也有一些广东人。早期广东人移民澳大利亚和新西兰基本与淘金有关，淘金结束后转做其他工作，包括种菜、开餐馆等。早期大洋洲华侨社会可以说是以广东华侨为主，广东华侨在各地创办了不少社团组织，形成若干条唐人街。20世纪70—80年代，一大批印支难民到达澳大利亚和新西兰，其中包含了原来在印支三国的粤籍华侨华人。他们很快立足，并组建潮州会馆等社团组织。90年代后，新移民较多地进入澳大利亚与新西兰，其中留学生占了一大部分。新移民的到来，大大扩展了原来的粤籍华人社团，他们也组织了不少新的社团，促进大洋洲粤籍华人社团的发展。目前，据不完全统计，仅在悉尼，粤籍华人社团有澳洲侨青社、澳洲致公总堂、澳洲要明同乡会、澳洲雪梨四邑同乡会、澳洲番禺同乡会、澳洲鹤山同乡会、澳洲东莞同乡会公义堂、澳洲纽省增城同乡会联福堂、澳洲崇正会、澳洲寮华联谊会、澳洲潮州同乡会、澳洲中山同乡会、澳洲广东茂名同乡会、澳洲广东侨团联合总会、澳洲深圳社团总会、澳大利亚广州同乡会、澳洲兴宁同乡会、澳洲纽省华人农业协会、穗城（越秀）澳洲校友会、澳洲雪梨中华佛学会明月居士林、蔡李佛国术总会、澳大利亚广东总商会、澳大利亚潮汕商会等。由于澳大利亚和新西兰的华人社会是以新移民为主体，因此新移民组建的社团在这两个国家具有较大的活力和影响力。而在传统社团中，澳洲要明同乡会谱写了新的传奇。

非洲，在广东华侨华人史中所占的比重是最小的。传统上，粤籍华侨华人主要居住在毛里求斯、留尼汪、马达加斯加、南非这几个国家和地区。早期广东人从海路到达毛里求斯、留尼汪、马达加斯加，然后进入非洲南部大陆。民国时期他们一般是坐荷兰轮船从香港到非洲的，时间较长。有了飞机航班之后，往来比较便捷，但非洲落后的经济以及种族歧视政策（南非白人统治时期），导致广东人移民非洲的活动始终规模不大。非洲的广东人主要来自客家地区和广府地区。在毛里求斯，主要是梅州客家人和广府顺德人，客家人占了大多数。如今许多年轻人到海外发展，毛里求斯华社有空心化的倾向。在马达加斯加则是以顺德人、南海人为主，尤其顺德人占了绝大多数，但部分顺德人当地化较深，游离于华人社团之外。在留尼汪是以客家人和顺德人为主，在南非是顺德人占多数。20世纪90年代后，尤其是2000年后，陆续有广东新移民到达非洲，他们主要是到马达加斯加和南非，其他国家的移民人数不是很多。这些广东新移民除了广府和客家的新移民之外，有来自潮汕地区的新移民。到非洲的广东新移民，大多数是经商，也有打工的，打工的主要集中在南非，以恩平人居多。由于当地社会经济局势变化的影响，在非洲的广东新移民呈现流动性较强的特点。

非洲的粤籍华人社团数量不是很多。以前非洲的粤籍传统华人社团基本上只分为客属华人社团和广府华人社团两大地缘社团。在毛里求斯主要是仁和会馆（1874年）①、南顺会馆（1859年），在马达加斯加主要是京城中华总会（1940年）、塔马塔夫华侨总会（1906年）、塔马塔夫顺德联谊会（2014年）、塔马塔夫华侨华人协会（2013年）等，在留尼汪主要有南顺联谊会、留尼汪顺德联谊会，在南非主要有约翰内斯堡的杜省中华公会（1903年）、杜省华侨联卫会所（1909年）、南非顺德联谊会（1997年）、

---

① 本段括号内年份为社团建立的年份。

南非粤港澳总商会（1998 年）、非洲潮人联谊会（2000 年）、南非客属联谊会（2005 年），开普敦的西开普省广东商会暨同乡会（2016 年）。因此现在的非洲粤籍华人社团涵盖了广东三大方言群。由于非洲的特殊情况，非洲各国的粤籍华人社团没有全国性的社团，都是地方性的社团。同时由于住在国环境的影响和粤籍华人社会的实际情况，比较活跃的社团不是很多。在毛里求斯，活跃的社团是老会馆仁和会馆，在马达加斯加是地方性的塔马塔夫华侨总会，在南非是后起新秀粤港澳总商会。

目前，海外粤籍华人社团主要包括四种源流的社团：

（1）18—19 世纪以后一路发展而来包括重建的社团，这些社团被称为传统社团，尽管不少传统社团已经衰落，但整体上它们依然是粤籍华人社团的主流，是粤籍华社的中坚。什么叫传统社团？目前并无一个清晰的说法或者公认的定义，常指老侨团。如果一定要加以界定的话，传统社团是指"二战"前成立的亲缘、地缘、业缘、综合性社团，例如李氏宗亲会、番禺会馆、中华会馆之类的社团组织。

（2）粤籍华裔建立的社团，他们说当地的语言，文化也当地化或西化。这一部分的社团多数与华社不太来往，自成圈子。

（3）粤籍印支难民建立的社团。来自印度支那的粤籍难民到了接收地之后，很快按照在东南亚的传统建立会馆，但这些新建的会馆结合了东南亚侨团和欧美文化，形式上与欧美传统华人社团没有什么区别，但在内容上传承了东南亚华人社团的特色。例如，它们一般建有佛堂或者规模宏大的庙宇和专门的老人中心，使会馆有稳定的经济来源，但欧美的传统华人社团一般没有建立专门的庙宇。印支华人建立的社团经历过辉煌，为当地华社注入一股暖流，但现在也开始步入"老年社团"阶段。

（4）广东新移民建立的社团。新移民通常对祖（籍）国保持着鲜明的认同，并致力于维护和发展双方关系。他们对建立新社团有比较高的热情。对建立新社团起作用的主要有几种人：一种是出国前在国内当过干部的，比较具有领导意识和领导能力，当条件成熟时会牵头组建社团；一种是具有经济实力的商人，希望通过搭建新社团为自己谋求社会地位和商业利益，因此一般舍得投入个人资金发展社团。新移民社团的层次差距很大，有一般的地缘社团、业缘社团、亲缘社团，也有专业技术社团和文化教育社团。

尽管海外粤籍华人成立了许多教育、文学艺术、科技、体育等社团组织，但它们过去不是、现在不是、将来也可能不是华人社团的主流。因为这类社团组织的成员属于华社的精英分子、专业人士，人数不是很多，而部分华人精英分子、专业人士融入当地社会程度较深，逐步退出华人社会的圈子，有的甚至不认同华人族群与中华文化，以"外国人"自居，因此他们在华社中的影响力不是很大，或者有一定的社会影响力但与华社关系不大。在粤籍华人社会中，传统社团依然是中坚力量。

影响华人社团发展的因素主要有会员、经费和领导人等。一般而论，现在的粤籍华人社团，其成员平均比"二战"前要少很多，因为许多华人不愿意加入社团。地缘性社团、亲缘性社团包括传统的商会，打上中国古代会馆和宗法制度的烙印，当地出生的青年人多数不愿意参加，他们不但不愿意参加华人社团，也不太愿意参加社团，包括当地的现代社团组织。许多评论认为传统社团要改革，以吸引年轻人参加，这个观点是对的，但问题是，年轻人有多少人愿意参加社团组织？由于会员的"短缺"，粤籍华人要不不参加社团，要不同时参加若干个社团，从宗亲、地缘、业缘性社团到综合性社团都参加，有的人还同时在不同的社团组织中担任职务。这种情况在社团较多的地方是这样，在社团较少的地方也是这样。为了改变会员不足的状况，有些地方的社团便实行"门户开放"政策，只要认同社团的宗旨，不是本籍贯的人也可以加入同乡会，使社团会员出现"交叉化"。"交叉会员""一人多会"是现在许多社团会员构成的一大特征。与会员人数少形成对比的是，社团的理事会人数却很多，会长、副会长、元老、顾问、永远名誉会长等一大串，甚至是外地的人也可以聘为副会长之类。有的社团领导层比一般会员还要多，尤其在新移民成立的社团中，这种情况比较突出。在社团多华人少的地方，会员与理事交叉的情况更加常见，他们只是在不同社团的名次排位不一样而已。

经费对于华人社团是否能够良好运作关系很大。目前粤籍华人社团的经费来源主要有社团本身的收入、会费、募捐、当地政府资助四个渠道。有的社团购置有物业或建有佛堂庙宇，每年可从中获得收入，如果经费充足的话就可以举办许多活动。会费收入通常不多，尤其在当代，缴纳会费更多的是象征意义。募捐是社团筹集经费的重要手段，也是社团经常使用的方法。当地政府资助主要是在欧美发达国家才有，接受政府资助的社团原则上要面向社会公众开放，这类社团主要是文化中心、移民服务中心和老人服务中心。

尽管社团都有详细的制度章程，但在实际运作中，人的因素还是影响很大的。如果社团所选非人，往往会给社团带来严重的后果。传统社团现在较少面临此类问题，这种问题常见于新移民社团。有些新移民社团是靠个人建立起来的，社团的活动经费也是靠个人资助，一旦社团不能满足其需要，包括换届换人时，便不再资助，社团顿时陷于困境，社团昙花一现。受会员人少的影响，在一些地方出现社团领导层的"亲缘化"。当一个人当上会长，为了壮大自己的力量和方便工作，便拉自己的亲戚进入社团的领导层。这种情况并不都是负面的，对于缺乏人才的地方来说，这也是维持社团发展的举措。其实，担任社团领导费神费时，自掏腰包还吃力不讨好，因此，用自己的人可以一定程度上减少工作的阻力。

目前，海外粤籍华人社团的状况，按活动程度来说大概分为五种：第一种是有固定会所、有稳定的办公经费、有正常制度运作、有专门办事机构和人员、有日常活动、有较多的会员、有较高的社会影响力；第二种是有会所、有一定经费、有定期和不定期的活动，有稳定办事人员、有一定人数的会员、有一定社会影响力；第三种是有会所、缺乏经费、没有稳定办事人员、会员不多、活动不正常、制度形同虚设；第四种是没有会所、没有日常经费、有一定数量会员、有活动、有正常制度章法；第五种是没有会所、没有日常经费、没有章法、会员稀少，名存实亡。

海外华人社团基本上可以分为两个模式：一种是源于中国封建时代的会馆模式；一种是基于西方资本主义的志愿组织模式。对于目前海外华人社团存在的问题，人们重点讨论华人社团的老化的时候，通常是从年龄结构方面论述，很少从其他方面分析原因。其实，影响华人社团发展的因素不仅仅是年龄问题，甚至可以说年龄问题的影响不是很大。以前，社团是华侨华人的"家"，大家一有空就到会馆走走，了解社会信息动态，现在人们到社团、会所的目的多数是打麻将、唱大戏。许多社团在积极为侨服务方面已没有多大的作为。在北美，门可罗雀的老侨团与人头涌动的新侨服务中心就形成强烈的对比，这说明决定华人社团的活力在于其制度化的服务功能而不在于领导人的年龄。到目前为止，海外华社中类似新侨服务中心、中华文化中心、老人服务中心之类的志愿组织模式的社团还是较少的。

三、粤籍华人社团的特点

1. 地区发展不平衡

由于历史与现实的不同，五大洲粤籍华人社团的发展状况有很大的不同。如果简单概括不同地区粤籍华人社团的发展状况，则在东南亚地区还是由传统社团占主导地位，传统社团无论是数量上还是实力上都大大超过新成立的社团。未来，东南亚的粤籍华人社团数量将是处于稳定的状态。在北美地区，如果是在唐人街，传统社团依然占主导地位，在非唐人街地方，新移民社团有一定的影响力。由于新移民源源不断地进入，北美地区的粤籍华人社团会有所增加。北美地区的粤籍华人社团，新与老、中与西的碰撞最为明显。澳大利亚也有类似的现象。中南美洲是新移民群体在新老社团中发挥作用，老移民由于融入当地社会的程度较深，他们在华人社团组织方面起的作用不是很大。欧洲的粤籍华人社团则是靠二十世纪五六十年代的香港移民以及七十年代的印支移民在支撑，新移民的力量还是较弱。大洋洲传统社团的影响力有所下降，而新移民社团活力十足，后劲十足。非洲的粤籍传统社团多数不是很活跃，新移民社团由于人口流动性大，其活跃程度也起伏较大。

2. 新老社团各有千秋

在海外粤籍华人新老社团都有自己的优势，都可以发挥自己的作用。那些能够开展正常活动的老社团凭借其深厚的人脉关系与社会地位、一定的经济基础和群众基础，在当地华社中占有重要的地位。在大多数国家，在当地华社中起到核心作用的社团是传统社团。在泰国，潮州会馆以其宏大的会所、雄厚的资金、充沛的人力、尊崇的社会地位在世界华人社团中出类拔萃。在美国和加拿大，传统社团始终是华社的核心力量。从总体上看，海外粤籍华人社团还是东南亚、北美的粤籍传统华人社团力量最强。这些地区的传统粤籍华人社团虽然在发展中有的衰落下去，但有的在继续发展。一个社团要在社会上获得好声誉，需要长期的积累和努力。传统社团经过长时期的努力，一般在当地都建立起良好的声望。

社团的数量和类别与华人人数多少和层次高低有密切的关系。美洲、大洋洲由于新移民和专业人才较多，因此新成立的社团也较多。在澳大利亚和新西兰，还有在拉丁美洲、欧洲和非洲的部分国家，新移民社团有较大影响力和较高社会地位。新移民社团的影响力和社会地位与当地新移民人数多少是成正比的。但是，新移民社团也存在一些问题，如"空"和"小"等，即社团的名称很大但人员很少，社团的名号很大但实力很弱。新移民社团有由底层劳工建立的社团，也有由专业技术人员建立的社团，差别很大。同时，许多新移民社团无固定会所、无固定经费来源、无固定会员，即使拥有雄心壮志也是有心无力。当然，也有新移民社团非常活跃和有号召力、执行力。许多论述认为传统社团没有生机，而新移民社团朝气蓬勃；认为新移民社团制度完善，充满活力，深受主流社会的接纳和肯定。这显然不是一种全面客观的论述。

3. 类型不同但初心不变

近三十年来，海外粤籍华人社团的数量明显增加。新增加的粤籍华人社团主要为地缘性、业缘性和综合性的社团，宗亲会馆较少。印度尼西亚是新增社团最多的国家，这当然有其特殊性，其中广府、潮州、客家三大方言群的社团增加很快，仅广肇会馆就增加了几十个。美国、加拿大、澳大利亚的新社团也增加不少。无论粤籍华人社团如何演变，无论粤籍华人社团分为多少种类型，粤籍华人社团为侨服务的初心始终不变，始终将团结互助、扶贫济困、维护权益、传承文化作为基本的使命。

但是，新老社团还是有一些不同。粤籍华人社团以前的主要任务是联谊、祭祀、维权、慈善、文化教育等，现在的社团章程规定的任务也变化不大，但不同类型的社团任务有所增减。首先，从中国大陆出去的新移民建立的社团和专业技术协会一般没有祭祀这项内容，他们的会所没有佛堂也没有另建庙宇，没有义山。而对于传统社团，祭祀是非常重要的任务，是会十分用心去做的工作。其次，海外粤籍华人社团大部分没有能力撑起华文教育这一块，不能独立开办华文学校。开办华文学校只是少数有实力的社团能做到，更多的社团组织是以颁发奖教学金的方式来支持华文教育。但不管是老社团还是新社团，对于支持和发展华文教育的态度是一致的、积极的。再次，以前社团调节会员纠纷、协调涉外冲突的功能现在基本没有了，也不需要了。因此，只有联谊、维权、慈善才是大多数社团的日常工作。对于一般社团来说，联谊、接待访客、组织旅游差不多是社团的基本任务。虽然社团章程都表示"共谋发展"，但实际上都达不到这个鼓舞人心的目标。

4. 社团与社区共生共荣

随着华人聚居区的建立，华人社团逐步建立起来，或者说随着社团的建立，华人聚居区慢慢发展起来。在早期，华人社团不会孤零零立于华人聚居区之外，现在则可以在某个没有华人的大楼里买一间作为社团办事场所。所以，老社团一般位于唐人街，与华人社区共生共荣，新社团则较多设于唐人街以外的地方。对于族群社团来说，与自己族群在一起对开展社团活动是非常有利的。唐人街是华人聚居区，过去的特点是就职居住一体，现在向着观光化和多元化的文化橱窗方向发展，在唐人街开店做生意的不少是本地人。海外唐人街以北美、欧洲、澳大利亚与新西兰的唐人街为典型，在唐人街内，商铺林立，会馆林立。虽然现在许多华人居民撤出唐人街，平时少有人到会馆，但会馆没有撤出，会馆利用唐人街的商业优势，将部分面积出租，用租金补充会馆运营经费，让会馆在艰难的情况下得以延续下来。在重大节假日和华团开展重大活动时，华人社团与唐人街依存关系表现得淋漓尽致，每年春节唐人街的大游行就是最典型的例子。

5. 融入当地社会，构建和谐社会

社团是融入当地社会的重要平台。粤籍华人社团在开展活动时十分注意与当地政府和社会团体的沟通，邀请当地社会名人一起出席活动。但凡社团举行就职典礼、庆祝会庆等活动，多数会邀请相关地方官员出席主礼。华人社团在举行联谊大会等活动时，更会邀请所在国国家领导人参加大会和发表演讲。巴西广东商会的揭牌仪式直接在圣保罗州议会举行。① 与当地政府高层保持接触和交流，是粤籍华人社团非常重视的方面之一。

社会责任是社团融入当地社会的重要表现。慈善事业是华人社团主要的活动内容，大多数社团都设有福利部门，专门从事慈善事业。大的华人社团慈善部门通常面向全社会，不只是限于华人族群。每当所在国遇到天灾人祸，华人社团都会行动起来，筹集资金、物资予以救援。东南亚一些粤籍华人社团还专门设有医疗救护队、救火队等为当地社会服务。印度尼西亚的粤籍华人社团连续多年举办义务献血活动，奉献爱心。泰国的华侨报德善堂更是泰国非常重要的慈善机构。通过慈善活动，粤籍华人社团拉近了与当地社会的距离，加深了与当地民众的心灵沟通，推进了华社融入当地社会的进程。

建设多元文化是华社构建和谐社会的重要举措。在欧美国家，举办大型民俗文艺游行是华人社团营造良好外部环境与构建和谐社会的重要内容。在海外许多著名的唐人街，如英国伦敦唐人街，每年的春节巡游都会邀请英国政府官员参加。海外粤籍华人社团一直都注意处理好与当地民族的关系，以建立一个内外都和谐的社会环境。在马来西亚南部的柔佛新山，中国农历新年的柔佛古庙大巡游已经成为当地的嘉年华，参加人数有几十万人之多，连苏丹都亲临现场。当前，凡是发展得好的社团通常在融入当地

---

① 《巴西广东商会揭牌仪式在圣保罗州议会举行》，巴西侨网，http://hbpd.bxqw.net/userlist/hbpd/newshow-28886.html，2013 年 11 月 5 日。

社会、为当地民众服务方面都做得很好。

6. 华人参政的重要后盾

海外华人的参政离不开民众的支持。近些年来，在北美、澳大利亚与新西兰以及西欧地区，粤籍华人参政活动有所增加。在美国现有的民选和委任的华裔议员、官员中，粤籍华人占了大多数。美国华人州长吴仙标坦言，"大多数华裔竞选者的经费，都是从华裔社会里捐来的"①。粤籍华人参政人士在参政活动中得到粤籍华人社团的支持，粤籍华人社团除了发动选民投票支持外，还帮忙为参政人士筹款，华人社团已经成为华人参政的重要支持力量。华人政治人物与华人社团形成密切的互动关系，经常参加华人社团活动，为华人社团站台，而华人社团在关键时刻出手相助，成为华人参政的重要后盾。

7. 社团活动国际化

粤籍华人社团活动的国际化程度从 20 世纪 70 年代以后不断加深，主要有世界广东同乡联谊大会、世界客属恳亲大会、国际潮团联谊年会、世界广府人恳亲大会、世界中山同乡恳亲大会、世界顺德联谊总会、世界会宁联谊大会、世界河婆同乡联谊大会、国际深圳社团大会、世界东莞社团大会、世界惠州同乡恳亲大会、世界台山宁阳会馆同乡会联谊大会、世界赤溪联谊会、世界海宴都同乡联谊恳亲大会、世界丰顺同乡联谊大会、世界大埔同乡联谊大会、世界鹤山乡亲联谊大会、世界南海联谊总会恳亲大会等，这些恳亲大会、联谊大会轮流在世界各地举行。近十年来，粤籍华人社团活动日趋国际化，向更多的地域拓展，以在中国举办恳亲大会为例，不再限于在祖籍地举行，像北京、开封、武汉等都举办过粤籍华人社团的恳亲大会。同时粤籍华人社团对国际化有了更为理性的认识，注意调整召开会议的节奏，有的由两年召开一次改为三年一次。广东一些财力比较雄厚的侨乡，如深圳、东莞、顺德、中山、惠州等地方政府对推动海外社团活动的国际化发挥了作用，地方政府部门深度介入海外华人社团的国际化活动，例如，协助筹办世界恳亲大会等，但并不干涉社团日常活动。中国的"一带一路"倡议对海外粤籍华人社会来说也是一个重要的机遇，为粤籍华人社团的国际化提供了新动力。随着"一带一路"建设的深入开展，粤籍华人社团的国际化活动的必要性和重要性更加突出，所产生的国际影响力将更加重要。

---

① 陈灿培：《全美华裔民选官员名录及美籍华人名人录（2013）》，洛杉矶：美国洛杉矶华埠中心，2013 年，第 4、8 页。

粤籍华人社团组织的各种论坛纷纷登场，议题更加聚焦实际问题，会议更加注重内在的实效，粤籍华人社团的国际化水平因此不断提高。

8. 与广东和祖（籍）国互动密切

改革开放以来，海外华人社团与侨乡的互动十分密切，远远超过历史上任何时期。"请进来、走出去"是这种关系的生动写照。江门地区各级侨联组织 1979—2000 年接待来访华侨华人、港澳同胞 768 097 人次，组团出访 148 个国家和地区 3 532 人次。[①] 华人社团与侨乡密切互动关系的形成，一方面，华人社团主动加强与祖（籍）国的关系，包括组团回国访问、捐资捐物、支援侨乡建设。在国际上为中国发声等，配合中国各种发展战略，如"反独促统"等，在海外开展宣传活动。另一方面，祖（籍）国主动加强与华人社团的关系。当海外社团举行庆典时，有条件的侨乡政府会派出代表团前往庆贺。例如，2017 年 2 月巴拿马花县（花都）同乡会成立一百周年大庆时，巴拿马花县同乡会举行隆重的庆典，作为祖籍地政府，广州市花都区海外联谊会、侨办、花都区人民政府、统战部、宣传部、侨联、政协经济港澳侨外事办都作为庆典的协办单位。[②] 不只是发贺信、派代表到场而已，一些侨乡政府对海外社团的设立予以有力的支持。例如，2014 年马达加斯加塔马塔夫顺德商会成立时，顺德区政府、乐从镇政府各赞助了10 万元。[③] 侨力为国，国力为侨，相辅相成。在中外交流不断扩大的背景下，粤籍华人传统社团承担着繁重的接待来访中国代表团的责任。如秘鲁利马通惠总局，从 2016 年至 2017 年间，接待来自中国的各种代表团 25 次，包括从中央到省、地市级的政府代表团、经济代表团、文化代表团、教育代表团等。[④]

四、粤籍华人社团的发展趋势

1. 社团总量相对稳定

社团的新老代谢是必然的趋势，一些老社团因为没有会员而日渐萎缩，

---

① 广东省志编纂委员会编：《广东省志（1979—2000）》（侨务卷·外事与港澳事务卷），北京：方志出版社，2014 年，第 96 页。

② 《巴拿马花县同乡会举行成立 100 周年暨 2017 年春节联欢活动》，巴拿马中讯网，http：//china507. com/2017/01/04/china - 42710/。

③ 《马达加斯加顺德商会成立》，《南方都市报》，http：//epaper. oeeee. com/epaper/S/html/2014 - 12/03/content_ 3354352. htm？div = - 1，2014 年 12 月 3 日。

④ 《联谊交流》，秘鲁中华通惠总局网站，http：//www. scbcperu. com/cn/lianyijiaoliu/index. html。

逐步成为历史，一些新的社团为了满足人们的需要而不断成立。新移民人数的增加，中国对外经济辐射力的增强，会导致海外华人产生创办新社团的冲动。随着"一带一路"建设的推进，广东新移民也会增加，这是产生新社团的基础，但新移民不会出现井喷式增长，新的社团不会增加得太快太多。与此同时，有的老社团和新社团会消失，因此，粤籍华人社团总量上保持相对稳定的状态。新社团一是指新增加的社团，二是指新型的社团。从目前情况来看，同乡会之类的地缘社团以及商会、协会、联合会之类的社团组织还是新社团的主要组织形式。由于各地侨情不同，有的地方会以同乡会组织形式多些，有的地方以商会、协会、联合会组织形式多些。

2. 立足同侨、面向全社会

粤籍华人社团不论是什么类型的社团都是立足于"粤籍"这个概念，否则就不能称为粤籍华人社团。有些粤籍华侨华人组建或者参加的不是以粤籍为定义的社团，自然被排除在"粤籍"之外。海外广东新移民的精英人士所组建的专业社团因为不是限定"粤籍"的，便不被纳入"粤籍社团"的范围。粤籍华人社团既然冠以"粤"之名，当然其社团会员应是"粤人"。可是，如果将所有活动和服务对象狭隘地限于粤人，那也不符合历史的潮流。如今，粤籍华人社团一方面立足服务同侨，一方面面向全社会，打开大门，服务大众，包括非华人的社群，不会完全将社团活动限制于"粤人同侨"的范围。这种立足同侨、面向社会的趋势会继续发展下去。

3. 重视传承中华文化

社团历来是传承中华传统文化的重要平台。近几十年来，粤籍华人社团在传承中华传统文化方面，一是坚持开展重大中国传统节日的联谊和祭祀活动，举行春节民俗游行；二是坚持开展华文教育活动；三是组织寻根团、夏令营回广东侨乡，培养下一代对祖籍地文化的认同感。在开展重大中国传统节日的联谊和祭祀活动方面，绝大多数粤籍华人社团都能做到长期坚持，即使平时不活动的社团，到了这个时候也会举行活动。有的社团则体现了中外文化的融合。如秘鲁中山隆镇隆善社，每年11月1日的秘鲁亡灵节便组织侨胞去坟场为先辈扫墓，传统的祭祖活动则放到亡灵节后的第一个星期日，通常分为上午到教堂做弥撒，下午在会所焚香祭拜，中西结合。① 年初的春茗和义山祭祀是粤籍华人社团最重要、最基本的活动内

---

① 《中山隆镇隆善社清明祭祖》，秘鲁中华通惠总局网站，http://www.scbcperu.com/cn/qiao-tuanhuodong/392.html，2017年11月5日。

容，体现了岭南文化在海外的传承。在一些重要的唐人街，如伦敦、旧金山、纽约、温哥华、悉尼、墨尔本等，新年期间举行的中国民俗巡游成为当地一件盛事，当地的粤籍华人社团对此起到重要的作用。例如在加拿大温哥华，自1979年以来，每年农历新年，中华会馆联合中华文化中心、华埠商会、中侨互助会、洪门机构和铁城崇义总会及近百华人社团举办春节庆会，举行去文艺演出、大游行、千人宴等，温哥华市长每年都宣布春节前后的一个星期为"中国农历新年周"。① 到2017年已经举办了44届。一些社团自己组织了粤剧社、潮乐团、客家山歌团，传承家乡文化。一些社团在召开恳亲大会时，顺便举办地方特色文化节和美食节等。在华文教育方面，在中国政府的支持下，海外华文教育事业不断发展。海外粤籍华人社团十分重视华文教育，因地制宜开展活动。有的是直接自己开办华文学校，有的是通过设立奖教学金支持华文教育，颁发奖教学金成为社团每年的重大活动内容。组织寻根团、华裔青年夏令营是各地社团的工作。在历史长河中，有的粤籍华人社团由于本身不能坚守中华传统文化而变成"一般社团"，但也有粤籍华人社团认识到传承中华传统文化既是华社的需要也是社团本身的需要，因此自觉地将传承中华文化当作社团的中心任务。

4. 协作与联合成为重要取向

海外粤籍华人社团的组织形式，从纵向上看，是从基层到高层的塔形架构：有地方的"同乡会"，有省州一级同乡"联合会"，有全国的"联合总会"。这似乎是一个严密完善的组织架构，但实际上，上下级之间是松散的联盟关系。从横向看，包括多种类型的社团，如社会、经济、文化、教育、体育、文艺、慈善、宗教等，互相之间的服务对象和工作目标差别较大。虽然到处有联合会、总会之类的社团，但它们往往只是名义上的"总会"，并非真实的"总会"。粤籍华人社团虽然数量上在增长，但总体而言，实力在减弱，现实的需要推动粤籍华人社团寻求更大范围的协作，联合开展活动，增强命运共同体意识。加拿大温哥华中华会馆下属的社团有中华文化中心、中侨互助会、华埠商会及亲缘、地缘、教育、艺术、武术等近80个社团，在发起大型活动，如庆祝祖（籍）国国庆、港澳回归及迎接政

---

① 《温哥华中华会馆历史介绍》，加拿大温哥华中华会馆网站，http：//www. cbavancouver. com/? p =1917。

要访问等大型活动时，都有上百个社团参与。① 对于许多社团来说，人数不多、年龄老化、经费缺乏、人才短缺等问题导致他们难有多大作为，只有走协作联合之路才有可能做好事情。而时不时出现的诋毁华人形象、侵犯华人权益的言论、行为和政策，促使华人社团联合起来共同抗争；此类情况不会就此消失，因此，协作、联合将继续是粤籍华人社团的重要走向。

5. 发挥纽带桥梁作用，与中国的关系稳定密切

粤籍华人社团是中外合作交流的纽带和桥梁。改革开放初期，粤籍华人社团冲破时代藩篱，建立和发展与祖（籍）国的关系，为广东的改革开放事业作出了重要的贡献。改革开放以来，粤籍华人社团成为加强中国与世界友好关系的坚韧纽带，经受了国际上各种风波的考验。粤籍华人社团作为促进中外交流的桥梁，在海外和在中国举办规模宏大的恳亲大会、联谊大会，参加者除了来自世界各地的同胞，还有所在国的国家领导人和社会贤达，产生了重大的国际影响。恳亲大会、联谊大会超出粤籍同胞恳亲联谊的意义。在中国综合国力不断上升、"一带一路"建设不断深入的背景下，粤籍华人社团与中国的关系会更加稳定和密切。尤其在经贸关系、文化交流方面更是如此。以泰国中华总商会为例，在 2015 年 5 月至 2016 年 11 月，到访泰国中华总商会的中国代表团有 58 个，平均每月有 3 个代表团到访。在这些中国代表团中，来自广东的占三分之一，这之中既有政府代表团，也有经贸代表团、文化代表团和联谊会等。② 而世界各地的粤籍华人社团来广东访问的数量更多，有的社团甚至在广东设立代表处，以建立更加稳定和密切的关系。粤籍华人社团以新的方式加强与中国的关系，尤其在当前中国推行科技创新、"双一流"计划时，海外粤籍华人高科技类的协会可以在这方面发挥更大的作用。即使是传统社团，也在以捐赠支援侨乡发展的模式加强与祖籍地的联系。例如，成立于光绪十六年（1890 年）的澳洲要明鸿福堂同乡会，自 2006 年以来，多次赞助在广东侨乡开展"光明之行"眼科义诊活动，造福侨乡人民。③

---

① 《温哥华中华会馆历史介绍》，加拿大温哥华中华会馆网站，http：//www. cbavancouver. com/? p = 1917。

② 泰国中华总商会网站，https：//thaicc. org/2015/news/news. html。

③ 《澳洲要明同乡会 焕发社团新活力》，肇庆市外事侨务局网站，http：//www. zqwq. org. cn/ben-candy. php? fid = 29&id = 516，2007 年 7 月 27 日。

第一章

再出发
越柬老缅印尼粤籍华人社团

罗 杨

中国华侨华人研究所

在海外，禁止或者取消华侨华人社团组织的活动的国家并不是很多，但印度尼西亚、缅甸、越南、柬埔寨等则是这样的国家。排华，成为这些国家粤籍华人社团的共同历史记忆。从 20 世纪 50 年代开始，印度尼西亚掀起排华活动，并在 60 年代达到了高潮；其排华问题贯穿苏加诺和苏哈托政府两个时期，尤以 1965 年的"九三〇事件"和 1998 年的"五月暴乱"为最。缅甸在 20 世纪 60 年代也对华侨华人社团采取激烈的打击政策，紧接着在 70 年代的越南和柬埔寨，华侨华人社团受到全面的摧毁，原本宁静的老挝华侨人社团也受到波及，老挝华侨华人甚至被迫逃往国外。20 世纪 70 年代老挝华侨华人已接近 10 万，然而到 80 年代初期只剩下约 1 万人（一说约 5 000 人）。[①] 上述五国[②]原本蓬勃发展的粤籍华人社团或被取消或被迫停止活动，会馆或被没收或被占用。

"再出发"，是上述五国粤籍华人社团在经历排华后的共同现实轨迹。1986 年，越南和老挝均决定实行革新开放政策，发展国民经济，实行对外开放，华人成为两国革新开放借助的重要民族力量。1988 年，缅甸也开始实行改革开放，华社进入复苏阶段。柬埔寨自 20 世纪 90 年代恢复和平以来，华侨华人日益成为该国经济实力强、政治影响力大、社会地位很高的一个群体。1998 年，苏哈托因"五月暴乱"下台后，印度尼西亚进入政治经济的社会转型时期，此后历届政府基本都施行多元文化政策，促进族群平等，对华人更加宽容友善，华人在政治、经济、文化上享有更多权利与自由。由于所在国国情、侨情不一样，五国粤籍华人社团恢复与发展状况也存在差异性，在"再出发"的道路上各具自己的发展特点，但也呈现出以下共同的发展特点。

粤籍华人社团的恢复重建过程均从两个层面展开：在组织层面上，人才、资金和制度是制约华人社团发展的瓶颈，因此通过乡亲逐步聚拢，自发筹集经费，制定社团章程，华人社团得以次第恢复。在活动层面上，学校复课、重整义地、重建宫庙，是五国粤籍华人社团在恢复重建初期的三大主要任务。

商会型社团兴起，在老华人社团开展的活动中经济方面的比例日益增

---

① 傅曦、张俞：《老挝华侨华人的过去与现状》，《八桂侨刊》2001 年第 1 期，第 15 页。
② 本章所选取的粤籍华人社团，仅为越南、柬埔寨、老挝、缅甸、印度尼西亚五国中具有代表性的粤籍华人社团，并未穷尽该国所有粤籍华人社团，因资料所限，也未能囊括这些粤籍华人社团的活动，特此说明。

大。越南、柬埔寨、老挝都成立了隶属于当地中国商会的广东商会。例如，成立于2000年的广东工商总会已是缅甸华社的重要社团，开展经贸交流合作也是印尼广东社团联合总会及其下属九大粤籍华人社团的活动重点。江门、潮州等地域性商会正在柬埔寨等国筹建之中。

五国粤籍华人社团在群体构成方面具有共性。法属殖民时代的"分帮而治"对越、柬、老三国粤籍华人社团影响深远，尤其越南和柬埔寨的华人社团在排华后的发展仍按潮州、广肇、客家、福建、海南五帮分立。但是，现今华社不完全是历史上华人社会的延续，而是由一直留在本地的华人、排华后回归的华人，以及来投资的新华侨三大群体构成。

新老华人社团的融合是五国华人社团的共同命题。融合模式主要有华人社团领导层之间互相交叉，如聘任其他社团会长为本会名誉会长等；联合举办全国性的大型活动，如印尼客属联谊总会发起全国性的献血活动，其他粤籍华人社团也同步开展；共同发起成立超越性的社团，如柬埔寨三大社团共同组成新的、超越于三者的组织。

五国粤籍华人社团跟中国联系紧密，并日益走向国际。五国的粤籍华人社团均跟祖（籍）国中国保持着密切联系，尤其跟广东省互访频繁，粤籍侨胞除回中国寻根问祖外，经贸合作是新时代的新内容，成为祖（籍）国与住在国之间经济交往的桥梁。参加相关社团的国际联谊，助推了这五国中一些粤籍华人社团的成立，例如，参加国际潮团联谊年会是柬埔寨潮州会馆成立的重要推力，申办国际潮团联谊年会也是印尼潮州总会成立的契机。国际潮团联谊年会、世界越柬寮华人团体联合会、世界江门青年大会、世界大埔同乡联谊会、世界惠州同乡恳亲大会、世界客属恳亲大会、世界广东同乡联谊大会、世界广府人恳亲大会等国际性联谊活动近来开展得如火如荼。随着这五国粤籍华人社团的恢复重建，粤籍华人的实力增强，他们积极组团走出去参会，也作为东道主，把世界其他国家的粤籍乡亲请进来，通过这些联谊的平台，进一步加强合作，构建粤籍华人社团的全球化网络。

第一节　越南粤籍华人社团

根据2009年越南人口普查数据，华族有823 071人，占越南总人口的

0.96%，是越南第八大民族，而 1999 年越南人口普查数据显示，华族为 862 371 人，占越南总人口的 1.1%，10 年间华族人口减少将近 4 万人。① 2013 年，越南华侨华人人数将近 100 万。2015 年两国人员往来超过 300 万人次，往返于中越之间的航班每周多达 71 个。②

越南华侨华人在当地生存发展历史悠久。20 世纪 70 年代受越南排华影响，华侨华人遭受沉重打击。80 年代末越南开始实行革新开放政策，华侨华人重新凝聚起来，社团逐渐恢复活动，华社重现生机。胡志明市现今依然是越南华侨华人分布最多的城市，也是众多华人社团的总部所在地。广东人、福建人、海南人是胡志明市华侨华人三大主要群体，广东穗城会馆、潮州义安会馆、客家崇正会馆、福建二府会馆、福建温陵会馆、琼府海南会馆构成该市华人社会主流华人社团的基本架构。粤籍华人社团除穗城、义安、崇正三大会馆外，主要的社团组织还有传统的粤剧潮乐团、龙狮团，以及 2016 年成立的广东商会。

一、历史与现状

越南华侨史可分为古代、近代和现代三个发展阶段。古代阶段从藩属时期越南独立建国到法属时期前，近代阶段对应法属殖民时代，现代阶段则从 1945 年越南民主共和国建立至今。

古代阶段越南北部的华侨聚集地主要是宪铺（今兴安县）和河内，粤籍华侨在两地都兴建了社团组织。早在十三四世纪就有粤籍华侨在宪铺经商并修建了天后庙。③ 河内的粤籍华侨最初以妈祖庙作为同乡聚会场所，1803 年修建粤东会馆，初建时的捐款名录上共 186 人和商号，十年后会馆重修时已增至 263 人和商号，④ 成为当地规模最大的华人社团。

越南中部华侨主要聚居在会安，早在 1613 年至 1618 年就有福建、浙江的华侨在此寓居，后来逐渐形成广东、福建、潮州、海南、嘉应五帮，随

---

① 人口统计数据摘自维基百科。

② 陈琼渊、黄日涵：《搭桥引路：华侨华人与"一带一路"》，北京：社会科学文献出版社，2016 年，第 62 页。

③ 谭志词：《17—19 世纪的越南广东籍华侨华人》，《互动与创新：多维视野下的华侨华人研究》，桂林：广西师范大学出版社，2009 年，第 3 页。

④ 谭志词：《17—19 世纪的越南广东籍华侨华人》，《互动与创新：多维视野下的华侨华人研究》，桂林：广西师范大学出版社，2009 年，第 4 页。

着帮会的形成，会馆也建立起来，潮州会馆和广肇会馆分别于 1845 年和 1885 年建立。①

越南南部的华侨聚居地有莫玖开发的河仙、陈上川兴建的边和、杨彦迪开发的美湫以及后来居上的南方政治经济中心西贡—堤岸（今胡志明市）。粤籍华侨在边和修建的广东会馆与福建会馆、关帝庙并称三大祠，② 1769 年广州华侨在西堤建立穗城会馆，主体建筑为天后宫，1866 年潮州和客家华侨共建义安会馆，祀天后、关圣等。

1807 年，阮朝嘉隆帝阮福映正式批准华侨按照籍贯设立帮会，分为广肇、福建、潮州、福州、客家、海南、琼州七帮，自行管理。③ 帮会制度的确立是阮朝的新举措，标志着华侨组织在法律意义上获得所在国官方承认，被纳入所在国行政体制。1778 年，华侨聚居的西堤就形成了"七府"，"乃集合福、漳、泉、潮、广、琼、徽各府人士成立七府公所。七府公所为西贡堤岸华侨之综合性组织，附设于七府武庙之内。七府武庙位于堤岸广东街，奉祀关帝圣君"。④ 1820 年，兴建"七府武庙"作为共同的活动场所。

法属时期，法国沿用越南的帮会制度，对华侨采取以夷制夷、分而治之的策略。但 1885 年，调整原本的七大帮会，合并为广肇、福建、潮州、客家、海南五帮。在法国殖民者的允许下，南部华侨各帮建立了"四帮协会"，广东、福建、潮州、客家四帮各成立一个协会，每个协会选出一个理事会，负责替殖民当局管理成员活动，1927 年，改名为"华人协会"。1904年，南圻华侨商务总会成立，这是越南华侨最早的综合性经济组织。会址设在七府公所，共有 100 多家商号入会，成员几乎囊括了所有华商，领导班子由 20 多名董事组成，其中广东帮占七个名额，后来又设银行保险、出口商业、本地商业、工厂商业、进口商业五个协会，1923 年，改名为"南圻中华总商会"。粤籍华侨中还常见以县域为主的同乡会，如南海、中山、番禺、顺德、东莞、三水、新会、梅县等，宗亲会则打破地域限制，但在近代时期不如同乡会普遍。这一时期，粤籍华侨还创办各类文体组织，如体

---

① 徐善福、林明华：《越南华侨史》，广州：广东高等教育出版社，2011 年，第 109 – 110 页。

② 张文和：《越南华侨史话》，台北：黎明文化事业股份有限公司，1957 年，第 37 页。

③ 一说是 1814 年，参见邱普艳：《17 至 20 世纪初印支华侨社会的形成与发展》，《世界民族》2011 年第 5 期，第 66 页；本文采纳的是徐善福、林明华《越南华侨史》（第 83 页）中的说法。

④ 一说是漳、泉、潮、广、琼、惠、徽，参见邱普艳：《17 至 20 世纪初印支华侨社会的形成与发展》，《世界民族》2011 年第 5 期，第 66 页；本文采纳的是徐善福、林明华《越南华侨史》（第 132 页）中的说法。

育会、粤剧社、潮乐社等。

"二战"结束后，粤籍华侨华人及其社团组织的活动深受越南南北分治、中越双边关系，以及中、越、美、苏多边关系的影响。

在南北分治时期，北方越南民主共和国与法国抗战期间涌现出各种爱国民主力量组成的社团，抗法战争结束后，这些社团组织宣告解散。1959年，越南华侨联合会在河内成立，接手了原粤东会馆和福建会馆的会产，成为北方华侨的联合组织。在南方，1948年，中国驻越总领馆认为"帮公所"和"帮长"称谓不符合中国人民团体制度，经与法方交涉，法驻越高级专员下令华侨帮公所改称"中华理事会馆"，各帮长为中华理事会馆理事长，华侨若被中华理事会馆革除，就不得在印支境内居留。① 阮朝创立的帮会制度至此宣告结束。理事会领导成员由西贡和堤岸的广肇、潮州、海南、客家、福建的理事会的10个正副理事长组成，具有半官方性质。此外，南方华侨纷纷成立宗亲会是这一时期的新特点。在堤岸"复有广肇、六邑（潮州）、福善（福建）、崇正（客家）、海南及中正六大医院及小学百余所，华侨佛教庙宇，与华侨天主教、基督教堂各十余所"②。信奉天主教、基督教的信徒以粤籍华侨居多。1960年，南越当局着令解散各地的中华理事会，由各省省长为主席的"帮产管理委员会"接管各地侨界社团的公所、会馆、学校、医院等资产。

二十世纪五六十年代，在中越关系"同志加兄弟"的蜜月期，华侨华人受到越南政府的优待，但七十年代的排华使数十万华人逃离越南。1986年，越共"六大"决定实行革新开放政策，华人被纳入国内民族对待。自1989年底起，越南政府允许华人社团在国家指导下重新组织活动，称为"复组"，并逐渐将医院、会馆、庙宇等退还给华人社团，华人社团逐步恢复重建。胡志明市不仅是全国的经济、文化中心，也是粤籍华侨华人的主要聚居地，各大华人社团在革新开放的新风中复组，进入新时代的新发展阶段。

二、主要社团

越南粤籍华人社团的架构沿袭了阮朝和法属时期五帮分治的传统，分别组成广东穗城会馆、潮州义安会馆、客家崇正会馆。"穗城会馆属粤语方

---

① 张文和：《越南华侨史话》，台北：黎明文化事业股份有限公司，1957年，第76－77页。
② 张文和：《越南华侨史话》，台北：黎明文化事业股份有限公司，1957年，第86页。

言，讲的是广东话，又叫白话，以广州为中心。义安会馆属潮汕方言，讲的是潮州话，以汕头和雷州为中心。崇正会馆属客家方言，讲的是客家话，以梅州为中心。"①

1. 穗城会馆

穗城会馆，是"来越南的广府人集会之场所"，穗城是广州的别称，因此，先侨取名"穗城会馆"。

穗城会馆在排华后复组，首先面临经济空前困难。其所属的天后宫（又称阿婆庙）历来香火鼎盛，但会馆基金之前多是存在银行，因战乱化为乌有，后革命政府兑换新钱，天后宫的经费所剩无几。主管单位举派华人干部汤明协助理事会管理庙宇，汤明开源节流，把香油钱存入银行逐渐生息，聚沙成塔。随着越南经济的恢复发展，国内外游客的增多，天后宫再度香火旺盛，重新积累起丰厚的活动经费。

其次，会馆面临组织上的重建和规范。原来的理事会成员因战乱、排华等情况而纷纷离开，人事经常变动。1994 年 3 月 20 日，在第五郡祖国阵线的指导及胡志明市华人工作处的协助下，会馆召开代表大会，进行了自解放以来的首次公开投票，选出由黎文景任理事长、11 位成员组成的理事会，并由第五郡人委发给公认证书。1998 年 6 月 14 日，会馆召开第 19 次代表大会，协商选出第 19 届理事会。此后，每五年进行一次理事会选举。2015 年 12 月 20 日，会馆举行代表大会，选举产生第 23 届理事会（2015—2020 年），理事会制定并通过相关章程，订立活动条例，财政收支透明，会馆的人事和管理走上正轨。

会馆的主要活动包括以下两方面：

一方面是文教和公益慈善。第 22 届理事会在任期内用于各项社会福利及慈善活动的经费达 213 亿元，② 仅 2015 年，在励学方面的支出达 6 亿多元，用于文化教育领域 4 亿多元，给同乡大学生发放奖助学金 1 亿元，关照贫穷病人 1 亿多元，在胡志明市及各省偏远地区修桥铺路、建温情屋、奉养越南英雄母亲、补助重号伤兵、荣军、关怀贫困户及烈属等支出逾 20 亿元，关照广肇高龄乡亲 6 亿多元，岁暮济贫 4 亿元。③ 会馆理事会坚持初衷，使天后宫的所有香油钱"取自社会、用于社会"。

---

① 刘为安：《堤岸今昔》，河内：越南世界出版社，2007 年，第 19 页。
② 此处的元指越南盾，下同。
③ 《西贡解放日报》，2016 年新年专刊。

另一方面是青年工作。1998 年会馆成立励学会，从 1999 年开始举办年度助学金活动，帮助同乡子弟完成学业。除了在物质上资助，会馆还经常组织各项文娱活动，让青年人学习益已助人的各种技能和会馆为社群服务的精神。此外，每年举办广肇二府大学生新春聚会，经过 10 多年的努力，前后有 700 多名大学生参加聚会，在长期的活动中，会馆发掘了很多优秀子弟并加以培训，希望他们成为会馆的接班人。目前已有 50 多名大学生成为励学会会员，30 名年轻会员是会馆慈善组的志愿者，2 名成员成为会馆理事会成员，在第 23 届理事会中有多名年轻成员是从这些活动中成长起来的后起之秀。

2. 义安会馆

义安是潮州的古称，因此，移居越南和前来经商的潮汕人创立的会馆称为"义安会馆"，它是胡志明市潮属社团的最高机构。

复组以来，会馆聚集乡亲，敦睦乡谊，并积极发起创建医院、修建义祠，捐资助学，组织文化艺术体育活动，投身公益慈善事业。2005 年，义安会馆荣获越南政府总理颁发的最高奖状以及国家主席授予的三等劳动勋章。会馆建有一座关帝庙（每年元宵节，当地人喜欢到关帝庙"借富"，祈求能发财致富，所以又称借富庙，当地人也称义安会馆的关帝庙为男庙，穗城会馆的天后宫为女庙），已有 200 多年历史。

潮汕民俗丰富，是潮汕文化的重要组成部分，潮汕移民将这些文化要素带到越南，虽经历战乱和排华，依然顽强地保存和延续，其中最突出的表现是保留潮汕传统节日。义安会馆历年活动的重要内容均围绕着这些节庆展开。每逢新年，会馆在关帝庙内举行酬神仪式，向贫困乡亲赠送新年礼物。正月十四日开始，循例庆祝元宵佳节，白天邀请龙狮团、锣鼓队表演，晚上请潮剧团演出，越南南方蓄臻、坚江、薄寮、芹苴、金瓯、朱笃、茶荣等省的潮籍同乡，也特意赶到胡志明市参加庆元宵活动。最重要的是举行标投圣灯晚会，成员们通过竞标，以不同价位分别投得"天地父母财灯""福德正神财灯""文昌星君财灯"等，全部标投所得灯款通常被会馆充作社会公益事业和慈善福利基金。2016 年义安会馆元宵投灯筹款近 35 亿元。[①] 每年清明节，会馆都会举办扫墓活动，安排专车接送。第 3 届理事会（2001 年）曾斥资 1.5 亿元，将新平郡第十八坊六和义祠内的 13 000 冢无主

---

① 《西贡解放日报》，2016 年 2 月 24 日。

坟墓移葬至平阳省化安义祠，受到潮州乡亲的支持和好评；后因化安墓园所剩有限，又筹建了新墓园。每年中元节，会馆都仿照祖籍地习俗，举办盂兰普度盛会，超度各姓氏门中先亡，赈济穷人。义安会馆通过这些节庆活动弘扬乡帮和中华文化，增强了潮汕乡亲的凝聚力，丰富了越南的民族文化，"在这些大节日、纪念日中，有大半是与京族同胞普天同庆的"①。

3. 崇正总会

1975 年，原属南越政府管控的崇正总会及其附属医院、学校、体育会、旅社、义山等产业均被政府没收充公，会内一切活动遭到禁止。1989 年 5 月，胡志明市地方政府允许客属崇正总会复组，同年 12 月，归还原崇正体育会，作为新的崇正总会办公场所。

客属乡亲按大埔、兴宁、梅县、揭西等籍贯推举 55 位代表组成监理事会，选出会长、副会长，并按第一届、第一任重新起算，每两年改选一次，可以连任一次，下设财政、文书、总务、福利、交际、康乐、稽核七组。复组后的崇正总会百废待兴，既无基金，也无财产，仅靠监理事会和顾问团的月捐以及热心人士捐献，才得以维持日常所需。

会馆的核心任务有两个，即兴办学校和重建墓园，使小有所养，老有所安。2001 年，越南中央政府令崇正总会办理客裔青少年学习客语事务，2002 年暑假开课。总会还逐步推动奖助学金活动。20 世纪 80 年代，客属富润、守德义地先后因市容整治和改建不得不迁葬，暂时将先人遗骨寄放于陈氏大宗祠，1996 年，乡亲萧源又发动亲属，捐献 10 亿元购得张廷辉会街一块 4 000 平方米的土地，赠予崇正会馆兴建义地，会馆成立崇正公祠筹集委员会，计划完成追远堂（1998 年竣工）、观音阁（2001 年竣工）和思亲塔三大建筑。越南国内的客属乡亲人数少、财力有限，会馆组织成员前往美国、加拿大、澳大利亚等国的客属乡亲中筹款，得到积极响应。崇正公祠筹建委员会主席尤凯成认为："公祠的成功修建，象征着'崇正一家'的团结精神日臻巩固，本市客属十余个县同乡组织融汇到一块来。但若仅仅局限于此，毕竟还是流于狭隘，应在'崇正一家'的基础上把团结面扩大到华人群体中来，不分原籍地域，不存帮界或会馆之分。在兴建过程中，不但本市客属乡亲出钱出力，其他会馆、社会热心人士也积极支持。但是，若仅仅停在这个层面上，其意义还存在着极明显的局限性。更要进一步融

---

① 刘为安：《堤岸今昔》，河内：越南世界出版社，2007 年，第 74 页。

汇到越南各民族的大家庭中来，促进各民族之间的团结合作。"①

4. 粤剧团、潮剧团、龙狮团

20世纪60年代，粤曲粤剧开始在越南发展，各同乡会、宗亲会的音乐社轮流在"东方歌坛"演出，收入都捐给广肇医院。70年代，粤剧进入全盛时期，1975年南北统一后不久，第五郡文工团通过文化厅组织了粤剧和潮剧团，后来却被认定为不符合客观环境，改名为"统一粤剧团"和"统一潮剧团"，剧团活动进入低潮期。

1986年革新开放以来，剧团重新振兴，每年农历新年和三月天后圣诞酬神都有演出，并数度邀请中国内地、香港等地的粤剧团来越南交流。除了统一粤、潮剧团外，代表性的乐团组织还有成立于1953年的东方古乐研究社，该团每年都参加义安会馆元宵节慈善会演；成立于1946年的潮群古乐业团是一个致力于发扬古乐文化、服务公益事业的社团；成立于20世纪20—30年代、资历最老的师竹轩父母会，该会会员逾千人；此外还有1985年成立的友谊歌剧社，1988年成立的胜利歌剧社，2006年成立的乐风歌剧社，2010年成立的南方歌剧社等。

活跃在胡志明市的龙狮团有仁义堂、衡英堂、东方、辉义、国威、胜义、精英、豪勇、奇英、雄勇、心华、群义、明浩、豪光等。各龙狮团一年中最重要的活动是春节的时候到各庙宇参拜，举行开光点睛仪式，通常它们先后到穗城会馆天后宫、义安会馆关帝庙、崇正公祠观音庙参拜，然后由团长、理事长和各会馆代表按照传统仪式为龙狮点睛，寓意龙狮会生龙活虎。

5. 越南中国商会广东企业联合会

2016年5月28日，越南中国商会②广东企业联合会在中国驻越南大使馆、中国驻胡志明市总领馆、广东省贸促会、越南中国商会、广东省国际商会的指导和支持下正式成立。这是广东省贸促会（广东国际商会）在"海上丝绸之路"沿线推动建立的又一个境外服务平台。

广东企业联合会截至2016年共有120家会员企业，2017年发展到130

① 《西贡解放日报》，2001年9月25日。

② 越南中国商会是2001年在中国驻越南大使馆指导下并经越南政府有关部门批准成立的非营利性民间社团组织。成立之初仅有百余家企业会员，后来相继成立胡志明市分会、广宁省分会、海防市分会，云南、湖南、福建、广东、山东、浙江、川渝、广西企业联合会，现有近700家会员单位，主要是中国在越南的独资企业、合资企业、大型（工程）项目单位以及中资公司驻越南代表机构等。

多家会员企业，涉及建材、印刷、电子、服装、物流、餐饮、金融、通信、制造等多个行业。

该会既为在越南的广东企业"走出去"和"落地生根"服务，也为加强越南与广东的经贸联系发挥桥梁作用。例如，2016年12月和2017年3月，会长徐丰培组团访问广东省各相关部门和组织，与深圳市侨联缔结为侨界友好社团、与深圳工业总会缔结为友好商会，借此与深圳进一步加强联络。徐丰培还提出在越南和广东互建名优产品商品城、在两地热门城市建立商贸合作区、两地共建跨境物流通道和服务平台、在越南建立线下服务平台公司、促进越南与广东证券市场的交流、加强中越双方打击假冒伪劣商品这六项计划，编织一张广东与越南密切合作的经贸大网。①

表1-1　近年越南中国商会广东企业联合会接待来访的中国大陆代表团②

来访时间	来访代表团	来访目的
2016年10月	清远市经贸代表团	进一步促进两地经贸交流合作，为清远市经贸发展和"走出去""引进来"工作服务
2016年10月	广东省工商业联合会代表团	为广东企业构建一个良好的机会与平台，全力支持并安排专业部门与越南中国商会广东企业联合会秘书处对接
2016年10月	广东海外联谊会代表团	了解越南经济社会发展以及华侨华人在越南生活、工作情况
2016年10月	中国—东盟电子商务交易中心代表团	就越南投资环境、双边贸易和互联网等方面进行深入交流
2016年11月	中山市代表团	了解越南建材市场、外商投资家电行业的情况以及医疗器械生产销售和物流行业的发展情况
2016年11月	湛江市代表团	宣传湛江市各方面优势和加大对外投资，为"走出去"中资企业打好基础

① 《深圳侨报》，2017年3月27日。
② 该表根据越南中国商会广东企业联合会网站2016年和2017年的相关报道统计制作，因资料来源所限，难免挂一漏万，表1-2同上。

（续上表）

来访时间	来访代表团	来访目的
2016 年 12 月	粤展集团代表团	宣传该集团于 2017 年 5 月 18 日至 20 日与越南合作举办的 2017 亚太（越南）网版印刷及数字化印刷工艺技术展览会，希望通过商会平台在越南找到商机及合作伙伴，邀请商会会员企业届时参展；双方还就越南投资环境，中企在越经营情况，越南成衣、鞋厂、印刷等领域进行深入交谈
2017 年 1 月	梅州市代表团	增进双方工商业界的了解和沟通，扩大经贸合作和发展
2017 年 2 月	梅州客家联谊会	宣传梅州市各方面优势和加大对外投资，为"走出去"中资企业打好基础
2017 年 3 月	深越合作区① 代表团	和商会对接、交流与合作，并宣传深越合作区
2017 年 3 月	奥驰展览代表团	参加展览，寻找、开拓越南船务市场
2017 年 4 月	广东省电动车商会代表团	了解对越投资经营环境，明确对越投资及经营的方向

表 1-2　近年越南中国商会广东企业联合会出访情况

出访时间	出访地	出访目的
2016 年 12 月	深圳工业总会	签署建立友好合作交流关系协议书，加强双方的经贸合作
2016 年 12 月	深圳市侨联	签订侨界友好社团协议书，进一步加强联络，促进两地经济、文化交流，积极为两地企业加强合作搭建桥梁

---

① 深越合作区位于越南北部最大的港口城市海防市，规划面积 2 平方公里，总投资 1.75 亿美元，2017 年 10 月底完成首期基建投资，预计 2021 年全部建成。园区全部建成后将吸引超过 10 亿美元的投资，创造 3 万个以上就业岗位。

（续上表）

出访时间	出访地	出访目的
2016 年 12 月	侨交会代表团	双方就中国商品在越南展览展示、越南商品在中国展览展示、中越物流公司、越南市场法律法规培训、进出口商品溯源等六大方面初步达成合作意向，后续将进行密切的对接并具体落地实施
2016 年 12 月	世界莞商联合会代表团	签订友好合作交流关系协议，双方在经贸方面开展多种形式的交流与合作，建立长期沟通联系制度
2016 年 12 月	广东海外联谊会代表团	介绍华商在越南投资的现状和越南市场的机遇
2016 年 12 月	广东省工商业联合会代表团	对越南中国商会广东企业联合会及在越投资市场与机遇进行详细介绍
2016 年 12 月	广东省商务厅代表团	希望加强合作互动，促进双方交流，做好广东名优商品进驻越南市场的工作
2017 年 3 月	广东省茂名市海外联谊会代表团	介绍广东商会成立以后工作开展情况，同时表示将经常保持与家乡的联络，为服务在越侨胞，增进中越友谊多作贡献
2017 年 3 月	广东省茂名市归国华侨联合会代表团	为"一带一路"建设服务，促进茂名和越南在海产品、干果等产业的对接
2017 年 3 月	广东省茂名市海外联谊会代表团	加强联系和合作
2017 年 4 月	广东省湛江市外事侨务局	希望在越南中国商会广东企业联合会的牵引下建立更多的合作关系，推动湛江市和越南各个领域的交流

三、主要特点

排华过后如何"再出发"，才能让历史悲剧不再重演，更好地在当地生存发展，是每个传统华人社团现在开展活动时必须考虑的问题，由此形成现阶段传统华人社团的主要特点。穗城会馆、义安会馆、崇正总会，以及粤剧团、潮剧团、龙狮团，作为传统华人社团，重视保护和传承中华传统文化是它们历来的使命，但也吸取历史经验，积极融入越南社会。

在融入越南社会方面，传统华人社团除投身公益慈善事业外，还立足自身优势，开展独具特色的活动。1993 年，穗城会馆的天后宫和义安会馆的关帝庙成为越南政府公认的国家文物遗迹之一。作为国家级历史文化遗产，很多外国游客前来参观。为做好民间外交工作，穗城会馆从广肇学校学生中挑选懂英语、汉语的人才，经过培训有关民间外交工作的知识，特别成立迎宾组，向游客介绍越南风土人情及革新开放以来取得的成就。会馆内增设信息栏，张贴图片介绍今日胡志明市的发展、民族文化等，让游客更好地了解越南。2012 年，第五郡祖国阵线委员会挑选穗城会馆作为试点，落实"在新形势下继续革新和提高人民外交工作效果"的党中央书记处第 04 号指示，会馆与第五郡祖国阵线委员会积极配合，每到农历新年均为郡内回国度春节的侨胞组织一天旅游活动和举行聚会，聆听侨胞心声，对华人宣传越南国家政策，动员其来越南投资。这些活动都是在对外宣传越南，动员华人投资越南，这使会馆在越南官方和民间均树立了良好形象，也为越南的经济社会建设贡献了自己的力量。

传统华人社团内部也有分化。相较于穗城会馆和义安会馆，崇正总会的认同具有更加多元化的特点，这一特点的形成既有现实原因，也有深刻的历史渊源。1868 年，潮州和客家两帮华侨在堤岸建立义安会馆，潮州帮占七分，客家帮占三分，由于潮州人比例高，会馆的领导层历年均由潮州华商推选，1956 年，吴艳庭政府下令接管各会馆产业，义安会馆虽为潮、客两帮共有，但潮州人占多数，因此由潮州帮负责办理手续，现在义安会馆完全属于潮州人。20 世纪 50 年代后期，钦州、廉州、防城、灵山、南宁一带有三万多客家人利用地利之便来到越南，移居胡志明市，加入崇正会馆。现在，经过短短几十年，原本属于少数的钦廉客家人已经发展到三四十万人，变成一个大族群，并且脱离以梅州人为主的崇正会馆，另立钦廉会馆。正因为在地域与族群关系上与义安会馆和广西客家人有上述历史渊源，而现实中又不像广府人那般在数量上占据优势，崇正会馆要维系自身认同更为不易，因此，他们在地域、族群、文化和公民等多重认同之间游走，并认为这是不局限于传统的"新时代赋予的新意涵"①。

与上述传统色彩浓厚的会馆相比，2016 年成立的越南中国商会广东企

---

① 萧新煌、张维安、范振乾等：《东南亚的客家会馆：历史与功能的探讨》，《亚太研究论坛》2005 年第 28 期，第 214 页。

业联合会则以经贸合作为特色，两年多来，已发展会员单位 100 多家，涵盖多种行业，与广东省建立密切商务往来，缔结友好单位、成立商贸合作区、开展跨境电商业务等。随着中越双边经贸合作关系的深入与加强，结合"一路一带"建设，近几年，大量的中资企业携资金、技术、信息、人才等奔赴越南。越南中国商会广东企业联合会一直为中越双边经贸发展发挥着纽带作用，一方面向国内中资企业提供越南当地政府有关优惠政策以及行业的投资点，另一方面向越资企业介绍中国的投资发展机会等。

第二节　柬埔寨粤籍华人社团

柬埔寨目前有 90 多万华侨华人，约占全国总人口的 6%，这一比例在东南亚国家中仅次于新加坡和马来西亚。近 5 年来，去往柬埔寨的中国大陆新移民人数增长了近 10 万，并在持续增多。

以粤侨为主体的柬埔寨华侨华人社会历经曲折。20 世纪 70 年代至 90 年代初柬埔寨的战乱和排华活动，将华社摧毁殆尽，造成近 20 年的断层，20 世纪 90 年代至今，柬埔寨华社如凤凰涅槃，发展迅速。在经历了 20 年断层之后，全柬华人最高领导机构——柬华理事总会于 1990 年成立，90 年代末，柬埔寨中国商会和柬埔寨中国港澳侨商总会相继成立，形成分别代表本地华人、中国内地新移民和港澳同胞的三大侨团，搭建起战后柬埔寨华人社团乃至华人社会的基本架构。

一、历史与现状

柬埔寨华人社团历经了四个发展阶段：[①]

从 1863 年法国占领柬埔寨到 1953 年柬埔寨独立，在法国殖民者分而治之的治理模式下，柬埔寨华社根据方言群形成帮会。柬埔寨华社由此正式划分为潮州、广肇、福建、客家、海南五大帮，并形成了每帮各自拥有独立的会馆、学校、义地、庙宇的结构。二十世纪四五十年代，帮会制度在法国、中国、柬埔寨复杂交错的国内外因素作用下日益解体，1958 年，柬

---

① 有关柬埔寨华人社团的情况，可参见拙文《"香火"永续：柬埔寨华人社团百年变迁》，载《南洋问题研究》2017 年第 4 期。

埔寨政府正式宣布废除帮会制度。

从柬埔寨独立到 1970 年朗诺政变前，柬埔寨华社各类新兴社团兴起，新老社团融合。法属时代通过法令确立的地缘性社团的边界被打破，华人可根据职业和兴趣自由结社。各类新兴社团百花齐放，有受西方影响的体育会、西乐会等，也有传承中华传统文化的宗亲会、民乐会等。帮会制时代，五帮会馆的成立是该时期柬埔寨华社走向统一的标志，在这一时代，中华医院替代了五帮会馆的组织结构并继承了它在华社的功能及影响，是联合全柬华人的最大规模组织。

经历 20 世纪 70 年代至 80 年代 20 年战乱后，柬埔寨逐步恢复和平发展，华人社团进入恢复重建时期。1990 年，11 位华人带头组织成立柬华理事总会，柬埔寨华社仍以潮州、福建、广肇、海南、客家五帮为单位，或复课，或复庙，或重建义地，或重组会馆。在这个过程中，不仅找到战时失去联系的乡亲，也增强了各帮内部的凝聚力。

20 世纪 90 年代以来，中国内地、香港、澳门等地来柬的新侨增多，柬埔寨华社进入新的发展阶段，并通过社团之间的整合，逐渐形成一个有机整体。随着柬埔寨经济的恢复发展，商会作为一种新型的社团组织逐渐兴起，其成员主要是新侨。目前，与柬华理事总会并立的主要有两大商会——成立于 1996 年由中国驻柬埔寨大使馆经济商务处指导的柬埔寨中国商会，以及成立于 1998 年在香港贸易发展局指导下开展工作的柬埔寨中国港澳侨商总会。这三大社团又共同组成新的、超越三者的组织：柬埔寨中国和平统一促进会、柬埔寨中华文化发展基金会、柬埔寨华助中心，它们共同构成柬埔寨华社的基本架构。

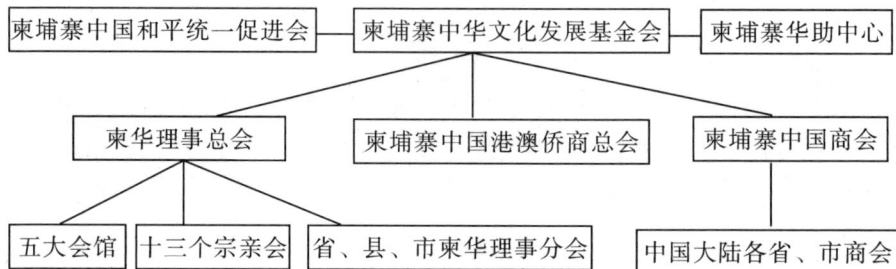

柬埔寨华社基本架构示意图（罗杨绘）

二、主要社团

首都金边是华侨华人和华人社团最集中的地方。柬华理事总会是全柬华人最高领导机构，其中潮州、广肇、客家籍的成员占90%以上，此外还有福建籍和海南籍的华人成员。① 粤籍华人社团有柬华理事总会下属的潮州会馆、广肇会馆、客家会馆，以及以新侨为主的广东商会。柬埔寨中国港澳侨商总会中也有部分粤籍华人。

1. 柬华理事总会

1990年12月26日，柬华理事总会宣告成立，倪良信、林国安、杜瑞通、黄宋清、林风武、符和财、蔡迪华、郑荣吉、蔡家亮、陈义鸿、陈利成11位理事就职，这标志着自1970年朗诺政变到1989年越南撤军，在20年的战乱和断层后，柬埔寨华人社团在一片废墟上重生。

柬华理事总会自第3届理事会起，在杨启秋会长的领导下，将潮州、福建、海南、客家、广肇五大会馆的会长都请进总会，由此改变了以往柬华理事总会仅作为一个独立机构，游离于五帮之外的情况，并且开始在华人聚居的各省甚至县市建立分会。它通过这套组织体系，逐渐将五大会馆、13个宗亲会、各省分会都纳入自身的框架之中。这使柬华理事总会成为全柬华人的最高领导机构，发挥着两方面的重要媒介作用。首先，它是柬埔寨华社和柬埔寨政府之间的中介，例如，清明节各个会馆、宗亲会组织的扫墓活动，是由柬华理事总会向政府申请并拿到批文，再分发给各会馆及宗亲会；其次，它是中柬之间交流的中介，中国驻柬埔寨大使馆的一些活动、中国国内代表团的到访、汉办和侨办援建华文教师的安置等，柬华理事总会都负责联系安排。

柬华理事总会在历届理事会的带领下不断发展壮大，截至目前，它统领着柬埔寨各省市县68个柬华理事分会，金边五大会馆，13个宗亲会及其他组织，共142个分支机构。

---

① 柬华理事总会虽然不仅是由粤籍华人构成，但其比例很高，潮州会馆、广肇会馆、客家会馆也在柬华理事总会的框架内开展活动，因此，本节将柬华理事总会作为反映粤籍华人社团在柬活动的代表之一，特此说明。

表 1-3　柬华理事总会历年理事会、会长一览表①

1990 年 12 月 26 日	柬华理事总会成立	倪良信任首届会长
1995 年 8 月 23 日	柬华理事总会第 2 届理事会就职	倪良信蝉联会长
2001 年 3 月 19 日	柬华理事总会第 3 届理事会就职	杨启秋当选会长
2007 年 4 月 24 日	柬华理事总会第 4 届理事会就职	杨启秋蝉联会长
2016 年 6 月 19 日	柬华理事总会第 5 届理事会就职	杨启秋第三次当选会长 蔡迪华任执行会长

2016 年 11 月 29 日，杨启秋会长因身体原因，宣布辞去柬华理事总会第 5 届理事会会长一职，12 月 19 日，多位侨领一致支持方侨生出任柬华理事总会会长之职。次日，方侨生发表致柬埔寨各界华人社团的公开信，表态将出任柬华理事会会长。2017 年 1 月 17 日，柬华理事总会第 5 届会长交接仪式隆重举行，方侨生正式接任柬华理事总会会长，方灿成、徐坤城、郑棉发、郑源来、黄焕明、陈速丰、蔡迪华、黄清水、韩强畴、林应祥、蔡壁光、许先进当选为轮值常务副会长。

柬华理事总会在方侨生会长和其他华社贤达的领导下，进入改革发展、与时俱进的新阶段。新一届理事会对柬华理事总会的会务进行革新，确立文教和经济为两大主要工作，重视对青年成员的培养，加强总会与柬埔寨官方和民众以及海外柬埔寨华人的联系。

（1）会务革新。

新一届柬华理事总会的会务革新主要体现在以下三个方面：

柬华理事总会召开理事会议，审议通过了新章程、新会徽设计图案，赞成并通过 8 位人士作为法人代表在内政部注册的资格等议案。这 8 位法人代表为方侨生（会长，潮州人）、冯俊楠（监事长，客家人）、方灿成（副会长，潮州人）、韩强畴（副会长，海南人）、蔡迪华（副会长，广府人）、黄美芬（常委，福建人）、庄明强（副会长，潮州人）、林少雄（副会长，潮州人）。在柬华理事总会的 11 位创会理事中，仅有 1 位来自广肇帮，其余 10 位都是潮州人，福建、海南、客家三帮没有成员进入第一届理事会，这与当时时局尚未安定、华人刚刚陆续从各偏远农村回到城市的历史背景有关，也与柬埔寨华社中潮州人一向占据约 90% 的高比例相关。粤籍华人始

---

① 《高棉日报》，2016 年 12 月 23 日。

终是柬华理事总会领导层的骨干力量。

新建办公大楼。新楼位于金边繁华区域，总面积 3 000 平方米，预计 2018 年建成竣工。项目建设方案经过全体会员大会一致通过，并于 2017 年 3 月 30 日奠基，棉森婉副总理亲临主持奠基仪式。新楼的建设用地由方侨生会长无偿捐赠，自奠基仪式举行后，柬华理事总会不断收到华社的热心捐助，支持大楼建设。

增设"商务促进处"和"法律咨询处"两个机构，以便更直接地为在柬华侨华人提供最新的商业投资信息和政策、法律法规方面的咨询服务。负责商务促进处的韩强畴勋爵指出，柬华理事总会成立商务促进处是着眼于国家经济发展的需要，目前，商务促进处正积极听取各方面的意见及建议，组建基本构架和吸引人才。① 法律咨询处业已于 2017 年 3 月 7 日成立，韩兴处长介绍，很多中资企业常为遇到一些法律问题投诉无门而苦恼，柬华理事总会法律咨询处的成立将为他们提供咨询，帮助他们了解如何保护自己的正当权益。本地华人也是服务的重点对象，该处很乐意为实际面对法律难题的华侨华人提供免费的咨询服务。②

（2）文教事业。

华文教育事业一直是柬华理事总会的工作重点。新一届柬华理事总会把华文教育发展作为首要任务。

委派文教处进行全国华校调研。柬埔寨各地华校的情况差异很大，既有 15 000 人的端华学校，也有 30 人的外省农村学校。柬华理事总会在常务副会长兼文教师资基金处长郑棉发的带领下，组成文教团，驱车数千公里，对全柬华校进行走访调研。2017 年至 2018 年初，文教处代表团进行了 7 次走访调研华校活动，完成对 21 个省（首都）区 58 家华校的摸底。③

每年为华校发放补贴金，提升华文教师的薪酬待遇。柬埔寨的华文教育并未被纳入国家的教育体系中，学校的所有经费来源除了学生学费和中国的一些资助，全靠华社自行筹集。华校相比同类学校，学费很低，这样也是为了吸引更多的华人子弟和柬埔寨学生入学。柬华理事总会于 2017 年 10 月 2 日发布通告，柬华理事总会会长方侨生决定，给予首都郊区和各省市县柬华理事会下属华校老师提供薪金补贴，确保老师收入能够维持生活。

---

① 《华商日报》，2017 年 2 月 1 日。
② 《华商日报》，2017 年 3 月 7 日。
③ 《柬华日报》，2018 年 1 月 7 日。

通告指出，在薪金补贴计划下，新聘老师最低工资为 250 美元，教龄一年以上老师为 300 美元，教龄 10 年以上老师为 350 美元，校长或校委主任则为不低于 400 美元。若各校支付的工资未达上述标准，柬华理事总会将会补足。在首都郊区和各省市县正在开课教学的 42 家华校中，仅 3 家华校的老师工资达到以上标准，其余 39 家华校 277 位老师的工资未能达到以上标准。方侨生会长决定自掏腰包，包下所有的补贴金，每月资助 29 636 美元，一年共计 355 632 美元。①

开展柬华师资培训，从源头上解决华校老师师资不足的问题。2017 年，由柬华理事总会主办、乌廊市启华学校承办了"首期柬华师资培训"。师资培训活动得到华校、学生的热烈响应和积极参与，更得到金边端华、崇正、民生、广肇几所学校的积极配合，选派资深中国籍教师授课。首期培训班共有 15 名学员，他们有的是中学毕业生，有的是应届中学生。学成结业后，根据各省市华校的需要，将他们分配到各地华校服务任教。②

（3）商务活动。

近来，中国多个省市政府领导和企业家代表团在"一带一路"建设的号召下访问柬埔寨，中柬经济合作出现蓬勃发展的新势头。仅新一届理事会任职以来的第一年（2017 年）就接待来访的中国和其他国家代表团 18次，其中有 12 个代表团到访柬华理事总会的目的是加强经贸合作。

表 1-4　2017 年柬华理事总会接待来访代表团情况③

来访时间	来访代表团	来访目的
2017 年 3 月	美国潮商总会	搭建美中柬商业文化交流的平台，促进美中柬经贸往来，为潮商所在国和祖（籍）国作贡献
2017 年 3 月	广东省行业协会考察团	考察柬埔寨投资环境，适时到柬埔寨投资发展
2017 年 5 月	《广东华侨史》调研团	为编写柬埔寨华侨华人历史收集相关文献资料

---

① 《柬华日报》，2017 年 10 月 6 日。

② 《柬华日报》，2017 年 12 月 3 日。

③ 该表根据柬埔寨《华商日报》2017 年的相关报道统计制作，因资料来源所限，难免挂一漏万，表 1-5、表 1-6 同上。

（续上表）

来访时间	来访代表团	来访目的
2017 年 5 月	海南客家商会考察团	考察柬埔寨投资环境以及各行业的投资潜力
2017 年 7 月	中国（德州）企业对接会	为柬埔寨和中国山东德州市双边企业开展经贸、投资合作搭建沟通交流的平台
2017 年 9 月	吉林省侨联代表团	为长春老工业基地来柬埔寨发展寻找契机，支持有意来柬发展的吉林商家企业
2017 年 9 月	广东省侨联代表团	深入了解当地华侨华人的生活、华文媒体和华文教育发展情况，加强经贸合作
2017 年 9 月	国侨办政法司调研组	了解中国"一带一路"建设在实施过程中为柬埔寨及当地华人社会所带来的作用，了解来自中国的新侨、企业同柬华理事总会的协调关系
2017 年 10 月	青岛考察团	进一步了解柬埔寨投资、经济、人才等相关领域的潜力和情况，了解柬埔寨政府对外国投资的政策等，考察首都金边市、实居省、西哈努克省、国公省和暹粒省的投资潜力
2017 年 10 月	黑龙江社会科学院代表团	考察柬埔寨投资环境，将柬埔寨的资源、投资优势广泛向相关企业宣传，力促来柬投资
2017 年 10 月	珠海建协代表团	了解柬埔寨在建筑业等方面的情况，了解柬埔寨在投资、建筑、经济、人才等相关领域的潜力，了解柬埔寨政府对外国投资的政策等
2017 年 11 月	肇庆市外事侨务局	拜访各地社团，通过友好交流，希望同各地华人社团建立友好合作关系，通过访问活动，看望肇庆乡亲侨胞，了解同胞们在柬埔寨的发展情况
2017 年 11 月	江苏省兴化市政府代表团	希望能在柬埔寨农业、企业等方面，寻找投资及合作机会
2017 年 11 月	中国工业经济联合会代表团	主要关注柬埔寨工业情况、农产品加工、农机市场、工业园区开发、人才培养、煤矿发电、港口、物流及城市污水处理等柬埔寨最具投资潜力的项目

（续上表）

来访时间	来访代表团	来访目的
2017 年 11 月	中国潮商代表团	参加第 6 届柬埔寨建筑工业博览会
2017 年 12 月	中国华侨大学访问团	拜访柬华理事总会，参加华侨大学柬埔寨校友会成立仪式
2017 年 12 月	中柬企业发展投资基金会代表团	双方就柬埔寨投资能源开发、港口建设、旅游、教育、农业、发展投资基金、IT 系统和办公自动化等项目进行交流座谈，中柬企业发展投资基金会作为平台桥梁，引导中国更多的资本进入柬埔寨，引导更多的中国企业转型升级，并到柬埔寨投资发展
2017 年 12 月	中国侨联代表团	了解华文教育开展状况及现实需求，看望慰问在柬侨胞，加强交流

　　新一届柬华理事总会的会长和理事多数是在柬经商的成功人士，有着广泛的人脉圈，熟知柬埔寨经济、人文、物产资源、投资环境等优势。柬华理事总会顺应时代潮流，积极参与中柬两国经济建设，为两国企业家的合作发展起到重要的中介作用。例如，2017 年 11 月，中国潮商代表团赴柬参加第 6 届柬埔寨建筑工业博览会，这是中国潮商首次组团参展。在访问柬华理事总会时，代表团成员介绍了各自的行业及相关的产品，当了解到他们多是从事卫浴、不锈钢及相关建材产品时，方侨生会长当即让其属下的加华集团采购部直接与潮商进行接洽；当了解到参展潮商缺乏现场翻译时，柬华理事总会又联系翻译，作出周密安排。

　　（4）青年工作。

　　青年工作是柬华理事总会新一届理事会的又一工作重点。柬华理事总会成立青年团，为社团培养后备力量。2017 年 6 月 4 日，近 60 名青年团成员举行首次聚餐会。

　　青年团成立后，两次拜访柬华理事总会方侨生会长，希望听取方会长的指导，把青年团的工作做得更好，让青年人参与华社工作。方侨生会长同意让青年团经济独立，由柬华理事总会拨款相助。为鼓励青年团尽快行动起来，他以柬华理事总会的名义捐助 1 万美元，作为青年团活动的启动资金。[①]

柬华理事总会鼓励青年参与日常会务和文体活动，在资助支持方面向青年们倾斜。例如，柬华理事总会新一届理事会派代表参加柬埔寨华助中心的提名人选，总会决定，柬华理事总会参加华助中心的 5 名代表人选，除方侨生会长外，另外 4 名人选全部由柬华理事总会青年团推选。柬华理事总会计划设立一个资金规模为 2 000 万美元的"柬华青年创业基金"，协助柬华青年创业。

（5）四次独具特色的大型活动。

柬华理事总会新一届理事会任职以来，先后主办了"洪森总理与华人华侨团结饭盛宴""柬华理事总会与市场商贩友谊饭盛宴""护国祈福冥阳两利水陆大法会""世界柬埔寨华人联谊会"四次独具特色的大型活动，扩大了总会在柬埔寨国内以及在海外柬埔寨华人移民中的影响力。

2017 年大年初八，洪森总理和 5 500 华侨华人共进"团结饭"。[②] 柬华理事总会 2017 年 1 月 23 日致信洪森总理，邀请他在中国农历春节期间与柬埔寨华侨华人共享"团结饭"。次日便接到洪森总理的亲自批示，表示同意参加。消息发布后，社会各界反应强烈，从原先预定的 4 000 人参会最后增至 5 500 人。洪森总理在活动上首先特地以"恭喜发财"的中国话祝福全柬华侨华人和全球华侨华人。"团结饭"现场，中国驻柬埔寨大使熊波夫妇带领中国大使馆人员、柬埔寨政府高官政要、柬埔寨社团代表、华校代表和中国社团代表，以及来自中资企业在柬工作人员、援柬华教老师和留学生等出席。

与千余商贩共进"友谊饭"。[③] 为了增进柬华理事总会同金边市各个市场商贩的密切联谊与交流合作，2017 年 5 月 7 日，总会决定举办 1 500 人的"友谊饭"盛宴，邀请 1 100 名商贩同总会全体顾问、理事共进晚餐。柬埔寨参议院议员、柬华理事总会荣誉会长刘明勤在致辞中表示，柬华理事总会主办这次"友谊饭"活动，为柬、中企业家交流提供了一个平台。小商贩代表春德碧烈对柬华理事总会主办与金边市各个市场商贩的"友谊饭"表示感谢，他说，此次活动帮助我们互相认识，互相交换经验，让我们更

---

① 《华商日报》，2017 年 6 月 6 日。

② 《柬华日报》，2017 年 2 月 4 日。

③ 《柬华日报》，2017 年 5 月 8 日。

了解柬华理事总会。

主办护国祈福冥阳两利水陆大法会。① 2017 年 10 月 10 日至 16 日，由柬华理事总会主办、加华银行赞助、世界佛教华僧会承办的护国祈福冥阳两利水陆大法会在金边隆重举行。柬埔寨僧王隆庞，世界佛教华僧会执行长心茂长老，来自中国大陆、台湾、香港以及美国、加拿大、越南等地的高僧大德联合主持法事。柬埔寨副总理棉森婉女士，国务部部长兼宗教事务部部长恒参，柬华理事总会领导层，华社名流，以及来自中国大陆、台湾、香港和越南、澳大利亚、泰国、法国、加拿大、美国等地的居士、善信人士纷纷前来共襄盛举。大法会仪式吸引了金边众多善信前往拜祭。据统计，共有 100 多位法师、300 位志愿者参加本次法会，其间，每天有约 2 000 人在大法会现场享用素餐。

召开世界柬埔寨华人联谊会。② 2017 年 10 月 19 日，世界柬埔寨华人联谊会全体交流会在金边隆重召开，旅居世界各地的柬埔寨华侨华人会员代表数百人出席大会。柬华理事总会作为大会主办方，举办这次联谊会活动，旨在让海外的柬埔寨华人有机会回柬埔寨叙述乡情。柬华理事总会多位理事及全国各省市柬华理事会代表，来自美国、法国、加拿大、越南、南非和中国港澳台等国家和地区的柬埔寨华侨华人代表团出席大会。此次大会最后通过决议，决定每两年在柬埔寨金边举办一次聚会，并在柬华理事总会设立联谊会秘书处。

2. 柬埔寨广东商会

柬埔寨广东商会创立于 2013 年 12 月，2014 年底重组理事会并于 2015 年 5 月成立首届理事会。③ 广东商会和广东省驻柬埔寨经贸代表处这两个平台自成立以来，发挥了各自职能作用，汇聚了旅柬粤商粤企等 200 多家会员企业，涵盖房地产、金融、法律事务及传媒等多个领域。

商贸活动是柬埔寨广东商会的主要工作，仅 2017 年，柬埔寨广东商会接待来访的代表团 12 个，其中来自广东省的商贸代表团 8 个。柬埔寨广东商会还与越南、老挝、泰国、阿联酋等国的广东商会组织建立了联系。2017 年间，柬埔寨广东商会派出外出访问团 4 个，其中 3 个到访广东省。

---

① 《柬华日报》，2017 年 10 月 15 日。
② 《柬华日报》，2017 年 10 月 20 日。
③ 《华商日报》，2017 年 10 月 12 日。

表 1 - 5　2017 年柬埔寨广东商会接待来访代表团情况

来访时间	来访代表团	来访目的
2017 年 2 月	广东（中山）—东盟商务考察团	30 多家地属中山的粤企商家前来了解柬埔寨的最新商业资讯
2017 年 3 月	暨南大学英国校友会	希望能与商会成员在相关领域强强联合，共谋进取
2017 年 7 月	泰国广东商会	希望能在柬埔寨寻求金融、房地产等行业对接的机会
2017 年 7 月	三一重工	了解柬埔寨广东商会各企业成员的基本情况，同时也使三一重工能更好地融入商会
2017 年 7 月	老挝广东商会	互相学习交流经验，为中柬老三国的经贸和文化交流贡献更多力量，通过了解广东商会企业在柬埔寨的发展情况，为老挝和柬埔寨之间的经贸互动打开进一步合作的空间
2017 年 8 月	广东汕头代表团	专程就广东食品及超市如何打开柬埔寨市场进行交流
2017 年 9 月	肇庆进出口商会	希望借助广东商会的资讯、资源平台，让肇庆企业更好地来此安营扎寨
2017 年 10 月	越南、泰国、阿联酋广东商会	双方就投资、经营等多方进行了交流
2017 年 11 月	广州市贸促会	双方共同主办的中国（广州）—柬埔寨（金边）经贸交流会在金边举行，访柬代表团与柬埔寨广东商会就促进粤柬双边经贸合作展开会谈，并成功签订《中国国际贸易促进委员会广州市委员会与柬埔寨（中国）广东商会互设联络处合作备忘录》
2017 年 10 月	广东河源政府代表团	河源市作为广东省政府指定的与柬埔寨的对接城市，拟在柬埔寨开设"河源馆"，将河源产品和广东产品引进柬埔寨
2017 年 11 月	番禺区厂商会	学习和交流经验，希望能与柬埔寨广东商会各行各业的朋友多加交流，促进资源对接，利润共享
2017 年 12 月	湛江市海外联谊会代表团	共享粤柬两地商机，促进两地企业更好地发展

表 1-6　2017 年柬埔寨广东商会出访情况

出访时间	出访地	出访目的
2017 年 1 月	广州	参加贸促会
2017 年 1 月	广州	出席广东省人大会议
2017 年 8 月	越南	参加广东—越南 2017 年经贸合作交流会
2017 年 12 月	湛江	参加中国海洋经济博览会

广东商会积极融入柬埔寨社会，投身公益慈善事业，在当地社会树立良好的粤商形象。2016 年，广东商会成立慈善基金会，设立专款账户，首笔善款捐赠 5 000 美元给磅清扬省政府，购置抽水设备解决当地旱情，获得了磅清扬省长的高度赞扬。商会决定在 2017 年再捐助 3 000 美元用于磅清扬省的公益事业。商会慈善基金会的第二笔善款在"六一"儿童节购置了价值 5 000 美元的文化用品给广肇学校，体现新侨老侨一家亲。①

广东商会也开展多种文体活动。2017 年，广东商会主办中柬乒乓球友谊赛，由番禺乒协与柬埔寨国家队对决，赛后商会赞助柬埔寨国家队运动器材一批，获得柬方体育界高层的赞赏，广东商会还诚邀柬埔寨乒乓球选手前往广东乒乓球基地进行交流学习。2017 年 2 月 18 日，广东经贸代表处和广东商会举办文化艺术交流沙龙活动，特别盛邀著名国画大师、清华大学美术学院教授黄庆辉莅临指导，同时也邀请了柬埔寨孔子学院、中国文化中心、潮州工夫茶艺协会等代表，让琴棋书画茶汇聚一堂，展现出中国岭南文化的风貌。

此外，柬埔寨的粤籍华人社团还有新成立的地方性华人社团，如 2016 年 8 月 7 日成立的柬埔寨江门五邑同乡会，以及正筹备成立的柬埔寨潮汕商会等。

三、主要特点

二十世纪七八十年代的战乱前，在柬埔寨经商的人超过 90% 都是华人，华人中超过 90% 都在从商，从商者中超过 90% 都是粤侨。20 世纪 90 年代以来，随着柬埔寨政局的逐步稳定，柬埔寨政府取消了对华侨华人的法律

---

① 《华商日报》，2017 年 4 月 29 日。

歧视和限制，并希望利用华侨华人的经济力量振兴柬埔寨经济。粤籍华人在柬埔寨的农业经济、城市商业以及进出口贸易等领域逐渐占据重要地位，经济实力大为增强。

相应地，柬埔寨传统粤籍华人社团形成商业活动比重增大的新特点，尤其是 2017 年柬华理事总会换届选举后，它从弘扬中华文化、以华文教育为核心的传统型社团，进入改革、发展的新阶段。

柬埔寨本土华人历来拥有丰富的经商智慧和经验，有着当地丰富的人脉网络和资源储备，对柬埔寨的政策、市场、需求和投资环境等了如指掌。柬华理事总会发挥纽带和桥梁作用，将本土华人和外来投资者的优势有效结合起来，实现两者的优势互补，致力于帮助会员、新侨和其他外商在柬埔寨实现落地投资与合作。对外招商，吸引资本和技术，推动柬埔寨经济和社会发展，成为柬华理事总会新一届理事会的工作重心。

在会务方面，转换运作方式，引入一些商业运作模式，实现柬华理事总会自身的"造血"功能。以前总会的活动经费主要依靠华社贤达乐捐，方侨生会长希望总会今后加入一些商业运作模式。例如，如果外国投资商来柬埔寨投资，柬华理事总会可以为会员产业进行推介，并可能从中收取推介费，用于支持和扩大总会的经费。但是方侨生会长强调，柬华理事总会的最终目标并非赚钱，而是为会员提供服务，加入商业运作，除了为会员服务，也希望能够争取一些收入，以维持总会的正常开支，尤其是支持华文教育。

华文教育是柬华理事总会的传统工作重点，一方面秉承前几届理事会所坚持的理念，将发展华文教育作为传承中华文化的组成部分；另一方面也在与时俱进，有了新的考量。中国大陆、香港、台湾等地的投资者来柬埔寨发展，希望能够找到可以用汉语沟通的合作伙伴，或为他们工作的汉语人才。因此，除传承中华文化的传统外，华文教育被注入了经商贸易的新内涵。商业知识将首次列入华校教学课程。为了培养下一代的华裔青少年从事商业的兴趣，柬华理事总会将邀请专业人士收集编写最好最先进的商业资料，经挑选后，会将这些资料分发给华校，推动各大华校将商业内容列入学校教师课程，提高青少年对商业课程的兴趣，也为每位学生将来毕业后走进社会经济大舞台打下牢固基础。[①]

---

① 《华商日报》，2017 年 3 月 5 日。

柬华理事总会的服务对象不断拓展，联谊方式有所创新。除为柬埔寨华人服务外，该会也把服务对象扩大到中国大陆、港澳新移民，中资公司，柬埔寨民众，以及身在海外的柬埔寨华人移民，创造性地举办了四次独具特色的大型活动。上至国家总理，下至市场商贩，都通过"团结饭"的新形式与华社加强了联谊，而"水陆法会"这种宗教形式既符合柬埔寨全民信奉佛教的本土环境，也兼顾了佛教在华人中的深厚影响力。创办世界柬埔寨华人联谊会，将因排华或其他原因定居他国的柬埔寨华人再次凝聚，形成跨国网络，也是华人社团的新特色。

第三节　老挝粤籍华人社团

老挝华侨华人人数相对较少，主要来自云南、广东、湖南、广西、福建、海南等地，分布在老挝中、南部地区，聚居在万象、沙湾拿吉、巴色、琅勃拉邦等大城市。1975 年至 1986 年，因社会环境变化，很多老挝华侨华人出走他国，原来华侨华人人数较多的南部城市人走室空。1986 年老挝人民革命党召开第四次代表大会，确定实施"新经济机制"，实行对外开放，并开始寻求与中国改善关系，1988 年两国恢复正常关系，华侨华人的社团、学校次第恢复。20 世纪 90 年代后，广东籍新移民陆续到达老挝，他们之中很多人是经泰国到老挝的，由于他们比其他省市的新移民要早到老挝，因此在生意上也抢得先机，有的人成为老挝的富豪。

一、历史与现状

传统上，老挝华侨华人主要有两个来源，一是来自云南，相当一部分是农民，多分布于上寮，老挝人称他们为"和（贺）人"；二是来自广东、福建、浙江等沿海省份，被称为"秦（金）人"，多分布在中下寮地区，以经商为主。后者中，广东籍人占 90%，其中潮州人又占了 80%，其次是客家人、东莞人、惠阳人、海南人等，经济实力较强的潮州人多数是抗战前后从泰国和柬埔寨迁入的，与泰国和柬埔寨的经济联系十分密切。

老挝华人的社团组织经历了法属帮长制度到近现代理事会制度的变迁，以及 20 世纪 80 年代后的复兴。

原先，"寮国各地华侨分帮的多少，视当地华侨的籍贯而决定，或设一帮，或设两帮，倒没有五帮全设的"，"永珍（即万象）设潮州帮、客帮，蛮巴拉邦（琅勃拉邦）设潮州帮、海南帮，川圹设广府帮、云南帮，他曲只设潮州帮，沙湾拿吉也只设潮州帮（一说有潮州、广肇等帮公所），百细（巴色）设客帮、潮州帮"。[1] 各帮帮长的选举，只有拥有商业牌税的华商才能参与投票，选举时，由当地政府派员监督，得票最多的三人当选为候选人，再由当地政府在这三人之中选择一人为帮长，任期四年，期满改选。

"二战"以后，老挝华人社团从帮长制转为理事会形式。1946 年，中法订立新约，废除帮公所制，改设中华理事会，通常设正理事长一人，副理事长两到三人，理事若干，对内商议办理华侨事务，对外沟通传达当地政府的政令。万象、琅勃拉邦、川圹、巴色、他曲等地均设了中华理事会。20 世纪 50 年代老挝完全独立后，政府下令彻底改组华侨组织，1959 年明令取消中华理事会，万象、琅勃拉邦、川圹、巴色、他曲等地侨胞几经努力，筹建中华会馆作为替代性组织。20 世纪 70 年代期间，华人社团中断活动。

1988 年 11 月 8 日，万象中华理事会成立，之后琅勃拉邦、巴色、沙湾拿吉等地的中华理事会也相继恢复活动，标志着老挝华人社团进入新的发展阶段。

二、主要社团

老挝首都万象以前不是老挝华侨华人社会的中心，20 世纪 90 年代后，随着新移民的流入，万象逐步成为老挝华侨华人人数较多的集聚地和华侨华人经济实力最强的中心。在万象的华侨华人社会中，潮州人最多，甚至潮州话是作为公共语言，广东人和客家人等其他方言集团的华人也懂得潮州话。[2] 与新移民相比，广东籍华人大多已经融入老挝社会，有的担任了政府高层人士，如前副总理凌续光；有的成为商界大佬，如老挝首富张贵龙。[3] 广东籍新移民也积极融入当地社会，与当地妇女结婚，组成家庭。由各地帮公所组织整合而成的中华理事会是老挝最具影响力、活动范围最广

---

① 辛祖康：《寮国华侨教育》，台北：海外出版社，1960 年，第 17 页。

② 山下清海：《老挝的华人社会与唐人街——以万象为中心》，《南洋资料译丛》2009 年第 4 期，第 68 页。

③ 黄文波：《浪沙淘金始见"金"——老挝新华侨印象》，《八桂侨刊》2014 年第 1 期，第 72 页。

的华人社团，其中大多数成员都是粤籍华人。

1. 万象中华理事会

万象，老挝语"Vien Tsan"，这两个词根分别表示"城市"和"月亮"，广东话的读音与"永珍"相近，因此华人又称"永珍"。万象是粤籍华侨华人的最主要聚居地，该地中华理事会虽不完全由粤籍华人组成，但一定程度上代表了粤籍华人在当地的结社活动。

"二战"后法国重返印度支那，建立管理华侨的半官方组织中华理事会，印度支那中华理事会总部设在西贡，又在印支三国各设中华理事会，互不隶属，各自对法国驻印度支那高级专员负责，而在万象设立的万象中华理事会，则是法国殖民当局间接统治老挝华侨的机构，① 其前身为1934年成立的永珍华侨公所，由潮州公所和客帮公所合并而成。万象的中华理事会不仅曾起到统领老挝侨团的作用，也引领着该国侨团发展。1959年中华理事会被当局取消后，及时筹建中华会馆，1988年恢复，这在印支三国中是最早恢复的。

对内，万象中华理事会是华人管理自己的组织，下设主要机构有：寮都公学，规模最大时有5 000多名学生，包括泰国、柬埔寨等国的华人子弟也来此求学；永珍善堂，赈济灾民，赡养老人，照顾孤儿；福德庙，潮州人的神庙，每年农历十月十三，请泰国的潮剧团到万象演出，举行酬神大会，筹措基金；伏波庙，专门负责白事，协助办理丧事；中华妇女会，与当地妇女组织联系，维护妇女权益；少年狮子团，春节时向华侨华人舞狮拜年，为理事会募集基金。②

对外，它作为华社代表，负责与各政府部门联系，资助当地社会公益事业，如万象市政厅、医院、学校、寺院等每年都能够得到该会的资助，还以政府投资或合资等形式，利用华人善于经营的特点，筹建了一些旨在为政府部门筹措资金的经济实体，通过这些活动，增进了与当地政府和人民的友好关系。万象中华理事会也多次接待来访的中国大陆代表团，组织发起赴中国各省份的拜访、考察、参会等活动，定期赴泰国参加盂兰盆会等，在经济贸易、文化交流等方面起到引领作用。

---

① 庄国土：《略论二战以来老挝华人社会地位的变化》，《华侨华人历史研究》2006年第2期，第30页。

② 范宏贵：《老挝华侨华人剪影》，《八桂侨刊》2000年第1期，第36页。

表1-7　近年万象中华理事会接待来访的中国大陆代表团①

来访时间	来访代表团
2015 年 7 月	云南日报报业集团
2015 年 7 月	云南海外文化教育中心
2015 年 9 月	华侨大学
2016 年 1 月	中国国务院侨办代表团
2016 年 8 月	云南省海外交流协会代表团
2016 年 11 月	PANDA 成都
2016 年 11 月	云南省侨联代表团
2016 年 12 月	中国全国人民代表华侨委员会代表团
2017 年 9 月	海南省广播电视台和海口市侨联代表团

表1-8　近年万象中华理事会出访情况

出访时间	出访目的
2015 年 7 月	参加广东—东莞海博会
2015 年 8 月	赴泰国乌隆探访常务顾问
2015 年 8 月	赴泰国参加盂兰盆会
2016 年 8 月	赴泰国参加盂兰盆会
2016 年 10 月	赴印度尼西亚雅加达参加世界龙狮大赛
2016 年 10 月	参加广西南宁第 5 届海外交流协会理事大会
2016 年 11 月	参加新加坡华源会 15 周年庆典及签署友好社团协议书
2017 年 3 月	拜访福建师范大学
2017 年 4 月	参观考察西双版纳
2017 年 8 月	赴泰国参加盂兰盆会

2. 老挝广东商会

2015 年 5 月 9 日，老挝广东商会正式成立，它是由老挝工贸部确认、老挝中国商会②正式批准备案的社会组织。老挝广东商会是老挝中国商会的分会，在老挝工商会、中国大使馆商务处和中国商会的指导下开展工作。

---

①　根据万象中华理事会脸书中的相关报道统计制作，因资料来源所限，难免挂一漏万，表1-8同上。

②　老挝中国商会成立于 2005 年 11 月，下设湖南分会、浙江分会、巴色分会等。

目前已有注册会员单位 200 多家，会员企业涵盖 IT、机械制造、房地产、旅游、金融投资、电子电器、包装物流、商业零售等多个行业。

老挝广东商会主要有以下职能：

一是作为中老之间的商贸对接平台，为中国企业尤其是广东省内企业在老挝落地穿针引线。例如，广东商会多次组织中老项目对接会，与广东咖啡行业协会、广东旅游企业、佛山钢铁行业协会、广西农业产业行业协会、西双版纳广东商会、昆明广东商会、东莞海博会等协会及相关企业展开交流，多次组织各会员单位互动，推进在老挝的业务发展。

表 1 - 9　近年老挝广东商会接待来访的中国大陆代表团①

来访时间	来访代表团	来访目的
2016 年 5 月	广东富本电梯代表团	与商会探讨如何开拓老挝电梯市场
2016 年 6 月	广西农业产业行业协会考察团	为中国有机生态产业联盟②分会和广西农业产业行业协会③老挝办事处举行挂牌仪式，就综合产业和新闻资讯方面达成战略合作意向
2016 年 9 月	云南一带一路信息服务中心代表团	会员企业签署战略合作意向书
2016 年 10 月	广东省侨联代表团	建立经贸往来和文化交流的平台，加强双方联系
2016 年 12 月	广东省外事办代表团	通过老挝广东商会这一平台推动广东企业在老挝投资兴业
2017 年 3 月	湛江市人民政府考察组	为今后互访交流建立联系
2017 年 5 月	《广东华侨史》调研团	看望老挝粤侨，共叙粤侨情，了解广大粤侨在老挝的移民史、发展史，调研当地粤侨发展状况，以及老挝经贸投资环境、华商经营发展情况

---

①　根据老挝中国商会网站的相关报道统计制作，因资料来源所限，难免挂一漏万，表 1 - 10 同上。

②　中国有机生态产业联盟是联合国内外优秀的有机上下游企业、行业机构、专家学者等资源共同创立的非营利性民间自发合作组织，通过服务和监督会员发挥组织作用，共同打造中国有机产业，并与国际有机产业接轨，在全球范围内建立起有机产业联盟体系。

③　广西农业产业行业协会由广西农业产业行业，如林业、牧业、渔业、农副产品等农业产品的生产、物流、销售、科研等部门的团体会员和个人会员组成，培育并创立协会自身的农业产业品牌，组织并向国内外企业宣传推荐行业内的优质品牌，以促进农业产业行业健康稳定发展。

（续上表）

来访时间	来访代表团	来访目的
2017 年 7 月	广东省贸促会代表团	进一步推动广东企业在老挝落地，促进广东与老挝的经贸往来
2017 年 10 月	广东省揭西县代表团	介绍揭西县正在大力发展的生态旅游产业，广东制造在老挝市场十分受欢迎，这一情况正好与揭西县大力发展生态手工业、电线电缆制造业的发展方向不谋而合，吸引老挝侨胞回乡投资，支持家乡建设和发展
2017 年 11 月	中国侨联代表团	加强沟通联系，看望慰问在老挝侨胞

二是作为老挝政府和当地中国企业之间的中介，每逢中国传统佳节，商会领导会去拜访老挝工贸部等政府部门，感谢老挝工贸部等管理部门对商会及会员企业的关注和关怀，反映商会及会员企业在老挝经商过程中遇到的问题和困难。

三是积极"走出去"，开展与泰国、柬埔寨、新加坡、马来西亚等东南亚相关商会交流活动。2017 年，在商会秘书长周敏健带领下，组团出行柬埔寨金边，对兄弟单位柬埔寨广东商会进行友好访问，交流两国的投资环境与发展前景，表示要充分发挥粤商敢打敢拼的精神，加强彼此间的合作与互补，缔造更多商机。

表 1-10 近年来老挝广东商会出访情况

出访时间	出访地	出访目的
2015 年 10 月	澳门	参加第 12 届世界华商高峰会，将广东商会在老挝所能够提供的合作机会带给更多投资者，搭建更多渠道
2016 年 7 月	曼谷	拜访泰国华人青年商会，双方就商会工作与企业贸易合作进行了深入交流，邀请泰国广东商会共同举办交流活动会
2016 年 7 月	曼谷	参加全球华侨华人促进中国和平统一大会
2016 年 10 月	广东	参加"海外华商与'一带一路'建设座谈会"，并参加媒体合作交流会，就海外华文媒体与广东媒体如何合作共赢，共同促进"一带一路"建设进行交流探讨

（续上表）

出访时间	出访地	出访目的
2017 年 6 月	昆明	参加第 15 届东盟华商会
2017 年 6 月	北京	参加第 2 届世界华侨华人工商大会，姚宾会长就老挝华商在"一带一路"建设中可以发挥的重要作用提出详细建议
2017 年 6 月	天津	参加"2017 中国·天津华侨华人创业发展洽谈会"和世界侨商项目与商品博览会
2017 年 7 月	北京	参加"海外侨领中国国情研修班"
2017 年 7 月	金边	对兄弟单位柬埔寨广东商会进行友好访问，探讨增进会员单位间对接合作的可行方案
2017 年 9 月	北京	参加中国海外交流协会第六次会员大会
2017 年 12 月	海南	参加"2017 中国企业家博鳌论坛"

四是致力于当地社会公益慈善事业。例如，得知寮都公学原有校舍已不能满足教学要求但缺乏资金扩建时，商会会长林锦文让商会积极联系会员单位筹措资金，帮其渡过难关；春节、中秋等中国传统节日，商会组织会员前往永珍善堂，看望慰问孤寡老人，给他们送去关心和礼物。

三、主要特点

老挝华人社团虽然跟越南和柬埔寨的华人社团一样，都经历过法属殖民统治时期的"五帮分治"，但其自身的群体构成，具有不同于上述两国的特点。首先，"当今老挝华侨华人社会，无论在经济基础和籍贯结构方面，基本上都不是历史上华人社会的延续，而是由少数留在本地的华人和 20 世纪 80 年代后期回归的华人，以及来投资的新华侨重新建构的"。① 广东籍新移民到达老挝时间较早，社会地位和经济成就较高。其次，随着老挝的改革开放，很多四川人、云南人进入老挝经商、打工，他们多分布在与中国接壤的丰沙里、乌多姆赛、琅南塔三省，据说 90 年代中期云南人已取代潮

---

① 庄国土：《略论二战以来老挝华人社会地位的变化》，《华侨华人历史研究》2006 年第 2 期，第 34 页。

州人成为老挝最大的方言集团。① 近年来，随着"一带一路"建设的开展，中国新移民络绎不绝地来到老挝，依然集中在万象、琅勃拉邦、巴色、沙湾拿吉等大城市，一说老挝目前有中国大陆人 20 万至 30 万，主要来自湖南、四川、重庆一带，② 尤其湖南人在老挝异军突起，据说目前有 10 万湖南人在老挝从商。③ 因此，与越南和柬埔寨两国中粤侨在华人社团中的比例相较，老挝粤侨的数量优势并不明显。

相应地，老挝粤籍华人社团从组织规模上看，有如下三个特点：一是老一代华侨华人尚没有全国性的社团组织；二是各个地域和方言群体也没有形成类似帮公所那样的独立组织；三是华商组织兴起，中国已成为老挝最大投资国，两国的商贸往来日益频繁，到老挝从商的中国大陆新移民越来越多，2015 年 7 月 29 日，老挝中华总商会在万象成立，它是为华商之间的商业合作而搭建的平台，是老挝首个全国性的华商组织社团，成员多是中国大陆新移民。

第四节　缅甸粤籍华人社团

在缅甸，粤籍华人有 30 万~40 万人。二十世纪五六十年代，粤籍华侨华人是缅甸华侨华人中人数最多的群体，1962 年，由于缅甸的排华政策，他们在缅甸的很多物业被收归国有，许多人都出国谋生发展。目前，粤籍华人人数不及云南籍和福建籍的华人。④

自 1988 年缅甸实行改革开放以来，一些重要的粤籍华人社团重新恢复活动，同时，随着侨情的变化，粤籍华人成立了一些新的华人社团。仰光作为缅甸的政治、经济、文化中心，成为大多数华人社团的所在地或总部所在地。在仰光，粤籍华人社团主要有广东观音古庙（广东公司）、广东工商总会、潮州会馆、宁阳会馆、应和会馆。在曼德勒等大城市也有广东同乡会或广东会馆。

---

① 山下清海：《老挝的华人社会与唐人街——以万象为中心》，《南洋资料译丛》2009 年第 4 期，第 66 页。

② 黄文波：《浪沙淘金始见"金"——老挝新华侨印象》，《八桂侨刊》2014 年第 1 期，第 73 页。

③ 根据笔者 2017 年 12 月底对老挝中华总商会副会长卿济康先生的访谈。

④ 《金凤凰》，2017 年 11 月 4 日。

一、历史与现状

19 世纪初到 20 世纪初，缅华社会先后成立了上百个宗亲会、同乡会和商业团体，社团的基本格局已经形成，具有以下三方面的特点：

（1）早期社团和宫庙联系紧密。社团利用自身财力和信众基础建立宫庙，宫庙事务又托付给社团处理，二者形成相辅相成的关系。缅甸历史悠久、影响最大的宫庙有六座，分别是缅北的阿瓦观音寺（建于 1773 年）和八音关帝庙（建于 1806 年），以及"缅南四大古庙"：仰光广东观音古庙（建于 1824 年）、勃生三圣宫（建于 1855 年）、丹老天后宫（建于 1826—1838 年间）、仰光庆福宫（建于 1864 年）。四大古庙中前两者都为粤侨所建，丹老天后宫则为闽粤侨合有，可见粤侨在宫庙建设中的比重。最早的粤籍华人社团应属广东公司。[①] 广东公司与广东观音古庙实则是"两块牌子，一套人马"，英国殖民时期，按有关规定，很多社团都以公司名义注册。

（2）随着海路来的移民人数增多，宗亲会和同乡会兴起。"大多数粤侨的宗姓团体，创建于光绪年间"，"最早置有会所之宗亲团体为曹氏馆、陈家馆、李家馆等"，"在民国后组织者，则有地区性之团体，如海晏馆"，"姓氏人数较少者，则与有关宗姓联宗，合组一个宗亲团体"，例如，"粤侨之甄、汤两姓合组'中山堂'，方、邝、雷三姓合组'溯源堂'，吴、周、蔡、翁、姬五姓组'志德堂'"。[②] 1864 年成立的宁阳会馆是缅甸华社最早的同乡会，"民国以后，缅属各地粤侨人口众多的地方，均有广东会馆组织。如卑谬、丹老、土瓦、瓦城等地"[③]。

（3）因为各行各业的劳动者居多，所以除了商会，行会众多也是缅甸华人社团的一大特色。随着粤侨中的工人人数逐年增多，为团结互助，各行各业纷纷成立行会，木工最初有鲁城行（建于 1883 年）、利城行（建于 1883 年）、鲁北行（建于 1888 年），铁工组织了敬德行，还有酒楼饭店的行会（建于 1904 年），原名广兴行，后改为酒楼茶职工同业公会。1929 年，广东商人成立了缅甸华侨工商总会。值得一提的是，1852 年，粤籍洪门组

---

① 林锡星：《广东在中缅经贸关系中的作用》，《东南亚研究》2000 年第 5/6 期，第 51 页。
② 卢伟林：《缅甸华侨志》，台北：华侨志编纂委员会，1967 年，第 213 页。
③ 卢伟林：《缅甸华侨志》，台北：华侨志编纂委员会，1967 年，第 214 页。

织洪顺总堂在观音古庙开圩接纳新丁，洪顺堂与闽籍的青莲堂以及后来成立的建德堂，曾在很长一段时期内在缅华社会具有举足轻重的地位。

粤籍华侨华人社团的发展还与中国息息相关，具有鲜明的时代特色。辛亥革命唤起了华侨对中国的认同感，抗日战争爆发更是将缅甸华侨的民族主义运动推向高潮。在意识形态上，包括粤籍侨胞在内的华侨华人从对地域、宗族、职业等的认同扩展到对民族、国家等的认同，而在社团组织上，超越地缘、血缘、业缘关系的社团涌现。例如，1921 年缅甸岱呀华侨召开全体华侨大会，决定将广东会馆、福建堂等团体解散，成立中华会馆，瓦城、卑谬等地也成立了中华会馆，[1] 仅在 1937 年 7 月至 12 月内，缅甸华侨华人成立的抗日救亡组织及其分支机构就达 130 多个。[2] 日本占领缅甸期间，缅华社团几乎停止活动。

"二战"后，缅华社团迎来短暂春天。这一时期，传统和现代社团兼有。宗亲社团占有很大比例，说明缅甸华侨华人的宗乡观念浓厚。洪门组织继续存在，是缅华社团的又一特色。新兴社团中，校友会、职工团体蓬勃发展。然而好景不长，20 世纪 60 年代中期，缅甸政府的排华政策使大多数华侨华人社团停办，只有鲁城行、敬德行等社团保存下来。

1988 年缅甸实行改革开放，粤籍老侨团重新恢复活动，新侨团应时而生，粤籍华人社团的发展进入一个新时代。缅甸政府对华人采取"三不主义"，即不参与、不支持、不干涉，一方面认识到华人社团并非政治团体，不影响缅甸的繁荣稳定，另一方面仍有民族主义的阴影，因此"不参与、不支持"。[3]

二、主要社团

广东观音古庙是缅甸历史最悠久的粤籍华人社团，与广东观音古庙的宗教性、传统性和联合性特点不同，缅甸广东工商总会是现代商会组织，虽然成立时间不长，但该会参与了缅华社会的各项重大活动，许多年轻骨干已成为缅华社会的重要侨领，使粤籍华人在缅华社会事务中发挥了积极作用。2016 年 9 月 17 日，缅甸广东青年会在仰光正式成立，这体现出粤籍

---

[1] 肖彩雅：《缅甸华侨华人及其社团》，《谱牒研究与五缘文化论文集》，2008 年，第 468 页。
[2] 方雄普：《仰光的华人社团》，《八桂侨刊》2002 年第 2 期，第 41 页。
[3] 方雄普：《仰光的华人社团》，《八桂侨刊》2002 年第 2 期，第 41 页。

华人社团开始注重培养年轻成员的趋势，使社团活动后继有人。

1. 广东观音古庙

广东观音古庙是仰光乃至缅甸历史最为悠久的粤籍华人社团。正因为历史悠久，因而"传统"是其特色。

中国传统节日和祭祀是广东观音古庙发挥传统宗教职能的重要活动。每逢中元节，广东观音古庙也依照教义仪规举行庄严的中元节祭祖仪式，祭奠祖宗功绩，为众生及去世父母诵经超度祈福，报答父母深恩，祈愿世界和平。各地的信众、居士也随法师一起诵经礼拜，同沾法喜。春节期间，广东公司都会例行在广东观音古庙举办颁发春节福利金仪式。例如，2014年，共 109 位粤籍贫困乡侨接受捐助，广东观音古庙向每位贫苦乡侨捐助 3 万缅元（约合 150 元人民币），广东观音古庙负责人每人再分别向每位乡侨捐助 35 万缅元（约合 1 750 元人民币），此外，仰光的兄弟社团，曼德勒等地以及来自美国、中国澳门、新加坡、日本等的侨胞也捐献数额不等的红包，捐助人员多达 150 余人。通过春节发放福利金仪式，广东观音古庙旨在弘扬中华民族的传统美德，推动敬老、互助的良好社会风气，这正是该社团传统职能的体现。

2. 缅甸广东工商总会

在广府社团、潮州会馆、应和会馆等的大力支持下，2000 年 3 月 2 日，缅甸广东工商总会在武帝庙大礼堂成立。该会成立十余年已有 280 多位成员，成员大多数从事贸易进出口行业、房地产买卖、旅馆业、建筑业、工厂、金铺和商店等。

缅甸广东工商总会积极与各社团联谊，推进中缅两国各领域的经贸合作。例如，2017 年，缅甸湖南商会刚刚成立不仅，缅甸广东工商总会便组团前往拜访叙谈。双方各自介绍出席的成员，两位会长分别致辞后，直接进入畅所欲言的交谈环节，原定两小时的见面会延长至四个小时，内容涵盖对于身处缅甸所感受到的问题与希望，对时局机遇的分析交流，国家民族政治，本土习俗等。通过这类互访和叙谈会，缅甸广东工商总会突破了粤籍的限制，加强了与其他华人社团尤其是新华人社团的联系。

接待中国大陆特别是广东省的访问团是缅甸广东工商总会的重要活动。例如，2016 年 10 月，缅甸广东工商总会在仰光会见由广东省侨商投资企业协会（简称广东省侨商会）与高州市侨商会共同组成的广东侨商考察团。广东侨商考察团此行想通过与缅甸广东工商总会的交流，进一步深入了解海外侨商在缅甸的投资情况，建立合作伙伴关系，为广东侨商今后在缅甸的发展搭建平台。广东工商总会的成员在座谈会上分享了自己在缅甸的经商及创业经验，以及在投资与贸易过程中所面临的问题。经过此次访问与交流，缅甸广东工商总会与广东省侨商会已达成共识，并在座谈会结束后签订了为期两年的合作协议。根据此协议，缅甸广东工商总会与广东省侨商会将为双方会员前往缅甸与中国广东两地投资、贸易和开展相关的考察、参观活动等提供力所能及的帮助。

表1-11　近年缅甸广东工商总会接待来访的代表团①

来访时间	来访代表团	来访目的
2013年5月	世界海南乡团联谊会访问团	介绍海南岛的发展与近况，邀请在缅侨胞到海南岛观光旅游、投资兴业
2013年6月	《广东华侨史》调研团	了解广大粤侨在缅甸的移民史、发展史，调研缅甸粤侨在当地的发展情况，以及缅甸经贸投资环境、华商经营发展情况，并收集相关史料及侨胞祖传遗物
2013年8月	全国政协代表团	了解社团的发展、居住国的政治现状与华侨华人在当地的经济及社会发展情况，华文教育发展情况与遇到的困难
2013年9月	澳门缅华互助会	希望通过拜访，加强两地缅华侨胞间的情感交流
2013年10月	海南省侨办代表团	考察海南省周边沿海国家的华侨华人现状，计划访问印度尼西亚、缅甸、文莱等国，缅甸为此次行程的第二站
2013年11月	梅州市侨联、广东省五华县侨联、澳门嘉应会馆代表	与同乡加强沟通与联络，邀请侨胞回乡寻找投资和发展的机遇
2014年2月	澳门长虹音乐团	与缅甸各界分享艺术文化，与缅甸工商界加强沟通交流，并为缅甸慈善事业出一份力

① 根据缅甸华文媒体《金凤凰》的相关报道统计制作，因资料来源所限，难免挂一漏万。

（续上表）

来访时间	来访代表团	来访目的
2014 年 3 月	马来西亚霹雳州邦咯岛广东会馆代表团	加强粤籍侨胞之间的交流
2014 年 10 月	惠州市海外交流协会代表团	推动海外的华侨（乡亲）来缅甸多交往，共同发展
2015 年 4 月	云南省海外交流协会代表团	诚邀缅甸广东工商总会参加"东盟华商会"
2015 年 8 月	梅州市代表团	加强与缅甸侨胞沟通联络，增进乡情乡谊
2015 年 12 月	中国海外交流协会中医关怀访问团	展开为期两天的"中医关怀义诊行动"，给缅甸华侨华人及缅甸民众提供中医健康咨询
2016 年 4 月	广州市天河区政府代表团	了解缅甸当前的经济发展情况，为广东的实业家们来缅发展、旅游、创业创造机会，加强中缅双方的联系
2016 年 5 月	云南省侨办代表团	双方就考察、投资、信息沟通与交流感情等各方面进行会谈，邀请参加 6 月 10 日至 12 日在昆明举行的"第 14 届东盟华商投资西南项目推荐会"
2016 年 9 月	中国海外交流协会中餐繁荣团	邀请缅甸各界华侨华人参加"中餐繁荣，魅力淮扬"中国传统美食品鉴会
2016 年 10 月	广东侨商考察团	加强交流，了解在缅投资情况
2016 年 11 月	广州市侨办代表团	为在缅甸经济转型之时，广东企业家来缅甸发展投资搭建更好平台
2017 年 11 月	广东省丰顺县代表团	了解缅甸广东工商总会和丰顺侨胞在缅甸的历史及现状

3. 缅甸广东青年会

组建缅甸广东青年会（简称粤青会）是在缅甸广东工商总会侨领们的大力推动和资助下进行的，[①] 缅甸广东工商总会特别拨款 1 000 万缅元（约

[①] 根据笔者 2017 年 12 月通过微信对巫祖宝先生进行的访谈材料以及缅甸华文媒体《金凤凰》2016 年 9 月 18 日的相关报道。

合 4.725 万元人民币），用于帮助和支持粤青会的组建和初期发展。为了粤青会的成立，该会主要成员连续进行了三次理事会议，确定了粤青会的章程方针。粤青会广纳缅华青年才俊，凡是年龄 18～45 岁的缅甸华侨华人，均可申请成为会员。尽管该会的名称是"缅甸广东青年会"，但粤青会是不分省籍的，特别欢迎缅华各界的中青年能够加入这样一个缅华青年大家庭当中来。目前，缅甸广东青年会已有近 80 名会员报名入会，他们分别来自医疗、贸易、工业、餐饮、服务等行业。

4. 应和会馆

应和会馆是广东客家人的社团，"应"即广东古时的嘉应州，"和"指和谐、团结。它创建于 1870 年，1945 年复办，1999 年已发展会员 2 000 多名，分布在缅甸各地。会馆在遭遇会所被收归国有多年后，终于在同乡侨贤们的大力倡议和热情捐助下，于 1990 年正式购建完成新的永久会所。应和会馆的宗旨是联络乡亲感情，帮助和照顾乡亲在社会上团结发展，协助客家人宗亲办理红白喜事，若宗亲有经济困难，该会也会给予金钱和人力上的帮助与支持。如今，应和会馆在理事们的主导下，积极参与和配合缅华侨界的各项慈善工作，始终以爱乡爱国、奉献社会为宗旨，受到缅华各界广泛赞誉。应和会馆在每年春节临近时都会如期举办春节福利金活动，至今已持续举办十年，在颁发春节福利之前会有一个捐款项目，春节福利金便是来源于该馆理监事及各位同族宗亲的捐赠。凡是 75 岁以上年老无依的老人都可报名参加领取春节福利金，对于部分无法到场出席的老人，该馆也会派人将春节福利金送到他们手中。2017 年春节，福利金颁发仪式在仰光应和会馆内举行，28 位 75 岁以上生活清贫、无所依靠的老人得到春节福利金。

5. 潮州会馆

潮州会馆创建于 1923 年，曾因战乱等原因终止活动，1960 年复办。会馆一方面延续传统，另一方面也在与时俱进。在每年的会馆复办纪念日都会举行隆重的纪念仪式，激励乡亲勿忘历史。例如，2016 年，时值潮州会馆复办 56 周年，当日早上，会馆全体理监事首先循例在该会会所举行隆重的祭拜仪式。祭拜仪式主要有三项内容：首先，追荐祖先，旨在继承与发扬慎终追远、孝亲报恩之美德；其次，全体理监事一齐起立面向佛祖和观音菩萨敬香敬礼，祈福新的一年风调雨顺、万事昌和；最后，全体理监事向已故众乡友默哀一分钟。来自英国伦敦的潮州同乡企业家也一同参加了祭典活动。祭祀祖先、凭吊先贤，是加强会馆对自身历史的认同，敬拜神佛则饱含对未来的期许。对未来的展望除了凭借宗教的力量，会馆也在积极利用现代科技手段。在徐益苍理事长的倡议下，全体理监事展开研讨座谈，讨论开设"仰光旅缅潮州会馆"微信群事宜。根据计划，该微信群将会不定期发布关于仰光旅缅潮州会馆的历史、通讯录等信息，以提升会馆的知名度，进一步拓展会务。

三、主要特点

广东观音古庙和缅甸广东工商总会在架构上各有特点，代表两种不同的侨团组织模式。"二战"期间，因仰光沦陷，广东观音古庙的会务一度中断。光复后，它的组织架构发生很大变化，由粤籍各宗亲会、同乡会等社团各派出一名代表组成理事会，这意味着观音古庙成为由多个社团参与管理的联合社团组织。到20世纪80年代，广东观音古庙所属的社团达61个，每个社团至少有一名代表进入作为领导机构的父兄会。广东观音古庙开展活动的方式也体现出它的社团联合管理模式。例如，在清明游神活动中，"在本公司（仰光观音寺）的指导下组成一游行行列，由公司为前导，其他各家族与附属社团后随，参加游行行列之附属社团有利城行、鲁城行、北城行、鲁北行、敦友堂即粤侨华会"。[①] 这种社团联合管理模式，在一定历史时期内保证了资源在社团间的公平分配，也有助于维持它们的团结协作。

然而，缅甸广东工商总会的成立正是为了在社团组织体制上革新求变，根据商会网站介绍，广府籍华侨华人的人数虽然很多，却延续传统封建式领导的理事会，成员都是终身制。理事会由每个姓氏馆或区域性、行业性、综合性的单位派出一个代表组成。成员大多数年岁高、身体弱、已失去了干劲，又因为是终身制，不具备递补的功能，从而限制了许多年轻有为的人进入会馆。鉴于上述种种原因，数位有识之士发起组织一个新型的、带有工商企业背景的粤侨团体。成员不分性别、不受年龄和人数限制。缅甸广东工商总会成立后，确立了合乎潮流的组织系统和制度，广泛招贤纳士，接受许多年轻有为的工商界人士，并且不限籍贯，对所有缅甸华人开放。

重视青年工作是很多粤籍华人社团的特点。一直以来，缅甸华社缺乏

---

① 李新铭：《缅甸华人的民间宗教信仰研究》，云南师范大学硕士学位论文，2013年，第17页。

一个有效的机制和团体来凝聚缅华年青一代。随着缅甸社会的不断发展以及缅甸华社未来的发展需要，将缅华青年凝聚起来就越发必要。粤青会的创立正是为广泛凝聚缅甸华侨华人中的青年。缅甸广东工商总会会长徐丛苍在接受采访时表示，[①] 支持青年会的创立，是希望给年轻人一个独立的机会与空间，激发缅华年青一代的自主能动性，让这些缅华新兴力量有一个良好的平台和机遇，能够施展手脚，释放青年的热情，发挥青年的才干。他说，目前缅甸广东工商总会领导班子的年龄普遍偏大，但这些乡贤前辈们仍然努力为侨务工作发挥着自己的力量。粤青会创立的目的，就是培养缅华社团的接班人，在今后为缅甸社会的发展、缅华侨社的延续、慈善事业的推广、中华文化的传播、缅中友好的发扬，发挥自己应有的作用与力量。

第五节　印尼粤籍华人社团

印尼华侨华人确切总数难以统计，但根据不同计算方式，人数应该介于 800 万至 2 000 万之间，占印尼总人口的 3% ~ 8%。印尼华人的祖籍地主要是福建和广东，自从中国实行改革开放政策以来，中国大陆的新移民也进入印尼，大城市如雅加达等部分地区开始形成中国大陆新移民的聚集地。[②] 粤籍华侨华人有 1 200 多万人。[③]

苏哈托统治时期的排华政策给华人造成的社会歧视阴影虽未完全散去，但其后印尼社会推进民主化建设，发展市场化经济，华人境遇不断改善，其中一个突出的表现就是印尼华人重新掀起组建社团的新高潮。华人社团在宗旨、类型、组织结构等方面也在进行适应性的调整，社团功能也因时而变，除了组建政治压力型社团，其他社团主要以互帮互助、慈善施予、保存中华文化和加强群体认同为主要目的，一定程度上也促进了国内区域贸易网络的形成。[④]

---

① 《金凤凰》，2016 年 9 月 18 日。

② 陈琮渊、黄日涵：《搭桥引路：华侨华人与"一带一路"》，北京：社会科学文献出版社，2016 年，第 22 – 23 页。

③ 《国际日报》，2015 年 11 月 17 日。

④ 杨宏云：《印尼棉兰华侨华人史》，厦门：厦门大学出版社，2016 年，第 193 – 194 页。

一、历史与现状

粤籍华人大约从明末开始组建类似社团的组织，如 1777 年广东梅县人罗芳伯等在西加里曼丹坤甸建立的兰芳公司，这是华侨社会的孕育时期，也有学者将这一阶段定义为"帮权时代"。①

19 世纪，中国移民海外人数日益增加，严格意义上的华侨社团组织以各种地缘、族缘、方言群的形式发展起来。印尼各地的广东会馆、同乡会在 1880 年前后开始纷纷成立，潮汕、客家、广府的华侨纷纷设立社团，修建庙宇，守望相助。华侨公会（客属公会）、广肇会馆、福建会馆是 19 世纪末由各种行帮、会馆发展而来，会员众多，是印尼侨社享有威望的三大同乡性侨团。此外，嘉应州会馆、梅县同乡会、蕉岭同乡会、大埔同乡会、潮州会馆、惠州会馆、琼州会馆、石扇同乡会、中山同乡会等粤籍同乡侨团也相继成立。据统计，1936 年印尼共有华侨社团 308 个，到 1941 年太平洋战争爆发前，增加到 400 个左右。

"二战"期间，日本侵略者解散了所有政党、工会和社团组织，除了被日本扶持的华侨总会、华侨协会可以活动，印尼华社的社团都被取缔。

印尼独立后，华侨社团受到各届政府不同华侨政策的影响，经历了自由发展、繁盛、受限、复兴四个阶段：②

1950 年中印建交，苏加诺政府对华侨社团采取宽松政策，因此，1950 年至 1965 年是印尼华侨社团发展最快的阶段，1958 年全印尼有华人社团 2 100 多个，③ 曾被日本侵略者取消解散的广肇会馆、惠潮嘉会馆、梅县同乡会等粤籍宗乡团体重新恢复活动。这一时期，华人社团因政治立场、新客土生等差异而分化，也纷纷联合形成总会和地方分会的组织模式。

苏哈托上台后，宣布取缔华人社团，没收社团财产，只允许在政府批准和监督下，在某些城市或区域设立社团，但活动范围仅限于宗教、丧葬、运动、娱乐、医药卫生领域，蕉岭同乡会、泗水惠潮嘉会馆等粤籍宗乡团

---

① 杨宏云：《20 世纪 80 年代以来印尼棉兰的华人社团与社团领袖》，厦门大学博士学位论文，2009 年，第 45 页。

② 丁丽兴：《从被动适应到主动融入：印度尼西亚华侨华人社团的历史演进》，《东南亚纵横》2009 年第 8 期，第 24 页。

③ 黄昆章：《印尼华侨华人史（1950 至 2004 年）》，广州：广东高等教育出版社，2005 年，第 49 页。

体得以继续存在。20 世纪 80 年代，苏哈托对待华人的政策逐渐缓和，有意退还社团财产，华人社团以慈善基金会的名义公开活动，如棉兰惠州会馆改为棉兰鹅城慈善基金会。

1998 年以后，宽松的社会环境为华人社团的复兴提供了条件，1999 年瓦希德上台之后，印尼全国成立的华人社团达 400 多个，[①] 2008 年增加到 540 个。客属总会、客属联谊总会、潮州乡亲公会、梅州会馆、广肇总会等粤籍社团纷纷复办。

二、主要社团

1. 印尼广东社团联合总会

2007 年 11 月，印尼广东社团联合总会（简称广联）成立，它由 9 个侨团组成，分别是印尼广肇总会、潮州乡亲公会、梅州会馆、客属联谊总会、大埔同乡会、海南联谊会、蕉岭同乡会、惠州同乡会、勿里洞同乡联谊会。该会是海外首个由广肇、客属、潮州社团联合组成的广东社团联合体。

该会拥有将近 250 位理监事。以广肇、客属、潮州、海南四大群体轮值的形式确立主席，叶联礼、曾国奎、谭柏叶、叶正欣先后担任广联主席。第 1 届广联会务得以顺利进行，第 2 届广联则完成了总会章程及其相关文件，第 3 届广联的重要工作是在万隆、棉兰、泗水、麻里巴板、三马林达等地设分会。

广联的活动主要包括团结粤籍乡亲、融入印尼社会，搭建与祖（籍）国尤其是祖籍地的交流桥梁，增进与国内外各华社的合作等。

在团结粤籍乡亲方面，广联通过开展具有中国传统特色的文娱活动，加深乡情乡谊。例如，成立广联总会旗下的客属、广肇、海南、潮州四大族群的妇女部，定期举办"相识相聚"的聚餐联欢，开设开展烹饪、园艺、时装、舞蹈、健身操等项目，积极参与印尼主流社会的妇女团体活动，投入救济赈灾等社会福利事业。为加强广东乡亲的友谊，广联决定举办每两年一次的乒乓球友谊赛，鼓励广东乡亲参加比赛。春节、元宵、中秋等中国传统佳节，广联都会举办会员联欢会。广联也积极引导会员融入印尼社会，例如，开斋节时，为了表示对贫困友族同胞的关怀，广联向贫民分发

---

① 杨宏云：《20 世纪 80 年代以来印尼棉兰的华人社团与社团领袖》，厦门大学博士学位论文，2009 年，第 48 页。

数百份节日礼包。发生火灾、水灾之地，也可见到广联赈济灾民的身影。

广联的另一项重要活动是与祖籍地广东省的交流合作。从表 1-12 中的互访活动可见，广联既有接待来访的中国代表团，也在积极"走出去"，与广东省级以及各市区级政府部门和企业家建立了多层次的联系，交流范围包括华人社团自身建设、和谐侨社建设，最重要的仍是为经贸领域的合作牵线搭桥。

表 1-12 近年印尼广东社团联合总会接待来访的广东代表团[①]

来访时间	来访代表团	来访目的
2012 年 4 月	广东省侨办代表团暨广东省湛江市访问团	邀请印度尼西亚、新加坡、马来西亚、菲律宾、泰国的华商参加首届广东东盟合作华商交流会；邀请印度尼西亚年轻（48 岁以下）企业家参加广东省侨办于 11 月 4 日至 13 日举行的"社团年轻接班人培训班"；推介广东近年来的发展，欢迎海外企业家到广东投资兴业
2014 年 10 月	广东省海外交流协会代表团	参观印尼客家博物馆，了解印尼客家人情况
2015 年 11 月	广东省政协经济委员会代表团	看望乡亲，加强交流
2016 年 5 月	广州市侨办代表团	欢迎印尼广东乡亲前来广州考察访问，开拓商机，共创双赢
2016 年 5 月	广东省政府部门和深圳知名企业家代表团	推动在印尼建设产业园区，为中国深圳企业和印尼企业合作搭建新平台
2017 年 9 月	广州市南沙区政协代表团	进一步加强与印尼华人社团的联系，结交新朋友，建立南沙区与广联沟通联系渠道；加强与印尼华族的联谊、交流与合作，共同探索寻求南沙区与海外华侨华人的合作机会

① 根据印尼《国际日报》的相关报道统计制作，因资料来源所限，难免挂一漏万，表 1-13 至表 1-22 同上。

作为印尼粤籍社团的"集合体"，广联也在拓展与国内外其他社团的联系。它成立之初成功举办了第 5 届世界广东同乡联谊大会，当时印尼副总统及多位部长、政府高官均拨冗出席，得到国内外社团、社会贤达的赞扬，提高了印尼广联的知名度。2013 年 5 月，主办世粤联会的澳门组委会特意组团拜访印尼广联。广联向澳门代表团介绍了第 5 届世粤联会在雅加达举行的盛况以及办会经验等，澳门代表团刘艺良团长称赞印尼广联当时虽然刚成立，但能举办规格高、规模大的世粤联会，此行希望通过交流取经学习，吸取宝贵的经验。①

2. 广肇总会

印尼广肇会馆历史悠久，成立于 1892 年，当时名为安良堂，1959 年因故关闭，1980 年复办，后改名广肇会馆，会员多为广府地区人士。

成立广肇总会的构想始于 2000 年 8 月 24 日在椰城广肇安良会馆成立 20 周年联欢时，10 个城市的广肇会馆代表在座谈时达成共识，认为印尼各地的广肇同乡组织必须有一个全国性的组织，作为各地的联系枢纽，加强团结互助。经过两年筹备，2002 年 7 月 20 日在雅加达召开印尼全国广肇会馆代表大会，40 多位广肇社团领导人一致议决同意成立广肇总会，当时有 11 个分会代表出席，并以民主方式投票选出椰城广肇安良会馆的陈伯年为首届（2002—2005 年）总主席。2017 年，广肇总会已有 31 个会员会馆，② 五六百万广肇乡亲，是印尼人数最多的华人社团之一。

敬老扶幼是广肇总会活动的重要内容。敬老主要表现为清明祭祖、给老人发放福利金等形式，由各个宗亲会承担，体现广肇乡亲尊老敬贤的优良作风。有时还会在祭拜结束后举办联欢会，如雅加达广肇会馆每年春祭后都会举行联欢晚会，让广肇乡亲敬祖念本，邀请广肇合唱团、广肇粤剧团、广肇舞蹈团、广肇青年部等参加，增进宗亲情谊。

广肇总会十分重视对青年成员的培养。首先，每年召开"全印广肇青

① 《国际日报》，2013 年 5 月 10 日。

② 这 31 个会员会馆是泗水广肇会馆、万隆广肇会馆、楠榜广肇会馆、苏北广肇同乡会、麻里巴板广肇互助会、三马林达广肇同乡会、苏南省巨港广肇慈善会、亚齐广肇同乡会、梭罗广肇会馆、锡江广肇联谊会、苏北先达广东同乡会、万雅佬广肇会馆、马辰广肇会馆、占碑广肇会馆、东加省伯劳广肇会馆、日惹广肇会馆、三宝垄广肇会馆、玛琅广肇会馆、巴厘广肇会馆、雅加达广肇会馆、马吉冷广肇乡亲会、打拉根广肇同乡会、科伦达洛广肇会馆、棉兰广肇会馆、龙目广肇会馆、坤甸广肇会馆、瓜拉新邦广肇会馆、亚沙汉广肇会馆、邦加勿里洞广肇会馆、大板努里广肇会馆、巴布亚广肇会馆。

年旅游学习营",由各地广肇会馆轮流承办,学习营期间推介中华传统教育,组织青年营员参观工厂、博物馆、艺术馆等。其次,举办学术讲座,广肇总会和印尼华商总会曾联合举办青年商业讲座,邀请来自全国各地25个城市的60多名青年与会。广肇总会设立青年部,定期召开青年工作会议。2016年9月,由广肇总会主办的第5届世界江门青年大会①在雅加达召开,30多个国家和地区的粤籍青年与会,大会紧贴时代,邀请印尼和江门政府、商界领袖介绍"一带一路"背景下双方的发展带给青年事业发展的新机遇。

广肇总会多次组织印尼各地会员回祖籍地广东考察,以及走访东南亚其他国家的广肇社团。2012年,第四届理事会刚刚就任不久,谭柏叶总主席即率领90多人的代表团考察访问江门、新会、台山、开平和恩平;2013年,再次组团参加在广州举行的首届世界广府人恳亲大会;2014年,广肇总会近百人的经贸考察团出访江门。2015年、2016年因筹办第5届世界江门青年大会也与江门市保持着密切沟通。2017年,第五届总主席黄一君当选后,随即率66人的代表团前往江门及周边地区访问。

为了加强印尼广肇乡亲与东南亚邻国广肇乡亲的交流,2013年初,总会组织了棉兰、巨港、楠榜、占碑、雅加达、万隆等12个地方分会约50人的代表团赴新加坡访问,同年底,出席新加坡恩平会馆65周年会庆。同年,组团参加马来西亚广肇联合会举办的第2届亚洲广肇恳亲大会。借这些出访机会,广肇总会向邻国乡亲介绍印尼的情况,让他们来印尼投资兴业,观光旅游,共谋发展。

接待来访的中国各省市代表团是广肇总会历年来重要且频繁的活动。在第四、第五届理事会任职的7年间,累计接待中国国内代表团17次,以云南和广东两省的代表团为主,其中云南代表团到访2次,广东代表团到访14次。代表团出访的目的包括推动经贸发展、开展侨情调研、落实合作项目、促进文化教育合作、共同举办会议等。此外,广肇总会和地方分会的重大活动也会邀请中国国内代表出席。例如,2012年,泗水广肇会馆百年华诞之际邀请了广东省侨联及广州、珠海、江门、拱北、中山、开平等地侨联代表,江苏、云南、香港、澳门等地的侨联代表和团体组织参加庆典。

---

① 世界江门青年大会自2008年起,每两年举办一次,已先后在中国江门、中国澳门、马来西亚沙巴、中国香港成功举办了四届,成功为海内外江门籍青年精英搭建了一个平台,成为关注度高、影响力大、美誉度好的品牌活动。

表1-13　近年广肇总会接待来访的中国大陆代表团

来访时间	来访代表团	来访目的
2011年3月	云南省侨办代表团	邀请参加第9届东盟华商投资西南项目推介会暨亚太华商论坛，介绍开发区如瑞丽国际华商产业园及其优惠条件
2011年5月	广东省海外交流协会代表团	了解海外华人的最新情况，听取华人对广东经济社会发展的意见，发挥华人优势，促进广东与东盟合作
2011年5月	清远市代表团	开展侨情调研、推动经贸发展、签署合作协议
2011年11月	中国中央新闻纪录电影制片厂一行	策划制作一部全面反映南洋华人发展历程的大型高清纪录片
2011年11月	云南省招商考察团	增进相互间的了解，寻求合作商机，促进经贸合作
2012年6月	肇庆和高要市代表团	增进乡情，加强交流
2012年8月	开平市经贸团	向本地企业介绍开平市投资环境及宣传开平市的世界文化遗产和整体城市的建设；就有关具体项目与印尼企业进行商务洽谈，以进一步在开平投资项目及商务考察；进一步考察并推介中国企业来印尼投资
2012年10月	广东省人大代表团	增进彼此的了解与交流
2013年1月	广东省南海区代表团	介绍南海区的建设和发展情况，诚邀印尼广肇乡亲前来南海区考察访问，共拓商机
2013年1月	云南省经贸团	进一步推动云南与印尼的经济交流与合作，深化双方在经贸、旅游、金融等各领域的合作
2014年7月	东莞市外事局代表团	邀请印尼的企业家参加将于11月在东莞举办的"21世纪海上丝绸之路合作交流会"
2014年8月	江门市代表团	双方讨论了三项议题：由印尼广肇总会承办2016年第5届世界江门青年大会；江门市和印尼麻里巴板缔结友好城市；江门市五邑大学提供印尼方在汉语、师资培训方面的帮助

（续上表）

来访时间	来访代表团	来访目的
2014 年 8 月	广东汕头市代表团	参加在雅加达国际展览中心举办的"广东名优产品东盟（印尼）展览会"，总会将全力配合支持印中两地企业家的交接合作，协助汕头产品开辟印尼市场
2014 年 11 月	广东省海外交流协会代表团	就如何促进华社和谐与培养华社青年接班人等主要问题进行交流探讨
2015 年 7 月	江门市青年联合会代表团	拜会印尼广肇青年，与印尼广肇青年企业家共拓商机
2015 年 12 月	广东台山侨务代表团	加强交流，参观新建的印尼广肇会馆和广肇总会
2015 年 12 月	广东代表团	实地考察万隆铁路交通状况
2016 年 5 月	开平侨联代表团	加强和印尼开平乡亲的沟通和联系，第 5 届世界江门青年大会将在雅加达举行，开平市代表团将全力支持和协助印尼广肇总会办好大会
2016 年 11 月	阳江市人民政府代表团	介绍阳江市的资源优势和招商项目

3. 潮州总会

潮州乡亲公会和潮州总会是印尼最重要的两大潮州华人社团。根据印尼潮州总会的介绍，印尼潮州人组织乡亲会历史悠久，100 年前印尼各地就有潮州公会。1965 年以后，因为政府禁止，潮州人组织的活动只能私下进行，多在餐馆聚会，这种聚餐会是潮州公会的前身。1998 年后，印尼政府取消针对华人结社的条例。2000 年的 8 月 30 日，黄继俊、杨金锋、谢家悌三人召集当时有影响力的 22 位潮人精英会谈，[①] 一致同意组建潮州乡亲公会，这 25 人成为潮州乡亲公会的创会人。他们筹措资金购买会所，2001 年 1 月 19 日，潮州乡亲公会正式成立。2011 年，在潮州乡亲公会成立 10 周年庆典上，各地方与会代表达成共识，宣布成立印尼潮州总会。

---

① 这 22 人是曾国奎、许登科、纪任武、张宝贤、许友顺、王孝炘、吴福泰、连进隆、吴石豹、黄旭宣、纪逢贞、李科俊、黄思凡、蔡东昇、蔡义雄、江俍华、朱国源、张伟雄、林来德、朱国盛、林质波、陈钦炳。

据时任潮州乡亲公会理事长曾国奎介绍，为了能够申办第 19 届国际潮团联谊年会，他曾召集印度尼西亚全国各省 19 个潮州公会的代表，并与来自马来西亚各地的潮团团长、秘书长等进行会谈，共同商谈成立印度尼西亚潮州总会的事宜，但由于每个潮州社团宗旨不一，发展目标不同，最初各潮团对成立总会并不感兴趣，要将他们团结起来，必须找到一个共同的契合点，于是他提出申办第 19 届国际潮团联谊年会的建议，在进行深入讨论和商议后，最终各潮团达成共识，并签署了成立总会的协议书。目前，潮州总会共有 19 个地方分会。①

潮州乡亲公会和潮州总会的日常活动以公益慈善为主。例如，2010 年，与印尼学校联合举办教育展览。2011 年，潮州乡亲公会举办"乒乓球公开赛"，来自中国、新加坡、马来西亚、菲律宾、俄罗斯等国的 800 多名国内外选手参赛，这项赛事已被印度尼西亚乒总列为年度赛季。每逢春节、圣诞、斋戒月等中国和印度尼西亚的重要节日，公会和总会除了举行团拜会，还会向印度尼西亚贫苦民众分发节日礼包，此项活动已经持续了十几年，从未间断。2013 年 10 月，雅加达北部椰风郡近千户印尼居民遭受火灾，1 000 多人无家可归，潮州乡亲公会向灾民捐款捐物。丹绒槟榔潮州乡亲公会每三个月举行一次义诊，为当地贫苦居民提供健康服务。2017 年，潮州乡亲公会和雅加达红十字会共同举办献血活动，这是潮州乡亲公会首次举办献血活动，计划每三个月举办一次，以帮助需要的病人。

扶助潮州乡亲也是公会和总会的宗旨之一。2012 年，巴淡潮州乡亲公会启动了助学金及奖学金计划，对贫苦学生和成绩优异的学生进行资助。2014 年，资助计划已经从上两个年度只限于颁给潮州籍学生，扩大到所有籍贯的华裔学生。2014 年，坐落在茂物市的乐龄居敬老院举行了新楼竣工暨启用典礼，乐龄居敬老院由印尼潮州乡亲公会创办人及潮州乡亲创办于 1997 年，隶属于潮州乡亲公会旗下爱心与福利基金会，由于敬老院人数与日俱增，需要扩建，在乡亲公会贤达的资助下，扩建工程得以完成。2015 年，丹绒槟榔市近郊圆德寺举行佛像开光典礼，该寺也得到潮州乡亲公会

---

① 这 19 个地方分会是印尼潮州总会、印尼苏北省潮州公会、苏南省巨港市潮州联谊社、印尼占碑潮州公会、印尼中爪哇潮州乡亲公会、印尼西加潮州同乡会、山口洋潮州公会、印尼苏北丁宜潮州同乡会、西加邦戛潮州乡亲会、印尼楠榜潮州乡亲会、巴淡潮州乡亲公会、明古鲁潮州乡亲会、朱鹿潮州乡亲公会、洞葛慈善福利部、印尼潮州公会、占碑文梧慈善公会、东爪哇潮州乡亲公会、韩江公会/廖省峇眼、丹绒槟榔潮州乡亲公会。

的积极支持与资助。

潮州乡亲公会和潮州总会经常接待来自中国和其他国家的访问团，尤其近两年来与汕头联系紧密，他们也积极前往中国参观访问。例如，2017年1月，潮州总会青年部一行11人，组团参加在汕头大学举办的"中国（汕头）—东盟青年华侨经济文化交流营"，还有来自东盟国家和中国（含港澳地区）的20个团体约140名潮籍青年社团领袖、青年企业家等参会，印尼潮州总会青年团在会上一律身着印尼传统花布，引人注目。

表1-14　近年印尼潮州总会接待来访的中国大陆代表团

来访时间	来访代表团	来访目的
2016年11月	汕头商会团	经贸考察、寻求商机；由深圳市侨交会投资管理有限公司承办的第3届华人华侨产业交易会将于2017年在雅加达举行，乘此机会前往考察场地
2016年11月	中国国际贸促会汕头分会代表团	加深彼此的了解和交流，将印度尼西亚与中国特别是和汕头的经贸往来提升至更高层次
2017年4月	广东潮州市代表团	第19届国际潮团联谊年会于2017年10月在印度尼西亚召开，中国广东潮州市委书记率团前来参加联谊会的团长暨秘书长会议，顺道访问潮州乡亲公会
2017年8月	汕头市工商联（总商会）代表团	加强两会沟通联系，促进合作交流

潮州总会也在积极与东南亚其他国家的社团建立联系。2014年，受马来西亚柔佛颖川陈氏公会邀请，巴淡颖川陈氏公会和潮州乡亲公会联合组团，出席柔佛颖川陈氏公会成立73周年庆典。2015年，新加坡东盟大使陈汉生到访潮州乡亲公会，陈大使原籍也是潮州，新印两国潮籍乡亲都很多，所以希望推动两国企业家的交流合作。2017年，新加坡潮州八邑会馆代表团访问潮州总会和乡亲公会，希望促进彼此会务的发展，并邀请印尼潮州乡亲参加2017年八邑会馆成立88周年和2018年新加坡举行的亚细安潮人企业家奖的评选。

4. 梅州会馆

2001年11月，黄德新与其他20名乡贤发起讨论关于创办印尼梅州会馆事宜，2002 年 1 月 26 日，印尼梅州会馆正式成立，200 多名客家乡亲参加成立大会，第一届理监事就职典礼于同年 3 月 16 日举行，1 600 多位印尼梅州乡亲、客家精英和社会贤达出席见证。[①] 目前，梅州会馆的会员已超过 600 位。

梅州会馆在文教方面成绩突出。一是声乐活动硕果累累。2002 年，成立梅州会馆合唱团；2007 年，又成立竹筒乐队；2012 年，将苏甲巫眉的木铃铛乐团纳入梅州会馆。2012 年，举行"以关爱拥抱生命，用艺术创造未来"为主题的梅州会馆合唱团 10 周年、竹筒乐队 5 周年庆典暨慈善文艺联欢会，排演话剧《温暖的家》，并将庆典所得 2.5 亿万印尼盾捐献给慈善机构。二是开展学术交流活动。2011 年，梅州会馆与雅加达客属联谊会受邀，与台湾暨南国际大学、高雄师范大学客家文化研究所联合举办"印尼客家人研究工作坊"；次年，梅州会馆一行 60 多人赴台湾"中央大学"、暨南国际大学进行客家文化交流作为回访。2011 年，与雅加达客属联谊会、巴中校友会、联通书局、雅乐语研文轩合作开办"印汉双语双向交流平台"，鼓励印尼青年学习汉语和中国留学生赴印尼学习印尼语，促进印中语言、文化、教育的交流。2012 年，与雅加达客属联谊会、巴中校友会、印华作协联合开办"青云读书会"，向社会人士开放，以读书分享讨论的方式共同学习。自 2003 年起开设中文电脑班，近千名学员完成了基础电脑的学习。

梅州会馆与香港社团组织建立联系。2013 年，香港侨骏会率团来访，就如何增进印尼与中国香港的经贸合作和开拓商机进行交流，探讨在印尼投资发展的可能性。2016 年，香港广东社团总会"一带一路"代表团访问印尼期间到访梅州会馆，代表团成员是香港大学生，此次访问是响应香港公民教育委员会提出的"一带一路"交流计划，让香港青年了解和认识"一带一路"，而印尼是"21 世纪海上丝绸之路"的首倡之地。

梅州会馆与新加坡客家人组织也联系紧密。2012 年，新加坡应和会馆派出代表团到访梅州会馆，拜访乡亲，诚邀其参加同年 11 月在新加坡举行的第 3 届世界嘉应同乡联谊大会暨应和会馆成立 190 周年庆典，梅州会馆欢迎应和会馆参加 2013 年在印尼举行的第 16 届世界客属恳亲大会。

梅州会馆与祖籍地广东的互访交流尤为频繁。一是官方层面的访问，二是人文方面的交流。2012 年，嘉应学院访问团参观梅州会馆；2013 年，

---

① 《国际日报》，2012 年 2 月 27 日。

《广东华侨史》调研团抵印尼收集粤籍华侨华人史料，到访梅州会馆、广肇会馆、潮州乡亲公会、印尼广东社团联合总会等，收集文献和实物资料。梅州会馆除多次组织成员赴梅州参观旅游外，2013 年，应邀参加梅州市隆重举行的"梅州月，中华情"中秋晚会；2016 年，组织师生赴梅州参加 2016 年印尼梅州会馆"中国寻根之旅"夏令营——梅州营，为期 10 天，主要让青年学子学习中华文化和客家文化。

表 1-15　近年印尼梅州会馆接待来访的中国大陆代表团

来访时间	来访代表团	来访目的
2013 年 7 月	梅州市委代表团	支持印尼世界客属恳亲大会召开以及"印尼客家博物馆"工程
2013 年 12 月	梅州市平远县代表团	介绍平远县情况，欢迎乡亲回乡寻根问祖、旅游参观
2015 年 1 月	梅州市代表团	商谈印尼—梅州旅游包机、在梅州投资设立印尼燕窝加工生产基地、扩大双边旅游合作等事宜
2015 年 5 月	梅州市代表团	促进两地经贸合作、文化交流、旅游互访、增进乡谊
2016 年 8 月	梅州市代表团	介绍家乡情况，看望慰问乡亲
2016 年 10 月	梅州市侨联代表团、广东叶剑英研究会代表团	加强交流往来，邀请乡亲们回乡考察，为"一带一路"建设牵线搭桥
2016 年 11 月	深圳市梅县商会代表团	推动双方合作，搭建商务洽谈平台

5. 印尼客属联谊总会

2008 年，在日惹客属联谊会和泗水惠潮嘉会馆的倡导下，召开"心连心恳亲大会"，当时印尼全国各地有 20 多个客属团体参加会议，与会者希望能够组成一个全国性的客属联谊总会，在雅加达客属团体和日惹客属联谊会的积极筹备下，同年 3 月 24 日在雅加达召开全国各地客属代表大会，决议成立印尼客属联谊总会（简称客联总会），并发表成立宣言，60 多位客属乡亲在成立宣言上签字，印尼客属联谊总会宣告成立。①

客联总会每年举行一次全国代表工作会议，拟订工作计划，团结各地客属乡亲，使"总会"成为名副其实的全国性客属社团代表。②

表 1-16　1998 年后新成立的地方客属团体及客联总会会员单位

新成立的客属团体	成立时间
巴厘客家乡亲会	1999 年
梭罗客属联谊会	1999 年
外南梦客属公会	2001 年
茉莉芬州客属联谊会	2002 年
任末客属联谊会	2010 年
亚齐客属联谊会	2011 年
萌菇露省和朱麓客属联谊会	2012 年
廖群岛省客属联谊会	2012 年
西加客属联谊会	2014 年
西加山口洋客属联谊会	2015 年

表 1-17　印尼客属联谊总会第二届历次全国工作会议情况

	时间	举办地	参会成员
第二届第一次全国工作会议	2012 年	三宝垄	32 个社团会员
第二届第二次全国工作会议	2013 年	玛琅	26 个地区分会近 300 位代表
第二届第三次全国工作会议	2014 年	楠榜	30 个客属社团
第二届第四次全国工作会议	2015 年	龙目	32 个地方分会 1 000 多名客属乡亲代表
第二届第五次全国工作会议	2016 年	万隆	38 个客属社团 400 多位代表
第二届第六次全国工作会议	2017 年	巴厘	

2011 年客联总会第二届第一次监理事会议召开，确定了未来五年三大计划，一是 2013 年举办第 25 届世界客属恳亲大会（简称世客会），二是建成印尼客家博物馆，三是为雅加达客属联谊会下属的崇德三语学校寻找新

① 《国际日报》，2012 年 10 月 12 日。
② 《国际日报》，2016 年 10 月 7 日。

校址。

在印尼举办世客会缘于 2010 年在广东省河源市举行的第 23 届世客会主席团会议上，出席的印尼客联总会总主席叶联礼等人认为世客会已连续多年在中国举行，希望能在海外举办，于是提出申请在印尼举办第 26 届世客会，获得众多与会者支持并获大会同意。两年多来，印尼客联总会积极筹备，调动地方分会力量，专门成立由 100 多人组成的筹委会，开通网站，举行新闻发布会等。2013 年 9 月 10 日至 11 日，来自 20 多个国家和地区的 120 个客属团体以及印尼国内 30 多个客属团体代表出席此次世客会。印度尼西亚、中国等国政要出席大会并致辞。本次大会举办了主席团交流会、各国各地乡情报告、客家文化学术研讨会，组织参观印尼客家博物馆、印尼缩影公园、印尼国家博物馆、八华三语学校等。

2011 年，熊德怡将印尼缩影公园华人文化公园里一块 4 000 平方米的土地无偿捐给客联总会，客联总会倡议在这块地上兴建印尼客家博物馆。客联总会专门成立筹委会，向全国的客属乡亲征集有历史意义的照片、实物、文献等，号召大家有钱出钱、有力出力，并专门赴梅州市考察，请梅州市规划设计院负责设计方案，陪同设计院人员在印尼做实地考察。2012 年 8 月 6 日，印尼客家博物馆举行奠基仪式，开工建设，2014 年 8 月 30 日正式开幕。当天，苏西洛总统亲临揭幕，印尼多位政要、梅州市政府代表、客联总会和各地客属分会成员出席开幕仪式。

在历年的全国工作会议上，青年工作都是讨论的重要议题。在第二届第一次全国工作会议上，客联总会决定每年举行工作会议时，加入青年论坛、体育比赛、文艺会演等项目，以此鼓励青年人参加社团活动。在第二届第二次全国工作会议上，青年部专门进行分场讨论，提出五点议题，鼓励更多年轻人参加客联组织，设立青年部标识，办理青年部会员卡，确立泗水青年部大会筹备计划，以青年部名义开展慈善活动。在第二届第四次全国工作会议上，青年部决定每年召开一次工作会议。迄今为止，客联总会已经举办了三届青年会议，第二届是与泗水惠潮嘉会馆协办，旨在建立全印尼客属青年之间的友好交往，制订全国客属青年团体工作计划，培养客属社团接班人，使青年们更好地了解和传承传统文化美德，积极为国家建设发挥作用。

表 1 – 18　印尼客属联谊总会第一、二、三届青年会议情况

时间	地点	会议情况
2013 年	梭罗	30 多个客属青年团体 250 名青年出席，《国际日报》董事长熊德龙主讲《我身为客家人而骄傲》、西加山口洋前市长黄少凡主讲《如何参加社团组织》，举行游戏、远足，举办分享会分享各自面对的问题等
2015 年	泗水	30 多个地区和单位 350 多名客家青年出席，主题为"客家青年在国家建设中扮演的角色"，锦石市交通警察队队长 Happy Saputra、泗水市人民代表委员 Vinsensius Awey、演说家王庆吉分别做讲座，第一届主席做工作报告，讨论社会工作组、组织管理组、商贸组的工作计划
2016 年	巴潭	30 分会 160 多名客家青年，廖群岛省省长、巴潭市市长、巴潭市警察总长、地方议会议员、各政府要员均出席了开幕式，范玉林和饶武辉先生主讲他们的创业经验和从政经验，就建立商贸和交流平台、组织全国性的统一活动、挖掘传统文化等展开讨论

　　客联总会与中国各省份，尤其是广东省的来往较为密切。2011 年至今，客联共接待来自梅州的代表团 9 次，接待包括港台的其他中国省市区代表团 9 次，交流内容包括文教、经贸、文艺等多个方面，此外还有来自美国、马来西亚等其他国家的访问团体。客联总会也在积极"走出去"，参加世界客属恳亲大会是其"走出去"的重要媒介，也是加强与其他国家客属团体联系的重要平台。在"走出去"的过程中，客联总会也在推广印尼的客家文化，如参加文化创意产品博览会和相关的学术研讨会，推进印尼和中国的经贸合作；推动相关项目在梅州投资落地。

表 1 – 19　近年印尼客属联谊会接待来访的梅州代表团

来访时间	来访代表团	来访目的
2011 年 1 月	梅州市政协、侨联代表团	拜访看望乡亲，面对面交流
2011 年 3 月	梅县和梅州市外事侨务局代表团	交流访问
2012 年 5 月	梅县新任县长率团	与客联总会、梅州会馆举行座谈会

（续上表）

来访时间	来访代表团	来访目的
2013 年 6 月	梅州市长访问团	欢迎印尼乡亲参加在梅州举行的世界客商大会及中秋晚会
2013 年 7 月	梅州市委宣传部代表团	落实委派文艺代表团为第 26 届世客会表演事宜
2013 年 7 月	大埔县代表团	团结乡亲，介绍大埔情况，欢迎印尼乡亲回乡看看
2015 年 1 月	梅州市经贸代表团	就印尼与梅州双边经贸发展、旅游宣传和包机等进行深入交流
2012 年 6 月	梅州嘉应学院访问团	签订备忘录：①崇德三语学校每年输送一批高中毕业生到嘉应学院读本科；②嘉应学院为崇德三语学校留学生在学费等方面给予优惠；③嘉应学院为崇德三语学校培训中文、客家话老师；④崇德三语学校教师前往嘉应学院进修；⑤嘉应学院汉语言文学专业学生到崇德三语学校实习；⑥印尼客家学研究学者前往嘉应学院客家研究院进行访问交流
2017 年 7 月	《梅州日报》记者团	为在梅州举办的第 5 届世界客商大会新闻报道事宜进行访问考察

表 1－20　近年印尼客属联谊总会接待来访的中国（含港台）代表团

来访时间	来访代表团	来访目的
2012 年 4 月	广西北海第 24 届世客会筹委会代表团	对客联总会大力支持世客会表示感谢，分享承办大会的事宜，双方交流信息和经验
2012 年 5 月	福建三明市人民政府访问团	交流 11 月在三明市举行第 25 届世客会的情况
2012 年 10 月	福建三明市第 25 届世客会组会委代表团	交流世客会筹办情况

（续上表）

来访时间	来访代表团	来访目的
2013 年 11 月	《广东华侨史》调研团	收集粤籍华侨华人史料，拜访华人侨领及新移民，深入了解粤籍华人企业、华人定居点、华人家庭、华人社团等
2014 年 11 月	广东省海外交流协会代表团	探讨如何构建和谐华社与培养华社青年接班人
2016 年 9 月	广东省侨联代表团	参加第 5 届世界江门青年大会，与客联总会交流有关印中两国的青年企业家问题，希望今后在文化教育、农业等方面进行合作
2017 年 5 月	香港第 29 届世客会代表团	就第 29 届世客会筹备事宜进行交流
2017 年 8 月	中山大学人类学系教授一行	到印尼进行客家文化研究
2017 年 11 月	台湾客家委员会客家文化发展中心代表团	加深彼此的认识和交往

表 1-21　近年来印尼客属联谊总会接待来访的其他国家代表团

来访时间	来访代表团	来访目的
2012 年 9 月	大马美里客家公会代表团	2013 年美里客家公会将举办第 9 届亚细安（东盟）客属恳亲大会，希望获得印尼乡亲支持，提供宝贵意见
2015 年 11 月	美国国会图书馆馆长、西伯克莱大学教授等一行	收集图书资料，与华社贤达和资深报人进行交流
2016 年 10 月	马来西亚大学马来西亚华人研究中心一行	了解印尼客家人发展情况，收集资料

表 1-22　近年印尼客属联谊总会出访情况

出访时间	出访地	出访目的
2011 年 9 月	北京	参加"张榕轩、张耀轩、张步青学术研讨会"
2011 年 12 月	北海	参加第 24 届世客会
2011 年 12 月	梅州	筹备建设印尼客家博物馆事宜

（续上表）

出访时间	出访地	出访目的
2012 年 7 月	厦门	与第 25 届世客会组委会座谈
2012 年 7 月	香港	邀请香港客属乡贤参加 2013 年第 26 届世客会
2012 年 11 月	新加坡	参加第 3 届世界嘉应同乡联谊大会暨应和会馆 190 周年庆典
2012 年 11 月	三明	参加第 25 届世客会
2013 年 12 月	梅州	参加首届客家文化创意产品博览会
2014 年 10 月	开封	参加第 27 届世客会
2015 年 10 月	新竹	参加第 28 届世客会
2015 年 11 月	澳门	参加第 7 届世界广东同乡联谊大会和第 1 届世粤联会
2016 年 6 月	梅州	就加快推进在梅州投资项目落地等事宜进行交流

6. 棉兰鹅城慈善基金会

棉兰鹅城基金会的前身是创建于 1985 年的棉兰惠州会馆，[1] 苏哈托上台后，惠州会馆连同附属的养中学校一起被政府接管，20 世纪 70 年代，由于保有地契，会馆产业得以归还，80 年代只有用慈善基金会名义注册的华人社团才能获政府审批，1984 年惠州会馆以棉兰鹅城慈善基金会的名义重建。[2]

基金会的会务工作按照不同时段可分为三大项内容。20 世纪 90 年代，争取惠州会馆产业回归，兴建鹅城公众义山，购置鹅城会馆大楼，开办鹅城殡仪馆，建设鹅城体育馆，开办鹅城慈善诊疗所及室内乒乓球馆并向社会大众开放。自 2003 年开始，兴建"万宁殿火化园"，征购土地已于 2011 年完成，同年启动建园工程，2014 年投入使用。最后一项重要工程是兴建学校，发展教育事业，2013 开办养中学苑，设有中文补习班和电脑班等。[3]

每年的中元节、开斋节、春节、公历新年等，基金会都会准备一些日常生活用品分送给孤儿院、老人院、贫苦民众等，该项活动已经持续了 30 多年。基金会也积极开展体育、文娱活动，鹅城的排球队、乒乓球队、象

---

① 通常将广东省的海丰县、陆丰县、惠阳市、博罗区、和平县、龙川县、河源市、紫金县、连平县、长乐市这 10 个县市的乡人称为惠州人，或惠州十邑同乡。
② 杨宏云：《印尼棉兰华侨华人史》，厦门：厦门大学出版社，2016 年，第 170 页。
③ 《国际日报》，2013 年 5 月 17 日、2013 年 8 月 13 日。

棋队、晨运队、羽毛球队、篮球队、舞蹈队等各种文娱体育代表队都曾参加国内外各种比赛并获奖。基金会还设立奖学金，奖励资助小学及初中的贫困子弟学生，平均每年资助 200 人。

棉兰鹅城慈善基金会与中国尤其是祖籍地惠州，以及与东南亚其他国家的惠州同乡组织保持着友好往来，近年来彼此互访频繁。2013 年 8 月，惠州市政府代表团访问棉兰，并指定访问鹅城慈善基金会，探访惠州乡亲；2014 年，广东省海外交流协会访问棉兰，看望外派华文教师，借此机会，特意造访鹅城慈善基金会，了解社团发展情况；2016 年，汕尾市政府代表团访问鹅城慈善基金会，就逐步搭建"一带一路"经济、文化、教育等领域平台进行磋商。2015 年 4 月，马来西亚雪隆惠州会馆主席率团到访鹅城慈善基金会；11 月，马来西亚惠州联合总会、关丹惠州会馆等一行来访，诚邀参加 2016 年在马来西亚关丹举行的第 9 届世界惠州（府署）同乡恳亲大会。

7. 泗水惠潮嘉会馆

泗水惠潮嘉会馆是印尼仅存的自建馆至今仍伫立于旧址的百年会馆。会馆成立于 1820 年，原名"清明众义塚公祠"，当时会馆现址是一片坟场，有位乡贤捐出房子，供乡亲清明扫墓遮风避雨。为了兴建会馆，建筑祠堂，创会先贤出钱出力，足足花了 43 年才建成。1907 年，建造"广东公祠"。随着移居泗水的粤籍乡亲越来越多，广肇乡民另起炉灶，公祠内只留下惠州、潮州、嘉应州（今梅州）三州理事接管会务，并更名为"惠潮嘉会馆"。2009 年，会馆新购两栋楼建成现代化的活动中心。①

惠潮嘉会馆设立妇女部，部员大多在泗水各华人社团担任要职，并负责各社团的统筹及后勤工作，与外部、外岛各地的客属妇女组织保持联系和互动。会馆还设立青年组，培养接班人。2016 年，会馆组织 41 名会员前往惠州、梅州参观考察、寻根问祖，其中有的成员已是多次来惠州。惠州市侨联也曾组织代表团访问惠潮嘉会馆。

8. 惠州会馆

1936 年，惠州先贤刁雨初、戴耀基、张焕南、张日彦发起组织"惠州同乡会"，并于 1939 年在雅加达建成会馆，命名为"雅加达惠州会馆"，戴耀基任首任会长，会员有七百之众。印尼独立后，1951 年，惠州会馆正式

① 《国际日报》，2012 年 7 月 8 日。

向政府注册，并成为首都四大华人社团之一。1965 年遭军人接管。1977 年和 2007 年，先贤们先后发起复会活动，2008 年复会成功后派员参加在棉兰召开的世界惠州同乡恳亲大会。[①] 经过理事们的不断召集和努力，会员人数从 2007 年的 120 名增加到 2012 年的 200 名。会馆所属的鲁班庙已有 175 年历史，是早期惠州南来谋生的乡亲的落脚点。19 世纪中期，很多木匠、造船者纷纷来拈香膜拜，使鲁班庙成为惠州乡亲的聚集地。

第二任主席程伟光 2011 年就任后，深感社团的动力在于活动，有了活动才能提升凝聚力，于是着手开始"努山打拉寻亲之旅"，希望由他牵线把全印尼的惠州人紧紧团结在一个大家庭里。寻亲访问的第一站是楠榜，接下去打算访问加里曼丹、邦加、泗水等地。开展公益慈善活动是聚拢团结各地惠州乡亲的途径之一，2012 年，雅加达惠州会馆向遭受火灾的居民捐赠食品，在鲁班庙开展免费医疗赠药，这次义诊活动汇集了楠榜、棉兰、邦加、加里曼丹等各地的惠州乡亲。

9. 大埔同乡会

大埔同乡会于 1995 年复会。自复会以来，联络乡亲增进乡谊，积极投身公益慈善，融入印尼主流社会，增强与中国尤其是祖籍地大埔县的往来。

大埔同乡会近年来成立了合唱团、歌咏队、竹筒器乐队，开办中文电脑学习班、诊疗所，服务乡亲。2014 年，为了进一步推广中医推拿，大埔同乡会在雅加达开设推拿学院招收学员，使他们有一技之长，可谋生就业，也能够为社会民众服务。

近年来，每逢春节、斋月等中印传统节庆，大埔同乡会都会组织献爱心活动，为孤儿院、老人院、街头儿童，以及遭受火灾、水灾、地震等的灾民捐款捐物。2013 年，由 40 多位大埔乡亲发起，在印华文化公园捐建了休闲大道。2011 年、2015 年，分别组织乡亲回到祖籍地参加第 8 届、第 9 届世界大埔同乡联谊会，该会每四年一届，来自世界各地的大埔乡亲同聚一堂，敦睦亲情，共谋发展。2015 年，大埔同乡会还派员参加了在梅州举行的第 4 届世界客商大会。

三、主要特点

印尼排华风波过后，粤籍华人社团纷纷恢复重建，有的在各地建立分

---

① 《国际日报》，2012 年 7 月 30 日。

会，形成总会加各地分会模式的"集合体"社团。例如，广肇总会有31个地方分会，潮州总会有19个，客联总会在全国各地有58家会员单位。

广肇总会能够在成立后15年间将地方分会数量扩大3倍，这与理事会的积极推动和拓展密不可分。正如第四届总主席谭柏叶所说："访问地方广肇分会十分重要，有些地方还未正式成立会馆，他们用基金会或慈善机构的方式来凝聚乡亲及向他们提供福利，游离于广肇总会之外，且各自为政。直到广肇总会拜访后，地方广肇乡亲感到无限欣慰，感到没有被边缘化，成立分会后，即成为印尼广肇总会大家庭的一分子。"[1] 谭柏叶当选2011至2014年度总主席后，随即率代表团开始走访各地，2012年1月，巡回走访了苏拉威西的万鸦老、克伦达洛、锡江、巴厘、龙目广肇会馆；7月，又率团走访玛琅、泗水、日惹，加强了总会与地方分会的交流与合作。

客联总会成立后，也在叶联礼总主席的带领下，组织探访团前往各地。如2011年亲率40多人探亲团访问了东爪哇的泗水、茉莉芬、玛琅、任末、外南梦、巴厘和龙目岛的客属团体和乡亲。探访团的主要目的，一方面将当地原本独立的客属团体纳入客联总会，现已发展了30余家"社会客团"成为客联总会的会员单位，另一方面积极鼓励有条件的地方新成立客联总会会员单位。截至2016年，印尼共有60个客属联谊社团，其中客联总会的会员单位有58个社团，分布在印尼各地。

这些"集合体"社团发起全国性的社团活动，加强总会和地方分会的联系，是印尼粤籍华人社团的又一特点。例如，客联总会创办了两大全国性的活动，第一项是2011年发起的全国性献血活动，旨在回馈社会。第一次献血活动联合了梅州会馆、蕉岭同乡会，以及10多个客属分会。2012年大埔同乡会、惠州会馆、勿里洞同乡会加入第二次全国性献血活动。2013年因举办世客会暂停献血活动。2014年21个地方分会在全国20多个城市同步举行献血活动。2015年扩大到全国各地54个客属分会同步举办。印尼红十字会、华文媒体、印尼媒体等对历次活动进行了报道，收到良好的社会反响。第二项是举办"客家阿哥阿妹选秀大赛"，旨在拉近印尼青年客家人的距离。2016年，首届"客家阿哥阿妹选秀大赛"在日惹成功举办，第二届选秀大赛将于2018年在雅加达举办。

印尼粤籍华人社团大规模地走向国际，与其他国家粤籍华人社团开展

---

[1] 《国际日报》，2012年7月7日。

经济文化交流，搭建和印尼的友好桥梁。例如，参加或举办国际潮团联谊年会、世界大埔同乡联谊会、世界惠州同乡恳亲大会、世界客属恳亲大会、世界广东同乡联谊大会等国际性联谊活动。潮州总会和潮州乡亲公会近年来的一项重要活动是举办第19届国际潮团联谊年会。潮州总会为此专门成立了筹委会，6个副主席分别负责相关工作，19个地方分会参与接待。2017年10月6日至8日，来自29个国家和地区的95个潮团和机构代表共2 000人与会。大会邀请印尼的旅游部部长、投资统筹部部长、商业部部长等内阁政要，中国全国政协、国务院侨办、中国侨联等机构和组织，以及汕头、潮州、揭阳、汕尾四市主要领导和海内外知名潮籍人士出席。客联总会也于2013年9月成功举办了第26届世客会，20多个国家和地区的120个客属团体以及印尼国内30多个客属团体代表出席。在这些全球性的大型联谊会期间，还举办了诸如中国—印尼商品展、国际研讨会、经贸洽谈会、项目推介会、特色文艺晚会等。通过这些盛会，印尼潮团加强了内部团结，扩大了自身影响力，增进了与国际潮团的交流。

结　语

越南、柬埔寨、老挝、缅甸、印度尼西亚五国的粤籍华人社团，经历了20世纪下半叶的排华风波后"再出发"。经过近二十年来的恢复重建，五国粤籍华人社团在组织架构、人员构成、资金来源、章程制度等方面逐步走上正轨。

华文教育、青年工作、养老济贫、公益慈善仍将是上述五国粤籍华人社团未来工作的重点，并随着时代的发展，呈现新特点。在华文教育中更多投入现代科技手段，印尼梅州会馆自2003年起开设中文电脑班，近千名学员完成了基础电脑的学习；柬埔寨柬华理事总会将在华文教育中增加商业方面的知识，并且正在筹备建立华人的理工大学。培养青年接班人是五国华人社团面临的共同问题，越南穗城会馆1998年成立专门帮扶青年人的励学会，从1999年开始举办年度助学金活动；柬埔寨柬华理事总会2017年成立青年团，并设立2 000万美元的青年创业基金，缅甸成立了广东青年会，印尼客联总会自2013年起定期召开全国青年工作会议，其他华人社团也举办青年讲座、联谊会等，培养青年投身社团工作的兴趣和技能。这些都是为解决华人社团接班人问题而采取的新举措。五国中很多历史悠久的粤籍华人社团，老龄人口日益增多，成为社团的新问题。缅甸广东观音古庙、应和会馆等每逢春节向年老无依的老人们发放福利，客联总会创办了丰富老人晚年生活的乐龄学院，一些侨团除给老人发放福利金外，还开展义诊等。每逢中国传统佳节，很多华人社团都会组织慰问贫苦乡侨，送去温暖。华人社团开展公益慈善活动，不再仅限于本会成员，住在国发生水灾、火灾等灾情时，粤籍华人社团纷纷慷慨相助。例如，老挝万象市政厅、医院、学校、寺院等每年都能够得到万象中华理事会的资助，该会还以投资或合资等形式，利用华人善于经商的特点，筹建了一些旨在为政府部门筹措资金的经济实体。

从排华到"再出发"，五国粤籍华人社团的发展深受住在国与中国关系的影响。中国已是越南最大的进口国，占其进口总额的三分之一，同时中国还是越南的第四大出口国。据统计，2007 年前后，已有 400 多家中国企业在越南投资办厂。① 近年来，凭借中越两国对"一带一路"建设的支持，越南粤籍华人社团在弘扬传统文化的基础上，在经济领域将会发挥越来越大的作用。近年来，中柬双方的经贸合作发展迅速，截至 2017 年 10 月，中国累计对柬埔寨协议投资 125.7 亿美元，占柬埔寨吸引外资总额的 36.4%，是柬埔寨最大的外资来源国。同时，中国还是柬埔寨第一大贸易伙伴、第一大经济援助国、第一大游客来源国，为柬埔寨创造了 62 万个直接就业机会。② 华商资本在缅甸经济中的角色愈加重要，据统计，在缅甸全国私营企业中，华商企业已占据总数的三分之二以上。但是，近年来中资企业投资缅甸的几个重大工程都受到阻碍，如密松水电站和莱比塘铜矿项目因当地民众的抗议而被迫停工。缺乏对当地政经文教情况的了解和与民众的沟通不畅，是项目遭受阻碍的重要原因。③ 华侨华人熟悉缅甸各方面的情况，在缅甸经济及中缅双边贸易中能够发挥沟通交流、避免误解的中介作用。印尼华人人口比重很小，但经济实力举足轻重，印尼 300 家最有价值的私有公司中，大约有七成是由华人控制。商业活动的比重不断增大，是五国粤籍

① 陈琼渊、黄日涵：《搭桥引路：华侨华人与"一带一路"》，北京：社会科学文献出版社，2016 年，第 63 页。

② 《柬华日报》，2018 年 1 月 10 日。

③ 陈琼渊、黄日涵：《搭桥引路：华侨华人与"一带一路"》，北京：社会科学文献出版社，2016 年，第 52 页。

华人社团发展的新趋势，也是与中国联系更加紧密，在住在国和祖（籍）国之间的经贸往来中发挥更大中介作用的体现。

上述五国粤籍华人社团在排华后"再出发"的道路上虽有共性，但因其住在国的差异，未来的发展趋势或许各有侧重。20 世纪 70 年代越南排华运动后，1987 年，为了加强对华人的工作，越共中央民运部设立了华人工作委员会，在省、市级设立了华人工作处，在郡、坊级设立了华人工作组，专门负责华人事务。在越南各少数民族中，华人是唯一有类似政府机构来负责管理的民族。更好地融入越南社会，加强与本地中国大陆新移民社团的联系以及与祖（籍）国中国的互访，是传统粤籍华人社团发展的方向之一。商业转型是现今柬埔寨传统侨团正在经历的变革，也是未来的发展趋向，使全柬华人的最高领导机构柬华理事总会成为中柬之间商务合作的重要媒介，并在此过程中实现自身的"造血"功能，从而更好地支持华文教育、青年工作等，是新一届理事会领导层着眼的新目标。老挝中华总商会是老挝第一个全国性的社团组织，第一家华文报纸也在排华结束后酝酿发行。走向统一和联合，是老挝华人社团发展的趋势。"近二十年来，缅甸华人社团的自我治理水平有了一定的提高，有意识地改善社团运作的透明度和民主化"，"顺应时代发展，整合组织，打破意识形态分歧、地域界限"，"让已经不同程度缅化的华人尤其是青年人在传统华人社团中找到自己的兴趣点和利益链接点"，[1] 是缅甸各个粤籍华人社团正在努力的方向。"以商养会"[2] 也是印尼粤籍华人社团发展的新思路。此外，随着社团的复兴，"当今华社事务繁多且杂，所涉及的深度和广度，已不能单独由某一个组织应对，必须要由一个联合的组织来承受，群策群力，才能有效运作推进"。[3] 社团联合体的出现，既是适应时代的转型，也是华社发展新趋势的体现。

---

① 范宏伟：《缅甸华侨华人史》，北京：中国华侨出版社，2016 年，第 279－280 页。
② 杨宏云：《印尼棉兰华侨华人史》，厦门：厦门大学出版社，2016 年，第 180 页。
③ 杨宏云：《印尼棉兰华侨华人史》，厦门：厦门大学出版社，2016 年，第 181 页。

第二章

弦歌不辍

新马泰菲粤籍华人社团

陈琮渊

华侨大学华侨华人研究院

新加坡、马来西亚、泰国、菲律宾是华侨华人聚居的国家。在新加坡、马来西亚和泰国，粤籍华侨华人人数比较多，其中尤以在泰国的粤籍华侨华人所占的比例最高，但在菲律宾，粤籍华侨华人所占比例则较小。虽然这几个国家粤籍华人社团的发展呈现不一样的状况，但它们有一个共同的历史背景，就是没有遭遇类似印度尼西亚、印度支那华团被取消那样的不幸命运。自"二战"结束以来，尽管所在国家都发生了很多变化，但粤籍华人社团一直在传承、变化、发展之中，可谓弦歌不辍。

中国近代史上的天灾人祸，迫使粤籍华侨出外寻找生路，到东南亚等地发展。面对艰难的生存环境，他们以同乡同宗情谊为基础串联以求自保，组建会馆等各种社会组织，如以共同血缘、地缘、业缘为纽带，仿造中国的行会和宗族制度，在主要的华人聚居地组建了各种粤籍华侨社团，如马来西亚马六甲惠州会馆、泰国华侨报德善堂、新加坡茶阳（大埔）会馆等，粤籍华侨社团积极创办华校、推广华侨教育，并保留中华文化和民间信仰，同时通过社团寻求彼此的合作及沟通。随着时代的发展，各地粤籍华人社团逐渐从单打独斗走向相互联合，跨国发展。

长久以来，社团、华教及华文报纸并称华社"三宝"，于当代世界各地的海外华人社会，此三宝皆可谓久经沧桑，物故局新。其中华人社团的变化，又被视为华人社会转变的具体事例。一些年代久远的社团本身就是鲜活的历史见证，遍观一国一地社团组织于不同时期的分化重组、新陈代谢，常可窥见华人社会的发展沿革。华人社团组织原初的结社形态以帮会、会馆为主，依托原乡、行业及方言群持续分化、扩张，并不断满足海外求存的社会及心理需求。当代华人社团的成立，本质上仍不脱同舟共济、谋求发展的基本企求，因此，华人群体规模的增长，不断有新形态的结社组织产生，构造出华人社团之张本。远者不论，就粤籍华人人数最多、分布最广的东南亚而言，华人社团从原本周济同乡、养生送死的会馆，经过抗日洗礼而出现同仇敌忾的筹赈会，到20世纪70年代以降各省"华总""华团""联合会"的风行，以至于晚近各种姓氏、乡团的跨国联结，皆映照了东南亚幻如走马的政商联盟演变，以及华社微观政治上的个别方言群、家族之兴衰跌宕。

东南亚华侨华人多半来自广东和福建，以福州、客家、福建（闽南）、潮州、广府、海南等方言群为众，建基于相同的血缘、地缘、业缘与方言群认同，组建庙宇、宗祠及会馆，凝聚对内和衷共济、对外防御的力量。

其中，粤籍华人所组建的社团已有悠久历史。例如在马来半岛，1801 年就有槟城嘉应会馆的成立；婆罗洲沙捞越最早的华人社团之一，就是 1853 年由粤籍人士在古晋所筹组的广惠肇公会。不同的原乡环境与时代条件建构出各异的移民形态及社会组织。因此，从历史发展的角度来追索各地华人组织的发轫，有其必要性。而想要掌握不同祖籍地华侨华人发展势态，则不能不了解"帮"或"帮权"的概念。在东南亚华人社会，"帮"指的是源自于相同的方言群意识，通过社会互动与经济活动而形成的，主要体现在政商利益的划分、族群聚合及独占性高的事业等方面的群体。其因生活及从业上的互惠和利益，逐渐形成一股内聚而排他的帮权势力。事实上，各个方言群兴衰赓续，多半与其人口分布、职业的垄断、政经的优势与否等息息相关。在人地高度依存的关系下，方言群体的调适与变迁，也直接或间接地体现在各社团的发展上。"二战"前，华人社会以血缘、地缘与业缘性社团较为重要。随着信息发达与科技普及，立足于技术专业化的行业垄断情况已难复见，方言群与行业间的纽带关系亦不似战前明显。另外，被称为"超帮组织"的超越帮权意识、语群认同的组织结社，则只是华社为应对重大危机（如对日抗战、排华政策）的权宜性安排，而近年来华人社团的组织形态也产生跨国化、再华化等新发展。

在历史上，海外华社常见的社团大概可分为四类：血缘性社团、地缘性社团、业缘性社团、超帮组织，这四类社团延续至今，学缘、文娱、专业性、民间信仰等亦蓬勃成长，使东南亚华人社团的面貌更趋多元。跟随国家发展及社会现代化的脚步，华人社团也出现组织趋同的现象，真正区隔社团彼此的，更多的是实际利益及人际网络。总体而言，华人社团是否能发展良好与成员的资力、凝聚力及社会影响力有关。

本章从各国华人发展的历史脉络及社会环境切入，介绍粤籍华人社团的发展现况，必须说明的是，限于资料取得情况及有限的完稿时间，本章以粤籍华人社团发达的马来西亚、新加坡为主，旁及泰国与菲律宾的情况。

第一节　马来西亚粤籍华人社团

在 1965 年正式分家之前，新加坡、马来西亚两国有深厚的历史及政治关系，华人社团也有紧密的联系及共同的发展脉络。特别是第二次世界大战前的英国殖民时期，新马被视为一家，这是因为历史上英国分别于1786、1819及1824年取得槟城、新加坡及马六甲三地，合称为海峡殖民地，而海峡殖民地与马来半岛各邦又同属英国殖民地。"二战"后初期，虽然马来亚各州组成马来亚联合邦，新加坡变成直辖殖民地，但政治体制上的改变，并没有立即影响民间组织的组成及联系。直到1957年马来亚独立，1959年新加坡内部自治，两国民间组织才较受影响。如南洋英属琼州会馆联合会于1967年改为马来西亚新加坡琼州会馆联合会，1973年马来西亚政府命令新马总会团体必须分家，此后不能与外国注册之社团合作或联系，新加坡及马来西亚的各属社团才各自独立，这是讨论新加坡及马来西亚华人社团时必须指出的一点。

马来西亚文史工作者吴华先生对新马华人社团，特别是乡团会馆有精深的研究，著有多部相关书籍。他指出，移居新马各地的华人，通常是先有寺庙、公司，后有会馆的成立。可以说，随着人口规模的扩张及经济发展，华人社会组织先后从庙宇、义山、公司发展出各类型的社团。在马来西亚，槟城最早的寺庙为闽粤两省人共同创立于1800年的广福宫，而最早的地缘性组织是创立于1801年的槟城嘉应会馆，其前身为仁和公司。新加坡最早的血缘组织曹家馆于1819年创立，第一个地缘性组织宁阳会馆于1822年创立。马六甲1805年才有惠州会馆，森美兰州的第一间会馆梅城会馆成立于19世纪40年代，雪兰莪州直到1864年才有会馆，霹雳州1859年有会馆，吉打州是1850年有会馆，柔佛州是1878年才有广肇会馆的成立。东马的沙捞越州1853年有第一间会馆，沙巴州则要到19世纪90年代才有华人会馆。其他州属第一间华人会馆出现的年份分别是彭亨州1892年、丁加奴州1900年、吉兰丹1906年，玻璃州则是全马最晚成立会馆的州属。

马来西亚各籍华人中，粤籍人士最早创立会馆，如1801年客家人成立的槟城嘉应会馆以及广府人组建的槟城广东暨汀州会馆，福建华侨要到1819年才成立会馆。马来西亚各属人士最早成立的会馆如下：①客家：1801年槟城嘉应会馆；②广府：1801年槟城广东暨汀州会馆；③潮州：1822年马六甲潮州会馆（以上粤籍）；④福建：1819年槟城汀州会馆；⑤海南：1869年马六甲琼州会馆。

粤籍华侨率先创办会馆并不是因为他们人多势大，总体而言，闽南人人数最多，分布最广，地缘性组织也最多。据1881年海峡殖民地人口统计，福建人最多，达24 981人，潮州人22 644人，广府人14 853人，琼州人8

319 人，客家人 6 170 人。20 世纪上半叶的华人人口统计也大致维持相同的比例（表 2 – 1）。值得注意的是，粤籍华侨华人会馆的创办时间都早于福建人，这说明势力比较单薄、经济比较落后的方言群愈有必要更早组织会馆，以维护本属人的生存与发展。[1]

表 2 – 1　新马地区各省华侨华人分布

原籍		1921 年	1931 年	1947 年
广东	广肇	331 757	417 516	641 945
	客家	217 697	317 506	437 407
	潮州	130 026	208 681	364 407
	海南	68 200	97 568	157 649
福建	闽南	379 028	538 852	824 711
	闽北	17 879	47 209	60 848
	莆田	1 659	9 359	17 056
广西		998	46 095	71 850
其他各省		24 496	31 025	36 260
总计		1 171 740	1 713 811	2 612 133

资料来源：陈烈甫：《东南亚洲的华侨华人与华裔》，台北：正中书局，1979 年，第 227 页。

马来西亚粤籍华侨华人地缘性社团以槟城广东暨汀州会馆最早，再次为槟城中山会馆、槟城五福堂广州会馆（1819 年）、马六甲宁阳会馆（1828 年）、槟城台山会馆（1830 年）、槟城顺德会馆（1838 年）、吉打广东暨汀州会馆（1850 年）、古晋广惠肇公会馆（1853 年）、槟城新会会馆（1873 年）、新山广肇会馆（1878 年），马六甲肇庆会馆、槟城肇庆会馆、槟城三水会馆等。

关于新马粤籍华人社团的基本情况，马来西亚文史工作者吴华先生作了很详细的说明。他指出一般粤籍社团乃指五邑、四邑及十六县人士的团体，并包含广东会馆，另如广惠肇则是由四邑、五邑及惠州十邑人士的组织，惠州是操客语的方言群，但它属于广东省，与广、肇两府邑人融洽。

---

[1]　吴华：《马来西亚华族会馆史略》，新加坡：新加坡东南亚研究所，1980 年，第 1 – 5 页。

相关会馆按原乡地域的对应关系分别是：一、珠江三角洲，以广州为中心的五邑（南海、顺德、东莞、番禺、香山）；二、珠江上游的四邑（由源自广州府的新宁、新会及源自肇庆府的恩平、开平组成）；三、肇庆府十六县：云浮、高明、高要、阳春、新兴、鹤山、开平、恩平、阳江、罗定、德庆、开建、广宁、郁南、封川、四会。

在马来西亚粤籍华人社群中，由广府人士组织的府县一级会馆计有：广惠肇会馆、高州会馆、广东暨汀州会馆、台山会馆、新会会馆、中山会馆、三水会馆、番禺会馆、从清会馆、南海会馆、顺德会馆、肇庆府会馆、东安会馆、开平会馆、鹤山会馆、古冈州会馆、清远会馆、要明会馆、新兴会馆、会宁会馆、南番顺公会、花县会馆、南三会馆、高要会馆、广肇会馆、新东公所、冈州会馆、五邑会馆、四邑会馆。而各地的"广东会馆"乃以省为单位组织，全马各地的广东会馆计有：雪兰莪州广东会馆、霹雳广东会馆、马六甲广东会馆、丁加奴广东会馆、森美兰广东会馆、吉兰丹广东会馆、柔佛广东会馆、玻璃市广东会馆、北霹雳广东会馆、安顺广东会馆、江沙广东会馆、玲珑广东会馆、巴生广东会馆、麻坡广东会馆、峇株巴辖广东会馆、甘马挽广东会馆、新文龙三区广东会馆、上霹雳广东会馆、太平广东会馆、永平广东会馆等。此外，各地广东会馆的总组织为"广联会"，成立于1947年，有21个属会。广帮各县人的全国性地缘性组织有马来西亚台山会馆联合会、马来西亚高州总会、马来西亚古冈州六邑总会、泛马来西亚番禺会馆联合会、马来西亚中山会馆联合会、全马南海联合会、马来西亚三水会馆联合会、马来西亚会宁总会、东安会馆联合会及马来西亚广肇联合总会等。[①]

同属粤籍的马来西亚客家地缘性组织可以分为七系：客属公会、嘉应会馆、茶阳（大埔）会馆、惠州会馆、丰顺会馆、增城或增龙会馆、河婆同乡会。其中客属公会乃方言群组织，地缘性组织有嘉应（梅县、兴宁、五华、平远、蕉岭）五属邑人的会馆、茶阳（大埔）人组成的茶阳（大埔）会馆、惠州（归善、博罗、长宁、永安、海丰、陆丰、龙川、河源、和平及连平）十属邑人的惠州会馆，丰顺人的丰顺会馆、增城人的增城会馆、增城人与龙门人组成的增龙会馆，以及河婆人的河婆同乡会。其中，南洋客属同乡会于1929年成立，嘉应会馆联合会成立于1950年，马来西亚大埔

---

① 吴华：《马来西亚华族会馆史略》，新加坡：新加坡东南亚研究所，1980年，第88 – 89页。

社团联合会成立于 1973 年，1977 年河婆同乡会联总会成立，1979 年马来西亚客属公会联合会、增龙总会成立。[①]

潮州位于广东省东南部，是潮安、潮阳、揭阳、澄海、饶平、惠来、普宁、南澳、大埔、丰顺的总称，是为潮州十邑。其中大埔与丰顺两县为客家人，故又有潮州八邑的说法，最早的会馆是马六甲潮州会馆。马来西亚潮州人的组织称为潮州公会、潮州会馆、潮州八邑会馆或韩江公会。另有县属的组织如槟城惠来同乡会、马六甲惠来公会、柔佛潮安同乡会。古晋潮州公会设立于 1864 年，也是最早的潮州公会。总机构是马来西亚潮州公会联合会，成立于 1934 年。[②]

在马来西亚，各属人士除了在各地创立同乡会馆外，又以槟城广福人士于 1886 年成立的平章公馆最受瞩目，该会馆以讨论华人之重要事务为宗旨，"平章"有百姓公论之意，后来易名为槟州华人大会堂，是马来西亚最早的州级中华大会堂或华团总会。至于各属总机构的设立，首创者当属 1929 年的南洋客属总会，该会由汤湘霖等倡议，会址在新加坡，会员包括新马及东南亚地区的客属公会。1934 年海南籍同乡倡议设立的琼联会成立。1934 年，林连登倡议成立潮州公会联合会，此三会为"二战"前仅有的三个联合会。1945 年新马光复后，随着战后复原及社会发展等因素，各方言群的华人总会相继成立。各属总会的成立对于加强同乡团结、促进感情，兴办教育和慈善事业，支援国家建设均有贡献。并设立奖贷学金、成立青年组、护华教华文、效忠国家，支持政府政策、组织企业机构、设立出版基金等。

全马各地广帮乡团超过 200 个，主要包括各地的广惠肇会馆、高州会馆、广东暨汀州会馆、台山会馆、宁阳会馆、新会会馆、中山会馆、三水会馆、番禺会馆、从化会馆、南海会馆、顺德会馆、肇庆府会馆、东安会馆、开平会馆、鹤山会馆、古冈州会馆、清远会馆、要明会馆、新兴会馆、会宁会馆、花县会馆、南三会馆、高要会馆、广肇会馆、新东会馆、五邑会馆、冈州会馆、四邑会馆（以上广府）；各地客属公会、嘉应会馆、惠州会馆、茶阳（大埔）会馆、茶阳回春馆、大埔同乡会、增龙会馆、赤溪会馆、中原联谊社、河婆同乡会、梅江五属会馆、丰顺会馆、海陆会馆、同源社、兴宁同乡会、丰湖联谊社、应和会馆（以上客家）；各地潮州八邑会

① 吴华：《马来西亚华族会馆史略》，新加坡：新加坡东南亚研究所，1980 年，第 117－119 页。
② 吴华：《马来西亚华族会馆史略》，新加坡：新加坡东南亚研究所，1980 年，第 136－137 页。

馆、惠来会馆、韩江公会或义安群公会等。[①]

近代广东移民背井离乡来新马发展，在当地的环境下，既缺乏强有力的祖国为后盾，也没有当地政府的扶持，只有发源于中国原乡的会馆提供了住宿、就业等帮扶，这也是同乡联系感情、缔结商业合作的重要场所。华人会馆以寺庙、义山为最早的蓝本，并处理同乡或华族的信仰及身后事，举行岁时祭仪，使华人传统得以延续和发扬光大，同时发挥敬神祭祀、养老送终的社会功能，使移民得到心灵上的慰藉。古庙如马六甲青云亭（15世纪）、槟城嘉应会馆、槟城广东暨汀州会馆，槟城宗德堂谢氏家庙（1820年）、槟城胡靖古庙（1832年）等，又如雪隆广肇会馆、雪隆惠州会馆、雪隆海南会馆、雪隆嘉应会馆、雪隆潮州会馆和雪隆茶阳会馆一起建立的吉隆坡广东义山，甚至许多会馆也在吉隆坡广东义山设有自身的总坟。

与此同时，华人会党组织也是社团的源流之一。以"公司"为名，凝聚了地缘、血缘，甚至业缘。包括马六甲增龙公司（成立于1792年，马六甲增龙会馆前身）、槟城应和公司（成立于1801年，槟城嘉应会馆前身）、槟城仁胜公司（成立于1801年，槟城增龙会馆前身）、槟城永大公司（成立于1840年左右，槟城永大会馆前身）等。以吉隆坡为例，19世纪60年代，已有惠州及嘉应州客家人士前来此区开矿，19世纪90年代，同属粤籍的广州府及肇庆府的华商逐渐成为主导角色，取代客家人的地位，包括鹤山的陆佑、台山的赵煜、番禺的陈秀连、新会的张郁才、顺德的陆秋杰等。他们从事矿业、橡胶、银行、娱乐、交通、铁厂、商业地产等。由于广肇两府人口增加，1887年组织了会馆，通过关帝信仰来团结同乡。然而，在1890年，英殖民政府颁布"社团法令"封禁华人私会党，使各华人"公司"成为非法团体，由此成为新马华人社团发展的重要分水岭。另外各种血缘性的姓氏家庙、宗祠也是社团的主要源流之一，此不赘述。[②]

随着时代的演进，会馆也慢慢转型以适应社会需求，旅居新马一带的粤籍华人社团更着力于开办学校、维护华教。如雪隆潮州会馆创办培才小学、雪隆惠州会馆创办循人学校等，这些同乡会馆在战后也积极培育同乡青年、妇女投入社会公益事业，为国家发展及增进华人权益、族群和谐尽

---

① 刘崇汉：《独立后华人乡团组织》，林水檺等编：《马来西亚华人史新编》（三），吉隆坡：马来西亚中华大会堂总会，1998年，第382–384页。

② 黄文斌：《吉隆坡广肇会馆：寺庙与会馆合一组织发展之个案研究》，林纬毅主编：《华人社会与民间文化》，新加坡：新加坡亚洲研究学会，2006年，第37–38页。

一份心力。

"二战"结束后，马来西亚成立了不少华人社团，以方言群区分，1946—1956 年的十年间，福建人成立的地缘性社团共 41 个、广府人 40 个、客家人 22 个、潮州人 20 个、海南人 8 个、其他省籍 16 个，对比新马分家、马来西亚华人社团活跃的 20 世纪 70 至 80 年代，粤籍华人社团增加的数量更多。华人社团以前常给人一团散沙的印象，但战后华人社团的整合工作主要是通过建立联合会来达成，又以各属乡团最先发动，也最为积极（表 2-2）。

表 2-2　马来西亚主要地缘性社团联合会

帮属	地缘性社团联合会名称	建立年份	属会数目
福建帮	马来西亚福建社团联合会	1957	147
	马来西亚永春联合会	1957	39
	马来西亚福州社团联合会	1966	57
	马来西亚兴安会馆总会	1970	30
	马来西亚泉港社团联合会	1976	10
	马来西亚晋江社团联合会	1977	12
	马来西亚龙岩社团联合会	1981	5
	马来西亚南安社团联合会	1982	21
	马来西亚安溪总会	1986	11
广府帮	马来西亚广东会馆联合会	1947	36
	马来西亚台山会馆联合会	1947	6
	马来西亚三水会馆联合会	1949	5
	马来西亚高州总会	1949	21
广府帮	马来西亚古冈州六邑	1955	28
	马来西亚番禺会馆联合会	1953	5
	马来西亚中山会馆联合会	1954	6
	马来西亚南海会馆联合会	1960	8
	马来西亚会宁总会	1973	11
	马来西亚顺德联合总会	1979	7
	马来西亚广肇联合总会	1980	27
	马来西亚安东会馆联合会	1983	12

（续上表）

帮属	地缘性社团联合会名称	建立年份	属会数目
客家帮	马来西亚客家公会联合会	1979	12
	马来西亚嘉属公会联合会	1950	24
	马来西亚惠州联合总会	1958	16
	马来西亚大埔社团联合会	1973	18
	马来西亚河婆同乡联合会	1978	6
	马来西亚增龙总会	1979	9
潮州帮	马来西亚潮州公会联合会	1934	47
海南帮	马来西亚海南会馆联合会	1933	69
	马来西亚万宁同乡会	1978	4
其他	马来西亚广西总会	1952	35
	马来西亚三江总会	1978	5

资料来源：刘崇汉：《马来西亚华人社团》，吉隆坡：马来西亚嘉应属会联合会，2016 年，第 138 – 139 页。

    "二战"后初期主要的华人社团是各省级乡团及会馆、各地中华总商会、中华大会堂或中华公会、马来西亚华校教师会总会（简称教总）及华校董事联合会（简称董总）等。在 1949 年华人政党马华公会成立之前，这些社团在华人社会扮演重要的协调及争取权益的角色。1957 年马来亚独立后，华人社团影响力下降，政治及族群沟通功能逐渐被政党取代。纵观 20 世纪 50—60 年代，反倒是以华文教育及民权议题为主要诉求的教总及董总表现令人印象深刻。甚至在马华公会成立后，教总及董总与之并称为"华人社会三大机构"，影响重大。

    1969 年马来西亚爆发"5·13 事件"，马来西亚进入紧急状态，国家大政也从多元主义转向民族主义，在土著（Bumiputra）优先思维下，于 20 世纪 70 年代初开始实行新经济政策（New Economic Policy，NEP）。此后马来西亚政府为了进一步改善土著经济地位，以各种方式大力扶持马来族群，通过国家力量，强力干预经济市场的运作，主要的执行方式是通过立法来协助马来人从事工商业，其中包括整并国有企业、收购民间公司（包括银行、金融、种植、锡矿、运输、保险等产业）股权，再转手售予马来人，使他们在国内经济稳占一席之地。由于政策取向与政府行政偏差，马来西亚华人经济发展空间被压缩，子女受教育的条件被削减。

早期的新马华人社团有密切的关系和相似的发展轨迹，但新马分家后，两国的社团走上了完全不同的发展之路。新加坡华人社团不热衷于政治，马来西亚华人社团却一再涉足政治及有关权益的争取。20 世纪 70 年代主导社团的是马来西亚中华工商联合会，但代表性受限，华人族群欲设立一个全国性的华社领导机构。① 1991 年，马来西亚中华大会堂总会成立，跳出乡团会馆传统华人社团的原有框架，更重视民权及文化事业的推展，在马来西亚与中国等周边各国的民间交流及华族权益争取方面，大会堂有一定的贡献，也强化了各级华人社团的互动。乐观的解读认为，华团的转型与政治挂钩，让华族参与政治及公民事务更为积极，使华人了解到政治参与并不只能通过政治；华人社团的组织历练也在客观上为华社培养了优秀青年人才，对于华人政治参与及公民意识的提升产生了积极正面的作用。

2000 年以来，更多华人社团投入组织改革，引进民主做法，强调专业化。同时因为城市发展，部分社团利用财力优势，与人联营建造现代化商业大厦，收入来源大增，有能力举办文学奖等更多大型活动，并积极参与跨国的联谊交流，如雪隆茶阳会馆与雪隆惠州会馆在吉隆坡市区都有现代化大楼。② 在地缘性社团方面，以 2001 年筹组，2002 年成立的"七大乡团协调委员会"（简称七大乡团），引起的关注与争议最多。七大乡团由马来西亚福建社团联合会（164 个属会）、马来西亚广东会馆联合会（38 个属会）、马来西亚客家公会联合会（62 个属会）、马来西亚潮州公会联合会（51 个属会）、马来西亚海南会馆联合会（71 个属会）、马来西亚广西总会（37 个属会）及马来西亚三江总会（5 个属会）组成，其宗旨在于加强乡团联合会之间的横向联系，针对共同关心的课题协调以达成共同行动方案。

从组织格局的角度来看，马来西亚华人社团依据不同性质及协调所需，在历史上形成了多个华团体系，主要包括：①中华大会堂体系；②中华总商会体系；③董教总；④地缘性组织体系，如七大乡团；⑤血缘性组织体系，如姓氏总会；⑥学缘性组织体系；⑦全国性文化艺术组织体系；⑧全

---

① 祝家丰：《权益组织之路：马来西亚华人社团的质变化和分化》，何启良等编：《马来西亚、新加坡社会变迁四十年》，新山：南方学院，2006 年，第 305－338 页。

② 莫顺宗：《董教总会马来西亚华人社团》，聂德宁等编：《中马关系与马来西亚华人研究国际学术研讨会论文集》，厦门：厦门大学出版社，2013 年，第 323－333 页。

国性宗教组织体系；⑨全国性青年及妇女组织体系；⑩其他。① 经过数十年的发展，马来西亚的华人社团数量已超过一万个，成为马来西亚社团的重要组成部分及民间力量（表2-3）。

表2-3　马来西亚社团及华人社团数量统计（1969—2011年）

年份	马来西亚社团总数	马来西亚华人社团总数
1969	10 417	3 268
1975		3 582
1993	23 883	5 000 以上
1996	23 504	5 762
1997	29 098	
1998	29 574	
1999	30 572	
2000	31 630	
2001	32 269	7 276
2003		7 766
2004	38 000	7 937
2006		8 892
2010		10 230
2011	47 000	

资料来源：转引自刘崇汉：《马来西亚华人社团》，吉隆坡：马来西亚嘉应属会联合会，2016年，第32-33页。

值得一提的是，马来西亚现行的《社团法令》制定于1966年，它是依据统一马来半岛的1949年社团法令、沙巴的1961年社团法令及沙捞越的1957年社团法令而制定的。根据马来西亚的《社团法令》，凡有7名成员，便可向社团注册局申请成立社团。马来西亚政府将注册社团归为十三类（表2-4）。

---

① 刘崇汉：《马来西亚华人社团》，吉隆坡：马来西亚嘉应属会联合会，2016年，第30-31页。

表 2 - 4　马来西亚官方社团分类与统计资料（2001 年 6 月）

社团类别	社团总数	华人社团数目	华人社团占全体社团百分比（%）
宗教（包括华人民间宗教组织）	5 381	3 351	62.27
社会福利（如老人院、义山组织等）	3 441	1 754	50.97
联谊与休闲	4 500	518	11.51
妇女	187	32	17.11
文化（如武术、舞蹈、音乐、文学等）	1 282	246	19.19
互助性	2 081	187	8.99
商业	2 707	436	16.11
体育	3 316	85	2.56
青年	2 593	25	0.96
教育	272	22	8.09
政治（即政党）	36	1	2.78
职业	598	84	14.05
其他（如校友会）	5 875	535	9.11
总数	32 269	7 276	22.55

资料来源：整理自马来西亚社团注册局。

　　刘崇汉认为，马来西亚政府的社团分类法其实不能反映华人社团的属性，特别是对于会馆、宗祠等华人社团不具有独立的分类。因此比较符合现实的华人社团分类应该是①：

　　综合性团体：如各州的中华大会堂或华团联合会；

　　地缘性团体：如福建会馆；

　　血缘性团体：如陈氏宗亲会；

　　业缘性团体：如中华总商会、机器厂商会；

　　学缘性团体：如校友联总、留台联总；

　　教育团体：如董总、教总；

　　文化艺术团体：如文化协会、舞蹈协会；

---

① 刘崇汉：《马来西亚华人社团》，吉隆坡：马来西亚嘉应属会联合会，2016 年，第 29 - 30 页。

宗教团体：如佛总、佛光山协会；

青年团体：青运、青团运；

妇女团体：如妇女励志社；

慈善公益团体：如华人义山、华人残障协会；

体育、休闲及联谊性团体：如精武体育会、狮总；

其他团体：在上述分类以外的社团，应排除官方社团分类中所含的华人政党。

在上述组织体系下，马来西亚社团涵盖经济联系、文化教育、社会公益、宗教礼俗、政治参与五个主要功能[①]（表2-5）。

（1）经济联系：华人社团活动中会员交换商情、洽谈商务及促进商机。20世纪70—80年代，马来西亚兴起一股集资办大企业的热潮。80年代以来，马来西亚华人社团与中国联系加强、合作紧密，带动中马双方的民间商贸往来及人文交流。华人社团还组织国内及国际性社团会议、商展及商业洽谈会，并承办世界华商大会等。

（2）文化教育：举办各种华人传统文化活动，如开设文化讲座、学术研讨会、文艺演出、培训课程；协助办理寻根活动；举行全国性文化盛会，如文化节、舞蹈节；出版纪念特刊、会讯及专书，并设置出版基金；赞助华校、举办学艺比赛；开办华文进修班和补习班；设置升学奖学金，进行潮州学、客家学等本土研究计划；支援华教华人权益活动。

（3）社会公益：提供社会关系网络，提倡互助学习。救济灾黎、贫老、介绍工作、提供医疗等社会福利公益事业，提供友族支持服务，促进民族和谐。

（4）宗教礼俗：转型后会馆仍有祭祀场所，增强凝聚力，传播传承礼俗文化，进行生命教育，传播文化知识，追思先贤。

（5）政治参与：战前社团是主要机构，战后政治角色为政党所取代。主要对政府的政策及施政进行建言，提倡民权，与政党沟通；提呈报告、声明、文告、备忘录，举办交流会。

---

① 刘崇汉：《马来西亚华人社团》，吉隆坡：马来西亚嘉应属会联合会，2016年，第52-56页。

表 2-5　马来西亚华人社团的主要功能

华人社团类型	主要功能	次要功能
宗乡团体	联络感情，促进团结，共谋会员福利	推动文化、教育、经济发展，赞助慈善公益事业
商会及行业团体	团结同业，维护会员利益，促进国家经济发展	促进社会、文化、教育及福利事业发展，建立各民族间的友好关系等
文化艺术团体	促进相关文化项目之发展，使之成为马来西亚国家文化的组成部分	促进社会、教育及社会公益事业发展
宗教团体	弘扬教义，增进会员感情，净化人心	赞助慈善公益事业发展
教育团体	维护教育权益，更好地发展华文教育	促进社会、文教及慈善公益事业发展
青年及妇女团体	提升青年与妇女素质，培养领袖人才	促进文化、经济及社会公益事业发展
休闲类团体	联络感情，促进健康休闲活动	促进文化及社会公益事业发展
综合性团体	领导社团维护华人作为公民的合理权益	推动政经文教及社会福利方面的惠民活动发展

资料来源：刘崇汉：《马来西亚华人社团》，吉隆坡：马来西亚嘉应属会联合会，2016 年，第 57-58 页。

马来西亚华人社团在华人社会生活的各个方面扮演推动者、协调者及促进者等角色，为华文教育、公益事业作出卓越贡献。一方面，发挥社群整合的功效，弥补政府施政的不足；另一方面，团结其他友族同胞，成为与政府之间沟通的桥梁，发挥现代社会的部分职能。

马来西亚早期的华人社团中，广府帮地缘性社团成立最早，数量也最多。广东社团的最高机构马来西亚广东会馆联合会成立于 1947 年 2 月 22 日，马来西亚独立后第一任财政部长李孝式被选为该会第 1 届常务主任兼财政。该会于 1981 年成立广联青年团并于 1998 年成立广联妇女部，携手推动会务发展。截至 2015 年，马来西亚广东会馆联合会共有 42 个属下会员团体。1961 年设立大学奖贷学基金，截至 2012 年，资助 996 名学子完成大学课程，发放奖贷学金总额达 598 万马币。中国改革开放之后，马来西亚广东会馆联合会积极与中国各省政府与民间团体密切接触，不时组团到广东省各市进行亲善访问和工商考察，受到热烈欢迎与礼待。1998 年，马来西亚广东会馆联合会与新加坡广东会馆联合发起筹组世界广东同乡联谊会。2007 年 11 月 19 日至 21 日第 4 届世界广东同乡联谊会在马来西亚举办，共有 20 个国家和 128 个地区的 1 778 名代表参加。有关粤籍华人社团的近年发展，谢爱萍教授主编的论文集①收录多篇雪兰莪、吉隆坡地区的粤籍华人社团个案研究，兹将相关发展介绍如下。

商讨处理同乡问题是粤籍同乡会馆的主要宗旨，乡团的成立也与信仰有关，它以移民的宗教活动中心，发展出社会、经济、政治、教育、文化等功能。雪兰莪州粤籍会馆以 1864 年成立的惠州会馆最早，接下来是茶阳会馆（1878 年）、广肇会馆（1886 年）、嘉应会馆（1898 年）。而马来西亚吉隆坡、雪兰莪州附近的粤籍会馆主要有：

①成立于 1948 年的马来西亚高州总会，该会由粤籍木材商人发起，当时是由各埠高州会馆派出代表开会推动，推举李孝式为会长，将各埠高州会馆、同乡会联为一体，共有 21 个属会，但总会与属会联系不多。马来西亚高州总会青少年于 1997 年、2004 年参加中国广东茂名市的冬令营活动，总会带领粤籍华裔青年回乡寻根、认识中国。②雪兰莪鹤山会馆，是为了总坟祭祀所需而成立。1957 年正式开办，1993 年改为雪隆鹤山会馆，1992 年起多次举办回鹤山旅游探亲活动，促进中马双方有更好的交流。③雪隆高要会馆，成立于 1956 年，先设总坟后设立会馆，1982 年赴新加坡、中国香港交流。④雪隆惠州会馆于 1864 年成立，创会人是甲必丹叶亚来，原名惠州公司，1938 年会馆会员有 400 人；创办了循人小学和循人中学。该会最早在 1884 年设私塾，1913 年改为新式小学，1962 年增办高中。1993 年组织惠州经济考察团、2005 年参访惠州。⑤雪隆潮州会馆，成立于 1891 年，由当地潮州同乡发挥互助精神而成立，原名潮州八邑公所，1929 年更名为雪隆潮州八邑会馆，多次举办潮剧巡回演出、写春联、绘画比赛；会员婚嫁添丁祝寿，以会馆名义送贺礼，会员丧事则送奠仪金。近年为使会务透明化，在 2004 年获 ISO 90001：2000 国际品质管理标准证书，2006 年举办"潮汕文化之旅"活动，鼓励青年参加。

---

① 谢爱萍主编：《马来西亚广东人研究论文集》，吉隆坡：马来西亚雪隆广东会馆，2007 年。

第二节　新加坡粤籍华人社团

新加坡第一间会馆曹家馆于1819年成立，今日新加坡注册的会馆超过300间。当中粤籍会馆组织较为复杂，可以方言群区分粤语、客家、潮州及广客帮方言组织，这些社团除了给予同乡们生活上的援助，还设立学校和医院，推动慈善福利，为华人社群作出了巨大的贡献。新加坡独立后，宗乡会馆逐渐开始扮演传承文化和传统的角色，积极吸引年轻一代参与，并开放接纳新移民加入。大部分的新加坡华人社团都以推动中华语文及各种中华文化、节日庆典、艺术活动来联系乡情，以促进国际交流为宗旨。[①]

新加坡华人人口主要来自闽粤两省，根据1881年海峡殖民地人口普查资料，当年华人总人口为86 766人，其中福建人24 981人（28.8%）、潮州人22 644人（26.1%）、广府人14 854人（17.1%）、海南人8 319人（9.6%）、客家人6 170人（7.1%）。[②] 由于开埠时的城市规划及英殖民政府的"分而治之"管治政策，不同的华人方言群体被分配到特定区域居住、发展。大体而言，粤籍的广府人士麇集在牛车水一带，潮州籍人士聚居在勿基及沿河右岸，客家人相对分散。新加坡的粤籍地缘、血缘和业缘性组织十分发达，新加坡潮人社团最早如粤海清庙、万世顺公司、义安公司、醉花林俱乐部、义兴公司等已具有一定的社团功能。地缘性社团有1929年成立的潮阳会馆，1929年成立的潮州八邑会馆、1937年成立的潮安联谊社，1936年成立的汕头蓬洲同乡公会，1938年成立的普宁会馆，1941年成立的揭阳会馆，1945年成立的潮安第三区海外同乡会，1947年成立的惠来同乡会、潮安宏安旅外同乡会、澄海港口同乡会等。[③]

粤籍人士中，五邑（南海、顺德、东莞、番禺、香山）属人对外统称为"广"，而四邑（新宁、新会、恩平、开平）人士以肇庆邑人为代表，统称为"肇"，祖籍五邑的新加坡粤籍人士多经营药行、客栈及茶楼，经济实力强，来自四邑的粤籍人士以工人为主，投入建筑、砖业和木业。潮州人多经商及从事甘密、胡椒等种植业，早期最重要的方言群组织是粤海清庙

① 《会馆的历史与发展》，新加坡宗乡会馆联合总会网站，http：//www. sfcca. sg/node/446。
② 林孝胜：《新加坡华社与华商》，新加坡：新加坡亚洲研究学会，1995年，第29页。
③ 李宏新：《潮汕华侨史》，广州：暨南大学出版社，2016年，第220–224页。

及义安公司，并设有泰山亭（义山）及端蒙学校等。1929 年进一步成立了潮州八邑会馆，迄今在新加坡潮人社会扮演着领导角色。客家人在移民初期为手艺人，后逐渐进军典当业和药材业。新加坡的客家社团分为三系：①嘉应五属系统，以 1832 年建立的应和会馆为总机构；②惠州十县系统，以 19 世纪 70 年代建立的惠州会馆为首；③丰、永、大集团。"丰永大"是一个跨地域组合，由广东省潮州府的丰顺、大埔及福建汀州府的永定移民组成。由于丰顺和大埔属客语区而不容于潮州帮，永定亦因相同理由而不容于福建帮，故三者相互结合。

新加坡开埠初期，粤籍人士先后合力营建青山亭、绿野亭作为本籍同胞的义山，至 19 世纪 70 年代绿野亭葬满封山后，1871 年粤籍的广州、肇庆二府及客籍的惠州府三属人士联合建立了碧山亭，1882 年丰、永、大三属人士建立了毓山亭，1887 年客籍嘉应五属人士建立了双龙山，各自有了坟山管理机构。与此同时，粤籍人士也积极兴办学校，最初的学校通常附设于会馆或寺庙，且以方言教学为主，生源多限于同属子弟，如养正学堂、启发学堂及应新学堂等。

福德祠绿野亭公会是一家与新加坡历史发展同步，且至今仍活跃的华人社团。福德祠绿野亭公会源于广惠肇社群与丰永大社群组成的联合阵线，后发展成为战前广客社群的总机构。该组织最早处理祭祀及安葬事宜，近年积极关注新加坡社会公益、教育与文化事业，积极参与跨国寻根活动，并出资赞助福德祠绿野亭丛书和华社资料研究，设立出版基金。①

三水人最早于 1841 年来新加坡发展，设有肆江别墅，后更名为三水会馆。1937 年，三水会馆重新修订会章，将总理制改为会长制。1954 年遵照殖民地政府社团注册法令重新注册。1970 年政府在市区重建计划下征用会馆地址，1973 年会馆搬迁到新会所，会馆楼下建北帝殿供奉玄天上帝，每年农历三月初三的玄天上帝宝诞，成为会馆的重要庆典。会馆从 1978 年开始，每年岁末，均分派贺岁金给年满 70 岁的乐龄会员。1986 年，会馆庆祝成立 100 周年，出版一百周年纪念特刊。三水会馆除办理会员福利事务外，也参与管理福德祠绿野亭公会及广惠肇碧山亭，发展其"慎终追远"的文化传统，并参加广惠肇留医院的慈善医疗活动、广东会馆及宗乡会馆联合

---

① 曾玲：《广客帮总机构——从海唇福德祠到绿野亭公所》，柯木林编：《新加坡华人通史》，新加坡：新加坡宗乡会馆联合总会，2015 年，第 113－128 页。

总会的敦睦种族和谐等活动。①

冈州会馆是粤籍同乡的组织，成立于 1840 年，自成立以来积极推动武术、舞狮、舞龙、粤剧等传统文化活动发展，在许多国际与全国锦标赛中有亮眼的成绩。冈州文化中心于 2013 年 7 月 21 日开幕，展示粤剧等冈州文化传承，反映新会移民融入新加坡并为社会作出重大贡献的情形。

东安会馆创立于 1870 年，是祖籍广东东莞、宝安两地移民的地缘性组织。东安会馆的创会宗旨是：照顾初到南洋的同乡的工作与生活，承担殖民政府没有承担的部分社会功能。"二战"结束后，东安会馆会员一度增至3 000 余人，1946 年，东安义校复办。东安会馆从 1972 年开始颁发会员子弟学业奖励金和年老会员贺岁金。

南洋客属总会创立于 1929 年 8 月 23 日，见证了新加坡社会的变迁。2007 年，南洋客属总会协助落实南洋理工大学孔子学院的"南洋华文文学奖"计划，筹集了超过新币一百万元的活动基金。同年与新加坡国立大学中文系共同主办了新加坡客家研究论文发表会，并资助出版了《新加坡客家文化与社群》论文集。2009 年 11 月，再度与新加坡国立大学中文系协办第 3 届族群、历史与文化亚洲联合论坛。2009 年，南洋客属总会为庆祝创会 80 周年，以"攀山越岭开天地，应变求新创未来"作为主题，召开了一系列会庆活动，包括出版纪念特刊，举办客家文娱晚会、客家美食节、第 6届客家歌谣观摩会、高尔夫球慈善锦标赛，共有 1 000 多名来自海内外的乡亲与各界嘉宾出席。2010 年，南洋客属总会合唱团及山歌团分别在"中国北京第 10 届中国国际合唱节"以及"梅州国际山歌文化节"比赛中获得多项金奖，这些奖项是对南洋客属总会以传承华族文化作为己任的肯定。南洋客属总会属下共有 24 间属团，会员约 2 700 名。他们坚持服务社会，支持教育工作，多次发动筹募义款，加强会员们的汇聚力，近年南洋客属总会更与海外机构共同设立招商促进单位、海外人才培训中心。②

新加坡广东会馆是新加坡代表性的粤籍华人社团，该会馆成立于 1937年，旨在联络新加坡之广东省籍人士之感情，促进团结，赞助公益，倡办文化事业。新加坡广东会馆是一个跨方言群的省级组织，也是祖籍广东省人士的最高组织，凡祖籍广东省人士都可申请加入为会员，目前共拥有 65

---

① 《新加坡三水会馆史略》，新加坡三水会馆网站，http：//samsuiassociation. org. sg/history - 历史/。

② 新加坡宗乡会馆联合总会网站，http：//www. sfcca. sg/nykcg/home。

个团体会员、10 个商号会员、220 名个人会员，其中以广府人居多。董事会成员 55 名，两年一任。广东会馆成立之初，曾借用义安公司坐落于漆街 16 号的场地为会址，1996 年迁入现址振瑞路 151 号万豪登大厦 15 楼 1 号，为永久会所。1984 年，新加坡广东会馆与其他六大宗乡会馆共同发起组织新加坡宗乡会馆联合总会，多年来积极参与各项公益活动，对华族传统文化传承贡献良多。1997 年，新加坡广东会馆举办世界广东会馆代表交流大会，并提出举办世界广东同乡联谊大会的建议，获得受邀前来出席盛会的全球粤属会馆代表 300 余人一致赞同。2000 年 10 月 20 日，新加坡广东会馆成功举办了第 1 届世界广东同乡联谊大会，此后，世界广东同乡联谊大会（简称世粤联会）每两年举办一次，由各国广东社团轮流主持，在团结乡亲方面产生了深远的影响。会馆每年组团出访海外各地粤籍乡团和相关团体，或应邀派代表或组团参与国内外团体的庆典、联谊大会、培训及考察等活动，走访的国家和地区包括中国大陆、香港、澳门地区和马来西亚、印度尼西亚、泰国、老挝、新西兰等，并接待来自世界各地的代表团和嘉宾，从而促进了对外交往与合作。近年来，新加坡广东会馆的发展主力在于弘扬中华传统文化，参与公益慈善工作，以及加强与世界各地乡团的联谊。在弘扬华族传统文化方面，新加坡广东会馆积极开展文化活动，举办各项大型的专题研讨会与文化节目，邀请海内外专家和学者担任主讲。[①] 除了新加坡广东会馆、南洋客属总会、冈州会馆、东安会馆之外，新加坡主要的粤籍华人社团还包括以下社团组织：

表 2-6　新加坡粤籍地缘性社团

方言群	社团名称	建立年份	会员人数
粤语方言	九龙会（Kowloon Club）	1990	1 200
	三水会馆（Sam Sui Wui Kun）	1886	282
	新加坡广东会馆（Singapore Kwangtung Hui Kuan）	1937	300
	广西暨高州会馆（Guangxi And Gaozhou Association）	1883	973
	广惠肇碧山亭（Kwong Wai Siew Peck San Theng）	1870	16
	新加坡中山会馆（Chung Shan Association Singapore）	1837	163

① 《新加坡广东会馆简介》，新加坡宗乡会馆联合总会，http：//www.sfcca.sg/en/kwangtung。

（续上表）

方言群	社团名称	建立年份	会员人数
粤语方言	冈州会馆（Kong Chow Wui Koon）	1839	500
	东安会馆（Tung On Wui Kun）	1870	283
	新加坡宁阳会馆（Ning Yeung Wui Kuan Singapore）	1822	405
	新加坡会宁公会（Singapore Wui Neng Association）	1947	55
	花县会馆（Fa Yun Wui Kwun）	1919	200
	南顺会馆（Nam Sun Wui Kun）	1839	216
	顺德会馆（Shun Tak Community Guild）	1948	68
	新加坡高要会馆（Singapore Koh Yiu Wooi Kwoon）	1940	375
	清远会馆（Ching Yoon Wooi Kwoon）	1924	171
	新加坡番禺会馆（Singapore Poon Yue Association）	1879	300
	福德祠绿野亭公会（Hok Tek Chi Loke Yah Teng Association）	1824	11
	肇庆会馆（Siu Heng Wui Kun）	1878	75
	新加坡鹤山会馆（Singapore Hok San Association）	1939	400
	新加坡增龙会馆（Singapore Chen Loong Wui Koon）	1947	98
	新加坡恩平会馆（Singapore Yen Peng Wui Kuan）	1948	180
	海洲会馆（Hoi Chow Whay Kuan）	1937	70
潮州方言	刘陇同乡会（Low Leng Association）	1958	65
	宏安旅外同乡会（Oversea Hong Ann Villagers Association）	1947	198
	新加坡海陆丰会馆（Hai Lu Feng Association Singapore）	2002	156
	惠来同乡会（The Huilai Countrymen Association）	1948	97
	南洋普宁会馆（Nanyang Pho Leng Hui Kuan）	1940	384
	新加坡揭阳会馆（Singapore Kityang Huay Kwan）	1941	416
	澄海会馆（Theng Hai Huay Kuan）	1965	908
	潮州八邑会馆（Teo Chew Poit Ip Huay Kuan）	1929	5 287
	潮州西河公会（Teochew Sai Ho Association）	1879	170
	汕头社（Swatow Sia）	1993	120
	潮安会馆（Teo Ann Huay Kuan）	1964	3 210

（续上表）

方言群	社团名称	建立年份	会员人数
潮州方言	潮阳会馆（Teo Yeonh Huai Kuan）	1926	1 299
	樟林旅外同乡会（Chung Lim Community Ovérsea Association）	1960	77
	潮安第三区同乡会（Tio Ann Third District Co-Villagers Associations）	1947	81
客家方言	丰顺会馆（Foong Shoon Fui Kuan）	1873	580
	丰永大公会（Fong Yun Thai Association）	1840	60
	兴宁同乡会（Singapore Shin Neng Fellow Country-Men Association）	1956	80
	应和会馆（Ying Fo Fui Kun）	1822	3 133
	武吉班让客属公会（Bukit Panjang Khek Community Guild）	1936	878
	河婆集团（Hopo Corporation）	1981	410
	茶阳（大埔）会馆［Char Yong（Dabu）Association］	1858	3 424
	南洋客属总会（The Nanyang Khek Community Guild）	1929	2 500
	客属八邑福德祠（Fook Tet Soo Hakka Temple）	—	—
	新加坡惠州会馆（Wui Chiu Fui Kun Singapore）	1822	278
	嘉应五属公会（Kar Yeng Five Districts General Association）	1958	235
	新加坡河源同乡会［Heyuan Clan Association（Singapore）］	2017	60

资料来源：整理自新加坡宗乡会馆联合总会网站。

　　1990 年中新建交后，大量中国新移民涌入新加坡。1992 年邓小平南方谈话后，中国掀起了学习新加坡的热潮。中国新移民涌入的重要背景就是新加坡为了解决低生育率、人口老化问题，自 20 世纪 80 年代开始积极吸收外国移民。90 年代新加坡策略性地针对中国引进人才，1992 年新加坡政府颁发奖学金给中国学生，2005 年，在上海设立了联系新加坡中心，加强中新联系。2000 年以后每年有数万人移民新加坡，至今总数已有 20 万左右。新移民特点是来源广，生活习惯与地域文化不同，职业多元。但是，新移民难以融入新加坡现有的华人社团，于是自己成立新社团。新加坡天府会是最早成立的新移民社团，创立于 1996 年，2000 年正式注册，有来自四川、北京、上海、天津等地的移民参加。最大的新移民社团是华源会，成立于 2001 年，旨在协助会员融入新加坡，促进中新交往，2010 年开始颁发中国新移民杰出贡献奖。最近又有新的新移民地缘性社团如天津会、山西会馆、齐鲁会、陕西会馆等，及各种校友会相继成立。新加坡的宗乡会馆在 20 世纪 80 年代后面临青黄不接的危机，随着中国新移民的到来，宗乡会馆开始开放门户，引进新移民，帮助他们融入新加坡。20 世纪 90 年代初，新加坡三江会馆、李氏总会就开始接纳中国新移民入会。潮州八邑会馆、厦门公会、晋江公会、惠安公会也开放，现已有多位新移民担任多家会馆的会长，如新加坡海陆丰公会会长钟声坚、惠安公会会长孙礼锋、福清东张同乡会会长王宏仁等。新加坡宗乡会馆联合总会也很关注新移民问题，并接纳了新移民理事。[①]

第三节　泰国粤籍华人社团

在东南亚地区，由于中泰关系友好，粤人移民历史悠久且情况稳定，泰国一直是广东籍移民最多的国家之一。泰国为中国通往印度的必经之路，汉代已有华人到达当地，至 15 世纪，阿瑜陀耶城已形成华人集中居住的唐人街。到 17 世纪时，华人人数已达四千人左右。当时阿瑜陀耶城的外侨侨民都可以选举头人后由国王任命，授予 Nai、Amphoe 等荣衔（意为街长，并近似欧人殖民东南亚所封授的甲必丹）。华侨领袖对于华人社区的民事争端拥有裁决权，但需对一位主管外交和商务的暹罗官员负责。1884 年，暹罗华人已有 150 万人，20 世纪以后，几乎每年都有一万名中国人移民暹罗。1912—1914 年从汕头、海南移居暹罗的华人为 171 766 人，返回者为 132 495 人，入超 39 271 人，平均每年 1.3 万人。抗日战争时期，避居暹罗者更多，每年达 6 万人，累计近 40 万人。1947 年前后，泰国华侨华人达 200 万~300 万。1995 年，泰国华侨华人 231.5 万，广东籍者约 200.7 万，其中又以潮州人占大多数。当代泰国华人与中国原乡保持密切联系，泰国虽实行同化政策，但泰华两族相处和谐，隔阂不大。华人风俗文化和价值

---

① 欧雅丽：《缘聚岛国》，柯木林编：《新加坡华人通史》，新加坡：新加坡宗乡会馆联合总会，2015 年，第 693 – 707 页。

观深受泰族影响。有学者认为，华人社团是泰国多元民族的一部分，华校也不是华侨社会的象征，只是因应华语流行而设立的传授华语的场所而已。20 世纪的华社活动中，一直存在华侨与泰籍华人共治的局面，如中华总商会的发起人陈伦魁、伍佐南、高学修都是第二代华人，只有廖葆珊是华侨。20 世纪初泰国华人社团开始多元化，出现中华总商会（1910 年）、中华会所（1907 年）、报德善堂（1910 年）及各种同乡会、同业公会及功能性团体。20 世纪 60 年代前泰国华人社团有两个特色：结构松散、社团分立。华人的同业公会融入泰国的公会当中。①

泰国华人社团历史久，人员多，活动频繁。地缘性的社团主要有泰国潮州会馆、华侨报德善堂等，泰国潮州会馆是泰国规模最大的同乡组织。泰国许多社团组织，其宗旨均声明"不涉及政治"，如泰国潮州会馆的宗旨是："本会馆以联络潮州人士感情，交换智识，促进中泰亲善与会员间之互助，举办各项慈善福利事业，创办学校、山庄（坟场）、医务处，促进文娱、体育及各项康乐活动，不涉及政治为宗旨。"② 老社团泰国潮州会馆是这样，新社团泰国华人青年商会也是这样，这大概是泰国华人社团的一个特色。

泰国潮州会馆成立于 1938 年。成立初期租用拍抛猜大马路的大夫第（现为拍抛猜警署）为馆址，后三度迁移，目前的馆址建成于 1978 年，坐落在曼谷沙吞县庄路仁集 12 巷 1 号，是一座富有中国宫殿风格的五层大厦。泰国潮州会馆在历届领导主持下，积极促进中泰交流共荣，推动振兴中华文化，建校育才，提供奖教助学金，多次举办大型公益活动。泰国潮州会馆是泰国重要华人社团之一，由于潮州人在泰国人数最多，潮州会馆在泰国华人各属会馆中被尊为"龙头大哥"，得到客家总会、广肇会馆、福建会馆、海南会馆、江浙会馆、台湾会馆、云南会馆、广西总会这泰华八属会馆的尊重。每逢单月第二或第三个周末举行的泰华九属首长聚餐会，由各会馆轮流值月做东，各会领导聚集一堂，共策泰华社会发展事宜。泰国潮州会馆为旅泰潮人最高的组织，属下成员社团包括：泰国潮安同乡会、泰国潮阳同乡会、暹罗揭阳会馆（1947 年建立）、旅暹普宁同乡会（1948 年

---

① 李道缉：《泰国华社的变迁与发展》，陈鸿瑜主编：《迈向 21 世纪海外华人市民社会之变迁与发展》，台北：海外华人研究学会，1999 年，第 229 – 252 页。

② 《泰国潮州会馆章程》，泰国潮州会馆网站，http：//www.tiochewth.org/index.php？langtype = cn&pageid = cn_ 23。

建立）、泰国澄海同乡会（1948 年建立，原名澄海互助社）、泰国大埔会馆、泰国丰顺会馆、泰国饶平同乡会、泰国惠来同乡会（1947 年建立）及宋卡潮州会馆、合艾潮州会馆、普吉潮州会馆，泰国董里潮州公所、素力潮州会馆、江东潮州公所、勿洞潮州会馆、泰国仁廊潮州联益公会、洛坤潮州会馆、宋艾歌乐潮州会馆、清迈潮州会馆、罗勇分会、春蓬分会、呵叻分会、坤敬分会等。① 另外还有旅暹潮阳同乡会（1946 年）。作为最大的地缘性社团组织，泰国潮州会馆在服务华人方面包括华文教育方面显示出重要的作用，目前泰国潮州会馆下辖四间华文学校：一是潮州中学，创办于 2003 年，实行三语教育；二是普智学校，建于 1948 年，在校学生大约 800 名；三是培英学校，建于 1920 年，历史最悠久；四是弥博中学，建于 1962 年。

潮州人在泰国商业势力大，参与的业缘性社团也最多，因此由潮州人主导或主持的工商社团遍布全泰国各行各业，如华商联谊会、泰华进出口商会、纸商簿业公会成员几乎全是潮州人。泰国华人最高的业缘性社团是泰国中华总商会，也是由潮州人高晖石、陈伦魁以及客籍的伍佐南、新加坡伍衣屏倡议成立的。中华总商会的成员也以潮州人占大多数。

潮州人所主办的慈善机构多带有宗教或民间信仰色彩，遍布泰国各府，如世觉善堂、玄辰善堂、道德善堂、崇德善堂等，其中最具代表性及规模的当属华侨报德善堂。② 1910 年，泰国著名侨领郑智勇（即二哥丰）等 12 人共同发起在拍抛猜大马路购地建大峰祖庙，始创报德堂，1936 年，改称为"暹罗华侨报德善堂"。1937 年，华侨报德善堂创建华侨助产院，1939 年，扩大为华侨医院，1979 年再扩建为 22 层楼大厦。华侨报德善堂最早以施殓义葬为业，后改组注册成为合法民间慈善机构，将大峰祖师崇拜与慈善工作相结合，发扬"慈悲为怀，仁义济世"精神，以"善"为本，扶助民众。华侨报德善堂从无到有，由小到大，全面拓展社会慈善福利事业，赈灾恤难，扶贫济困，施医赠药，兴教办学。1994 年华侨报德善堂成立了华侨崇圣大学，并在该校开办中文系，教授华文；1997 年，始建新义山庄和万人墓；2000 年，华侨中医院七层楼大厦奠基。以上各种不仅广受华侨

① 泰国潮州会馆网站，http：//www. tiochewth. org/index. php？langtype = cn&pageid = cn_ 7。
② 李宏新：《潮汕华侨史》，广州：暨南大学出版社，2016 年，第 202 - 203 页。

华人称誉，更获得泰国各族人民及泰国王室的支持。①

泰国的广东新移民经过多年的打拼在泰国站稳了脚跟，为了加强互联互通，成立了新的社团，其中最著名的是泰国华人青年商会。泰国华人青年商会成立于 2000 年 7 月 1 日，其宗旨是"促进会员之间的友好关系，促进正当的康乐活动，维护会员的尊严，促进泰中两国与国际的文化交流和经贸往来。服务社会，为新华侨争取权益。尊敬先侨，培养新一代华侨接班人。团结、互助、友爱、民主、创新、发展"②。商会成员包括中国大陆移民、中国港澳台地区同胞和泰国华裔青年，会员所从事的行业不仅仅是商业金融和旅游服务业，还包括制造加工、医疗、文化艺术、科技信息等。泰国华人青年商会成立十多年来致力于推动泰中两国的友好往来、经贸合作与文化交流，每年接待来自中国各种类型的代表团数不胜数，为促进中泰关系发挥了积极的桥梁作用。泰国华人青年商会这个平台培养出一批批新人，会长李桂雄是 1981 年到达泰国的新移民，原籍广东潮阳，到了泰国之后，从基层做起，以做珠宝起家，事业有成后，积极投身社会工作，致力于发展中泰友好关系，促进两国经济合作，是泰国著名的社会活动家，现任泰国华人青年商会会长、泰国中华总商会副主席、泰国工商总会副主席、国际潮青联合会会长、泰国环球集团董事长、泰国中文电视台董事长；中国海外交流协会常务理事、中华海外联谊会理事、中国侨联委员、广东省政协特聘委员等。③

随着"一带一路"建设的发展，应促进中泰友好关系的需要，泰国广东商会于 2016 年 9 月正式成立，目前广东籍企业会员人数逾 16 000 名，其中包括团体会员、商号会员及个人会员。会员经营之业务遍及制造业、进出口贸易、银行、保险、房地产、建筑、资讯科技、专业服务、交通运输、食品、百货批发零售、饮食服务及旅游业等。自创立之日起，商会以服务社会、与时并进为宗旨，致力于为泰国商界华侨华人企业及个人提供工商

---

① 《华侨报德善堂纪史》，华侨报德善堂网站，http：//pohtecktung. org/index. php? option = com_ content&view = article &id =131&Itemid =133&lang = zh。

② 《商会章程》，泰国华人青年商会网站，http：//www. tycc. org/index. php? langtype = cn& pageid = cn_ 11。

③ 《新华侨李桂雄：传播中国好声音 搭建中泰友谊桥》，中国新闻网，http：//www. chinanews. com/hr/2014/07 – 15/6387372. shtml，2014 年 7 月 15 日。

业资讯交流的机会，促进国际沟通和推广工商贸易。①

第四节　菲律宾粤籍华人社团

菲律宾华人社会以福建籍华侨华人为主体，据施振民估算，在菲律宾华人中，闽籍占85%，粤籍占15%，有人则认为闽籍可能高达90%，粤籍仅占10%；② 依此，华人社团自然以闽籍为多，粤籍人数少、力量单薄，社团无法与闽籍社团相提并论。本节以综述菲律宾华人社会及华人社团发展为主，介绍粤籍华人社团的历史及发展脉络。

中国和菲律宾人民有悠久的交往史，宋代时中菲民间已有初步交流，但华商赴菲很少久留。明朝郑和下西洋活络了中国与吕宋、苏禄等国的朝贡贸易，而民间商业也快速发展起来。1571 年，西班牙人记录了马尼拉有150 名中国人定居。此后中国人开始大量移民菲律宾，且形成一定规模的华人社区。16 世纪中叶西班牙大帆船贸易兴盛之后，闽南地区与马尼拉的贸易快速发展起来。1600 年吕宋的华人接近 2 万。17 世纪时，菲律宾的华人主要集中在马尼拉，但随着华人零售贸易的发展，以及西班牙殖民势力的扩张，华人开始散布到整个吕宋岛，一些中、南部岛屿的村落也开始出现华人的身影。1850 年，西班牙殖民当局鼓励华工入境以发展农业，取消华人人口限制，大量华人移民涌入菲律宾。1870 年，厦门、香港和马尼拉之间开通轮船，华工及贸易量倍增。菲律宾独立战争前夕全菲华人达到 10 万。值得注意的是，与16、17 世纪以漳州籍华人为主的情况不同，这波移民有近八成来自晋江、南安、同安和龙溪等地，其中晋江籍占比过半。③

1898 年的美西战争导致菲律宾控制权易手，美国随后对菲律宾进行了半个世纪的殖民统治。美国对菲殖民统治与西班牙时代相比有着巨大的差异，经济上奉行自由主义贸易政策，政治上在菲岛移植美国三权分立的民主政治，并且给予菲律宾人部分自治权。美菲殖民政府的华人政策也更为

① 《泰国广东国际商会》，中国侨网，http：//www.chinaqw.com/kong/2017/06 - 19/148279.shtml。

② 陈衍德：《现代中的传统——菲律宾华人社会研究》，厦门：厦门大学出版社，1998 年，第17 - 22 页。

③ Edgar Wickberg, *The Chinese in Philippine Life*, *1850 - 1898*, New Haven：Yale University Press，1965，p.172.

宽松，华人得以在更加安全的环境下生产生活，经商的华人也获得更大的发展空间，华人经济力量不断成长。

美国统治时期，菲律宾实施限制华人入境的《排华法案》以及限制华人经济的"菲化运动"。对此，1904 年成立的小吕宋中华商务局（1931 年改名菲律宾岷里拉中华商会，也就是后来的马尼拉中华商会）数次带头抗议殖民当局的移民限制和种族歧视政策，积极与有关方面交涉，马尼拉中华商会在抗争活动中逐渐成长为全国性的华人领导机构。1937 年抗日战争爆发后，7 月 16 日，在马尼拉中华总商会等机构的协调下，菲律宾各个华人社团联合组建了华侨援助抗敌委员会，由侨领李清泉担任主席。其后，菲律宾华社出现了各种救国团体，多达 143 个。同年又向当局申请允许中国国内妇女孩童来菲躲避战祸，得到批准，并因此庇护了 5 656 名华人。[①]

战后初期，菲律宾政府发起了一波"菲化运动"的浪潮，原先的马尼拉中华商会虽然承担了菲华社会最高代表机构的职责，但是"战后会员仅包括马尼拉市的二三百家商店，加之战后的分裂使商会影响力、实力进一步下降，在人民印象里成了一个地区性组织"[②]。因此，在"菲化运动"中处于被动、力量分散的华人社团要求"必须有一个总的机构之设立，作通盘计划，交涉不利法案，应付菲化浪潮……"[③] 因此有了 1954 年 3 月 29 日菲律宾华商联合总会（简称商总，1962 年改名为菲华商联总会）的成立。商总与菲律宾华侨学校联合总会（简称校总）、全菲各宗亲会联合会（简称宗联）、国民党驻菲总支部（后改名菲华文化经济总会，简称文总）、菲化反共联俄总会（简称反总）一起合称"五总"。"五总"又以商总为龙头，成为与菲律宾政府并行的"华人政府"。[④] 该社团成立后近十年，正值"菲化运动"高涨之际，菲华社会虽然成立商总企图应对菲化浪潮，但仍不足以力挽狂澜。只能说商总作为菲律宾华人社团的代表据理力争，展现了菲华社会的严正立场，虽败犹荣。

① 菲律宾岷里拉中华商会：《菲律宾岷里拉中华商会七十周年纪念刊》（甲编），马尼拉：菲律宾岷里拉中华商会，1974 年，第 30 页。

② 朱东芹：《冲突与融合：菲华商联总会与战后菲华社会的发展》，厦门：厦门大学出版社，2005 年，第 51 页。

③ 张存武等：《菲律宾华侨华人访问记录》，台北："中央研究院"近代史研究所，1996 年，第 393 页。

④ 施振民：《菲律宾华人文化的持续——宗亲与同乡组织在海外的演变》，载洪玉华：《华人移民——施振民教授纪念文集》，马尼拉：菲律宾华裔青年联合会，1992 年，第 180 页。

　　1975 年菲律宾与中国建交前后，一部分华人在中菲恢复往来的鼓舞下，重建双方的沟通平台，如菲华联谊会、菲中了解协会等。菲华联谊会由吴永源等华商在 1974 年创建，致力于中菲文化交流，是当时菲律宾华社最早与中国建立联系的社团。菲中了解协会是当时另一个重要的中菲民间交流平台，得到很多知名人士的支持。在菲华联谊会、菲中了解协会、洪门进步党、洪门联合会、东方体育会等组织的带领下，华人社会积极"向菲律宾公众传达菲中关系和解的信号，消融菲律宾国内弥漫着的反华政治气候"①；同时为双方政治破冰牵线搭桥，例如筹办马科斯夫人伊梅尔达及马科斯访华造势活动、负责中国使馆人员和政府官员来访的接待工作。在华侨华人的多方活动下，碧瑶—杭州、宿务—厦门和马尼拉—广州等多对城市建立友好城市关系。

　　菲华社会与中国侨乡在冷战中长期隔离，是菲华社会走向当地化的重要原因。1975 年 4 月中菲两国建交前后，菲律宾华人才开始大批获准申请加入菲律宾国籍。至 1986 年，约有 20 万华人取得菲籍。20 世纪 80 年代，菲律宾华裔青年联合会（简称华青联），高举"融合"大旗，主张"在融合中谋求发展菲华社会和菲律宾的共同利益，谋求中华文化的新发展并以之丰富菲律宾的民族文化，谋求维护菲律宾华人的正当权利与合法地位"，其工作主要分为三个方面，即"文化宣传、参政献策和社会福利"②。其他华人社团也投入广泛的慈善救济工作中，努力树立良好的华人形象，其中针对菲律宾穷困阶层的"义诊、赈灾、救火和捐建农村校舍"被称为菲华"四宝"，得到菲律宾人民的广泛赞誉。菲律宾华裔青年联合会也号召华人不要限于参加投票选举，而要以主人翁的姿态来关心菲律宾，勇于为自己的国家尽责任、担风险。③ 与商总等传统华人社团善于运用关系和财力在台下影响政治不同，菲律宾华裔青年联合会擅长利用社会运动和舆论表达自己的诉求，并利用报纸杂志和电视等大众媒体争取社会同情，对决策部门施加舆论压力。④ 近三十年来，菲华社会历经了从同化到融合的转变。

---

① 杨静林：《中菲关系的华人因素及菲华人社会的转型》，《暨南学报（哲学社会科学版）》2014 年第 5 期，第 121 页。

② 戴一峰：《菲律宾华裔青年联合会探微——菲律宾新型华人社团个案研究》，《华侨华人历史研究》1991 年第 2 期，第 36 页。

③ 洪玉华：《菲律宾华人的参政、融合和认同》，载菲律宾华裔青年联合会编：《融合——菲律宾华人》（第二辑），马尼拉：菲律宾华裔青年联合会，2000 年，第 80 - 81 页。

④ 黄滋生、何思兵：《菲律宾华侨史》，广州：广东高等教育出版社，2009 年，第 656 页。

1975 年中菲建交，重启两国民间交流的大门。1978 年中国推动改革开放，放宽出国限制，为新一波对外移民潮拉开大幕，出现了来自闽北、浙南等地区的新移民，各界估算菲华新移民应在 20 万至 30 万之间，占菲律宾全部华侨华人总数的六分之一左右（2014 年），是新世纪以来菲律宾华人社会最引人注目的现象。新移民也可以细分为两个群体，一是 20 世纪 70 年代至 90 年代初的第一波移民，二是 20 世纪 90 年代末至今的第二波新移民。第一波新移民多为"亲属移民"，形式上包括直系亲属家庭团聚、继承遗产、远方亲属投靠等，因此早期菲律宾的新移民几乎全部是闽南人，延续了原先的移民网络。此外，第一波新移民在身份认同、文化情感或者生活习惯上也已经倾向于融入当地，其中不少成长为本土重要华人社团的领导人。第二波新移民前往菲律宾的方式逐渐多元化，多持投资、旅游、留学等签证入境，一部分同样来自于闽南地区，也有不少是北方各省人士。这些新移民聚集在马尼拉王彬街或迪维索里亚的中国商品城，建立了以"168Mall"和"999Mall"为代表的几十个批发市场，经营纺织、箱包、日用品贩售等，只有小部分人从事其他行业，而且非法移民或滞留的现象较为普遍。

新移民的到来如一股活水，挽救了 20 世纪 90 年代菲律宾中文学校、华文报刊、传统社团衰败的危机，逐渐成为菲华社会传承和宣传中华文化的主力。新移民组建的社团包括 1997 年成立的旅菲各校友会联合会、2007 年成立的中国商会和旅菲华侨工商联总会。其中旅菲各校友会联合会核心成员以 20 世纪 90 年代前后的第一波亲属移民为主，已积累了一定的经济实力；中国商会主要吸收有合法居住身份的小商品经济华商；旅菲华侨工商联总会以马尼拉商品批发市场的小商贩为主，其中部分属于非法滞留。新移民的经济结构、社团组织和社会网络都处于不稳定的阶段，生活压力导致新移民中经常出现一些不合法或者游走于规则边缘的行为，如非法滞留、走私漏税等，给菲华社会带来不小的困扰，更损害了华社的整体形象。

近年来，也有一些华人主动加入本地菲人社团，如各地的狮子会、青年会、扶轮社等民间团体都有不少华人参与，促进华人社团与菲人社团的互动交流。马尼拉地区由于华人社团过于集中，华人社团与菲人社团的交集反而要比外省落后一些，外省华人社团从个人和基层出发，由下往上推动双方交流，极大地推动了华社整个国民外交工作的开展。此外，菲律宾实力雄厚的华商中有不少是总统顾问或特使，参与全国经济规划、华人事務、与中国交往等重大政治议题。阿罗约总统执政时期，施恭旗、蔡聪妙、黄呈辉等人都担任过中国事务总统特使，参与制定菲律宾的外交对华政策和国内华人政策。杨应琳更在阿基诺夫人执政时期担任菲律宾驻华大使，拉莫斯执政时期担任驻日大使，埃斯特拉达执政时期担任亚太经合组织（APEC）事务总统顾问，阿罗约执政时期担任菲驻纽约联合国总部代表，在菲律宾外交系统中有举足轻重的地位。

华人移民菲律宾历史久远，与当地妇女通婚普遍，不少华人被同化，他们率先组建社团组织。1687年马尼拉华人及华菲混血儿后代联合组成岷仑洛华人公会，被视为菲律宾华人最早的社区机构。1741年华菲混血儿与华人分离，另组混血儿公会。随着菲律宾经济转型和华人经济活动范围扩大，18世纪末19世纪初西班牙殖民当局组建了华人区公会，实行甲必丹制度。华人甲必丹直接向总督负责，对整个群岛的华人社区都有管理权限，权力相当大，实际上是替殖民政府行使管理华侨的职权。有一种说法认为，菲律宾华人最早的社团是1820年前后成立的，如具有秘密会社性质的郎君社与长和社（后为长和郎君总社），另1899年粤人自美移居菲岛后将洪门传入菲律宾的洪门正式组织，但这些会党并非菲华社会的主流。19世纪后期，菲华社会的各种近代社团也纷纷建立，如布商、木商等行业公会。菲律宾华人最早的行会崇宁社于1880年创立，后发展为中华木商会的前身，1894年义和局布商会成立，后与福联益布商会于1903年合并为中华布商会。1888年关夫子会成立，1914年改为福联和布商会，后发展成今日的沓模拉布商会。1870年建立的华侨善举公所则是一个综合性的华人社团，下辖义山、医院和学校，具备现代社团的雏形，负责处理华人社会内部事务，并代表华人社会与清政府联络。[①] 早期菲律宾华人移民的来源高度集中于闽南侨乡，菲华社会在形成的过程中呈现出强烈的乡土宗族观念，并因此建立了上千个互不隶属的华人社团，社会组织的松散阻碍了菲律宾华人整体凝聚力的形成，从而延缓了华人参与政治的组织基础的奠定。直到20世纪50年代，在"菲化运动"的外部压力下，菲华社会才出现全侨统一的机构。

美国统治时期的《排华法案》为菲华社会带来巨大影响。首先，眷属移民的规定导致菲律宾华人的宗族、血统和籍贯更加集中，闽南、泉州或晋江籍华人甚至成为菲律宾华人的代名词，而其他地域的中国移民则很难

① 黄滋生、何思兵：《菲律宾华侨史》，广州：广东高等教育出版社，2009年，第300 - 306页。

进入菲律宾。"血缘和地缘的双重交织，使得菲律宾华人的聚居程度非常高"①。菲律宾华人社团、华人学校和华人报纸也在美国统治时期迅速发展，大大改变了菲律宾华人社会的面貌，使菲华社会与中国紧密联系起来，影响着菲华社会之后数十年的发展轨迹。以华侨善举公所为代表的菲律宾近代华人社团在 19 世纪末开始出现，到了 20 世纪更多以血缘、地缘和业缘为联系纽带的社团开始雨后春笋般地出现。究其原因，一则美国殖民当局放松了对殖民地人民社会活动的限制，二则眷属移民以及华人商业发展推动了华人社会内部的血缘、地缘和业缘凝聚力，三则中国革命进程激发了菲华社会的民族主义情绪和民族认同感，四则《排华法案》以及"菲化运动"迫使华人通过联合自保。总之，"该时期形成的社团组织，既有以血缘、地缘关系为基础的宗亲、同乡会，以业缘为基础的各种行业商会，以秘密团体及帮会为基础发展而来的结义党、社团体，维护劳工阶层利益的职工社团，各类文学艺术、音乐戏剧社团，更有慈善福利公益性社团组织及宗教性组织"。

广东移民菲律宾的人不多，甚至可以说很少。黄锡塱在《在菲律宾的广东人》一文中提到，早期来到菲律宾的粤侨多半居住在马尼拉，多以从事劳务或以经营洗衣店、餐馆、旅店、杂货店维生，粤省方言及风俗流传至今，以台山话及广州话最为通行。"二战"后，部分菲律宾粤侨赴中国香港、美国、加拿大发展，人数略为减少。粤侨中知名人物包括战前的邝溢光、唐达陆、欧阳盘石、黄明德、伍道奇；战后的方福深、伍景时、邝无槐、马文禄、邓英远、陈武良、黄新卫、冯荣华等人。"二战"前广东华侨有 3 万到 4 万人，主要是广府地区的华侨。据统计，2013 年，全菲各地的华人社团有 2 000 多个，② 另有学者认为全菲社团总数接近 3 000 个。③ 粤籍华人社团仅数十个。菲律宾共有 65 个宗亲会组织，其中闽籍宗亲会占 38 个，粤籍宗亲会 27 个，第一个华人宗亲会是粤籍华侨于 1884 年创立的龙冈

---

① 陈衍德：《现代中的传统——菲律宾华人社会研究》，厦门：厦门大学出版社，1998 年，第 17 页。

② 《国侨办国外司长走访菲律宾华侨华人社团》，国务院侨务办公室网站，http://www.gqb.gov.cn/news/2013/0224/29064.shtml。

③ 朱东芹：《菲律宾华侨华人社团现状》，《华侨大学学报（哲学社会科学版）》2010 年第 2 期，第 89 - 95 页。

公所。①

　　菲华粤籍华人社团中最重要者应属成立于 1950 年的菲律宾广东侨团总会，原名为菲律宾广东会馆总会，由 9 个粤籍社团组成，简称广总，1963年改名菲律宾广东侨团总会，该会下辖有 40 多个粤籍正式注册社团会员。20 世纪 70 年代前，广总开展会务活动的主要目的是围绕"团结侨胞，维护乡谊，爱老扶幼，互济互助"；80 年代以来，大力整顿会务，谋求会员福利，广寻商机；举办"粤籍青少年夏令营回国进修汉文化"的活动；向菲律宾政府当局反映华侨华人需求与权益，强化粤籍社团之间及政商、侨务工作界的联系，该社团的领导层中有不少人在菲律宾具有举足轻重的影响力。② 例如 2013 年祖籍广东台山的旅菲华人黄锡堃，当选菲律宾最具影响力的华人社团之一菲华各界联合会主席（2013—2015 年），他同时也成为该会成立 36 年来首位广东籍主席。广总重视中华文化传承，关怀粤籍华文教师福利，举行教师节庆，颁发奖励金，并成立广总慈善公益及华文教师福利基金，鼓励华裔青年回广东参加夏令营活动，进修中文。此外，广总也助力中菲联系及经贸文化交流，促成华侨华人融入菲律宾主流社会，几乎每年都组织经贸考察团赴中国参观访问，也曾资助 53 位在菲受骗的广东劳务人员回国。③

　　菲律宾的粤籍华侨华人并不多，老移民主要来自广府地区，新移民部分来自潮汕地区，在菲律宾的潮汕人大多从事商业贸易，如今他们已经落地生根，在食品、服装、电器、珠宝、日用品、金融等各个领域均有所建树。④ 目前，在菲律宾的粤籍华人社团主要有菲律宾广东侨团总会、马尼拉广东会馆、碧瑶菲粤同乡会、内湖广东会馆、菲律宾计顺省广东会馆、北甘马仁省广东会馆、南甘马仁省广东会馆、亚眉省广东会馆、菲律宾怡朗广东会馆、西黑省广东会馆、菲律宾宿务广东会馆、宿务粤侨行山会、鄢市广东同乡会、依里岸粤侨联合会、三宝颜菲粤会馆、古岛广东会馆、纳

---

　　① 赖林冬：《试论菲律宾华人宗亲会发展华文教育的功能及影响——以菲律宾济阳柯蔡宗亲会总会为例》，《海外华文教育》2012 年第 1 期，第 99 页。

　　② 《菲律宾广东侨团总会》，广州侨网，http：//www.gzqw.gov.cn/site6/sqxx/yhst/st/09/21616.shtml。

　　③ 广东省海外交流协会：《第 2 届世界广东同乡联谊大会侨情交流文集》，广州：广东旅游出版社，2002 年，第 61 - 65 页。

　　④ 《菲律宾菲华潮汕联乡会会长陈慎修到访潮州市侨联》，广东侨网，http：//www.qb.gd.cn/dfqw2010/cz/201510/t20151013_ 685175.htm，2015 年 10 月 13 日。

卯菲华广东会馆、蘸洛广东会馆、旅菲中山同乡会、恩平同乡会、菲律宾海宴公所、菲律宾余风采堂、旅菲南海九江同乡会、菲律宾鹤山同乡会、菲律宾广东妇女会、菲华潮汕联乡会、菲律宾广义阁、菲华七一九碧海联谊会、菲律宾华侨工团东庆堂、菲律宾华侨餐馆工会、菲律宾华侨印务总工会、菲律宾华侨面包工团、菲律宾华侨洋衣工团、广东兄弟会、龙马精神联谊会、菲律宾粤侨民锋社、菲律宾华侨平民剧社、菲律宾粤风剧艺社、和胜馆、新和社、群庆馆、和安馆、新生馆、群和馆、养和馆、群新社、华强馆、斗门馆、新胜馆、协安馆、广生馆等社团。菲华潮汕青年商会、菲律宾潮汕总商会等社团是新移民成立的社团。

菲律宾广东侨团总会是菲律宾粤籍华人社团的核心和代表，近年来，围绕"团结侨胞，维护乡谊，爱老扶幼，互济互助"的宗旨，积极开展国内经贸考察和观光联谊活动，组织华文教师回国进修和青少年夏令营活动、参加亚洲华人联谊会年会，举办春节联欢活动、慈善助学助医助残活动等，着重加强与广东省及各地市的联系和交流。在援助贫困学生方面，2017 年 6 月 2 日，菲律宾广东侨团总会举行了第九次全菲粤籍清寒学生助学金活动，共有 19 名小学生、13 名中学生得到资助。这项活动始于 2009 年，当时是为了配合菲华商联总会的"华生流失基金"的计划，决议开展"伸援手，助寒生"的方案，为粤籍清寒学生尽一份心意，济助贫苦家庭，挽救日渐流失的粤籍生源。九年来发放助学金 320 人次，共 250 万比索。在组织青少年夏令营方面，2016 年和 2017 年连续组织学生到广东华侨职业技术学校参加夏令营，收到很好的效果。广总下属的华文教师联谊会，为了推广粤语，让更多人认识广东话和了解南粤优秀的文化，每年于暑假期间举办粤语学习班。① 在加强与广东省交流方面，广总领导人多次到潮汕、南海、广州、东莞等地交流，也多次接待来自广东的各级代表团。2010 年 8 月 7 日，菲律宾广东侨团总会举行成立 60 周年暨第 30 届理事就职典礼，广东省侨办以及汕头市、潮州市、江门市政府派出代表团出席仪式，出席庆典的人数近千人，场面热烈。②

菲律宾余风采堂成立于 1900 年，是菲律宾历史悠久的粤籍华人社团。

---

① 《菲律宾广东侨团华文教师联谊会举办粤语学习班》，中国侨网，http：//www. chinaqw. com/hwjy/2014/06–10/6037. shtml，2014 年 6 月 10 日。

② 《汕头市侨务代表团访问菲律宾 拜访侨团了解侨情》，网易，http：//news. 163. com/10/0816/14/6E7D6VSQ000146BD. html，2010 年 8 月 16 日。

2013 年举行庆祝成立 113 周年，理事会第 112 至 113 届、妇女组第 15 至 16 届职员就职典礼暨堂员春节联欢会。大会议决通过组织结构转型，将原来的理事长一人掌舵制改为常务理事集体领导制，希望以此能更进一步推广会务，更好地为同胞服务，这是一个很大的转变。菲律宾余风采堂以"发扬祖德、乡俗传延、心牵教育、情系四海"为宗旨，举办的主要活动有春节联欢闹元宵、每年春秋二祭、颁发奖教学金、组织会员旅游、加入世界余氏宗亲总会、参加世界余氏恳亲大会等。① 菲律宾余风采堂的活动内容从一个侧面反映了老社团的目前状况。

菲律宾潮汕同乡会筹建于 1935 年，当时的同乡只不过数十人，会所设在潮人创办的华绣公司中。日本占领时期被迫停止活动，1958 年在菲潮汕人重建旅菲潮州会馆。历届负责人是方稚周、李岩溪、方稚旭、林庆标等，前后历经 18 届理事会。1976 年，在原来旅菲潮州会馆的基础上成立了菲华潮汕联乡会，陈荣金被推选为首任会长。② 2017 年 4 月 12 日经全体会员大会选举产生第 35 届理事会，黄秋发出任理事长。③ 在菲的潮汕人人数较少，1996 年时才 100 多人，后来人数稍有增加。尽管人数少，但是在新移民的努力下，潮汕人在菲律宾也占有一席之地。其中，新移民赵启平是最突出的代表。赵启平曾担任菲律宾广东侨团总会副理事长一职十多年，又任菲律宾广东侨团总会第 29、30 届理事长，菲律宾菲华潮汕联乡会理事长，菲律宾新联公会副会长等职，是菲律宾华社活跃的潮籍社团领袖。

结　语

"二战"结束后，新、马、泰、菲华人社团数目大增，类型也更为复杂，在传统的血缘、地缘、业缘性社团之外，各种校友会、教育、体育、文艺、学术、联谊性社团大量增加，组织方面也更跨国化、分众化。华人社团的推陈出新，乃是各地华族改善客观环境的一种努力。一方面，华人

---

① 《菲律宾余风采堂讯》，菲律宾余风采堂网站，http：//www. yeefungtoy. org/philippines/2013 _ Reports. html。

② 《菲华潮汕联乡会》，潮汕民俗网，http：//www. chaofeng. org/article/detail. asp? id =1173。

③ 《菲华潮汕联乡会选举竣事　黄秋发荣膺新届理事长》，菲龙网，http：//www. flw. ph/thread－208816－1－1. html。

社团与时俱进，逐渐由个体走向联合，除了反映社会功能（需求）的变迁，也与战后东南亚政经情势的巨变息息相关，并在一定程度上反映了华人的文化变貌。另一方面，不同的社会结构及方言群组成也会影响社团的发展形态。以笔者在马来西亚的观察，当地华人社团虽仍以"三缘"组织为大宗，集中精力于文教、公益及社会服务，但其运作及形式已产生质量变化。第一，华人社团一方面扎根于住在地，另一方面也寻求与其他区域、国家的同类型社团串联成立大型社团，以利争取政府及社会资源，但这并非实体整合或规模扩大，更似松散的结盟网络。第二，召唤年轻人参与的呼声朗朗于耳，领导层及活跃分子的平均年龄仍显著上升，这反映了不同世代、阶层对参与华社活动存在认知差异，社团传承的危机并没有因为"青年团""妇女组"的成立而得到缓解。第三，华人社团支持华教的传统依然延续，但路线之争、派系龃龉削弱了良善美意，相似性高的募款活动也造成相互排挤及疲乏效应。第四，部分社团受外部势力收编，沦为动员机器或当权者喉舌，给公众留下保守反动、嚣名授誉的不良印象。第五，人事倾轧影响社团运作，甚至造成分裂，而纠纷往往来自与社团宗旨无关的选举恩怨、党派立场及财团恶斗。第六，与中国的互动更加密切，在华人的原乡情感、文化认同及经济利益的考虑之外，近年来中国政府推动侨务公共外交、举办交流参访活动，多以华人社团为标的，甚或借重其力，也是重要因素。

上述诸端，不仅常见于新、马、泰、菲华社的粤籍华人社团，其实也是海外华人社团正面临的难题及挑战。展望未来，除了推动组织变革，扩大参与基础外，能否摆脱政商禁脔、形式主义等包袱，真正成为独立、中道的社会力量，或许才是社团蜕变的关键所系。

第三章

变化中发展
加拿大粤籍华人社团

黄学昆

加拿大《北美时报》社

第一节 加拿大粤籍华人社团概况

加拿大是世界上主要移民国家之一，华人在历史上是加拿大的一个主要移民族群。从 19 世纪 50 年代早期美国旧金山"淘金"华工迁居西岸维多利亚、稍后广东贫苦农民被"卖猪仔"到不列颠哥伦比亚建设太平洋铁路最艰险路段开始，加拿大就成为中国人尤其是五邑粤籍华人移民的主要目的地之一。

根据加拿大统计局 2017 年 2 月起陆续公布的 2016 年 5 月 10 日人口普查统计数据，加拿大全国总人口为 35 151 728 人，其中华裔人口达到 1 769 195 人，约占全国总人口的 5%，是加拿大裔、英国裔、苏格兰裔、法国裔、爱尔兰裔和德国裔之后的第七大族裔，或者说是英法裔之外的最大少数族裔。而在全部加拿大华裔人口中，按照出生地划分，来自中国大陆的有 752 650 人，来自香港的有 215 750 人，来自台湾的有 68 385 人，来自澳门的有 5 985 人；按使用母语划分，讲普通话的华人为 64.1 万人、讲广东话的华人为 59.5 万人。因为在加拿大统计局的人口普查表上，母语为中文者有广东话（Cantonese）及普通话（Mandarin）两个选项，潮州人、客家人、雷州人等一般列入在家中讲普通话选项。这样，对加拿大粤籍华人的统计，如果以祖籍广东省计算，连同广府人、港澳台人士以及潮州人、客家人、雷州人等粤籍人士及其后代，总人数估计仍然在 90 万人左右，其中最大城市多伦多及周边市镇 70 万华人中，70% 是广东籍；大温哥华地区 50 万华裔人口中，广东籍华侨华人也占最大比例。虽然华侨华人省籍来源结构正在发生改变，但以在中国原居地及籍贯计算，广东籍华侨华人至今仍然是旅居加拿大的中国各省市（区）籍移民中人数最多的群体。

与先人抵达加拿大将近 170 年、粤籍人口长期占华裔大多数这一状况相对应的是，粤籍华人社团在加拿大的发展表现也相当活跃。由广东籍华侨华人在各地建立或主持的同乡会、宗亲会、联谊会、会馆会所、协会学会等机构，是加拿大华人社区中建立最早、数量最多、具相当规模，至今仍有广泛影响力的社团组织。本专题的论述及研究对象，包含了祖籍广东省的广府、港澳台、潮州、客家、雷州等地移民及来自东南亚、南美洲等其他国家的粤籍人士在加拿大举办的社团组织。

据现有可考证史料，1863 年由几个四邑人在不列颠哥伦比亚省淘金地巴克维尔（Barkeville）建立的美国洪门会分支加拿大洪顺堂（后改名致公堂），以其有组织、有章程而成为广东籍华侨华人建立在加拿大的社团鼻祖，并被公认为是由来自中国移民所建立的第一个华人社会组织；1872 年，由广东梅县客家人建立的人和堂，成为第一个华人地域同乡会。粤籍及四邑人登陆并聚居的维多利亚唐人街，很快先后成立了新宁余庆堂、开平广福堂、恩平同福堂、新会福庆堂、顺德行安堂、南海福荫堂、增城仁安堂等县（乡）域同乡联谊组织。直到 19 世纪 80 年代，全加拿大的华人社团即是广东人在西岸维多利亚和温哥华建立的 10 余组织；1884 年，在时任中国驻旧金山总领事的梅县人黄遵宪倡议下，由粤籍人士发起成立的中华会馆成为首个统一的跨县（乡）性华人社团。之后，随着横跨加拿大东西岸的太平洋铁路完工，粤籍华人为寻求发展机会从西岸卑诗省向中部及东岸迁移，陆续在聚居的卡尔加里、爱蒙顿、温尼伯、多伦多、蒙特利尔等城市唐人街区建立了以宗族血缘、县乡地域为纽带的会馆、会所、同乡会，例如黄氏公所、龙冈亲义公所、冈州会馆、潮州会馆、开平同乡会、恩平同乡会等，粤籍华人社团至此遍布加拿大各主要城市，成为各地唐人街区的重要组成部分和管理组织。其中五邑籍乡亲组建的海外社团中目前仍同家乡保持经常联系的有 722 个，当中在加拿大的就有 151 个①。直到加拿大国会在 1967 年颁布实施《新移民条例》，开始"以平等态度吸收新移民"，使中国其他省籍移民人数大量增加之前，粤籍华人社团在加拿大华人社会中几乎独领风骚，是华人及新移民最主要的联谊组织和社会服务机构；20 世纪 80 年代以后，随着中国各省市区以及东南亚国家移民越来越多，特别是技术移民和投资移民大增，外省籍社团组织才开始迅速发展，进而改变了加拿大华裔社团的结构。

150 多年的加拿大粤籍华人社团发展史，按加拿大政府的涉华政策以及粤籍社团的宗旨性质、规模特点，大致可区分为以下几个阶段：

（1）19 世纪 60 年代至 20 世纪为起步时期。这包含了史学界关于加拿大政府对华人执行"自由出入"政策到"管制入境"制度两大历史时期，经历了加拿大政府推行征收"人头税"，对中国移民实行歧视性差异对待的阶段。因应中国"淘金者"、筑路工等体力劳工及其家人人地生疏、语言不

---

① 廖美梅：《五邑侨乡文化》，第一文库，http://fanwen.wenkun1.com。

通，渴求取得他人帮助，以及希望联络亲情乡谊、抱团对抗社会上的种族歧视行为，争取在加拿大基本生存权的需要，粤籍华人社团的成立出现第一个高潮，但基本是依宗亲血缘、乡土归属而建立，主要类型包括社团领导组织、邑县性组织、商业性组织、政治性组织、方言组织等①，具有分散、规模小等特点，属于"秘密会社"及"街坊组织"。

（2）20世纪初至1949年为成长时期。这与加拿大政府禁止华人入境时期大致相当，中间经历了加拿大《排华法》在1923年颁布实施，华人反抗本土种族歧视、支持中国国内革命及抗日救亡运动的阶段。随着亲属团聚被阻断和种族歧视趋于严重，粤籍华人对乡音乡谊和对抗种族歧视的渴求进一步加强；如火如荼的中国辛亥革命和抗日战争，促进了华人的政治觉醒。这一时期，中华会馆或中华会所在各主要城市陆续建立，粤籍社区以血缘、乡土为纽带建立的会馆、会所、同乡会规模迅速扩大，横向联系得到加强，一些宗亲会、同乡会进行了合并重组，开展资源整合，使自身质量得到提升。而拥护康有为、梁启超"戊戌变法"，支持孙中山革命、援助中国抗日救亡运动，以及在本地争取华人社会地位及政治权益的政治同盟、协会组织也开始涌现，反种族歧视社团、支持华人参政参选等政治团体、青年妇女权益团体等趋于活跃，促使加拿大社会开始重视华人的平等地位及基本权利。

（3）20世纪50年代至现在为稳定发展时期。随着加拿大政府在1947年废除《中国移民法案》，多元文化、种族平等基本国策得以确立，粤籍华人及其家属大量移居加拿大，对粤籍华人社团的服务需求相应增加；1949年中华人民共和国成立特别是实行改革开放后对侨务事务的加强和重视、综合国力和国际影响力增强，加中两国关系趋向密切，加拿大粤籍华人社团出现质与量的全面提升。传统宗亲会、同乡会在数量上有所增加的同时，整体组织、管理、素质水平也得到提高，活动内容趋向多样性和综合化；在与祖（籍）国尤其是祖籍地广东的互动交流中，专业性、商业类团体的数量在增长；配合祖（籍）国发展布局和侨务工作而建立的青年会、协会等类与中国关系密切的团体，成为本地粤籍华人社团中的一支新生力量，其作用和影响力正在明显加强。在这个时期，粤籍华人社团在争取平反历史上对华人的歧视性制度、促进加中两国关系等方面以及对加拿大政府及

---

① 黎全恩、丁果、贾葆蘅：《加拿大华侨移民史》，北京：人民出版社，2013年，第273页。

社会都产生了一定影响力。

加拿大粤籍华人社团从最初为了联谊互助、扶危济困、对抗种族歧视而建立开始，其功能作用在发展过程中也不断扩展。尽管曾在多伦多出现过经营地下赌场的"联公会"等帮派组织[①]，但主流粤籍华人社团在团结乡亲、帮助新移民安居就业并融入社会、传承中华文化及乡土传统民俗、争取和维护华人社会权益、推动华人参政议政、培育华人新一代、促进中加两国交流及友谊、捍卫祖（籍）国主权和统一等方面，发挥着积极的民间角色作用，得到了加拿大以及祖（籍）国各级政府、社会各界的承认和肯定。其中成立超过100年，由广东南海、番禺、顺德三邑的黄（王）氏宗亲会黄江夏堂与台山、新会、恩平、开平四邑黄氏宗亲会黄云山公所合并而成的安省黄江夏云山公所，以其规模较大、内部管理规范，长期为乡亲提供就业、医疗、住房及娱乐场所，为新移民提供贷款以协助他们顺利在本地开始新生活，并积极地参与本地社会事务、支持祖（籍）国及家乡发展而受到加拿大政府的表彰：2011年获得加拿大纹章局（Canadian Heraldic Authority）授予的纹章（Coat of Arms），成为全国第一个被授予该纹章的华裔宗亲会组织；2015年2月19日，获多伦多文化遗产局（Heritage Toronto）颁发的历史遗址牌匾，成为该市2015年最新的一个历史遗产。包括时任联邦自由党党魁杜鲁多、安省公民移民和国际贸易厅长陈国治、多伦多副市长黄旻南、中国驻多伦多总领事馆等为该公所获颁牌匾揭幕。2011年，温哥华市政府宣布将9月29日定为"潮人日"，以表彰温哥华潮州同乡会及潮籍移民几十年在当地作出的贡献和努力。而遍布加拿大各地粤籍华人社团的会长、主席中，历年获得英女皇银禧奖、加拿大勋章者更是无数。安省黄江夏云山公所、温哥华潮州同乡会，是加拿大粤籍华人社团成长、发展及其历史作用的一个缩影及代表。

第二节　加拿大粤籍华人社团的主要特点

随着加拿大移民政策制度趋于宽松，中国在最近十多年中成为其最大移民来源国之一。而中国技术移民、商业移民及家庭团聚移民的大量涌入，

[①]　黎全恩2010年3月9日在多伦多大学图书馆专题演讲《加拿大华裔黑帮》记录。

促使加拿大华裔社团迅速发展壮大，进而改变了华人社团的结构和格局，但在总体上看，粤籍华人社团依然是加拿大华人社会中数量最多、规模最大、历史最久、地位举足轻重的民间组织群体。与后来在加拿大各地建立起来的中国其他省籍同乡会、联谊会、联合会、商会、校友会等团体相比较，粤籍华人社团具有如下几个主要发展特点：

一、区域分布全面，团体种类比较齐全，是全加华侨华人获取社会服务的最重要民间来源及基础

伴随着早期广东"华工"从加拿大西岸一路向东岸迁移，形成了今天凡有华人聚居的城市，就会有粤籍团体及其服务存在的区域布局；在一百多年的加拿大政治及社会环境演变中，粤籍华人也随之造就了今天乡土联谊、政治权益、中加商贸、专业技术、移民安置、文体艺术、宗教信仰、慈善公益等功能比较齐全的，具差异化、多层次结构的社团。在传统社团方面，按照民俗文化、传统习惯和生活需要划分，以乡谊县域为原始纽带建立起来的冈州总会馆、恩平同乡会、潮州会馆、梅州同乡会、开平同乡会、新会同乡会、湛江茂名同乡会、广州中学校友会、广州协会等，以及印度华人联谊会、越柬寮华人协会、全加客籍联谊会、深圳社团联合总会等同乡会、联谊会遍布各主要城市，使来自不同地方及不同国别的广东籍移民都能找到所属地域的乡情联谊组织，获得必要帮助；各地依血缘姓氏组成的宗亲会，例如安省黄江夏云山公所、龙冈亲义公所、林西河堂、昭伦亲义公所、旅加南阳总堂、余风采堂等，为鼎持传统亲缘关系、寻求认祖归宗的各地移民取得族人帮助提供了有效的平台。在现代社团方面，有为达到某个特定政治或其他目标而成立的联盟，包括洪门民治党、中华总会馆、平反"人头税"大联盟、加拿大人头税家属会、多伦多维持公义同盟、加拿大华人参政同盟等；有工商业及专业界成立的协会组织，例如温哥华华埠商会、多伦多东区华商会、多伦多华埠商业促进委员会、安省华商餐馆会、列治文山市万锦市华商会、加拿大中华总商会等；有专业技术界人士、青年、文化娱乐界人士组成的专业协会，例如加中科技同盟、安省中国美术会、加拿大华侨文化保护与发展协会、多伦多新会青年联合会、汉升体育会、墨韵琴声书画会和各类粤剧曲艺社等；有宗教界人士发起的佛教、道教、基督教、天主教等教会组织，包括加拿大佛教会、华人福音

堂、华人宣道会等；有新移民安置及耆老服务机构，如中侨互助会、华咨处、协群社区服务中心、耆晖会、孟尝会、康福心理健康协会、家和专业辅导中心等；有以维系母校、同学情谊为目的的校友会，如开侨中学校友会、台山一中校友会、培正校友会等；另外还有慈善性团体，如加拿大福慧基金会、多伦多雅贤狮子会、华人肾脏互助协会、华人心脏与中风基金会、癌症基金会华人分会等。其中在大多伦多地区，华咨处、协群中心等承担着区内大部分中国新移民语言培训、安居服务、职业介绍、福利申请、家庭辅导工作；康福心理健康协会、家和专业辅导中心等在华裔新移民子女教育、心理和情绪辅导、戒毒戒赌、处理家庭纠纷等方面发挥着积极的专业作用；耆晖会、孟尝会、颐康中心在华裔养老服务方面占有重要地位。这种多层次、遍布各主要城市、各专业领域全覆盖的特性，使祖籍广东的新老移民及所有华人可以按照联络乡亲、认祖归宗、专业爱好、拓展生意，以至寻求生活上的帮助等不同需要，较容易地找到粤籍华人社团并取得它们的帮助服务，在讲究"小政府、大社会"、鼓励民间团体承担更多社区服务职能的加拿大政体中，这种特性也使粤籍华人社团与加拿大三级政府建立较密切联系，在涉及华人各方面事务上向政府提出诉求，推动其决策符合或最大限度地保障华人族群利益。

二、规模较大、管理规范、发展稳定，在华人社团中具有示范效应

综合各方面不完全统计资料，温哥华目前仍有活动的华人社团有 170 多个，其中粤籍社团占大多数，达到 118 个[1]；大多伦多地区登记注册的 300 多个华人社团中，广东籍社团约占七成[2]；渥太华现有的 100 多个华人社团中，6 个是广东籍社团[3]；蒙特利尔有华人社团 120 个，其中七成为广东籍社团。卡尔加里、埃德蒙顿、温尼伯等华人聚居城市中，粤籍新老移民在华裔族群中占有较大比例，相对地，粤籍社团在当地华人团体中拥有最大影响力；其他各市镇的粤籍社团数量不等。由于发展历史长达数十甚至逾

---

[1] 加拿大广东社团总会 2017 年统计数字。

[2] 中国驻多伦多总领事馆 2012 年数据。

[3] 梁辉荣：《广东侨史调研团在加拿大渥太华开展调研》，中新网，http://www.chinanews.com/zgqj/2013/10-24/5417647.shtml，2012 年 10 月 24 日。

百年，多数粤籍同乡会、联谊会、宗亲会等组织的在册会员都有数百或上千人，规模一般在当地华人社团中是较大的，如魁省潮州会馆登记会员超过 3 000 人，安省黄江夏云山公所在册会员有 1 650 人，多伦多林西河堂会员、安省潮州会馆、温哥华潮州同乡会等团体现有会员都分别超过 1 000 人；温哥华的粤籍社团会员数量也相当多，因此，粤籍社团举办的各类活动就成为当地华人社团活动的最重要组成部分，粤籍社团的参与也对当地华人社团活动的举办具有很大的影响。而加拿大粤籍华人社团得以稳定发展并形成现有的较大规模，与其历史上积累的运作经验和走向规范化、制度化的管理密不可分。1884 年成立的中华会馆，通过的章程就对会馆宗旨、组织、管理、作用作出明确规定，共有 37 条之多；安省黄江夏云山公所 1999 年 4 月 18 日会员大会通过的《公所章程》就共有七章，确立公所宗旨是"联络宗谊，团结互助，实行公益慈善，共谋会员的福利"，对会员权利义务、组织架构和职员权限、财务管理、实业管理等分别作出规定，条文达 81 条，内容具体清晰，行为标准明确，是华人社团中具有可参照性的内部管理章程制度。其中，章程规定"会员大会为公所最高决策机构"，下设的"执行委员会是公所会员大会的执行机关"，"监察委员会是公所会员大会的监察机关"，但均需"接受会员监督"，决策、执行、监察三者的责权界定明确，互为制衡。对于公所主席一职，规定"终生可以任职六年"；执行委员和监察委员"两年一任，连选得连任"，但"同一职务满四年（两届）也必须辞职，两年后获选才可复任该职"。这就避免了社团负责人滋生专权、长期把持领导位置现象的出现，保持了内部管理的公开化、透明度、制度化和管理层的有序轮替，使社团维持发展，充满健康与活力。至今年，安省黄江夏云山公所成立已有 105 周年。成立 35 年的安省潮州会馆内部亦设立了会员大会和理事会、监事会架构，规定理监事会每两年一届，连选得连任，而且都必须经过会员大会一人一票选举产生。由于治理结构严谨有效、各方责权及运作程序界定清晰、内部管理规范、民主选举权利得到充分保障，粤籍社团组织基本都能处于比较稳定的发展状态，并成为后来新移民及其他省籍社团创办和管理借鉴学习的样本。曾经出现内讧的多伦多个别粤籍乡土社团，亦主要是因为内部管理失规而引发；近年存在于某些省籍社团、专业团体中的一些领导人专权、财务收支及管理混乱等现象，基本在粤籍社团组织中都得到避免。

三、自主经济能力及筹款能力较强，能够为自身发展及服务本地社会提供有力的财政支持

按照加拿大社团管理法规，以联谊互助为目的的各种同乡会、联谊会、宗亲会、协会等社团组织，主要注册为公益性非谋利机构，其经费来源主要靠会员邀费、社会捐助，政府有限的拨款主要在针对某些青年、耆老活动或多元文化项目资助上，而且非常有限和很难申请，这使加拿大的民间社团特别是华人社团大多处于一种不稳定的续存状态，常见的是最多只能维持举办周年聚会而难于为社区提供长期服务，一些社团则只有其名而不见活动。但纵观在各城市的粤籍华人社团，基本上都能保持正常运作、会员活动和社区服务，其中，除了粤籍华人社团在长期的社会融入中较早地熟悉加拿大多元文化及对族裔社团的扶持政策，能够申请到诸如耆老娱乐、青少年培训等政府项目性资助，作为部分会务经费补助外，重要的是它们均有较强的自主经济支持力：首先，较多传统同乡会、联谊会、宗亲会、协会创办者或先人都很有远见地购置了会所物业，长远地解决了自身活动场所问题并节省了社团的最大项日常开支，有些并有物业出租，为会务活动、聘请职员、慈善公益提供了稳定的财政支持。而这点是外省籍社团目前所普遍缺乏的。其次是参与社团工作的粤籍人士大多经营生意，热心资助所在团体的发展。像遍布各城市唐人街的安省黄江夏云山公所、林西河堂、龙冈亲义公所、冈州总会馆、恩平同乡会、台山同乡会、潮州会馆、洪门民治党、中华总会馆等老牌社团，都较早地筹款购置了会所物业，使会员有固定的活动场地，并随着房地产的升值，增大社团的资产值，其中安省黄江夏云山公所等团体，还以物业出租的收益去增加会员福利，支持举办会员联谊聚宴、定期旅游、颁发优秀学生奖助学金，对困难会员开展扶危济困，并参加本地各种慈善捐款等公益活动；安省潮州会馆等以资助或集资的方式为长者购买专属墓园区，举办老人歌唱、跳舞、潮剧、大锣鼓、麻将等活动和青年团联谊活动。拥有在册乡亲会员 2 000 多人的蒙特利尔花都同乡会，在 2015 年创办时就制定了筹资建立永久会馆的目标，以此作为"家乡祠堂"去"联谊乡情、团结乡亲、融入主流、共同发展"，更紧密地凝聚同乡会的生命力①。目前散布于各城市唐人街的标志性建筑物如中

---

① 梁宝文：《蒙特利尔花都同乡会筹建永久会馆》，《花都乡音》2015 年第 2 期。

华门牌楼、孙中山铜像，中华文化中心和满地可中华文化宫，多伦多的中区华埠龙门、铁路华工纪念碑，温尼伯加拿大人权博物馆中以全加华人社区名义命名的展览厅，尼亚加拉瀑布区的加拿大首家佛教博物馆，全加拿大每年五月份举办的亚裔文化月等，都主要依靠粤籍华人社团发起倡议、组织实施及捐款支持建立起来，显示了粤籍华人社团卓越的社会组织力和筹款募捐能力。其中于 2009 年夏落成的多伦多唐人街中华门牌楼，是由多伦多东区华商会发动区内商家及其他粤籍团体共捐资 20 多万加元、多伦多市政府作出对等拨款、中国政府捐助部分石料而建成。而加拿大福慧基金会通过筹款建立基金，已资助 15 000 多名中国贫困孤儿入学；多伦多雅贤狮子会、新里程狮子会、华人肾脏互助协会、华人心脏与中风基金会、癌症基金会华人分会等每年举办慈善筹款活动，资助本地新建医院、添置医疗设施、开展医学研究，在主流社会中为华裔树立起正面的形象。在 2017 年 8 月 18 日举办的温哥华潮州同乡会成立 30 周年庆典上，加拿大潮商会、温哥华潮州同乡会就向加拿大红十字会捐出为卑诗省山林火灾筹募到的 38 600 加元善款。能够保持特有的经济实力支持会务运作和举办公益慈善活动，是粤籍社团长盛不衰的坚实基础，又有助于粤籍华人社团及整个华人社区与社会主流的对接融入。

四、团体间跨地域横向联系日益紧密，协调组织全国性行动

尽管粤籍华人社团分散在最多加拿大华裔居住的各主要城市中，而且各团体组织各自独立运作、彼此不存在隶属关系，但由于至今仍以宗亲血缘、乡土归属为主要结社原则，它们较容易在宗亲、乡域的旗帜下形成跨地域横向联系，或者为了达到某个共同利益目标而联合在一起。例如安省黄江夏云山公所、龙冈亲义公所、林西河堂、余风采堂等宗亲会，潮州会馆、四邑各县同乡会、梅州同乡会等地域性联谊团体，在各大城市都有自己的组织，彼此间并无任何从属关系，管理、财务、活动完全独立，但华人根深蒂固的传统宗亲血缘、乡土观念，促使它们从分散逐渐走向信息共享、协同行动，跨地域横向联系趋于紧密。加拿大全国各地的黄氏公所、龙冈亲义公所等定期和轮流在主要城市主办宗亲联谊大会，建立并加强了宗亲团体间的联系；各地广府人团体的交流互动，也在两年一届的世界广府人联谊大会中得到实现；广东客家籍社团、潮州会馆及潮商会，分别借

助定期举办的世界客籍社区联谊大会、国际潮团联谊年会，加强彼此的横向沟通，并且在会议形成的宣言共识下达成协调一致的发展行动。安省黄江夏云山公所现行《公所章程》中就规定："本公所与加拿大和世界各地的黄氏宗亲会互不隶属，但应积极交往，加强合作，弘扬祖德，敦陆宗谊"，但也突出公所"与多伦多的华人团体保持兄弟社团关系，互相支持，加强团结"。近年来，粤籍乡域同乡联谊组织，在中国建立"和谐侨社"方针及各地侨务部门协调指导下，彼此交流和联系明显加强，兄弟团体间应邀参加对方的周年庆典和重大活动，建立信息沟通机制；与其他省籍社团的互动交流也日益增进，共同达成争取华人共同权益的全国性一致行动，这包括：主导并推进全国性组织全加华人联会和多伦多等城市华人团体联合总会的建立，以此为平台促进粤籍华人社团间及其与外省籍华人团体的联系和合作；横跨全国东西岸，牵头组织各地粤籍华人社团发起向联合国、加拿大联邦及卑诗省政府要求平反"人头税"的行动，为华人争取平等权利及政治地位；在涉及中国领土主权问题上共同为祖籍国发声，组织并参与各城市举办的反"台独""藏独""疆独"行动；参与组织每年庆祝加拿大国庆的大游行等活动，推动华人社区与各族裔团结等。在这一过程中，粤籍华人社团彼此纵横向联系不断加强，在涉及华人社区整体利益及祖籍国主权等重大议题上相互呼应支持，共同采取一致行动。

五、社团功能由单一联谊互助向多样化发展，推动提升粤籍华人在加拿大的社会地位和政治竞争力

早年粤籍同乡会、宗亲会等出于对抗种族歧视、扶危济困需要而自发组织起来，团结乡亲同宗、联络感情、共济互助一直是它们的宗旨和主要责任，但也因此其作用和影响力局限于华人社区圈子内。随着加拿大政府放弃过去对华人和移民的歧视性限制政策后，华人经济社会地位提升和参政议政热情高涨，特别是随着中加两国关系更加紧密、中国国际地位提高，粤籍移民创办的商贸、文化、科技等"现代派"组织逐渐兴起，粤籍华人社团的功能作用也随之向联谊互助、安居辅导、权益保护、专业服务等多样化方向发展。比如，加拿大华人参政同盟、华人自由党协会、华人保守党协会等政治性团体，在发动华人参选、投票、关心并监督政府施政等方面起到很大作用。另外，粤籍背景的伍冰枝出任联邦总督、林思齐任卑诗

省省督、李兆麟担任曼省省督、利德蕙等被委任为联邦参议员，以及目前联邦、省、市镇三级议会中的华裔议员及教育委员几乎均为粤籍背景人士，就与粤籍华人社团长期为提高华人在加拿大的政治话语权和社会地位所作的努力直接相关；加拿大联邦、省、市镇议会每次换届选举，粤籍华人社团都会通过举办华裔候选人辩论会、参政议政论坛，激发族群参加投票的热情，发动社团人士义务为华裔候选人助选。多伦多东区华商会、多伦多华埠商业促进委员会等，已经不只是区内华商的协会组织；它们不仅对外推广唐人街的商业、文化、旅游，维护工商业户权益，还逐渐承担了配合政府及警方对街区环境、卫生、治安等进行管理的职责，扮演着街道居民委员会的角色。随着中加经贸投资关系深化和中国倡导的"一带一路"建设的实施，以香港移民为主体的各华商会每年都组织贸易投资考察团访华，举办经贸论坛讲座，出面游说政府议员，推介中国内地及香港营商机会。2017年9月，在安省万锦市某机构推出诋毁华人和中餐馆的"肮脏的中餐馆"手机游戏事件中，加拿大中华烹饪协会、大多市华商总会等粤籍华人社团立即发出抗议并采取行动，最终在三级政府、中国总领馆以及华人社团的强烈谴责下，该开发商被迫公开道歉并宣布销毁相关游戏。在加拿大西岸，温哥华市政府宣布平反历史上歧视华人的"人头税"；卑诗省政府就1881年制定的禁止中国人移民的"人头税"政策，从开始举办公听会到2017年正式宣布道歉和平反，其中的主要推动者是温哥华中华会馆、至德公堂、加拿大余风采堂、全加开平会馆等十多个传统粤籍华人社团。已有85年历史的多伦多新会同乡会，从创建时的联络乡亲、互相协助、为乡亲书写和邮寄信函，到今天发展为团结华人社区、支持中国建设、争取华人权益；现每年定期举行两大活动：会员开春宴会、祭拜先人纪念碑。粤籍华人社团在功能作用上向多样化、综合化转变，在基本满足新老侨对社区民间服务多样化需求的同时，也为自身注入新的活力，增强对社区的影响力和凝聚力。

第三节　加拿大粤籍华人社团的发展趋势

"念祖爱乡、重信明义、敢为人先、团结包容"是公认的在千年移民史中沉淀而成的粤侨精神，其中"念祖爱乡"是加拿大粤籍华侨华人与祖

（籍）国保持密切联系的一种信念基础。1954 年 10 月 1 日，祖籍广东台山的多伦多华人福利协会会长黄才新与从中国来加与家人团聚的十几个华人，发起在多伦多丹打士西街金龙酒家举办的首场庆祝中国国庆活动；1970 年 10 月 25 日，黄氏宗亲总会属下的汉升体育会在温哥华街头打出了第一面五星红旗。加拿大粤籍华人社团不仅在历史上坚定地支持中国清末后进步变法和孙中山领导的辛亥革命、积极投身抗日救亡运动，在 1949 年中华人民共和国成立特别是实行改革开放、落实侨务政策后，更成为家乡经济社会建设的参与者，与祖（籍）国的关系上升到一个新的层次。

一、回乡捐资建设公益慈善事业，是粤籍华人社团及乡亲的基本情愫

加拿大粤籍华侨华人的内在文化中，具有非常虔诚和强烈的乡土认同伦理观念。一百多年前漂洋过海来到加拿大的"铁路华工"和"淘金者"借助探亲往返、书信往来与家乡保持联系，以银信将省吃俭用的收入积蓄汇回家乡置业、赡养父母妻小，捐资开办学校、医院及建设其他福利慈善事业，影响或改变当地文化景观或结构，留下了四邑碉楼村落群"加拿大村"和遍布侨乡的中小学校、慈善医院。这种捐资回乡建设公益慈善事业的传统，依然是粤籍华侨华人及社团与中国保持最紧密关系的主要渠道。至 2014 年，海外华侨华人在广东兴办慈善公益项目超过 3.3 万宗，侨捐资金总额超过 470 亿元人民币[①]；侨乡台山市旅外乡亲从 1979 年至 2013 年 35 年中回乡捐资办学资金达到 8.6 亿元人民币，支持当地七至八成的校舍建设、教学设备购置等[②]。1979 年至 1998 年，五邑籍华侨及港澳同胞捐资建设文化教育及慈善公益事业共达 42.23 亿港元，兴建的项目有：学校 2 117间，医院 297 间，敬老院 324 间，影剧院、图书馆、文化室 177 间，桥梁 825 座，道路 3 549 公里，自来水工程 778 宗[③]，其中加拿大粤籍侨胞贡献重大。安省黄江夏云山公所每年组团到广东台山捐资支持乡村小学教育及台山居正中学，先后设立多个教育奖学金，并为 2008 年北京奥运捐款 1 万加元；祖籍广东开平的加拿大华商会永远名誉会长方君学，2013 年 10 月向江

---

① 朱小丹：《广东华侨史文库》（总序），广州：广东人民出版社，2014 年。

② 梁晓琳、陈奕启：《台山旅外乡亲 35 年捐资 8.6 亿办学》，《南方都市报》，2014 年 9 月 12 日。

③ 梅伟强、张国雄：《五邑华侨华人史》，广州：广东高等教育出版社，2001 年，第 443 页。

门技师学院捐献 1 000 万元修建一幢教育和实践相结合的生产实训楼；加拿大卡加利五邑同乡联谊会捐资支持家乡建设文化教育或慈善公益事业贡献突出，获得了"江门市社团荣誉奖"；祖籍广东新会的加拿大乡亲霍宗杰回家乡捐建公益事业，获颁"振兴新会贡献奖"。2013 年 8 月，广东普宁等地遭受特大水灾消息传来，加拿大潮商会马上伸出援手，捐送总值 300 多万元人民币的物资帮助家乡救灾。在四川汶川大地震等重大自然灾害中，加拿大各主要城市的粤籍华人社团都积极地主持或参与赈灾筹款活动，为灾区人民献爱心，捐资捐物支持中国的救灾重建工作。

二、中加经贸双向"搭桥"，积极参与家乡经济社会建设

早年，粤商在唐人街经销从广东来的服饰鞋袜、中草药及干货杂食，形成了加拿大华人经济的雏形。随着中国改革开放、中加经贸关系及投资往来的加深，粤籍工商人士及社团在抓紧商业机遇中也先走一步，扩大并深化与中国的多层次往来。在民间往来层面上，不少粤籍华侨华人仍然保持着往家乡汇款的传统习惯，给父母或有需要的亲属生活上的支援，成为他们与祖（籍）国的一个经济联络纽带；在投资层面上，全国首家外商独资电厂汕头经济特区松山火力发电厂，是由加拿大潮商会及温哥华潮州同乡会会长林少毅投资开办；由十多个城市的潮人团体组成的加拿大潮商会，一直在中加之间往来穿梭，致力推动双边合作[1]；广东江门新会城地标建筑新金田大酒店，是加拿大粤籍企业家黄兆源投资经营。粤籍华人社团加中科技联盟成员借助加拿大的科技优势，先后在广东江门投资建成了垃圾处理、有机肥料生产等项目，还在多个省份开展了新能源和环保科技方面的开发合作。目前，广东外资企业中，六成是侨资企业[2]；至 2016 年底的不完全统计，"中国第一侨乡"江门全市侨资企业超过 4 000 家，加拿大粤籍工商界人士及社团自然是主要参与者之一，其中中国（江门）"侨梦苑"华侨华人创新产业聚集区、"中国青创汇"平台，就有来自加拿大的张亮博士等科技和企业界人才落户的合作项目[3]。而这种经济联系，在加拿大经济长年低迷、中国经济快速增长的推拉作用下呈现出更紧密势头，粤籍华侨华

---

① 张应龙：《海外潮团发展报告 2015》，广州：广东人民出版社，2015 年，第 127 页。
② 朱小丹：《广东华侨史文库》（总序），广州：广东人民出版社，2014 年。
③ 廖宴思：《以侨引才 促江门全面发展》，《信息时报》，2017 年 11 月 17 日。

人回国在广东多地"侨梦苑""创业园"投资的制造业、现代服务业、科技创新、低碳环保、再生能源和新能源等领域项目正在推进中。由于两国产业结构、资源禀赋具有高度互补性，粤籍工商业界未来还有很大的回国创业投资机会空间。在中加经贸层面上，两国贸易在最近几年发展迅速，2016年中国与加拿大双边货物贸易额达到853.3亿加元，粤商在中间也占有一定的份额，例如加拿大零售连锁店巨头一元店（Dolars Mart）近百分之八十货品的供应商是温哥华粤籍批发商；大温哥华地区的惠州乡亲共200多人，其中很多人就从事中加两地贸易经商。中国倡导并推动"一带一路"建设以来，大多伦多地区的多伦多华商会、列治文山市万锦市华商会、约克区与士嘉堡华商会等社团先后举办了大量关于中国营商机会的讲座、论坛，另外，每年组织会员考察团访华，拓展贸易和投资渠道，并已多次组织本地城市的市长参加活动，推动中加两地交流，扩大经贸关系。

三、寻根问祖、人文"开路"，巩固乡土情谊，促进中加两地友好关系

组织举办"寻根之旅""文化夏令营""回乡访问团"，走访家乡外侨、侨联部门，接待国内来访代表团，是加拿大许多粤籍华人社团的年度安排或重要活动内容。通过这类民间联谊访问，加强了粤籍华侨华人与家乡的联系及交流，传播了中华文化，并对密切中加两国关系发挥了积极的作用。例如，加拿大枫叶龙多元文化协会在2016年及2017年两次举办的华裔民选官员"寻根之旅"，邀得祖籍广东梅州的联邦国会议员陈圣源及祖籍广东潮州的安省万锦市市议员杨绮清参与，前往祖籍地广东江门、新会、潮安等地及内地城市作深度探访，寻获失联数十年的亲属，加强了华人新一代对华裔身份的认同和骄傲以及对中华文化更深层次的了解，还推动了在广东新会小冈镇设立华文姓氏历史文化礼堂、加拿大与万锦市陈列室，使之作为江门市与万锦市商务、文化交流桥头堡。安省黄江夏云山公所经常组织"寻根之旅"、回乡祭祖活动，并参访五邑家乡的乡村、医院、学校，开展联谊交流、捐资助学，收到很好的效果，受到当地政府热烈欢迎。佛山、南海、中山、深圳等地的同乡会或联谊会，推动大多伦多地区市镇与祖居地缔结友好或姐妹城市关系、以祖居地名义命名新道路；顺德联谊会每年举办"顺德美食节"活动，对宣传家乡、增进两地官方和文化交流起到积

极作用。由粤籍同乡会、联谊会、宗亲会等社团组织的回中国举办民间书画、戏曲等文化交流活动，也极大地丰富了它们与祖居地联系的内容。例如，著名书画家关穗生连续在广东华侨博物馆、台山市及广州花都区等地美术馆举办个人作品展，就得到相关粤籍同乡会的支持；安省中国美术会在安排举办中国美术家前来举办书画个展、联展的同时，也大力支持会员参加中国内地各类展览及艺术交流活动。各地的中山同乡会、联谊会，在每年的辛亥革命和孙中山先生诞辰纪念日都举办系列纪念活动，对祖国和平统一、凝聚华人社区起到了促进作用。其中，2016 年 11 月，多伦多中山同乡会和魁北克省中山同乡会联合中山外侨局等分别举办了《纪念孙中山诞辰 150 周年》"华侨与振兴中华"大型图片展和孙中山先生诞辰 150 周年纪念晚会，在华人社团中引起轰动。由加拿大佛教会发起并与中国佛教会、美国佛教会于 2017 年 6 月在多伦多合办的首届中加美佛教论坛中，150 名学术、佛教代表以"圆融中道，持久和平"为主题，共同探讨了"佛教文明与文明对话"等话题并发表了《多伦多宣言》，成为三国佛教界极具影响力的一件盛事。

四、参政议政，为家乡发展建言献策，维护和支持中国核心利益

随着国内侨务政策的不断创新，加拿大粤籍华人社团侨领及华侨华人直接参与家乡经济社会事务咨询、决策的渠道及机会越来越多，参政议政热情日益高涨。目前，已有一定数量加拿大粤籍人士应邀在中国以及广东省、市、县（区）等各级人大、政协中担任海外列席代表或委员，在各地海外联谊会、海外交流协会、工商联、侨联等涉侨机构中担任顾问、理事、委员，就华侨华人权益、涉侨政策、科技创新、民生民情、文化传承、祖（籍）国统一等议题建言献策，成为一支在家乡参政议政和沟通华侨华人与中国关系的重要力量。在这种日益深化的互动联系中，粤籍华人社团在加拿大社会涉及祖（籍）国主权权益、国家形象等问题上越来越多地发声，对当地社会舆论及政客的立场产生直接影响力。其中，在支持中国政府关于领土及主权方面，牵头筹组和参与的全加华人促进中国和平统一委员会，在各主要城市都成立分会并通过讲座、研讨、出版刊物，宣传和推动祖国和平统一，在南海主权争议、钓鱼岛归属问题上为中国发声。2012 年夏秋，

为宣示中国对钓鱼岛的主权，多伦多和温哥华等地主要粤籍华人社团发起并参与了连串强烈抗议日本霸占中国钓鱼岛行为的新闻发布会、集会游行，并到日本驻多伦多、温哥华等领事馆举行示威活动。其中，温哥华湛江同乡联谊会等广东社团均出席了中华会馆组织的五百社团华人侨胞到日本驻温哥华领事馆声讨活动。加拿大华侨文化保护与发展协会等在多伦多等地征集华人侨胞收藏的"人头税"证件、早年洗衣房物件、美英版地图册等史料，提交给中国有关部门作中国在南海主权的国际法理依据、广州华侨博物馆筹备之用。2008年4月在多伦多、温哥华以及渥太华国会山广场举办的"宣传西藏真相，维护祖国统一"集会，多次进行抗议达赖喇嘛窜访加拿大的示威活动，粤籍华人社团及人士是其中的主要组织者和参与者；在维护中国的国际形象方面，每次中国领导人访问加拿大，粤籍华人社团和侨领都会出面组织欢迎队伍和晚宴，为推动加中两国友好关系出力。针对加拿大国安局及主流媒体的"千名中国间谍"、《环球邮报》攻击华人议员"亲中"等言论，粤籍华人社团联合其他华人社团进行了抗议行动。2013年10月1日起，从多伦多市开始陆续扩展至渥太华、蒙特利尔、马卡姆、列治文山、皮克林、尼亚加拉瀑布、温哥华等城市市政厅及安大略省议会大楼，每年中国国庆日都举办官方五星红旗升旗仪式，同样是当地"粤语系"为主的社团与其他华人社团坚持不懈地努力争取的结果。

第四节　加拿大粤籍华人社团的挑战与对策

展望未来，加拿大倡导和维护多元文化、种族平等基本国策工作继续加强，移民政策在调整中总体趋向宽松，最近三年将吸收百万新移民，为加拿大国际学生最大来源的中国留学生毕业转居留，以及中国较富裕人士和技术移民大量涌入，将推动华裔人口结构不断改变；在中国崛起的大背景下，华人经济实力的成长和华裔在三级议会及政府机构中的参与程度逐步加深，华人在加拿大的社会地位正在提升。特别是加拿大政府在本土经济增长乏力和美国贸易保持主义回潮挤压下，开始将经贸投资重心转向全球经济引擎——中国；加强与中国的双边往来，无疑为拥有地缘文化等优势的华人提供更多发展空间和机遇。在这种正在变革的社会环境下，传统粤籍华人社团的原来某些功能，例如抱团对抗种族歧视等作用正被弱化，为新来乡亲宗亲介绍工作、提供救济的需求日渐减少，而涉及某些技术专业发展、华侨华人权益、社区事务管理协调、为中加交流穿针引线等类需要正在增加，这使粤籍华人社团面临新的挑战和转型发展问题。

在本章的调研中发现，加拿大粤籍华人社团不仅存在着华人社团中较普遍的问题，例如某些团体中的山头主义、小圈子活动和有名无实等现象，而且还存在着以下几个特殊问题，需要认真研讨并采取措施予以解决，确保粤籍华人社团未来的稳步发展。

一、成员严重老化，后继发展缺乏人才支援

与加拿大后来成立的其他省籍华人社团相比，历史悠久、老字号多是传统粤籍华人社团的一大优势，使之在各地华人社区中维持较大影响力，但也因此造成了粤籍社团的一大包袱，机构老化、人员老化几乎成为各个地域同乡会、宗亲联谊会的共同问题。在多伦多，许多历史较长的传统粤籍华人社团几乎成为"麻将馆""老人活动中心"，以及仅存管理祖传物业、接待访客职能的"睇楼会所"，会务和活动参与者主要是老年人，这制约了社团应有功能的发挥。据一些社团侨领反映，造成机构及成员严重老化的原因，一方面是新生代专注于融入社会主流，其价值观念及行为方式与老一代存在一定的隔阂和疏离感，不愿参与粤籍华人社团特别是"老"同乡会、宗亲会的活动；陆续而来的粤籍新移民由于语言能力较强、学历高、经济条件较好，而很少求助及加入同乡会、宗亲会，有的则因为忙于工作谋生而无暇参与社团的活动。另一方面，有的社团侨领虽然年事甚高，苦于无年轻人接班不能"交棒"而十几二十年地担任会长、主席，更促使了社团机构的"老龄化"，难以组办适合青少年人的活动，反过来又使新生代和新移民更不愿意加入到"老"社团中来。多伦多有百年历史的某县市域同乡会，因为部分年轻移民认为老人把持会务、不愿放权而另立山头，另外成立同一地域的同乡会组织，由此引起内部纷争并最终分裂。

为解决人员老化、后继无人的问题，安省潮州会馆等潮籍同乡联谊会、安省黄江夏云山公所、林西河堂等宗亲组织，从建立青年部、选拔年轻精英进入管理层等方面作出了努力，其经验值得以借鉴推广。安省潮州会馆在2003年增设青年组和妇女组，开展适合青年人需要的联谊项目和寻根访祖活动，吸引年轻人加入会馆和参加国际潮青联谊会，使该会保持活力，

会务发展得有声有色。成立 105 周年的安省黄江夏云山公所在执行委员会中设立了中文秘书、财政、会计、交际、康乐、妇女、青年等部，每部均有正副主任和职员，每年通过组织青年活动、组建龙舟队参加多伦多国际龙舟节比赛、颁发奖学金和大学生助学金，鼓励青少年参加公所活动，增加对年轻人的吸引力，目前该公所执行委员会中，中青年委员仍然占有较大比例，使这个百年社团保持着蓬勃活力。其次，建立任职超过规定年限会长、主席退出机制，严格按照社团章程开展领导换届改选，将年富力强、有创新开拓能力、愿意服务社区的新生代和新移民选拔到领导层，加快实现传统社团的新老更替；与此同时，进一步加强粤籍华人社团在华人社区中的宣传推广工作，吸引更多乡土、宗亲人士参与到社团活动中来。在这一方面，广东省各级侨务部门在建立"和谐侨社"中加以对口规划、引导将起到重要作用，江门市、新会区及珠三角地区一些市县外侨局、海外联谊会已经指导在多伦多等地成立或筹备地域性青年联合会，以团结旅加侨界青年为宗旨，为他们构筑展示平台，提供相互联系、沟通和合作机会，促进加拿大与祖籍地的经济、文化、科技交流，这将对推动粤籍华人社团的年轻化产生积极的作用。

二、结构相对单一，传统社团多、现代社团少

随着移居加拿大的华人人数不断增长，华人社团结构正在处于改变之中。根据加拿大新华人联合会在联邦政府人力资源部资助下对大多伦多地区华人社团的调查：2002 年在多伦多地区活动的 297 家华人社团和服务机构中，协会、联合会、同乡会、联谊会、校友会约占 35%，专业团体约占 12%，学生会约占 2%，教会团体约占 13%，商会约占 8%，服务中心约占 13%，教育团体约占 3%，剩余为政治等其他类别。之后十多年中，大多伦多地区华人社团迅速发展，其中非粤属省市地域联谊会、同乡会、商会及技术专业协会越来越多，其他华人聚居城市情况大致与此相当，但粤籍华人社团在这一过程没有太大的发展，结构上仍然以传统型同乡会、宗亲会组织占主导性地位，近年新成立的少数几个粤籍华人社团也是以联谊、娱乐为目的的市县域组织，而商会特别是技术专业协会等以技术专业化、资源共享和整合、引入新概念管理为特征的现代型社团没有长足的发展。在大温哥华地区，华人社团也仍然是以宗亲类组织、族姓组织、地区组织这

类依血缘、地缘联结的传统团体为主①，现代社团居于次要地位，这实际上也是当地粤籍华人社团的一种集中反映。这种现状，既是长期历史所逐渐形成的，又是华人社区客观需求所使然。但随着加拿大社会环境的转变，基于成员需要和基于政府需要而进行结社的法理条件都在变化，加快现代社团的建设和发展，应该成为粤籍华人社团未来发展的主要方向或目标。

当今是全球一体化、科技快速发展的大时代，加中两国在贸易、能源、原材料、科技等方面存在着巨大的互补空间，尤其加拿大在生物医药、医疗器械、清洁能源、节能环保、信息通讯、新材料、航空航天、先进制造等领域和产业上有可资中国引入的优势，使华人借助自身优势在相关领域可以做出出色的活动和成效；而且，加拿大的移民政策正在向吸引国际学生居留方向倾斜，将促使高学历华人成为新移入华人社区的重要成员，相应地，他们依托商贸、科技、教育、文化等专业协会获得资讯、服务，开展联谊交流的需求正在增加。近年来，由加拿大华裔教授、科技人士、中国留学生、金融地产从业员、教育界和艺术界人员组织的相关专业团体迅速增加，正是这种新趋势的反映。据考察，这些新成立的专业团体从一开始就能够与主流学术、科技、教育和文化界对接，内部管理及运作与主流社团看齐，容易融入社会并联合举办专业性活动。因此，在粤籍社区中着力发展专业技术类团体，将是进一步优化粤籍团体结构，促进转型升级的一个突破口和发展的新增长点。例如由两名粤籍科技专家发起创立的中加科技总汇，联络了多伦多各主要科技团体，并与北京中关村、IBM 创新空间等机构达成紧密的业务合作，为成员提供双向交流、科技成果展示、项目合作、技术转让、创投和并购等服务，最近还与中国中小企业协会"一带一路"工作委员会签署协议，合作开展中加企业科技文化和创新交流；成立不久的深圳社团联合总会一开始就抓紧机遇，以经贸投资、创新创业为平台开展联谊，在深圳和多伦多两地政府支持下举办创新创业大赛、经贸论坛，已取得了积极的成效。但在总体上，加拿大华侨华人在祖籍地兴办的实业投资项目仍然有限，据著名侨乡广东新会外侨局反映：该区侨资企业至今以港澳同胞投资为主，加拿大乡亲开办的投资企业数量很少，未来在新能源、环保产品等加拿大具技术优势的项目领域有很大需求。粤籍社区拥有留学和科技、教育、文化人才众多的优势，以及与主流社会交往广

---

① 温哥华中华会馆编印：《温哥华中华会馆百年纪念特刊》，2006 年 11 月。

泛等便利条件，在发展专业技术类现代社团并推动对家乡的高新技术项目投资方面确实大有可为，需要粤籍社区形成共识，由各专业、行业领军人物和留学人员牵头建立加拿大全国性或区域性专业协会，既为粤籍相关专业、行业人士搭建联谊合作的平台，使之在"一带一路"建设和促进中加各专业交流中发挥作用，并由此推动现有粤籍社团结构的进一步改善。

三、团体横向联系纽带相对脆弱，缺乏统筹和协调机制

与加拿大粤籍华人社团以传统型为主的结构特点相对应的是，互不隶属、各自独立的同乡会、宗亲会联系的纽带主要依赖乡缘、血缘，像通过定期举办的世界广府人联谊大会、客籍社区联谊大会、世界中山同乡恳亲大会、国际潮团联谊年会和全加黄氏宗亲大会等平台而建立起松散型交流，作有限的信息传递、会员服务协作、祖籍地政府团队到访的接待迎送；或者在"华人联会""华联会"统筹下参加其活动，更多的粤籍同乡会、宗亲会、联谊会、协会组织彼此并没有实质性的横向沟通联系，至今还没有能够起到联合、协调全加或所在地区粤籍华人社团的广东省域性联合组织。在这一方面，近年来福建等外省籍社团却有相对出色的表现，建立起跨乡域、血缘关系的联合组织，在涉及本省籍活动甚至全加华人事务上进行协调，共同维护自身权益。虽然多伦多、温哥华等地曾有粤籍人士尝试组织粤籍省级层面的同乡联谊会或商会，但因为缺少认同度、凝聚力，没有得到其他同乡会、宗亲会、联谊会、协会的响应及参与，至今仍然是"几人社团"性质的小圈子组织，无法在粤籍社区产生号召力、影响力。为此，首先需要加拿大的粤籍华人社团联合起来，通过民主协商达成共识或宣言，共同发起建立全国性及各城市粤籍社团联合会、总商会及专业类别协会，规划和协调各团体在粤籍华人事务上的行动，广泛凝聚粤籍华侨华人力量，在祖（籍）国及加拿大发挥更大的作用；其次，建议广东省及市县侨务部门在建设"和谐侨社"工作中，尽快研究制定海外社团管理办法并设立可量化标准，对加拿大现有粤籍社区规模、管理、运作、功能作用，以及侨领个人德才表现、社区评价等进行全面评估，为建立粤籍省级层面同乡联谊会工作提供指导；最后，应由广东侨务外事部门协同中国驻加机构，对申请冠名"广东"的社团进行必要的资格审查和认证，通过政策引导、工作协调和组织统筹，杜绝团体冠名缺乏管理带来的混乱现象，帮助树立有信誉、有能力、真正愿意服务社群团体的社会形象，以此推动粤籍华人社团纵向交流、横向联合，更紧密地将粤籍华侨华人团结在一起。

第四章

华社中坚

美国粤籍华人社团

李爱慧

暨南大学华侨华人研究院

在目前美国两千多个华人社团中，由广东籍华侨华人建立的社团历史最久，这类社团数量众多，类型多样，分布广泛，影响力大，这是与其移民历史密切相关的。"二战"前的近百年时间里，赴美中国移民99%来自广东珠江三角洲一带，其中50%以上来自台山。1965年美国通过新移民法，1979年中美建交，此后，中国其他省份赴美的移民开始增多，粤籍华人所占的比例逐渐降低。据统计，截至1987年，美国华侨华人总数150万，其中祖籍为广东者近百万，占比60%以上。[①] 截至2017年，粤籍华人（含土生华裔）占美国450多万华人人口的1/3。

早期的广东华侨建立了发达的社团体系，包括地缘性会馆、血缘性宗亲会、业缘性商会乃至统领全侨的中华会馆（公所）等，成为美国华人社会的重要支柱。它们以唐人街为活动基地，控制着华人社区的政治、经济、文化生活。目前这些粤籍传统华人社团依然存在，不少已有一百多年的历史，其会所成为唐人街标志性的景观之一。近几十年来，尽管由于华人社会的结构性变化，粤籍传统华人社团及侨领的地位和权威已大不如前，但他们及时顺应时局变化，主动调整自身的功能、目标和定位，给社团注入新鲜血液，其领导层已逐渐出现老中青三代的结合，在凝聚粤籍华侨华人力量方面依然发挥着举足轻重的作用。当代粤籍传统华人社团已将重心转向促进华人融入当地社会方面，积极推动华人参与主流政治，为华人争取平等权益和福利，成为美国各级政治选举（尤其是华裔候选人）的重点拜票对象之一。同时，他们也积极支持华社文教，赞助慈善公益，振兴华埠工商业，促进中国海峡两岸统一。20世纪下半叶（主要是改革开放后）赴美的新一代广东移民，有一些加入传统华人社团，也有一些成立新的同乡会、校友会、商会等。新成立的社团虽然在根基和财力上不及老华人社团稳固和雄厚，但其组织成员思想开明，没有历史包袱，基本对中国大陆持友好态度。这些新社团不仅强调团结乡亲、联络乡情、互助互利，帮助会友在当地扎根，同时积极推动中美经贸、文化等领域的交流与合作。总体上看，无论新老粤籍社团都拥有深厚的念祖爱乡情怀，关注和支援祖（籍）国（乡）的发展。21世纪以来，随着中国综合国力的增长和国际地位的提升，美国粤籍华侨华人的民族自豪感日益强烈。很多传统华人社团已经抛却了历史恩怨，与中国大陆的关系日趋密切，他们和新社团一起加入促进

---

① 统计数据根据中国外事部门和侨务部门资料以及报刊、年鉴等整理，参见广东省地方史志编纂委员会编：《广东省志·华侨志》，广州：广东人民出版社，1996年，第60页。

中美友好和推动祖国统一大业的队伍中来。

第一节 统领传统华社的中华会馆（公所）的延续与革新

19 世纪中后期由广东移民建立的中华会馆（公所）等具有很强的生命力，目前在旧金山、纽约、洛杉矶、芝加哥、波士顿、西雅图等地历史悠久的唐人街中，有不少早期粤侨建立的中华会馆（公所），经历了一百多年的风雨洗礼，仍有序地运行着，他们在统领传统华人社团方面依然具有相当的号召力。

一、中华会馆（公所）的结构体系

位于旧金山唐人街的中华总会馆由成立于清末的七大会馆（宁阳、肇庆、合和、冈州、阳和、三邑、人和①）组成。尽管它一向被认为是美国华侨之最高组织，但实际上只是广东籍乡侨的代表，其他地区的乡侨并不包括在内。中华总会馆及其属下华人社团至今仍按照百年前制定（1930 年修订）的章程，由七大会馆主席轮值中华会馆总董，并定期推选会馆主席、商董。商董由七大会馆直接选派，宁阳总会馆 27 名、肇庆总会馆 8 名、合和总会馆 6 名、冈州总会馆 5 名、阳和总会馆 5 名、三邑总会馆 3 名、人和总会馆 1 名。七大会馆主席组成主席团，以总董为主席团之主席。总计起来，宁阳会馆主席轮值中华总会馆总董的时间占了一半；在中华总会馆 50 多位商董中，宁阳会馆的席位亦占了近一半。中华总会馆的结构体系和轮值办法在"二战"前比较公允，但是战后几十年随着华人新移民的大量涌入，旧金山华人社会的人口构成已经变化很大，非粤籍新移民和未加入七大会馆的粤籍新移民为数不少，可他们却没有代表加入中华会馆。

---

① 中华会馆成立于1854年，开始由六大会馆组成，至1876年肇庆会馆成立，才变为七大会馆，于1901年正式向加州政府立案为 CCBA（Chinese Consolidated Benevolent Association）。关于七大会馆和中华会馆的创立和分合史，可参见 The Chinese Consolidated Benevolent Association/Huiguan System, in Him Mark Lai, *Becoming Chinese Americans: A History of Communities and Institutions*, Rowan and Littlefield Publishing Inc., 2004, pp. 39 – 47.

宁阳会馆是 1854 年从原四邑会馆（1849 年成立）脱离而建立的，主要由来自广东台山县的老侨组成，其会员人数居七大会馆之首，至今已有 160 多年的历史。2014 年宁阳会馆主席为蔡文灿，现任主席为黄惠喜。肇庆会馆成立于 1876 年，在旧金山七大会馆中，会员人数排在宁阳会馆之后，至今已有 140 多年的历史。其会员祖籍为开平、恩平、高要、高明、阳江、阳春、三水、清远及四会九个地区，其中祖籍为开平的人数最多，其次为恩平。合和会馆成立于 1862 年，是由台山的余姓与开平的邓、胡、谢、朱、潘、利、区姓及恩平的郑姓等脱离原四邑会馆而组成，至今亦有 150 多年的历史。冈州①会馆的前身为冈州古庙，1849 年由新会、恩平、台山、鹤山、开平五邑侨民共同建立，供奉关帝。1854 年后，由新会、鹤山两邑侨民所有，改名为冈州会馆，沿用至今。现今的冈州会馆大厦是 1975 年起建，1977 年竣工的。重修后的古庙位于会馆顶层，至今依然香火鼎盛。阳和会馆是由在地理上接近的香山（中山）、东莞、增城、博罗四地的侨民所组成，创立于 1852 年，至今已有 160 多年历史。三邑会馆成立于 1850 年，主要由南海、番禺、顺德的乡侨组成。② 人和会馆主要由来自宝安、惠阳、梅县、赤溪等地的客家人组成，是七大会馆中人数最少的。总体说来，七大会馆在主席轮值和董事会的名额分配上依然遵循旧例，但与此同时，这些会馆在主席和董事的推选上已打破窠臼，不再局限于商界人士和男性，而是逐步吸纳在主流公司、科研机构任职的高层次人才以及少量杰出的女性。

纽约中华公所成立于 1883 年，自 1912 年始由美东联成公所（1900 年）和台山宁阳会馆（1853 年）轮流推选主席，1922 年将每届主席任期固定为两年，直到现在。之所以规定由美东联成公所和宁阳会馆轮流推选主席，是由于早期的纽约华侨以广东台山人最多，最先组成宁阳会馆，而台山籍以外华侨建立的华社规模一般比较小，于是联合组成美东联成公所。纽约中华公所的现行章程是 1948 年修订的，仍维持上述惯例。从近半个世纪纽约华人人口和社团构成的发展变化来看，纽约中华公所仍旧维持宁阳会馆、美东联成公所轮值主席的惯例，其他社团竞选主席的机会较小。

纽约中华公所属下共有 60 个华人社团，包括同乡会、宗亲会、工商组

---

① 隋文帝统治时期，将如今的新会定名为冈州。

② The Chinese Consolidated Benevolent Association/Huiguan System, in Him Mark Lai, *Becoming Chinese American: A History of Communities and Institutions*, Rowan and Lottlefield Publishing Inc., 2004, pp. 43 – 44.

织、妇女团体、退伍军人会，其中有宗教团体，政治性、职业性、志趣性团体等，大多数华人社团已有一百多年或至少五十年的历史。其中，台山宁阳会馆、美东联成公所、安良工商总会、协胜公会、中华总商会、洪门致公堂、中国国民党美东支部构成七大核心社团。除美东联成公所外，其他华人社团会员皆以台山籍华侨为主。①

美东联成公所成立于 1900 年，会员分为三类：个体会员、团体会员和商户会员。团体会员包括鹤山公所、崇正会、中山同乡会、东安公所、大鹏同乡会、番禺同乡会、南海顺德同乡会、新会同乡会、惠州工商会、海南同乡会、开平同乡会、大鹏育英社、福建同乡会、三江公所、师公工商总会、大陆总商会、华北同乡会、恩平同乡会十八个团体，绝大多数是粤籍社团。目前，美东联成公所拥有 4 000 多名个体会员，再加上以上十八个社团的成员，规模相当庞大。

纽约中华公所属下的各个社团总部均设在纽约市下东城的华埠，不过各个华人社团的会员遍布于纽约地区，包括纽约市各城区、纽约上州、新泽西州和康州，还远至波士顿和费城。纽约华埠的华人社团就成为联系美东各地区成员的纽带，譬如社团集会、选举、庆典、祭祀、旅游等活动，举办活动时，一般各地成员都来参加，他们视华埠为集结中心，俨如自己的家乡。换言之，纽约中华公所的活动面和影响力超越曼哈顿老华埠，延伸至美东各州各埠。

罗省（洛杉矶）中华会馆成立至今已有 128 年历史，它是由南加州华埠的 26 个（一说 28 个）传统华人社团联合组成的，辖下有中华孔教学校、中华福地会、中华福侨会，分别为司掌中华文化教育、墓地，以及为会员和新移民提供语言和职业培训等服务的机构。现今的中华会馆大厦落成于1952 年，内设中华孔教学校。② 属下华人社团包括数十个单姓或多姓联合的宗亲会、五大地缘性会馆，余下是工商会、堂口和其他团体，其成员祖籍基本都是广东③。中华会馆经常派理事参与洛杉矶市政府设置的华埠重建会、华埠服务中心、警察服务中心、促进会等举办的活动，为社区重建规

---

① 文清：《纽约中华公所》，《台山人在美国》2012 年第 4 期，第 15 页；http：//www. usa-taishan. com/ts04page08. php。

② 李婪婪主编：《罗省中华会馆一百二十周年纪念特刊》，洛杉矶：罗省中华会馆，2009 年，第 2 页。

③ 1973—1974 年，曾有华北同乡会（指广东以北地区的乡侨）申请加入，虽一度获准，但因地域、方言、风俗习惯的不同，终究未加入中华会馆。

划、社区安全、改善交通、美化华埠等项目建言献策。①

除了旧金山、纽约和洛杉矶，波特兰、芝加哥、萨克拉门托、波士顿、夏威夷、斯托克顿、巴尔的摩、圣地亚哥、西雅图、奥克兰、费城、华盛顿、克利夫兰、迈阿密等地都有中华会馆（公所）存在，它们大多成立于19世纪末至20世纪上半叶，只有极少数成立于20世纪50年代。② 一般来说，西部和中西部的多称为中华会馆，而东部多称为中华公所，绝大多数都由粤籍传统华人社团构成。

二、中华会馆（公所）的宗旨和功能的延续与变化

全美各地现存的中华会馆（公所）既延续了以往互扶互助的宗旨，同时又把重心转向促进华人融入当地社会，为他们争取在美国应享有的权益和福利等。早期由中华会馆（公所）及其下属社团和善堂承担的救助贫病者的功能，到当代已基本转由相关政府部门或专业性社会服务机构来负责。不过，这些传统华人社团依然倾心支持华社文教、赞助公益事业，积极参与美国主流政治，维护华人权益，振兴华埠工商业。

1. 热心支持华社文教事业，赞助慈善公益

各地中华会馆（公所）对华裔子弟的中文教育非常重视。旧金山中华总会馆属下的中华中学校前身为1884年兴办的大清书院，之后几度易名，1927年改为现名，是美国历史最悠久的华文学校。美国其他中华会馆（公所）也有不少开办了华文学校，长的一百多年，短的亦有数十年的历史。纽约中华公所于1909年创立纽约华侨学校，至今已有100多年的历史。洛杉矶中华会馆辖下的中华孔教学校创建于1952年，至1983年在校学生有1 000多人，是洛杉矶地区规模最大的中文学校。③ 这些历史悠久的侨校对传承和弘扬中华文化发挥了重要的作用。

在公益事业方面，旧金山中华总会馆联合唐人街各个华人社团创建并

---

① 广东省海外交流协会编：《第2届世界广东同乡联谊大会侨情交流文集》，2002年。

② The Chinese Consolidated Benevolent Association/Huiguan System, in Him Mark Lai, *Becoming Chinese American：A History of Communities and Institutions*, Rowan and Littlefield Publishing Inc. , 2004, pp. 61 – 62.

③ 刘伯骥：《美国华侨史续编》，台北：黎明文化事业股份有限公司，1981年，第355页。

参与掌理有 100 多年历史的侨立东华医院①，最近几年更积极参与筹款扩建医院新大楼。有赖于各方的慷慨捐助，侨立东华医院于 2012 年 12 月举行拆卸旧楼、建设新楼动工仪式。② 中华会馆（公所）属下的七大会馆均不甘人后，为旧金山湾区的慈善金库、侨立东华医院、中华中学校、安老自助处、新侨服务中心、职业辅导中心、红十字会、金门女子公寓、公共图书馆、护儿中心等大解善囊。

纽约中华公所和洛杉矶中华会馆均将过去由社团担负的社会救助功能，转变为与政府合作的社会服务事业，如扶助社区成立有关职业培训、健康医疗与申办各种社会福利的组织。它服务的范围与性质也随之变化，除了会馆的会员，也帮助来自亚洲的移民、留学生和难民。

值得一提的是，传统社团在购买墓园、安葬身故乡侨③等事务上一直尽心尽力，发挥着重要的功能。在旧金山的七大会馆中，宁阳会馆单独购买并管理自己的墓地，而其他六大会馆则共同管理六山坟场，这个惯例延续至今。洛杉矶中华会馆属下的福地会管理两个华人坟场，后转为购置墓地以安先友。

2. 积极参与美国主流政治，维护华人权益

随着时代的发展，全美各地以中华会馆（公所）为首的粤籍传统华人社团已逐步打破以往不过问主流政治的陈规，积极参与美国主流政治和社会公共事务，并动员华社民众登记投票。传统华人社团、侨领特别支持华裔政界精英竞选公职，而后者反过来也与传统华人社团建立了密切关系。华裔参政人士需要传统华人社团在竞选上给予财力和人力上的支持，而传统社团则需要华裔政界人士多关注华社的福利。可以说，现在美国有越来越多的华裔精英跻身联邦、州、市一级的政坛，这背后都离不开众多华侨华人社团包括传统侨团的鼎力支持。

纽约中华公所有远见的侨领认为，如果要争取华人的长远权益，提高

---

① 侨立东华医院于 1899 年在中国城沙加缅度街 828 号开业，专门服务华裔居民。1906 年侨立东华医院在旧金山大地震中被毁，1923 年 15 个华人社团组建了全新的非牟利机构——东华医院协会，募集资金在杰克逊街 835 号兴建新医院，1925 年医院正式投入使用。

② 《旧金山东华医院隆重举行拆卸旧楼建设新楼动工仪式》，华语广播网，http：//news. cri. cn/gb/1321/2016/04/21/1427s5218424. htm，2016 年 4 月 21 日。

③ 早期粤籍华侨保持传统"二次葬"的风俗，每当有同乡身故时，先是葬于美国坟场，然后择期将他们的骨骸集中捡拾清理，运回故乡重新安葬。这些事宜一般由各大会馆属下善堂处理。由于"二战"后二十多年间中美处于对立状态，在美身故华侨的骨骸不能被运回中国，"捡骨归葬"这一做法很快终止了，转而在美国择福地安葬。

华人政治地位，就必须加强教育并鼓励全体华人选民踊跃投票。鉴于很多侨胞没有入籍且不重视投票，中华会馆（公所）与市府公民中心合作，长期免费协助侨胞办理入籍，同时鼓励和帮助他们登记为选民，在选举公职人员时踊跃投票。中华会馆（公所）于 2004 年发动成立华人选民联盟，加强选举宣传教育，使大选时华埠选民投票率大增，许多竞选公职的候选人都上门拜访中华公所，争取华人选票。[①] 在为华人谋福利方面，纽约中华公所也力求争取主流政府机构的支持，与政府各单位合作，协助侨胞解决困难并积极参与公共事务，回馈当地社会，赢得赞誉。

祖籍台山的伍权硕先生可以说是带动纽约传统华社积极参政的代表。1978 年，年仅 28 岁的伍权硕被推选为华埠共和党主席，成为当时纽约州共和党最年轻的党魁之一。在担任纽约台山宁阳会馆主席期间，他率先打破传统惯例，向主流政界人士开放会馆。2010 年，伍权硕高票当选纽约中华公所主席，纽约市市长彭博等政要均亲临就职典礼道贺，这在华埠历史上是前所未有的。[②]

近二十余年，先后担任美东联成公所主席的梁声泰、钟侨征、陈炳基、阮瑞廷、梁君甫、陈玉驹、赵文笙、于金山、黄达良等人，以创新精神竭力为侨胞争取权益，积极联络政府官员、民意代表，支持华裔候选人参选，发挥华人选票力量，提升华人在主流社会的地位。2009 年，纽约有陈倩雯、周艳霞、顾雅明、刘醇逸等几位华裔参与竞选公职，其背后的支持者就是原美东联成公所主席赵文笙。最终，除了周艳霞外，其余三位都顺利当选，故此《纽约时报》称赞赵文笙为"造王者"。

在加州，特别是旧金山、洛杉矶等地，华人参政不断刷新纪录，其中就有粤籍传统华社大力助选的一份功劳。2014 年 6 月初加州选前一周，旧金山中华总会馆主席团民主党及共和党籍侨领都表示支持邱信福。时任总董蔡文灿说，中华总会馆支持华人参政，期盼更多华裔选民投票支持邱信福。[③] 2014 年 12 月 15 日，旧金山中华总会馆又公开宣布支持华裔市长李孟

---

① 文清：《纽约中华公所》，《台山人在美国》2012 年第 4 期，第 15 页；http：//www.usa-taishan.com/ts04page08.php。

② 晓平：《台山水土养育菁英儿女 北美春秋造就风云人物——专访纽约中华公所主席伍权硕》，《台山人在美国》2010 年第 1 期，第 22 - 24 页；http：//www.usa - taishan.com/ts01page04.php。

③ 《旧金山市议会华裔议长角逐加州议员 获侨界力挺》，中国新闻网，http：//www.chinanews.com/hr/2014/05 - 29/6227385.shtml，2014 年 5 月 29 日。

贤①竞选连任。② 2016 年，第二代华裔博士马静仪（Theresa Mah）成功当选伊利诺伊州第一个华裔众议员。她的当选，离不开整个芝加哥华埠社团的鼎力支持。华裔政界精英往往跨越选区，寻求全美华人族群的支持。举例来说，2011 年，竞选旧金山市长的华裔州参议员余胤良就曾到纽约华人社区筹款，获得纽约中华公所等传统华人社团的支持。③

中华会馆（公所）等传统华人社团也领导或参与为华人争取平等权益的政治行动。2016 年，为了前纽约市警员梁彼得误杀非洲裔青年一案，中华会馆（公所）发起华社募款活动，华社成员踊跃参与。2 月 20 日，美国华人第一次同时在 41 个城市里举行大规模"挺梁"游行示威，其中纽约市先后有近 5 万华人参加抗议集会，人数最多。④ 据统计，截至 2016 年 3 月 2日，由亚裔维权大联盟与美东联成公所开展的筹款活动已收到逾 60 万元善款。⑤ 华人大规模的"挺梁"活动，体现美国华人在面对重大种族歧视事件时的团结精神。现今"梁彼得案"落幕，中华会馆（公所）将剩余的 8.5万元按当初捐款人的地址以支票形式寄回给捐款人。

3. 努力振兴华埠

中华会馆（公所）等传统华人社团在振兴、繁荣华埠上积极筹划并拨款赞助。最为突出的例子是芝加哥中华会馆、华商会等社团，努力保存和维护唐人街的中华传统文化遗产，并积极为华埠居民争取公共福利，为他们带来新生机。2015 年 8 月，耗资 1 900 万美元建成的芝加哥华埠公共图书馆正式开放。华人在这里除了能读到中英文书刊外，还可以上太极课和欣赏粤剧。⑥ 另一件引人注目的大事是：描绘芝加哥华埠百年历史进程、展望未来美好愿景的"华埠百年壁画"工程于 2016 年初举行落成典礼。这两幅纪念华埠百年的大型壁画完成不易，从一开始提出，再经过重重审议，加

---

① 李孟贤于 2017 年 12 月 12 日不幸病逝。

② 《旧金山中华总会馆支持李孟贤连任市长吁华人投票》，海外网，http：//huaren. haiwainet. cn/n/2014/1217/c232657 - 21554762. html，2014 年 12 月 17 日。

③ 《旧金山华裔市长候选人余胤良纽约华社筹款获支持》，中国新闻网，http：//www. chi-nanews. com/hr/2011/10 - 24/3408307. shtml，2011 年 10 月 24 日。

④ 《在美学者谈美国华人大规模抗议梁案：华人参政意识的觉醒》，中国新闻网，http：//www. chinanews. com/hr/2016/02 - 23/7769735. shtml，2016 年月 2 月 23 日。

⑤ 参见《挺梁维权筹款活动已获逾 60 万元善款》，侨报网，http：//news. uschinapress. com/2016/0302/1055792. shtml，2016 年 3 月 2 日。

⑥ 《谁说美国华埠在消失？芝加哥华埠逆袭》，侨报网，http：//news. uschinapress. com/2016/0222/1054755. shtml，2016 年 2 月 22 日。

上近年伊州、芝加哥政府经费短绌，都让这项壁画工程一波三折。突破困难最终完工的壁画，彰显了芝加哥华人坚持、努力的传统精神，也为百年华埠留下最佳历史注记。[1] 总之，只要认为有利于社区，中华会馆（公所）无不竭尽所能，希望能促进社区繁荣，让主流社会多认识中华文化，重视华人社区。

第二节 粤籍同乡团体的延续与发展

除了统领传统华人社团的中华会馆（公所）及多县籍社团联合的地缘性会馆外，在全美各地历史悠久的老唐人街中，由粤籍先侨以原籍县，甚至乡、村为纽带（名）建立的众多小型传统同乡组织至今依然存在，有些还有一定程度的改革和扩展。20 世纪下半叶，经港澳台或直接从中国内地赴美的新一代广东移民，有一些加入早期的地缘性会馆，也有一些另成立新的同乡团体。新老地缘性社团在宗旨、成员构成、财力、会务和影响力上有一定的差异，但也存在一定的共同性。

一、传统粤籍同乡会馆的延续与变迁

旧金山唐人街现存的以原县（乡）籍为基础的同乡组织多不胜数，如宁侨总公会、海宴公会、开平同乡总会、南平公所、保安总堂、鹤邑德厚堂、南海福荫堂、番禺昌后堂、顺德行安堂、东莞宝安堂、安平公所、大鹏育英社、嘉应福堂、花县会馆及中山籍华侨建立的十二个善堂等。[2] 单就南海县华侨建立的乡籍社团，现今旧金山还存有南海福荫堂、南海西樵同乡会、南海狮山同乡会等。这些小型地缘性团体的存续，与同乡人聚居一地有关。上述小型同乡会按照惯例正常运转，但多数仅限于内部的联谊，同时参加其所属大型地缘性会馆的活动，不过，其中有一些实力雄厚的在保障乡侨福利和支持华社文教事业方面十分突出。例如，南海福荫堂于1920 年创办南侨学校，一直维持至今，为美国历史最为悠久的侨校之一，

---

① 《美国芝加哥华埠百年壁画落成 彰显华埠传统精神》，中国新闻网，http：//www.chinanews.com/hr/2016/01 - 27/7735234.shtml，2016 年 1 月 27 日。

② 陈英福编：《美国华人沧桑史》，美国西南华人福利支会，2005 年，第 75 页。

被国务院侨办选为海外华文教育示范学校。2011 年、2013 年、2015 年、2016 年，该校分别承办了以"南粤文化行""魅力江苏""文化山东"和"醉美温州"为主题的中华文化大乐园旧金山营，均取得圆满成功。①

纽约曼哈顿老唐人街现存的以原县（乡）籍为基础的同乡团体有：中山同乡会、鹤山公所、横岗房、开平同乡会、海宴同乡会、广海同乡会、南顺同乡会、南平公所、三江公所、新会同乡会、崇正会、崇山别墅、东莞同乡会、东安公所、恩平同乡会、禺山信局、大鹏育英总社等。倘若本县（乡）籍侨民人数不多或缺乏领导人才，便会联合邻乡侨民共同成立团体，如纽约没有独立的南海籍社团，却有南顺同乡会、南番顺三邑会馆、南顺同乡会、南顺会馆、南三（水）会馆。

在夏威夷，原籍中山（旧称香山）的老侨建立了数量众多的县（乡）籍同乡团体，现今仍有 20 个左右依然保持活跃，它们大多已有 100 多年的历史。据中山市华侨历史学会的统计，中山籍华侨在世界各地先后成立的各类社团有 172 个，其中有 71 个分布在美国的夏威夷、旧金山、洛杉矶等地。在檀香山，中山籍社团共 28 个，其中同乡团体占 19 个。成立于 1905 年的檀香山四大都会馆至今已有 110 多年的历史，社团活动不仅没有停顿，反而有新的拓展，现有会员 1 800 多人。该会开办太极班、交际舞班、电脑学习班，并为长者提供棋牌场所等。每逢圣诞、元旦等节日，该会都举办联欢会；春节则设敬老春宴，65 岁以上会友免交餐费，每年均有上千人参加。该会与祖（籍）国（乡）往来密切，经常组织会员回乡观光。

在全美唐人街的传统地缘性社团中，绝大多数是以原县（乡）籍为基础建立的，唯有客属团体是以客家话为纽带成立的。居美的客家移民往往不分原籍地，都一律加入客属团体，其名称有的冠以"人和会馆""崇正会"字眼，也有的加上原籍地或定居城市名称。不过，广东的客家人通常群聚而居，移民海外时也是同乡同宗互相牵引，所以客属团体实际上也带有一定的地缘性特征。

纽约崇正会成立于 1911 年，初名"人和房""人和会馆"，1935 年改为现名，距今已有 100 多年历史，是美东联成公所的重要团体会员。吕正强从2010 年开始，连任第 62、63 届纽约崇正会主席，2016 年 11 月 28 日，由刘

---

① 广东省海外交流协会编：《第 2 届世界广东同乡联谊大会侨情交流文集》，广州：广东旅游出版社，2002 年，第 96 页。

满、朱天长共同接任主席一职。① 该会现有近万名会员，原籍地主要为惠州、深圳、东莞等地。② 近年来，纽约崇正会在延续百年优良传统的同时，积极革新会务，吸引了一大批年轻人参与到社团工作中，并根据新侨、老侨的不同需求，有针对性地提供帮助和服务。纽约崇正会除了组织侨胞回祖国访问外，还在纽约举办各类展览，希望通过这些工作，让侨界乃至美国主流社会了解中国的真实发展情况。

崇正会和大鹏同乡会（1919 年）、惠州工商会（1911 年）、大鹏育英社（1930 年）、崇山会馆（1920 年）、大陆总商会（1917 年）、东安公所（1910 年）、师公工商会（1924 年）等客属团体团结一致，是亲密无间的兄弟组织。③ 这些客属团体爱国爱乡，是纽约对中国大陆友好的传统社团，它们维护和支持两岸和平统一，坚决反对"台独"。

美西旧金山、洛杉矶等地的客属团体，除了旧金山人和总会馆外，还有全美客属崇正会、旅美崇正会、加州客家联合会、加州大洛杉矶地区客家同乡会、洛杉矶客属会、大洛杉矶客家文化协会、洛杉矶客家基金会、旧金山崇正会、嘉应同乡会、惠阳同乡会、大鹏育英社、南加州旅美客属会、南加州梅州同乡会、北加州永靖同乡会、北加州客家文化学会等。

二、广东籍新移民同乡会的兴起和壮大

中国实行改革开放后，从广东侨乡赴美团聚的移民数量不少，洛杉矶、华盛顿、休斯敦等地都陆续诞生了一些新的广东同乡会，比如洛杉矶的南加州广东同乡会（1984 年）、美京广东同乡会（1987 年成立，2002 年更名"为华盛顿广东同乡会"）、德州广东总会（2003 年）。新成立的同乡会继承了早期地缘性团体的一些功能，如团结乡亲、联络乡情、互助互利，倡导华人积极融入主流并促进中美友好关系的发展。它们在经济实力上尽管不及传统地缘性会馆雄厚，不过其组织成员思想开明，一般对中国大陆持友好态度。

美京广东同乡会初成立时，在唐人街华人社团中有一定的影响力。可

---

① 纽约崇正会编：《纽约崇正会 100 周年纪念特刊（1911－2011）》，2011 年，第 4 页。

② 《纽约崇正会第 64 届职员就职，刘满朱天长接替吕坚强担任主席》，美国中文网，http：// video. sinovision. net/？ id ＝36292&sts ＝1513483764777，2016 年 11 月 28 日。

③ 纽约崇正会编：《纽约崇正会 100 周年纪念特刊（1911－2011）》，2011 年，第 62－70 页。

随着华盛顿地区高素质留学人员的增多，各类华侨华人专业社团、校友会等如雨后春笋般涌现，日趋活跃。相反，地缘性社团则显活力不足，而且新老社团之间缺乏往来及合作。曾任华盛顿政府高级职员的刘平中在当地中山同乡会和广东同乡会任职多年，又与新的华侨华人专业团体有较多的接触，深知同乡会如不改革就会停滞不前。2001年他接任华盛顿广东同乡会会长后，积极推行会务的革新：第一，大力吸引中青年专业人士入会，同时，打破"论资排辈"的旧观念，把新华侨华人中的精英推向领导层；第二，除了保持与驻美大使馆和国内侨务部门等有关部门的联系外，也注意加强与新兴的华侨华人专业团体、留学人员团体的联系，保持信息互通，合作开展活动；第三，积极筹办为侨服务的活动，如开设电脑培训班，筹办中文补习班，为新移民子女提供服务。通过改革，华盛顿广东同乡会的规模不断壮大，其成员虽然年龄和教育水平不同，却能相互尊重与合作。①经过十多年的努力，华盛顿广东同乡会发展成为大华府地区华社的核心社团之一。2007年，华盛顿广东同乡会换届，刘平中卸任会长，由中山大学校友黄河担任会长，副会长为袁祝光、罗维桐。刘平中被推为终身荣誉会长。2016年，华盛顿广东同乡会换届，由罗维桐接任会长。

德克萨斯州广东总会成立于2003年，由陈灼刚任会长，付庆农、徐松焕、何家楠和黄安祥任副会长。该会的宗旨是：凝聚与广东有缘人士，推动华侨华人融入美国主流社会，积极参加当地社团活动；组织联谊、科教文体等活动；推动美中友好关系的发展，推动德州与广东省之间的友好往来与经济贸易合作。德克萨斯州广东总会与其他地缘性社团相比，特点是：①首先树立"大广东人"的观念，打破狭隘地域观念，吸纳非广东人入会；②实行民主、有序的管理制度；③该会要求会员有一定的文化水平和事业基础，凡被吸纳为会员的，需交纳1 000美元的入会费，从而确保会费稳固。②德克萨斯州广东总会成立之后，很快与中国驻休斯敦总领馆和国内侨务部门建立了友好关系；与当地的地缘性社团（如越棉寮同乡会、潮州会馆、五邑同乡会等）、新兴专业人士社团和留学人员社团（如休斯敦旅美专家协会、大专联合校友会、华夏学人协会等）加强联谊；同时亦注重与当地主流社会政界、商界的沟通，从而迅速得到各界的认可。

2016年底，在纽约又新成立一个广东籍社团——美国广东侨胞联合会

---

① 林琳：《侨这三十年》，香港：中国评论学术出版社，2008年，第192–193页。
② 林琳：《侨这三十年》，香港：中国评论学术出版社，2008年，第195–196页。

（前身是美国广东会馆），主席为赵镜源，名誉主席为钟学贤。该会秉承以侨为本、爱国爱乡、造福社区的宗旨，致力于建立一个侨胞联谊、互通侨情、共谋福祉的信息交流平台，积极与中国官方和民间团体保持友好合作关系，共同促进中美两国友好往来，大力推动中美文化发展和经济交流，凝聚美国华人力量，维护美国华人权益。与此同时，还为推动华人精英参政议政、推动华人下一代融入美国主流社会而努力。该会以定居于美国的粤籍中青年华人精英为主，会员大多数来自医疗、体育、建筑、餐饮、贸易、地产、旅游及美容等行业。[①]

除了以省籍为基础建立的广东同乡会外，还有同一县或几个邻县联合，甚至同乡镇的新移民联合成立的小型同乡会，其中以江门五邑（尤其是台山）和中山市移民建立的同乡会最多。1988 年，旧金山东湾区五邑同乡联谊会率先成立。20 世纪 90 年代之后，随着台山和中山等地的新移民在美国逐渐站稳脚跟，有更多的县籍同乡会成立。1997 年，南加州台山联谊会成立，其宗旨是：联络乡亲，增进情谊；互助互利，谋求事业发展；沟通乡情，同心协力，为祖国的统一和家乡的繁荣多作贡献。[②] 该会积极参与中华人民共和国驻洛杉矶总领馆举办的各种活动。同年，纽约台山联谊会也宣告成立，首届会长为邝启新，副会长为陈丽娴、陈锦波，目前有会员几百人，其中女性会员占了四成。20 年来，纽约台山联谊会在纽约华社中起着重要作用，该会于 2010 年创办《台山联谊》小报，报道台山乡情、会务情况，广泛联络台山人。[③] 芝加哥五邑同乡会成立于 2000 年，2015 年换届推选林钧堂、谢锡辉、赵健航三人为名誉会长，郑汝创（新会籍）为会长，副会长三名，分别是司徒树荣（开平）、冯权（恩平）、刘颖斌（台山）。[④] 洛杉矶江门五邑青年联合会成立于 2014 年，首任会长是新会籍青年律师黄盈心，2016 年由赵艾敏接任会长。作为江门五邑青年会在美国的第一分会，它为洛杉矶和世界各地的五邑青年搭建了一个互相交流的平台，为身处洛杉矶的华裔青年创业及促进中美两国创新投资项目的发展作出了不懈的努

---

① 《美国广东侨胞联合总会代表团到访广东省客联》，《战略》，2017 年 6 月 6 日。

② 台山海外社团概览编委会编：《台山海外社团概览》，香港：天马图书有限公司，2002 年，第 109 页。

③ 《台山人在美国》，2011 年第 3 期，第 57 页；台山海外社团概览编委会编：《台山海外社团概览》，香港：天马图书有限公司，2002 年，第 19 – 28 页。

④ 《美华人海外交流协会、五邑同乡会 16 届职员复选》，广东侨网，http://www.gb.gd.gov.cn/hrst/201506/t2015 – 0619_659512.htm，2015 年 6 月 19 日。

力。该会现有会员 200 多人，主要由华裔新生代及新侨组成，其中绝大部分为高学历年轻人。

台山下辖各乡镇（如斗山、冲蒌、都斛）赴美新移民数量庞大，而且多聚居于纽约，于是一些同村或同镇的侨胞萌发了成立同乡会的念头。斗山是台山的著名侨乡，改革开放后陆续来到纽约的新移民有数万人，他们于 2001 年成立美国斗山同乡会，选陈星德为该会主席。美国斗山同乡会成立之初，即发动会员捐资人民币 100 多万元支援家乡兴建斗山敬老院，捐资 20 万元购置救护车一辆赠予斗山太和医院。台山冲蒌镇在纽约有 4 万多侨胞，曾明铎、伍求稳、陈华森、邓淑贞等人于 2004 年发起成立美国冲蒌同乡会，登记入会者 200 多人。① 现今居住在纽约的台山都斛乡亲有近 3 万人。都斛老侨陈元普、王兆英联络同乡青年才俊王晓华和陈安定共同筹建美国都斛同乡会，于 2010 年 5 月举行筹备委员会成立大会，约有 150 位都斛乡亲出席盛会，现场确认捐款总额达 57 690 美元。筹备委员会积极发动乡亲入会，陆续产生第一批和第二批理事共计 20 人，选举陈素华为理事长、王晓华为首届主席，陈安定任第一副主席。都斛同乡总会定址于华埠巴士打街。②

由中山籍新移民建立的同乡会也不少。美京（华盛顿）中山同乡会于1987 年成立，其宗旨是团结中山乡亲，促进乡谊。首任会长为伍祖苗，2000 年初刘平中接任会长，吸纳了不少年轻会员加入。2001 年，刘平中、区国梁分别出任华盛顿广东同乡会会长、副会长，这是中山籍侨胞首次获选为华盛顿广东同乡会的领导。2004 年 5 月，刘平中又当选为华盛顿地区同乡会协会第二任会长，负起领导华盛顿地区 28 个同乡会的责任。③

加州中山同乡会成立于 2001 年，是旧金山湾区首个以"中山"冠名的同乡团体，首任会长阮炳昌，副会长欧福安、方伟南。自成立后，该会不断吸纳旧金山湾区、沙加缅度、洛杉矶等地的会员加入，人数从几百人增至一千多人。同乡会推举年轻一代进入领导层，使得社团充满活力。同乡会开设英文班、青少年课后辅导班和西厨班等，服务新移民。因会所位于

---

① 《台山人在美国》2011 年第 3 期，第 57 页。

② 《美国都斛同乡会成立前后》，《台山人在美国》2010 年第 1 期，第 54－60 页。

③ 中山市外事侨务局、中山市港澳事务局编：《中山市华侨志》，广州：广东人民出版社，2013 年，第 221 页。

华埠中心地带，每天都吸引几十位侨胞前来看书读报和参加康乐活动。①
2017 年 8 月 19 日，加州中山同乡会举行庆祝成立十六周年宴会。②

现居住在芝加哥地区的中山籍侨胞逾千人，芝加哥中山同乡会成立于
2003 年，主要发起人及会长是著名地产公司置富集团总裁叶伟才。其宗旨
是：团结乡亲，积极参与社会慈善和福利事业，致力于宣扬中华文化，加
强与祖（籍）国、家乡的联系。在叶伟才的领导下，同乡会的发展蒸蒸日
上，于 2010 年建成新会馆。③

芝加哥地区的广州籍侨胞于 2005 年 3 月 26 日成立芝加哥广州协会，并
创办了自己的网站，现任会长为徐毅强。该协会长期以来热心举办每年一
度的春节联欢会和夏季野餐联谊，这也是芝加哥广州协会的标志活动。2016
年，芝加哥广州协会成功举办夏季野餐联谊、纪念孙中山诞辰 150 周年黄埔
军校图片展览等众多活动，在华人中广受好评。④

21 世纪以来，旅美的东莞籍华人在东莞市政府的大力支持下成立同乡
团体。2003 年 12 月，夏威夷东莞同乡会成立，创会会长为陈融生。该会以
"为乡亲谋福利、办实事"为宗旨，致力于为乡亲搭建一个利于沟通、联络
的平台，会员有 200 多人。目前美国东部地区有东莞籍侨胞近 3 000 人。
2009 年 10 月 18 日，美国东莞同乡会在纽约成立，该会主要由纽约地区的
广东东莞籍华人组成，吴耀坤当选为首任主席。2012 年，在换届选举中，
吴耀坤高票连任同乡会主席。自成立以来，美国东莞同乡会会务活跃，团
结莞籍，通过商业咨询和会务经费支持等方式，帮扶乡亲在美发展。同时，
同乡会还积极与国内保持沟通，先后接待了东莞和清远的侨务代表团，并
召集有投资意向的成员回国进行商务考察，拜访省市各级侨务部门。在纽
约当地，同乡会积极服务社区，先后获得布碌仑区政府颁发的奖状，同乡
会主席吴耀坤也因为对社区的突出贡献而获得奥巴马签发的美国总统义工
服务奖。⑤

①　中山市外事侨务局、中山市港澳事务局编：《中山市华侨志》，广州：广东人民出版社，
2013 年，第 214 页。

②　《美国加州中山同乡会举行庆祝成立十六周年庆会》，《星岛日报》，2017 年 8 月 26 日。

③　中山市外事侨务局、中山市港澳事务局编：《中山市华侨志》，广州：广东人民出版社，
2013 年，第 220 页。

④　《莫景洪副主任会见美国芝加哥访问团》，广州市政府侨务办公室，2017 年 11 月 24 日。

⑤　《团结乡亲共谋发展　美国东莞同乡会注册成立》，中国新闻网，http：//www.chinanews.
com/hr/hr - st - mz/news/2009/10 - 12/1905678.shtml，2019 年 10 月 12 日。

三、东南亚华裔难民建立的地缘性社团

20 世纪 70 年代中期至 90 年代初，因受越战和印支三国（越南、柬埔寨和老挝）"排华"冲击而涌入美国的几十万东南亚华裔难民，分属于几个不同的华语方言群体——广肇、福建、潮州、海南及客家，其中以说粤语及潮州话者居多。粤语难民的祖籍地和文化背景接近定居在美国的广府籍华侨华人，不少人加入已有的粤籍地缘性团体。而潮语难民的祖籍地是潮安、潮阳、普宁、惠来、澄海、饶平、丰顺、南澳，一般另建立潮州会馆。

1975 年之前，潮汕人只占美国华侨华人的极少数，社团只有 1956 年成立的纽约潮州同乡会。越、棉、寮①华裔难民涌入美国后，潮汕人迅速增加，到 20 世纪 80 年代已有十多万。这些潮汕人基于历史形成的地缘性和血缘性纽带、被排斥的共同遭遇，以及在异乡谋生的迫切愿望，使得潮汕籍同乡团体如雨后春笋般兴起。20 世纪 80—90 年代，在美国相继成立的潮州同乡会（会馆）总计有十几个：北加州潮州同乡会（1980 年）、南加州潮州会馆（1982 年）、全美潮州总会（1983 年）、俄勒冈州潮州同乡会（1983 年）、夏威夷潮州同乡会（1987 年）、华盛顿州西雅图潮州同乡会（1987 年）、芝加哥潮州同乡会（1989 年）、圣荷西潮州会馆（1991 年）、纽英仑潮州同乡会（1994 年）、德州奥斯汀潮州同乡会（1996 年）、美京潮州同乡会（1996 年）、圣地亚哥潮州同乡会（1999 年）。与此同时，纽约潮州同乡会的会员数量也大幅增加。只有少数成立较晚，如费城潮州同乡会 2003 年才成立，最初在老唐人街租赁小型会所，2011 年在费城郊区购置了大型会馆，会名也改为"费城潮州会馆"。②从美国潮州会馆的地区分布来看，加州的潮州会馆数量最多，共计有四家。

各地潮州会馆经过数十年的发展，大多财力雄厚，自购了宽敞的馆舍。2012 年，南加州潮州会馆筹划重建新会馆，得到了世界各地潮汕乡亲和广东潮汕地区政府的大力支持，于 2013 年动工，2016 年落成。新会馆坐落在华埠百老汇街入口处，造型古色古香，牌坊、飞檐、龙柱、石狮，极具中国特色，足可与华埠牌楼及中式建筑环绕的孙中山铜像广场相媲美，成为洛杉矶华埠的一个新景点和地标。牌坊前的四个龙柱，分别由广东省汕头

---

① 越南、柬埔寨、老挝三个国家过去曾分别简称为越、棉、寮。

② 2015 年 1 月 2 日《广东华侨史》调研团访问费城期间，由费城潮州会馆提供资料。

市、潮州市、揭阳市和汕尾市政府捐赠，中国国务院侨办则赠送两尊石狮。

各地潮州会馆在理监事机构下面都设有福利、康乐、文教、耆英、青年各部，积极发展各项会务。潮州会馆大多设立奖学金，以资助贫困、奖励优秀。南加州潮州会馆于1984年创设奖学金培英育才，此举开洛杉矶之先，每年颁奖给初中、高中及大学优秀学生，迄今已奖助几千位潮籍子女。各潮州会馆也大力弘扬中华文化和潮汕文化，主要做法有：创办中文学校、创建潮乐团、修建佛堂、庆祝中华传统节日、举办"潮州文化节"等。北加州、南加州、纽约、芝加哥、纽约、俄勒冈州、圣荷西、圣地亚哥等地的潮州会馆分别创办了中山华文学校、培英中文学校、义安中文学校，或开设小型华文补习班，让潮籍子女学习中文和中华文化。

需要指出的是，东南亚华裔难民几代生活于印支三国，越南、柬埔寨、老挝当地的语言、民情、风俗在他们身上留下了深刻的印记。加上他们移居美国有着相似的原因，共同的经历、心态和现实处境使其很快在美国形成一个特殊的群体。他们彼此之间视为"同侨"，因而建立了不少冠以"印支华裔"或"越棉寮华裔"字眼的组织，并且以"服务同侨"为宗旨。洛杉矶、圣地亚哥、费城、萨克拉门托等地都有越棉寮华裔社团存在，它们已发展成为美国华社一股不容忽视的组织力量，与粤籍华人社团既有区别，又有一定的地缘和文缘上的相似点，因此社团之间经常联合开展活动。

第三节　粤籍宗亲团体的延续与变革

以姓氏为纽带组成的社团，属于宗亲组织，也有学者将其归为血缘性社团，其名称一般带有"堂""公所"或"宗亲会"字样。在旧金山、纽约、洛杉矶、费城、芝加哥等地老唐人街的传统华人社团中，有九十年甚至一百多年历史的宗亲会多不胜数。其中，单姓的有：黄氏宗亲会、李氏宗亲会、余风采堂、朱沛国堂、林西河堂、梁忠孝堂、甄舜河堂、曾三省堂、陈颖川堂、伍胥山公所、邓高密公所、马家公所、叶家公所、阮氏公所、梅氏公所、司徒凤伦公所等；多姓联合的有：至孝笃亲公所（陈、胡、袁三姓）、龙冈亲义公所（刘、关、张、赵四姓）、昭伦公所（谭、谈、许、谢四姓）、溯源公所（雷、邝、方三姓）、三益公所（江、黎、何三姓）等。当代新成立的宗亲会已不多见，多数是在已有宗亲团体上的重组和扩展，而且有一个重要的发展趋势，那就是各国宗亲会的国际性联合。

据统计，现今旧金山有宗亲团体 50 多个，纽约有 20 多个，檀香山有 20 多个，波士顿、费城、芝加哥、洛杉矶等老唐人街各有 10 多个。[1] 这类团体关心宗亲的福利，有不少自置物业，方便会员聚会，同时也有物业出租，财力雄厚。各个宗亲会每年的例行活动有春宴、清明节扫墓、龙舟赛、庆祝中秋和圣诞聚餐等。一般每两年或三年举行一次全美宗亲恳亲大会，同时也加入世界性的同姓宗亲总会。

黄氏宗亲会是美国最大、人数和分会最多的单姓宗亲会。总部设在旧金山天后庙，在纽约、波士顿、费城、华盛顿、洛杉矶、菲尼克斯、波特兰、芝加哥等市建立了 20 多个分会，拥有会员万余人。纽约的黄氏宗亲会成立至今已有近 130 年历史。该会有一个优良传统，就是在每届新职员宣誓就职时，必先由一位德高望重的元老恭读黄氏祖宗遗训。[2] 芝加哥的黄氏宗亲会约成立于 1900 年，初期是以"黄江夏堂"为会名，20 世纪 60 年代改名为"黄氏宗亲会"。70 年代后随着大批新移民到来，会务发展很快，分别增设康乐部、楼业部、妇女部。

纽约至孝笃亲公所是由陈、胡、袁三姓组成的多姓宗亲会，成立于 1924 年，目前有 1 300 多名会员，2016 年当选主席为陈健恒。该公所积极支持华裔候选人参政，陈倩雯首次参选第一选区市议员，该公所拉出大横幅支持陈倩雯，此后该公所一直支持陈倩雯竞选。该公所是对中国大陆友好的华人社团，是纽约市最早升挂五星红旗的传统华人社团之一。值得一提的是，2017 年 7 月，在新泽西州大西洋城，又新成立了一个至孝笃亲公所。

昭伦公所系源自姜太公的谈、谭、许、谢四姓昆仲组织，以联络宗亲、精诚团结、互相扶助、增进共同福利为宗旨。1896 年，旧金山首创昭伦公所，之后全美同宗闻风响应，纽约、洛杉矶、华盛顿、芝加哥、西雅图各埠相继成立昭伦公所，1941 年在旧金山成立全美昭伦总公所。纽约昭伦公所现有会员 1 400 多人，90% 以上祖籍台山，其中谭姓会员约占 77%。公所除为宗亲服务外，还积极参加华社活动，出钱出力。昭伦公所对家乡的建设和文化教育非常热心，常常捐款资助，最突出的体现是在对育英中学校

---

① 参见陈英福编《美国华人沧桑史》、中山市华侨历史学会编《中山旅外侨团》、《华侨华人百科全书·社团政党卷》编辑委员会编《华侨华人百科全书·社团政党卷》等。

② 《台山人在美国》2014 年第 5 期；http：//www.usa-taishan.com/ts05page19.php。

舍的捐建上。昭伦公所还捐出几万美元，支持办好昭伦宗亲刊物——《光裕月刊》。[①] 2017 年 9 月 10 日至 12 日，全美昭伦公所第 22 届恳亲大会在芝加哥举办。

第四节　粤籍华商会的沿革与发展

早期赴美广东籍移民大多从事零售业、洗衣业和中餐业，为了团结互助、协调纠纷，在一些粤籍华侨聚集的大城市，如旧金山、纽约、夏威夷、洛杉矶等，陆续成立粤籍华人商会。一类是以"中华"为名的总商会，如旧金山中华总商会（1908 年）、纽约中华总商会（1904 年）、西雅图中华总商会（1963 年）；另一类则是兼具业缘性和地缘性色彩的行业性商会，如纽约大陆总商会（1917 年）、客属师公工商总会（1924 年）。20 世纪上半叶以前，美国的华商团体共有 18 家，其中大多数是以粤籍华侨为主建立的。这些华商团体历史悠久，至今仍有一定的影响力。

20 世纪下半叶，随着赴美经商的华商数量越来越多，很多新型华商会相继建立。据美中商务中心总裁姚定康的统计，截至 2013 年，美国华人商会大约有 205 个。按地区分布看，华商会数量最多的五个州分别是纽约（68个）、加利福尼亚（55 个）、德克萨斯（16 个）、华盛顿特区（10 个）、新泽西（10 个），这五个州的华商会加起来共有 159 个，超过总数的七成。[②]大多数华商会成立于 20 世纪 80 年代之后，其中有一些新兴商会以广东籍华商为主。

全美历史最为悠久的华商会，当属 1908 年成立的旧金山中华总商会，最初名为"旧金山华商总会"，1917 年改为现名，至今已有 100 多年历史，2017 年新选出的会长为陈杰民。早期旧金山几乎所有华人商家都加入该总商会，总计有近 140 个。在鼎盛时期，旧金山中华总商会是唐人街几乎所有商家的代表，现今其影响力已大为下降，但仍然致力于促进华埠繁荣，弘扬中华文化，增进中美友好。经过长达 30 多年的努力，旧金山中华总商会终于争取到让旧金山轻铁延伸至唐人街。作为旧金山侨立东华医院的董事

---

① 《台山人在美国》2012 年第 4 期；http：//www. usa－taishan. com/ts04page13. php。
② 据姚定康发表的华商名录资料统计，截至 2013 年 11 月。参见姚定康专栏，http：//yaodingkang. com。

局成员，旧金山中华总商会全力以赴支援东华医院筹建医院大楼。总商会组织的"农历新年大游行"是全美最大的庆祝新春巡游活动，每年都吸引来自世界各地的游客前来观光。随着中国改革开放及中美经贸关系的不断发展，旧金山中华总商会积极参与中美经贸事务，曾推动旧金山多任市长和其他政要前往中国访问，并安排和接待中国政府代表团访问旧金山市政府。

檀香山中华总商会于1911年成立，最初名为"华商俱乐部"，1916年改名为"中华总商会"，1919年建成两层楼的会馆，作为商会的办事处和社会福利活动中心。从20世纪50年代开始，檀香山中华总商会倡办水仙花节庆祝会，选举"水仙花皇后"，为繁荣和振兴当地唐人街起到了一定作用。如今该活动已经演变成当地最富中华文化特色的年度盛事，受到主流社会各族裔人士的广泛关注。"水仙花皇后"评定后，每年当选的佳丽都会到中国访问、寻根，成为夏威夷与中国民间交流的"亲善大使"。2014年第7届世界华侨华人社团联谊大会举办"华社之光"巡礼活动，推出十个"华社之光"代表社团，夏威夷中华总商会荣列其中。

1980年，旧金山侨领谢侨远、张济民、周锐等人发起成立美国华商总会，最初共有200名华商加入，首任会长张济民。该商会的宗旨是"促进华人工商业的发展，增进中美两国的贸易"。商会经常举办有关中国对外贸易、技术引进、投资需求、侨务政策等的专题讲座，是当地比较活跃的华人团体。商会对入会成员并未设定籍贯限制[1]，不过，无论是创会华商，还是后来加入的华商均以广东籍居多。比如，2008年和2013—2014年担任会长的黄锡海、2010—2013年蝉联两任会长的黄荣辉、2016—2017年会长黄福明，原籍都是广东。[2] 美国华商总会自成立以来，一直与中国保持友好关系，是旧金山第一个悬挂五星红旗的华人社团，每年积极联络旧金山各个华人社团举行"十一"国庆庆典，且尽力配合中国政府开展侨务工作。2014年10月31日，美国华商总会举行"旧金山华助中心"挂牌仪式，成为全球首批18家设立华助中心的海外华人社团第一个挂牌单位。美国华商总会负责人表示，将秉承旧金山华助中心的宗旨，弘扬华社"团结、互助、服务、奉献"的光荣传统，深入推进和谐华社建设，将旧金山华助中心办

---

① 例如，原籍福建的池洪湖曾担任华商总会会长，后来也被聘为华商总会的永久顾问。

② 《美国华商总会举办晚宴　庆祝成立36周年》，中国侨网，http://www.chinaqw.com/hqhr/2016/07-20/96032.shtml，2016年7月20日。

成"真心相待、患难相助、共谋发展、同舟共济"的温暖之家。①

芝加哥华商会成立于 1983 年,其宗旨是为当地华商带来更多的商机,使芝加哥唐人街成为美国中西部,尤其是伊利诺伊州的主要旅游景点之一,从而为当地的商户增加收入来源。其董事会成员来自银行、房地产、保险、律师事务、餐饮业的商界精英,以粤籍华商居多。芝加哥华商会联合市政厅和其他机构,一同举办各种讲座、卫生训练课程和"唐人街午餐"系列活动,以帮助培训华人业主遵守美国法规。为了吸引游客,芝加哥华商会还提供夏日免费班车接送服务和当地旅馆的礼宾服务,由其出资印制的旅游手册集中展示了唐人街的商业和风貌。为保护文化遗产、推动旅游,芝加哥华商会组织举办各种年度文化活动,如农历新年游行、五月亚裔文化遗产月、夏季华埠展览会、龙舟赛、华埠选美活动等,广受欢迎。② 这种融族裔风情旅游和商业发展为一体的发展模式,令芝加哥老唐人街焕发勃勃生机。

2004 年,一批著名华商精英在纽约发起成立了美国华商会。理事会主席李学海祖籍广东三水,是全球物流行业的先锋,有"货仓大王"之称,同时在美国服装纺织业享有盛誉。现任会长邓龙在美国拥有众多商业,包括房地产开发、超市零售业、食品进出口、农业生产等,近几年集团在全美各地开发中国城项目,受到所在城市政府及华侨华人的支持和欢迎。美国华商会的宗旨是:团结美国工商界华人,争取和维护华商权益,促进世界华商的经济合作,加强与美国主流社会的关系,推动美中之间的商贸合作与交流。③

由全美各地潮州会馆的商界精英、元老联合筹组的美国潮商总会,于2016 年 5 月 27 日在洛杉矶圣盖博市宣告正式成立。美国潮商总会主席团主席欧佳霖、陈育昭,共同主席陈少斌、巫锦辉、庄佩源、翁汉丰、李汉强、李宏良等率领首届理监事会全体成员宣布就职。④ 美国潮商总会的宗旨是:

① 《美国华商总会举行"旧金山华助中心"挂牌仪式》,中国侨网,http://www.chinaqw.com/hqhr/2015/06 – 19/54052.shtml,2015 年 6 月 19 日。

② 令狐萍:《芝加哥的华人——1870 年以来的种族、跨国移民和社区》,广州:世界图书出版广东有限公司,2015 年,第 223 页。

③ 《美国华商会在纽约成立:精英荟萃 能量令人瞩目》,中新社,http://www.chinanews.com/news/2004/2004 – 09 – 25/26/488007.shtml,2004 年 9 月 23 日。

④ 《美国潮商总会成立典礼暨首届理监事会就职仪式在洛杉矶举行》,潮商发展平台,http://www.mysct.cn/index.php?ctl = article&id = 148,2016 年 1 月 5 日。

团结全美各地的潮裔殷商，加强合作，希望能成为一股强大力量，促进中美的经济交流。2017 年 4 月 19 日，美国潮商总会成立一周年庆典暨青年委员会就职典礼、纽约潮州同乡会第 32 届理事会就职典礼在纽约举行。中国驻纽约总领事馆领事李清、联邦众议员孟昭文、纽约州众议员牛毓琳、纽约市议员陈倩雯等中美官员到场祝贺。

　　港籍商人由于与粤籍商人在地理和语言上相近，有时共同组成商会。1978 年迁居纽约的游育德原为香港茶商巨子，素有爱国爱乡情怀。1997 年，他在纽约华社推动成立省港澳总商会，接纳客属和粤籍人士为会员，宣传港澳和珠江三角洲在中国经济改革中的辉煌成就。[①] 该会是纽约华人社团联合总会的组成单位，积极参与纽约侨界庆祝香港和澳门回归的盛会以及每年的"十一"国庆活动。

　　此外，还有由中小企业主组成的同业公会，如华人制衣业总商会和餐饮业协会。在制衣业中，成立于 20 世纪 70 年代的纽约华人制衣业总商会是该行业的龙头老大。原籍台山的制衣业大亨林建中蝉联该会会长达 17 年之久，至今仍担任荣誉会长，现任会长为许永雄、梅伟雄。2012 年 1 月 10 日，美国华人餐饮业协会在纽约宣告成立，吸纳了粤籍和闽籍的中餐馆老板参加，首任主席为陈健榕。协会将为中餐产业链中每一个环节的成员，包括业者和员工，提供及时的信息和法律援助，为业者提供经营指导并排忧解难，同时致力于推广中国餐饮文化。

第五节　广东省大中学校在美校友会

　　广东省大中学校在美国的校友会主要包括两类：一类是广州地区的知名高校，包括中山大学、华南理工大学、中山医科大学（现已并入中山大学）、暨南大学、广东外语外贸大学、华南农业大学、华南师范大学、广州大学等校的毕业生建立的校友会，主要分布在旧金山湾区、洛杉矶、华盛顿、纽约等地，上述各大高校校友会对入会会员并未设籍贯限制，但由于地缘关系，祖籍广东的还是占了相当大的比例。另一类是广东所辖市县的一些中学毕业生建立的中学校友会，以台山籍、中山籍、广州籍的最多。

---

　　①　纽约崇正会编：《纽约崇正会 100 周年纪念特刊（1911 – 2011）》，2011 年，第 72 页。

校友会的最大特点是友情至上，彼此之间不分高低贵贱，在校友面前，人人平等。校友之间既相互帮助、相互提携，也关心和支持母校的发展。

中山大学美东校友会成立于 1940 年，是美东历史最为悠久、最具实力的华人校友社团之一，会员在纽约侨界颇有影响。目前该校友会的会员总数为 1 000 多人，会员总体上比较年轻，不过各个年龄段的都有。2017 年选出的新一任会长是李超华。中华公所前主席陈玉驹十年来一直担任校友会的名誉会长，历任会长林柏佐、李大西、陈玉驹、梁左棕、梁平、陈峰、高雯、赵展文和林世彪担任理事会顾问。① 近几年，中山大学美东校友会除了每月例行举办"二五餐会"② 外，还于 2016 年创办了红棉讲坛，2017 年 6 月又成立创业导师团，由十余位成功的校友企业家以及从事金融投资、科技、法律、生物医疗、管理咨询等行业的校友专家组成，为有志于创业的年轻校友提供资金、经验和人脉资源等各方面的支持。中山大学美西校友会成立于 20 世纪 60 年代，至今已有 50 多年历史。任期最长的会长是祖籍广东台山的李煜铭，2000—2013 年担任会长 13 年，带领校友会走出低谷，于 2015 年病逝。现任会长是梅仲元，秘书长钟毅青。中山大学北加州校友会 2004 年在硅谷成立，首任会长陈硕、副会长黄凯波和黄振龙、秘书长易正华。2011 年 10 月 15 日，中山大学美国中西部地区校友会在芝加哥宣告成立。首任会长为 1986 级中山医学院神经解剖专业硕士、田纳西大学教授、印第安纳波利斯孔子学院院长徐造成。③

华南理工大学（简称"华工"）硅谷校友会成立于 2002 年，首任会长是原籍广东汕头的林仕。④ 他为促进硅谷科技界与中国尤其是广东的科技交流与合作倾注了大量心力。他参加了第一、二届中国留学人员广州交流会，被聘为广州市经济开发区首届招商顾问。⑤ 华工美东校友会 2005 年成立于

---

① 《中山大学美东校友会选出新理事会成员》，美国中文网，http：//news. sinovision. net/portal. php？mod = view&aid = 424696，2017 年 11 月 27 日。

② 每个月的第二个周五举行校友聚会。

③ 《美国中西部地区校友会成立》，中山大学网站，http：//news2. sysu. edu. cn/news01/118530. htm，2011 年 10 月 31 日。

④ 林仕 20 世纪 80 年代末赴美留学，1994 年转往加州伯克利分校从事博士后研究，研发了多项应用于 DNA 分离的技术，之后在硅谷的高科技公司工作，开创性地解决了许多其他美国博士未能解决的产品开发和生产技术难题，获多项美国或国际专利/专利，是材料配方、高分子材料研发和应用的专家。

⑤ 《"借脑引智"助力汕头转型发展　访华南理工大学美国校友会会长林仕博士》，《潮商》2013 年第 10 期，第 62－63 页。

纽约，成员有 1 000 余人。改革开放初期赴美的华工毕业生，大多从事计算机行业，很容易找到高薪工作。他们充分发挥理工科优势，最早把互联网概念引进来。目前共有 10 位中青年理事，前任会长都是企业家。华工美东校友会设有固定会址，是全美校友会中拥有会址的少数团体之一。校友们平时分散居住，各自创业，但逢年过节或遇到重大事件时，就会聚在一起。华工南加州校友会于 2012 年成立，华工校友、圣地亚哥杰出华人企业家张海明、国际知名纺织企业家蔡建中，分别出任校友会首届会长和名誉会长。

中山医科大学美东校友会成立于 1996 年，创会人包括雷尚斌、陈之昭、任超龄、谢彦博、施于凤、杨大俊、梁永汉和朱子超等，首任会长为雷尚斌。校友们为促进美国和中国医疗方面的发展作出了重要贡献。朱子超原籍广东台山，曾参与创立纽约医学会、工程学会。2010—2018 年连任两届会长的郭文斌出生于广东连山县，为 1982 届毕业生。2017 年 4 月 29 日，中山医科大学美东校友会举行第 7 届纽约校友会理事会就职典礼，梁卫宁当选美东纽约校友会会长，他是经验丰富的执业医师、美国国会医学顾问、国际青年领袖基金会顾问，也是美国华人医师会的主要领导成员。中山医科大学美西校友会于 1992 年 8 月在旧金山湾区成立，由郭媛珠、曹敬儒、王保罗、黄培生、谭思敏、司徒麟等校友发起并创办。为庆祝母校建校 130 周年，中山医科大学美西校友会和海外校友会合作，主编出版了纪念专刊及海外校友通讯录，在国内外引起极大反响，深受广大校友欢迎。2002 年 9 月，中山医科大学南加州校友会在洛杉矶蒙特利尔市成立，首任会长为林永健。2004 年 10 月，中山医科大学美南校友会在德克萨斯州休斯敦宣告成立，在美国医学界鼎鼎有名的许汉光教授和冯慧敏教授被推选为荣誉会长。

暨南大学在美国的校友会，数洛杉矶的暨南大学南加州校友会成立最早，至今已有 40 年历史，现任会长是 1968 年中文系毕业的梅凡。该会编辑会刊《暨南简讯》，成为联系母校并与兄弟校友会互动交流的媒介；编辑出版了《暨南之声》共六集，内容涉及校史、校风、校誉，包括襃扬师友及教科文成就等方面，是海内暨南校友倾注热情和心力的结晶，成为校史研究富有价值的参考文集之一。暨南大学北加州校友会成立于 1995 年，至今已有 20 多年历史，现任会长为周云汉。暨南大学美东校友会几经周折，于 2016 年 9 月 10 日重建，由陈默担任会长。至此，暨南大学在美国已有 5 个校友会。

广东外语外贸大学（简称"广外"）在 2014 年校庆前夕，在美国共有数个校友会。纽约广外校友会率先成立，现有会员 1 000 多人，年龄最大的会员是 1977 级校友，新泽西、纽约、费城都有校友加入。首任会长为肖达，副会长为刘鹏等。广外洛杉矶校友会于 2014 年初创时，会员仅有十余人，如今有近百人，首任会长是乔欣，现任会长为邱少怀。同年 6 月，广外北加州校友会成立，首届会长易正华。广外毕业生在语言交流方面虽有优势，但在美国需要重新申请学位，比如有的修习社会学、法律等，毕业后才能找到合适的工作。

总体看来，上述各高校校友会的会员大多是事业有成的专业人士，与老唐人街从事低端服务或体力劳动的新移民有天壤之别。校友会与传统华人社团联系较少，当然也有少量校友因事业发展需要或亲戚朋友关系，参加传统华人社团的活动，甚至被选为传统华人社团的领袖，比如中山大学和华南农业大学校友陈玉驹就曾担任中华公所第 58 届（2004 年）主席，在任期间访问中国海峡两岸，推行和平统一，同时组织亚太裔选民联盟，展开大规模的宣传，动员选民登记。[①]

从中学校友会看，在洛杉矶、纽约、旧金山、波士顿、费城等地都有广州、台山、中山等市县中学的校友建立的联谊会。广州的岭南、培英、培正、真光、培道、协和、广雅等学校的校友联谊会建立较早，他们均与母校有联络，每逢母校校庆，皆组团回国参加活动。美国广州同学联合总会于 2017 年 11 月 12 日成立，成员包括旧金山、纽约、洛杉矶、芝加哥、沙加缅度、西雅图等地曾在广州学习、生活过的侨胞。

台山依靠亲友赴美团聚的移民大多中学毕业，他们对自己就读过的中学非常有感情，因而对筹建校友会十分热心。由于台山籍新移民落脚于纽约的比较多，"台山县立三校"——台山市第一中学、台师高级中学、台山女师最早成立校友会，并于 1979 年初联合举办春节联欢会。1965 年，台山女师最后一任校长李瑞芳到访纽约，当时纽约有许多女师校友，请求她协助成立校友会，至 2010 年登记在册的会员尚有百余人。台山县立中学美东校友会，在台中第八任校长黄铁铮的倡议下于 1975 年成立。自成立 30 多年来，诸位董事致力于校友会的组织发展和制度的完善，并出版会刊。台中校友在纽约传统华人社团中担任要职者有多人，如梅伯仪曾任台山宁阳会

---

① 2015 年 1 月，笔者曾随《广东华侨史》美东调研团赴纽约、波士顿、华盛顿、费城等地调研。1 月 11 日，调研团在纽约曾与广东地区高校几大校友会举办了一个座谈会，当问及校友会与传统华人社团之间的关系时，席间有人这样回答。

馆主席，伍廷典曾任纽约中华公所主席。台山师范美东校友会于 1976 年宣告成立，30 多年来，经过很多热心校友的努力，在纽约华社中起着亦师亦范的作用。

2001 年底，由热心校友马静波等发起组织一批毕业于台山华侨中学的新移民，在纽约成立台山侨中美东校友会，很快就有百余人登记入会。2011 年该会举行庆祝成立十周年庆典活动，出版图文并茂的十周年特刊。2007 年，广海中学一批校友也在纽约宣告成立校友会。2008 年，毕业于台山任远中学的校友陈孝培倡议成立纽约任远中学校友会，现任会长为廖达民。2009 年，冲蒌中学同乡会诞生。2010 年，台山端芬中学校友会也宣布成立。

台山县立中学南加州校友会成立于 1979 年，其宗旨是：爱国爱校，团结校友，互助互帮，热心为侨区、侨胞的权益服务，传播中华文化艺术。随着广东赴美新移民的不断增加，台山县立中学南加州校友会亦不断壮大，联络和团结了大批校友。很多校友已从繁重的体力劳动中解放出来，融入美国主流社会。有的参政，有的被选为社团的领导，有的成为企业家、工程师、律师、医生、教师等，在各个领域各展其能，其中最突出者有余洁鹏、黄金泉。①

中山市各中学校友在美国组建的校友会最早产生于 20 世纪 60 年代。1962 年，定居于旧金山的中山县中校友联合原女中、师范校友于 1963 年组成中山县各中学同学会，三年后停顿，至 1982 年恢复活动。1988 年，旧金山中山市各中学同学会和夏威夷中山市各中学同学会联合倡议举办世界中山各中学同学恳亲大会。1989 年 8 月，南加州中山同学会成立。2010 年留美中山同学会在波士顿成立，首任会长为吕文尔。②

第六节　文缘性社团——粤剧社及其他

以粤籍华侨华人为主创建的文化团体，其中最具代表性的就是富有岭南文化特色的粤剧社。19 世纪中后期赴美的广东移民一踏上美国国土，就

①　台山海外社团概览编委会编：《台山海外社团概览》，香港：天马图书有限公司，2002 年，第 195－202 页。

②　中山市外事侨务局、中山市港澳事务局编：《中山市华侨志》，广州：广东人民出版社，2013 年，第 10－12 页。

很快搭起具有广府特色的粤剧戏台，并组建起粤剧社自娱自乐。直到20世纪上半叶，粤剧社都是美国各大唐人街的主要曲艺团体，有不少直到今天仍然存在。现今，粤籍华侨华人比较集中的城市，特别是历史悠久的老唐人街，都有粤剧社存在。据不完全统计，目前美国各地唐人街能够维持正常活动的粤剧社有70~80个，一半以上位于旧金山、纽约、波士顿、洛杉矶几大老唐人街，波特兰、华盛顿、芝加哥、费城、西雅图、休斯敦、檀香山、硅谷等地也各有几个。举例来说，旧金山市有南中国乐社、南国曲艺研究中心、红豆戏曲社、中华国乐社、海风音乐社等十多个；纽约有民智剧社、松英粤剧艺苑、七弦音乐曲艺社、心声粤乐研究社、广东曲艺研究会等十多个；波士顿有侨声音乐剧社、广东音乐研究社、艺青音乐社等；洛杉矶有惠天声粤剧团、粤升音乐社等；此外，还有波特兰的粤声音乐社、华盛顿的升平音乐社、芝加哥的洪门音乐社、夏威夷的华夏戏剧音乐研究会、硅谷的精英粤剧艺术学院等。[①] 这些粤剧社中不少已有超过50年的历史，也有一些是近三十年才成立的。

今天美国华侨华人中约有1/3是早期粤籍移民的后裔及来自广东和港澳的新移民，粤语仍然是老唐人街通行的语言之一，即便是一些土生华裔，在家中与父母交流也用粤语。与之相应，粤语歌曲、粤剧粤曲仍有一定的生命力，它们是全美各地粤籍华侨华人心中共同的"歌"，这是粤剧社得以维持下去的基础。近几十年来，美国各地粤剧社的主要成员，无论是土生粤籍华裔，还是来自广东或港澳地区的新移民，都是青少年时期喜欢学唱粤语歌曲而逐渐踏入粤剧之门的。

除了粤剧社外，台山籍移民还把家乡的传统民乐和说唱艺术——"锣鼓八音"移植到美国。洛杉矶有一个非常出名的众乐曲艺社，是由台山乡亲翁治生、翁卫正、翁建新发起组建的。翁治生担任社长，他兢兢业业领导众乐曲艺社开展活动，还在其家族经营的企业——恒兴印刷厂内划出宽敞的地方供曲艺社成员排练及使用。全社有二十多位乐师和演唱者，多数来自台山，还有少量来自广州、香港的曲艺名家。该社乐器齐备，继承和

---

① 根据《华侨华人百科全书·文学艺术卷》（中国华侨出版社，2000年）、《华侨华人百科全书·社团政党卷》（中国华侨出版社，1999年）、周南京主编的《世界华侨华人词典》（北京大学出版社，1993年）和粤剧大辞典编纂委员会编《粤剧大辞典》（广州出版社，2008年）、黄镜明的《粤剧与美国华人社会》（《广东艺术》2005年第1期）及暨南大学海外侨情数据库的相关信息统计。

发展了台山"锣鼓八音"的演出传统，还配有西洋乐器萨克斯和小提琴等。他们精彩的表演不仅深受华人喜爱，一些外国人也很欣赏。洛杉矶众乐曲艺社除了参与婚庆、祝寿、社团庆典和洛杉矶华埠春节金龙大游行等庆祝活动，还不时深入教会、老人活动中心等单位奉献爱心。众乐曲艺社经过多年的勤奋耕耘，终于让台山的"锣鼓八音"在美国扎根开花。[①]

粤籍华侨华人中的一些文学爱好者形成了文友圈。祖籍台山的老侨黄运基[②]发起成立的美国华文文艺界协会（简称"美华文协"），团结了一批粤籍业余"草根"作家，代表人物有：台山籍的刘荒田、"老南"和刘子毅；新会籍的赵宗英（笔名宗鹰）；开平籍的周正光；南海籍的招思虹等人。这些作家中有不少人曾长期挣扎在美国社会底层，在餐馆、酒店、商铺或公司打工以养家糊口，但在艰辛的工作之余仍坚持文学创作。他们的作品反映了美国华人"草根"阶层的生活境遇和思想感情。美华文协主办有自己的文学刊物——《美华文学》（季刊），至 2011 年夏已出版了 78 期（现在已有网络版）。

还有不少喜爱中华诗词的粤籍华侨华人成立了诗词社，不时举办一些诗会，比如在旧金山、纽约、洛杉矶等地，中华诗词高手云集，这类团体非常活跃。纽约有四海诗社、世纪诗社、诗词学会，洛杉矶有晚芳诗社、梅花诗社、中华诗社，旧金山有敦风诗社、中山文艺社等。[③]

旧金山的中山文艺社是由一群原籍中山的诗词书画爱好者组成，全称为中山诗书画音乐文艺社，于 1996 年正式成立，并在奥克兰举行了首次雅集活动。该社的社长为李叔业，副社长是蔡庆权、徐顺利。其主要成员叶苍、刘金鳌、李炳枢等原是中山诗社的社员，后移居美国；另外一些主要成员，则大都曾在国内接受教育，具有颇深的古典诗文造诣，与国内的中山诗社等文艺团体有广泛的联系。

祖籍台山端芬镇的梅振才是闻名纽约华埠的诗词高手，现任纽约诗词学会和纽约诗词琴画学会的会长，同时兼任中国中华诗词学会顾问、全球汉诗总会会长。他毕业于北京大学俄语系，但对中华诗词情有独钟。1981

---

① 《台山人在美国》2012 年第 4 期；http：//www. usa – taishan. com/ts04page34. php。
② 黄运基祖籍台山，既是作家、社会活动家，也是著名的报人，曾创办过《华声报》《时代报》。他于 1995 年创办了美国唯一的华文纯文学双月刊《美华文化人报》，1998 年 6 月改为《美华文学》，参见刘荒田的《悼念黄运基先生》［《侨报》（文学副刊），2012 年 12 月 31 日］。
③ 《三藩市中山文艺社成立》，《中山侨刊》1997 年 1 月（总第 34 期），第 42 – 43 页。

年他来到美国，业余笔耕不辍，写下数百首诗词。为了推动研究中华诗词的风气，同创纽约诗坛新天地，梅振才与周荣、陈驰驹、赵振新、蔡可风、伍若荷等诗词爱好者于2003年筹建了纽约诗词学会，并被推选为会长。①近十年来，纽约诗词学会在纽约《今周刊》《华周刊》和《新周刊》等刊物开辟了《诗情画意》《东风第一枝》《逸事吟唱》等诗词专栏，均由梅振才主编，每周一期，刊登诗词名家及会员的作品。此外，纽约诗词学会每个周末举办一场诗词讲座，梅振才既是组织者与发起人，也是诗词班的主讲老师。

第七节　粤籍华人社团与中国大陆（广东）的关系

随着中国经济、科技迅速发展，国际地位逐渐提高，海外华侨华人对中国共产党执政的好评度不断提升，民族自豪感日益增强。美国各类粤籍华人社团与中国大陆（尤其是广东省）政府和民间的跨国交往和互动日趋密切，致力于反"独"促统大业，积极参与祖（籍）国（地）的现代化建设，并慷慨赞助文教和慈善公益事业。粤籍侨领利用在美国积累的人脉关系，积极为中美经贸和文化交流牵线搭桥，同时，他们凭借语言、文化、信息、资本、技术、管理及社会资源方面的诸多优势，在中美经贸往来和投资中获取更大更多的利益。

21世纪以来，粤籍传统华人社团与中国驻当地领事馆及中国大陆（特别是广东省涉侨部门）官员的公开交往是一种新趋势。2001年11月，旧金山台山宁阳总会馆首次组团回台山参加世界台山宁阳会馆（同乡会）联谊大会。此后每两年举办一届，由世界各地的宁阳会馆轮流举办。旧金山台山宁阳总会馆捐资10万美元兴建台山市新宁中学图书馆大楼，且每年捐助2 500美元作为台山市教育奖学金。联谊会规模越办越大，参加人数越来越多，影响越来越大。联谊会已从最初仅有各国老一代宁阳会馆参加，扩大到如今成为由各国台山宁阳会馆与新的台山同乡会、台山联谊会一同参加的社团大聚会。最近几届联谊会最大的特点是：会议虽然由世界各地台山宁阳会馆（同乡会）轮流主办，但大会（2009年第4届、2013年第6届、

---

① 伍俊生：《诗缘结"三山"——记中华诗坛名家梅振才》，《台山人在美国》2014年第5期；http：//www. usa－taishan. com/ts05page05. php。

2015 年第 7 届、2017 年第 8 届）多在台山市举行，由台山市人民政府协办，参观台山建设成就，加深联谊，了解家乡、支持家乡发展成为大会的主轴。其中 2015 年第 7 届世界台山宁阳会馆（同乡会）联谊大会由美国冲蒌同乡总会主办，开了由镇级同乡会承办台山恳亲大会的先河。大会主题是"情系家园，梦圆侨乡"，共有来自世界各地的 33 个台山宁阳会馆（同乡会）的 700 多位台山乡亲欢聚家乡，了解台山投资环境，共谋家乡发展大计。①

中华总会馆向来在传统粤籍华人社团中起"领头雁"的作用，近十多年来随着时势变化逐步心向中国大陆，对全美华人社团的转向产生深远的影响。2002 年，旧金山中华总会馆首度以中华总会馆的名义，组团参加当年年底在广州举行的第 2 届世界广东同乡联谊大会，此举为粤籍传统华人社团具有高度标志性的变化之举。2006 年和 2012 年，中华总会馆主席团又分别两次应邀访问中国，访问使他们对侨乡乃至中国的崭新面貌留下深刻印象，也促进侨领侨胞们思想上的转变。2013 年 6 月 3 日，中国驻旧金山总领事袁南生应邀拜访具有 159 年历史的中华总会馆，他是 1949 年以后第一位中华总会馆的中国官员，受到了中华总会馆总董黄荣达及主席团成员、商董以及华社各界的欢迎。总董黄荣达表示，海外侨胞很高兴可以看到祖国强盛、中美友好、侨胞安居乐业和华埠繁荣发展的大好局面，期待这次开创性的访问能促进总会馆与中领馆的合作，共谋侨胞福祉。此后，中华总会馆与中国大陆政府官员的公开交往日益频繁。2014 年 2 月 15 日，中国国务院侨务办公室主任裘援平率领慰侨访问团，访问了旧金山中华总会馆。2014 年 4 月 8 日，旧金山中华总会馆代表团一行到广东访问。驻美中华总会馆代表团团长、会馆主席团成员吴耀庭称，驻美中华总会馆将一如既往地团结旅美侨胞，推动中美民间交流合作，继续为推动两岸和平统一大业、实现中华民族的伟大复兴作贡献。② 2016 年 8 月 27 日，中华总会馆开会表决，以超过三分之二的绝对优势票数通过决议：中华总会馆只悬挂美国国旗。③ 这一决议平息了持续三年之久的"撤旗风波"，也表明旧金山地区对中国大陆的友好力量占上风。

---

① 《历届宁阳恳亲大会回顾》，百峰网，http：//www.tsbtv.tv/special/2017ningyang/index.shtml，2018 年 1 月 25 日。

② 《驻美中华总会馆代表团访粤冀推动中美民间合作》，中国新闻网，http：//www.chinanews.com/zgqj/2014/04-09/6042003.shtml，2014 年 4 月 9 日。

③ 袁南生：《亲历旧金山中华总会馆撤旗风波》，《湘潮》2017 年第 5 期。

由粤籍老侨建立的同姓或多姓宗亲会越来越多，如李氏宗亲会、梅氏宗亲会、伍氏宗亲会、雷方邝溯源堂、全美昭伦公所。回祖籍地台山举办或参与恳亲联谊大会的侨胞也越来越多，有的每年都聚集台山举办联谊大会，有的已举办多次。这些大型活动收到了显著成效。例如，李氏宗亲会回台山举办恳亲大会三次，成功地兴办了敬修职业中学，占地130多亩，海外侨胞和港澳同胞捐资3 000多万元，影响深远。芝加哥梅氏公所主席梅友卓和其他梅氏家族领导于1975年发起成立世界梅氏宗亲会，其宗旨是"推动梅氏宗亲家族成员的和谐，加强故土和住在国之间的联系，团结所有梅氏成员"。此后，世界梅氏宗亲恳亲大会每三年举行一次，1994年首次在中国广州举行，之后又数次在广东举行。2006年11月13日，世界梅氏宗亲会在广东江门举办成立30周年纪念活动，出席人数超过500。① 2010年12月9日，世界梅氏宗亲第11届恳亲大会在广州隆重举行，来自海内外的梅氏宗亲代表共400多人到会。2013年11月中旬，第12届世界梅氏宗亲恳亲大会在台山举行，美籍华人梅建国担任第12届世界梅氏宗亲总会会长。2016年11月中旬，第13届世界梅氏宗亲恳亲大会暨会员代表会议在佛山市顺德区龙江镇举行。恳亲活动让侨居海外的梅氏宗亲回到故乡，加强了家族情谊，同时也了解祖（籍）国和祖籍地发生的翻天覆地的变化。这些年来，不少梅氏乡亲为家乡慷慨解囊，帮助建校办医，修路搭桥，为建设家乡作出了巨大贡献。芝加哥、纽约、波士顿、旧金山、华盛顿等地的梅氏公所和宗亲会，每届大会均有大型代表团参会。

近四十年来移居美国的新一代广东移民成立的各类社团，包括同乡会、校友会、商会等，自成立之初就与中国驻美使领馆、中国（广东）各级政府部门和祖籍地保持密切的交流与往来，不像传统华人社团和侨领那样需面临抉择的矛盾。这些新社团成立之时，通常把"促进中美友好往来"写进社团宗旨里，并且付诸实践。它们的成长壮大，既离不开自身的努力，又离不开中国（广东）政府部门特别是涉侨部门的大力支持。以美国东莞同乡会来说，自2009年成立之后，每年都会派代表团回东莞市及周边各市参加经贸考察和文化交流活动，在此过程中既为本会成员寻找商机，同时也为家乡的发展贡献力量。仅2010年，东莞同乡会代表团就回乡访问考察数次：6月13日，同乡会主席吴耀坤带领美国东莞同乡会代表团访问东莞

---

① 可参阅《世界梅氏恳亲大会纪念特刊》和《新宁杂志》（2006年第4期，第32页）。

市侨联；6 月 16 日至 19 日，东莞举办"2010 华人华侨旅游年"活动，美国东莞同乡会率团参加；6 月 20 日，吴耀坤率代表团一行 10 人到广东湛江考察；6 月 24 日，身为美东华人社团联合总会常务副主席的吴耀坤率团访问广东省侨联。为增强新生代对中华文化的认同，同乡会每年组织华裔到东莞参加当地举行的海外华裔青少年学生夏令营，并录制拜年视频问候祖国乡亲。鉴于东莞同乡会在团结乡亲、提升东莞市在美国的知名度等方面的贡献，2010 年 9 月 11 日，东莞市外事侨务局副局长张福应率团访问美国东莞同乡会，并代表东莞市政府向同乡会资助了 20 万元人民币，以促使该会更好地服务在美乡亲。[①] 2017 年 4 月 25 日，吴耀坤一行访东莞市石龙镇，与石龙镇侨联、工商联（商会）代表开展座谈。吴耀坤表示，会继续发挥美国东莞同乡会牵线搭桥的作用，进一步推动美国与石龙镇侨联、工商联（商会）的交流和合作，会积极向海外友人、侨商推介石龙镇，积极发动他们到家乡投资置业，为家乡引资引智工作尽一份绵薄之力。

活跃在北美大陆的潮商企业家及其领导的潮州籍华人社团在中美、中加经济文化的交流与合作中扮演着越来越重要的角色。他们关心和支持祖（籍）国的建设和发展，与中国开展经贸合作，到中国投资兴业，同时也积极为中国企业到美加拓展业务牵线搭桥。2013 年 11 月 10 日，加州圣荷西潮州会馆、南加州潮州会馆先后与江门市潮资企业联谊会签订友好合作协议，双方将在经济投资、教育、文化交流方面相互提供平台，推动双方社团的友好合作。[②] 西雅图潮汕同乡会会长辛澍杰积极支持家乡建设，努力推进中美经济文化交流。多年来，辛澍杰努力推动中美两地经贸、旅游及教育等领域的合作。2014 年 6 月，辛澍杰一行访问汕头，表示将全力协助办好当年 10 月在汕头举办的"华盛顿州日——相约在汕头"活动，继续为两地的实质性交流与合作积极牵线搭桥，助力家乡发展建设，并希望活动可加强双方在教育文化领域的交流，进一步推动互惠经济合作。[③] 2016 年新成立的美国潮商总会与汕头侨商会缔结为友好商会，企望进一步密切往来、增进合作，共同为侨商、潮商事业作出更大的贡献。

---

① 《服务乡亲东莞市政府向美国东莞同乡会转交 20 万经费》，美国侨报网，http：//news. usqi aobao. com/2010－09/13/content_ 559398. htm，2010 年 9 月 13 日。

② 《中美潮商社团签订友好合作协议》，凤凰网，http：//news. ifeng. com/gundong/detail_ 2013_ 11/15/31274942_ 0. shtml，2013 年 11 月 15 日。

③ 《西雅图潮州工商会会长为家乡发展牵线搭桥》，中国侨网，http：//www. chinaqw. com/ hqhr/2014/10－20/22269. shtml，2014 年 10 月 20 日。

广东各大高校在美国的校友也积极发挥自身在当地积累的人脉关系，积极促进中美友好交流，同时为志在回国创业的校友搭建桥梁，促进中国（广东）经济和科技的发展。随着经济、科技、医疗卫生等各项社会建设水平的提高以及广东省政府、各大高校在招才引智上力度的加大，有不少在美国已取得成就的杰出校友纷纷回广东效力。

华南师范大学校友范群博士（祖籍潮阳）在硅谷地区工作十几年，拥有 20 多项发明专利。曾任硅谷科技协会理事长、美国华美半导体协会秘书长，拥有丰富的硅谷科技精英智力资源，他为了促进中美的科技交流及广东的招商引资和招才引智工作，常常利用节假日和与家人共享团圆之乐的时间，甘当志愿者。他带领一批批硅谷华人精英——科学家、工程师、企业家和投资家等组团回国参加深圳"高交会"和广州"留交会"，最多的一次，团员达到 80 人，在广东乃至全国刮起了一阵强劲的"硅谷旋风"。2005 年 10 月中旬，广东省省长黄华华率领全省十七市市长及有关部门组成的 387 人的经贸考察代表团赴美国旧金山市推介广东。范群联合中山大学校友会接待了广东省政府代表团，并策划了一个硅谷高科技峰会，邀请思科集团公司执行副总裁出席。同时，被邀请来的近百位高科技公司华人高管与二十余位厅级各部门主要领导，在现场进行政策咨询和项目对接，收效良好，反响热烈。2011 年 11 月 22、23 日，他牵线为广东工业大学和广州番禺区策划了一场交通规划一体化的国际交流峰会，邀请美国、加拿大和英国的多名专家学者前来演讲，专为广州番禺新城的交通规划和天河智慧城市的建设出谋划策。① 2016 年，汕头市海外人才工作·美国硅谷联络站挂牌成立，范群被选为负责人，于 2016 年 12 月中旬带领一个由硅谷投资家、专业人才和企业家组成的考察团到汕头考察交流，寻找合作机会。②

像范群这样心系广东发展的杰出侨胞还有很多。如祖籍广东普宁、身兼华南师范大学和中山大学双重校友身份的李大西博士，曾协助筹备首届广州中国留学人员科技交流会（1998 年），并与深圳市政府合资创办了深圳留学生创业园（2000 年），对吸引和帮助留学人员回国创业起了相当作用。2013 年，李大西组织国际华人科技工商协会"中国梦"代表团访问广东、江苏、广西等地，对广东创新、产业升级以及做好准备迎接第三次工业革

---

① 《科技报国领军人——访范群博士》，《广州华声》2013 年第 1 期。
② 《国家"千人计划"特聘专家范群博士表示——"硅谷寻才"为家乡做点事》，《汕头日报》，2016 年 11 月 14 日。

命提出一系列建议，推动成立与美国名校康奈尔大学合资的深圳广大—康奈尔中美技术转移中心，促进了中美创新合作。①

结　语

粤籍传统华人社团历史悠久，根基稳固，在早期充当着"华人自治政府"的作用。尽管老一代粤籍精英的权力和影响已大不如前，但并不意味着他们已成了明日黄花。由于根基很深，中华会馆（公所）及其下属各华人社团仍然控制着一些唐人街的、财产和资源。传统华人社团顺应时代变化和需求，在宗旨和功能上既延续了以往的互扶互助、支持华社文教事业、共谋工商业发展的传统，又积极推动华人社区融入当地社会，争取华人在美国的各种权益和福利。在对祖（籍）国的政治态度上，传统华人社团越来越接受中国的改革开放政策及其实践，越来越深地介入到中美双边关系中，积极与中国发展政治、经济关系。传统华人社团还通过与各种新的华人社团进行合作来维持其影响，传统华人社团领袖不再从血缘、地缘等狭隘利益出发，而是以整个中华民族的利益为出发点，试图整合各派系华人的力量，在美国和中国事务中发挥应有的作用。

新的粤籍华人社团由于成立时间短，在财力上不及老华人社团雄厚，但其成员素质相对较高，而且思想较为开放，活跃程度较高，影响力正在逐步增大。这些社团自成立之初，就得到中国驻外使领馆和广东省及辖下各级市县政府相关部门和单位的支持，双方保持着密切的往来与合作。它们关注并支援祖（籍）国和家乡的建设，并尽自己的力量在中美之间牵线搭桥，致力于推动两国经贸、文化等领域的合作。

新老华人社团之间虽然有差异和隔阂，但在面对主流社会的种族歧视和祖国统一大业问题上，基本能够团结一心。华社的活动出现了新社团和传统社团一起主办，或一方主办另一方参加的情况，形成了联系、团结、互动、合作的新局面。传统社团的转化，使得对中国的友好力量进一步增强。例如，成立于1983年的纽约华人社团联合总会，最初只有13个团体会员，主要包括纽约华侨衣馆联合会、崇正会、福建公所等对中国友好侨团。

---

① 《"跨界"李大西博士：一路前行不改初心》，唐人街网，http://www.tangrentown.net.cn/text/14496.html，2016年2月25日。

自成立以来，该社团致力于为华人社区服务，以团结奋进的精神，积极促进中美两国人民友谊，推动中国和平统一。其社团队伍不断壮大，2003 年改名为美东华人社团联合会。如今，该会有 200 多个会员单位，包括粤籍、闽籍、江浙沪籍等的新老社团。现任美东华人社团联合总会主席的梁冠军原籍广东，是纽约地区爱国爱乡的新移民侨领，被誉为"华埠的市长"。他兼任全美华裔总商会主席、全美反"独"促统联盟主席、美国广东同乡联合总会主席、"文化中国"（美国）艺术团团长、中国和平统一促进会常务理事。2012 年，美东华人社团联合总会换届选举，梁冠军①和陈清泉（福建籍）连任共同主席。同样，在美西加州的旧金山和洛杉矶等地，新老华社之间联合举办活动，如庆祝"十一"国庆节、举办农历春节巡游等的例子已不鲜见。总的来说，粤籍华人社团及侨领在美国华人社会中常常起着"风向标"的作用。

---

① 2013 年 10 月 10 日，中华海外联谊会四届一次理事大会在北京召开，梁冠军被选为副会长，这是首次由海外华人代表当选该社团副会长。梁冠军还积极配合国务院侨务办公室，于 2014 年 5 月在纽约成立"文化中国"（美国）艺术团。该艺术团与国内著名演艺人士合作，在美国举办相关演出活动，受到华社热烈欢迎。

第五章

薪火相传

中南美洲粤籍华人社团

姚　婷

五邑大学广东侨乡文化研究中心

无论过去还是现在，中南美洲都是世界上距离广东最远的大陆。即使如此，敢为人先的广东人还是成为第一批到中南美洲定居的中国人。一百多年来，在中南美洲的广东籍华侨华人，艰苦奋斗，努力融入当地社会，建立自己的家园。改革开放后，广东人掀起新一轮向外移民的热潮，中南美洲也成为广东新移民的主要移居地。与其他地区相比，中南美洲的移民活动似乎较为低调，事实上，中南美洲吸纳了许多广东新移民。近年来，随着中国与中南美洲关系的日益密切，中南美洲各国的华侨华人也引起了人们的注意。中南美洲的广东新移民经过几十年的拼搏，已经在当地站稳脚跟，闯出一片新天地。更令人瞩目的是，广东新移民到了中南美洲之后，很快融入当地社会，积极参加当地华社的活动。如今，在不少国家的传统华社内，新移民脱颖而出，进入传统社团的领导层，成为当地华人社团的主心骨，这是中南美洲粤籍华人社团在当代的最大变化和最突出的特点。

第一节　中南美洲粤籍华人社团的现状

中南美洲是广东华侨华人主要集聚区，也是广东籍华侨华人占多数的地区。早在 19 世纪下半叶，便有一定数量的华人从不同的国家或地区，迁移到中南美洲各国。早期到达中南美洲的华人多数是广东人，鸦片战争后，他们在西方殖民者掀起的贩运"猪仔"（华工）的狂潮中被运到中南美洲。古巴和秘鲁是吸纳华工最多的两个国家。1847—1874 年，有 22.5 万华工被运往拉丁美洲，其中到达古巴的有 124 813 人，到达秘鲁的有 91 412 人。[①]除了"猪仔"外，在智利北部还有一支太平天国运动失败后逃亡到智利的余部。[②] 广东人移民到中南美洲可说是高开低走，在一开始时有大批人作为工人被运到南美洲，当他们的悲惨遭遇被披露之后，国际舆论哗然，此后广东人到南美洲做苦力的步伐在国内外因素的影响下减缓。契约期满获得自由的华工有的回国，有的留在当地做一点小买卖，有的转到中南美洲其他国家。但是，路途遥远始终是制约广东人向中南美洲移民的重要因素，

---

① 胡其瑜著，周琳译：《何以为家：全球化时期华人的流散与播迁》，杭州：浙江大学出版社，2015 年，第 7 页。

② 《太平军余部在南美洲横扫千军大胜玻利维亚》，网易，http://news.163.com/08/0529/09/4D3QKC9O000011247.html，2008 年 5 月 29 日。

何况在到达中南美洲之前还有其他地区如北美可以吸纳更多移民。因此19世纪末广东人移民中南美洲的活动比鸦片战争后的一段时期内要少很多。

到了20世纪前半期，中南美洲不少国家出台政策限制中国移民入境，同时中南美洲国家的经济不是很发达，也不像东南亚那样进入大开发时代而需要很多人力。在这些原因的综合作用下，中南美洲的广东华侨社会发展缓慢。如秘鲁，1849—1875年，被运入秘鲁的华工为20余万人；后来，华人入境受到限制，到1937年仅有7 030人；即使限制放宽之后，1949年秘鲁华侨人数也只有10 421人。① 又如智利，1875年华人有122人，到1885年才增加到1 164人。② 民国时期，部分东莞和宝安的客家人移民到苏里南、圭亚那等地。1905年苏里南华侨有1 160人，1921年有1 310人，1950年为2 371人。③ 苏里南的华侨绝大多数是广东籍华侨。在圭亚那，"一战"结束时有五六十位华侨，到1936年增加到120人。圭亚那华侨80%以上是广东东莞、宝安一带的客家人，他们称圭亚那为"皆因"，其实皆因是圭亚那的省会。④ 牙买加在1919年后开始修改移民法令，1940年6月1日，牙买加政府规定，除了外交人员、游客、留学生之外，其他华侨不准入境。1947年7月13日，经中国驻牙买加使馆人员的交涉，牙买加政府同意每年准许20名华侨妻儿入境，后来又允许华侨申请父母来牙买加。⑤ 据官方的资料，牙买加华侨在1911年有2 111人，1925年是3 366人，1943年是6 879人。⑥

20世纪50—70年代，中国对中南美洲的移民活动基本上处于停滞的状态。相反，由于中南美洲政治和经济形势的影响，在中南美洲的华人不少迁移到北美地区和欧洲的荷兰。据估计，70年代苏里南有4 000名华人移居

---

① 《秘鲁侨情概况》，南方网，http：//newscenter. southcn. com/n/2016 – 09/27/content_ 15655
2378. html，2016年9月27日。

② 智利智京中华会馆120周年简史编委会编：《智利智京中华会馆120周年简史（1893—
2013）》2013年，第27页。

③ 邹倩夫：《苏里南百科全书介绍华人情况》，《南美洲苏里南广义堂百周年纪念特刊》（1880—
1980），第7 – 8页。

④ 《圭亚那侨情》，《人民日报》（海外版），http：//www. peopledaily. com. cn/GB/paper39/405
5/478693. html，2001年8月22日。

⑤ 李谭仁：《占美加华侨年鉴》，占美加华侨出版社，1957年，第36页。

⑥ 胡其瑜著，周琳译：《何以为家——全球化时期华人的流散与播迁》，杭州：浙江大学出版
社，2015年，第172页。

荷兰，约占当时苏里南华人总数的一半。① 而原来华侨华人较多的古巴，在 60 年代后因为社会制度变革导致许多华侨华人离开，古巴粤侨社会很快萎缩下去。直到 20 世纪 80 年代，一批批愿拼敢闯的中国人随着改革开放大潮走出国门，中南美洲粤籍华侨华人再度增多，其中以委内瑞拉和巴拿马最为突出。委内瑞拉华侨华人数量达到高峰的时候有 20 万~30 万，巴拿马也多达 20 万，而且这两个国家都以广东新移民为多数。据估计，1979—2013 年，中国内地向国外移民总数为 934.3 万，其中有 75 万移民到了拉丁美洲国家。到 2014 年，拉丁美洲华人总数是 121 万，其中秘鲁 10 万，巴西 25 万，巴拿马 17 万，墨西哥和厄瓜多尔各 7 万，哥斯达黎加 5 万，阿根廷 10 万，委内瑞拉 20 万，苏里南 4 万，牙买加 2.5 万，多米尼加与特立尼达和多巴哥各 2 万，智利、危地马拉、哥伦比亚各 1.5 万人左右，玻利维亚 1 万，圭亚那 0.7 万。②

由于历史原因，在中南美洲国家中，广东人仍是主要的华人群体，如委内瑞拉、巴拿马、秘鲁、苏里南、牙买加等，智利的华侨华人有一半是广东籍。当然，并非每个南美国家的华人社会中都是广东人最多，如福建人便是阿根廷华人中的主要群体。这种历史传统与人口分布的差异，造成南美洲粤籍华人社团的发展呈现出若干特点。

中南美洲国家主要包括危地马拉、伯利兹、萨尔瓦多、洪都拉斯、尼加拉瓜、哥斯达黎加、巴拿马、西印度群岛国家、厄瓜多尔、哥伦比亚、委内瑞拉、秘鲁、巴西、智利、乌拉圭、巴拉圭、阿根廷、玻利维亚、圭亚那、苏里南、法属圭亚那等。粤籍华侨华人主要居住在巴拿马、哥斯达黎加、牙买加、古巴、秘鲁、委内瑞拉、苏里南、厄瓜多尔、巴西、智利、阿根廷等国家，其他国家的粤籍华侨华人人数很少。这种人口分布的不平衡影响粤籍华人社会的社团分布。粤籍华人社团在南美洲各国分布不均衡，与住在国广东籍华侨华人数量和历史以及住在国的华人政策、当地的政治、经济、社会局势的影响密切相关。

中南美洲的粤籍华人社团从名称上看主要分为两大类：一类冠以地域的名称，如巴拿马花县同乡会、巴拿马中山同乡会、千里达（即特立尼达）中山同乡会、古巴中山邑侨自治所、阿根廷广东同乡会、广东广西华侨商

① 荷兰百年华人志庆基金会编：《荷兰华人百年》，荷兰百年华人志庆基金会，2011 年，第 72 页。

② 杨发金：《拉美华侨华人的历史变迁与现状初探》，《华侨华人历史研究》2005 年第 4 期。

会、广东广西同乡联谊总会、巴西广东商会、广东同乡会、广州企业家协会、江门五邑青年联合会、里约州广东同乡会、巴西（南美）潮汕总商会、玻利维亚两广同乡会、法属圭亚那东莞同乡会、苏里南东莞同乡会、广州同乡会、秘鲁中山会馆、古冈州会馆、台山会馆、花邑会馆、隆镇隆善社、东莞同乡会、龙冈亲义总公所、同升会馆、鹤山会馆、番禺会馆、委内瑞拉江门五邑青年联合会、智利广州总商会、鹤山同乡总会等。一类是为住在国华侨华人服务的，会员背景超出广东省域，但由于当地华人社会以广东人为主，或者在历史上该社团的会员主体是广东籍侨胞，与广东籍华侨华人有特别密切的关系，其实等同于粤籍华人社团，如委内瑞拉委京中华会馆、圭亚那华侨公所、智利华裔社团青年会、秘鲁中华通惠总局、巴拿马中华总会、巴拿马华人工商总会、苏里南广义堂、苏里南中华会馆、苏里南华侨商会等。总体而言，中南美洲粤籍华侨华人社团成立的时间不一，宗旨有别，组成人员亦有差异，但它们之间也存在不少共性。

　　巴西的粤籍华人社团很多，而总体上巴西的华人社团数量也较多，且种类丰富。以地缘性社团而言，巴西有青田、江西、福建、河南、东北、金华、上海、江苏、大西南、冀鲁等诸多地缘性社团。虽然 2014 年之后，巴西经济呈现衰退状态，但社会并未失序，中国和巴西的关系成熟稳固，巴西是中国在拉美地区的第一大贸易伙伴、第一大投资目的国和第二大工程承包市场。[①] 巴西政府欢迎中国投资，双方在商品贸易、基础设施、银行业和制造业等方面都有很多合作，这促使中国各地有不同经历、不同背景的人群向巴西流动。巴西的文化环境比较开放，因其本身是文化多元化的国家，为华人社团在当地的发展提供了良好的环境。除了广东同乡会成立于 20 世纪 90 年代，巴西的广东商会、广州企业家协会、江门五邑青年联合会、里约州广东同乡会、巴西（南美）潮汕总商会皆成立于 21 世纪，甚至新创于近几年间。这些社团成立之后，均致力于与中国政府机构和商业组织建立与保持联系，推动中巴之间的商贸往来，为巴西广东籍华商的发展创造良好机会。如巴西（南美）潮汕总商会于 2014 年与汕头市海外交流协会签署建立友好合作备忘录，[②] 2015 年与揭阳市榕城区人民政府举行推进企

---

　　① 《中国与巴西关系进入新时期》，新华网，http：//intl. ce. cn/qqss/201609/07/t20160907_15694543. shtml，2016 年 9 月 7 日。

　　② 《汕头市代表团与巴西潮汕商会签合作协议》，巴西侨网，http：//www. bxqw. com/userlist/hbpd/newshow - 32611. html，2014 年 7 月 21 日。

业合作协议签字仪式，与榕城区政府以及榕城和巴西多个企业家签署了合作协议书。①

委内瑞拉的华人历史也比较长，但原来的华侨人数不是很多，在 70 年代初时大约只有 1 000 人。② 改革开放后，随着新移民的流入，委内瑞拉的华人大量增加，这几年有 15 万、20 万、30 万之说。但其国内历史比较悠久的华人社团很少，委京中华会馆为其中之一。2000 年前后，委内瑞拉各地建立的中华会馆很多，与那些中华会馆相辅相成的还有各地的商会。③ 委内瑞拉的华侨华人多从事杂货买卖和餐饮业，因此在 1982 年由恩平华侨在加省（Carabobo）巴伦西亚市（Valencia，恩平华侨译为华恋社）成立委内瑞拉第一家华商会——加省华人杂货同业商会。到 2011 年，委内瑞拉先后成立十多个商会，分别是：华恋社加省华人杂货同业商会、加省百货同业商会和华联商会、巴埠华人商会和拉省中华商会、委京华人杂货同业商会、安省华商会、波省阿加尼瓜市中华商会、亚拉瓜省超市商会、华里拿省华商会、马都顶华人杂货同业商会、玛格利达华商会等。④ 华人社团数量不算少，但是除了成立于 2015 年的委内瑞拉江门五邑青年联合会，委内瑞拉并无以广东的地名命名的社团。这可能是因为委内瑞拉华侨华人主要来自四邑地区，尤以恩平为最，所以不少华侨华人社团其实还是以广东籍会员为主。另一方面，近年来，委内瑞拉经济急剧恶化，大量华侨华人撤离。据恩平市的官方统计，大约有 4 万华侨华人离开委内瑞拉到其他国家或者回到中国，这对华人社团的发展产生很大的影响。

智利是广东籍华侨华人较多的国家。在 20 世纪 40 年代以前，智利"几乎所有的华人社团都是广东人创立并经营的"⑤，因此智利的传统社团内部还是以广东人为主。智京中华会馆是智利传统社团，也是智利华人社团最高领导机构，智京中华会馆历届主席均由粤籍华侨华人担任，粤籍华侨华人在智利华人社团组织中占有非常重要的地位。近年来，活跃于智利华人

① 《巴西潮汕总商会与揭阳榕城区签合作协议》，巴西侨网，http：//www. bxqw. com/userlist/hbpd/newshow－37685. html，2015 年 10 月 20 日。

② 吴仁修：《使于四方：四十年外交生涯回顾》，台北：台湾商务印书馆，第 56 页。

③ 高伟浓：《委内瑞拉华侨史略》，吉隆坡：学林书局，2011 年，第 104－105 页。

④ 《华人在 CARABOBO 省华恋社安居乐业——访几位老华侨的故事》，委国侨报，http：//grupopanda－vzla. blogspot. com/search/label/% E5% 8D% 8E% E4% BE% A8% E6% 96% B0% E9% 97，2011 年 7 月 5 日。

⑤ 智利智京中华会馆 120 年简史编委会编：《智利智京中华会馆 120 年简史（1893—2013）》，2013 年，第 36 页。

社会的地域性华人社团有福建总商会、福建青年会、浙江商会、江苏商会、温州商会等，而以广东地名命名的华人社团却相对缺位。直到 2015 年，才有广州商会和鹤山同乡总会出现。

综合广东地缘性华人社团和由广东人创建或以广东人为主的中南美洲华人社团而观之，可以得知其中新老社团并存。与中南美洲华人历史中人口的迁入移出情况及人口数量变化相对应，粤籍华人社团成立的两个主要时段为 1950 年前和 20 世纪 90 年代后。秘鲁中华通惠总局正式成立于 1886 年，如今仍在秘鲁华人社会中发挥着重要的作用。该局虽为"秘鲁华侨、华人的全国性总机构"①，但其于 2010 年 1 月 12 日第二十届全侨代表大会第一次年会修订通过的《秘鲁中华通惠总局组织章程》第十款规定："全侨代表大会代表，由秘京中山、番禺、古冈州、同升、花邑、鹤山、龙冈公所、隆镇隆善社与介休中华会馆及各埠中华会馆为单位，各派一名代表共同组织而成。"② 章程中所列的八所会馆实质上均为广东籍华侨华人公所，多数已有上百年的历史。③

表 5 - 1　八所会馆创立时间

社团名称	创立时间	社团名称	创立时间
古冈州会馆	1866 年	番禺会馆	1886 年
同升会馆	1891 年	隆镇隆善社	1908 年
龙冈公所	1910 年	花邑会馆	1921 年
中山会馆	1924 年	鹤山会馆	1928 年

全侨代表大会是中华通惠总局的最高权力机构，作为全侨代表大会的代表单位，这些历史悠久的粤籍华人社团目前在秘鲁华人社会中仍然发挥着重要的作用与影响。同时，也有一些新的粤籍华人社团在秘鲁成立，并成为中华通惠总局的主要基层属会，如 2000 年成立的台山会馆和 2005 年成立的东莞同乡会。④ 新老社团同时为秘鲁的广东籍甚至所有华侨华人服务。

苏里南广义堂是一个百年老店，成立于 1880 年 4 月 16 日，首任堂长洪

① 《总局简介》，秘鲁中华通惠总局网站，http：//www.scbcperu.com/cn/zongjujianjie/。
② 《秘鲁中华通惠总局组织章程》，《广东华侨史》调研团南美调研材料。
③ 《利马十大会馆和外埠中华会馆（按 2014 年止计算）》，《广东华侨史》调研团南美调研材料。
④ 《利马十大会馆和外埠中华会馆（按 2014 年止计算）》，《广东华侨史》调研团南美调研材料。

亚凤。后来，广义堂内部发生分歧，甚至一度被当地政府查封，1930 年重新注册。1966 年，广义堂通过的章程规定，广义堂以提高华侨福利事业和联络感情为宗旨，主要任务是帮助华侨发展事业，附设养老院，经营商业，联络其他宗旨相同的社团，密切合作，赞助其他一切有关的社会合法福利活动。成立执行部处理日常事务，设十名执行委员，"以能操华语者为合"。设评议部监督执行部工作，评议委员有 22 人。有关广义堂的单据和文件，须由堂长、副堂长、秘书、财政联合署名才有效。① 广义堂的经费来源有：一是会员会费；二是华侨赞助；三是出租物业的租金；四是主持做互助月会，收取月会首金。② 正是有了财政上的有力支持，广义堂才有其他惠及华社的义举，主要包括华侨义山、养老院、健身院等。

智利的智京中华会馆、苏里南的广义堂都已有超过 120 年的历史，玻利维亚圣克鲁斯两广同乡会、法属圭亚那东莞同乡会都成立于 21 世纪。老社团仍是中流砥柱，新社团亦已能担当重任。不过，在历史发展的过程中，中南美洲也有不少老社团因为种种原因而逐渐分解、重组、消失，或者不对外公开活动了。这种情况在世界上的其他地方也存在。

与中南美洲广东籍华侨华人的来源地相应，当地粤籍华人社团的籍贯地主要集中于珠江三角洲一带，而在东南亚独领风骚的潮汕籍社团在此处并不常见。厄瓜多尔本来有几百名来自潮汕地区的新移民，但他们没有单独组织潮州同乡会，而是加入当地的和平统一促进会或华侨华人总会。

近一二十年，一方面是华人社团与中国的关系进一步密切，一方面是新移民在社团组织方面发挥较大的作用，他们参照国内的一些做法，将之运用到社团的组织架构和运作模式上。例如荷属库拉索华侨会所，原名四邑会所，成立于 1964 年，以"亲爱、互助、团结"为精神，以"共谋华人在库岛之福利"为宗旨。理事会下设：①事务组：设办公室主任，处理中西电子邮件，管理庶务收支数目及其他相关事项。②财政组：设正副财政各一人，管理会所的财务，核实收支。③外事组：负责对外关系及联络当地政界、商界的事务并处理西文及本土文件。④侨务组：处理侨胞（会员及非会员）事务，维系理事会与侨胞感情，强化会所凝聚力。⑤慈善组：募集善款，管理会所"应急基金"。③ 会所规定主席、副主席分管不同工作。

---

① 《广义堂章程大纲》，《南美洲苏里南广义堂百年纪念特刊》，第 52—53 页。
② 丘鸿：《略谈广义堂的经济来源》，《南美洲苏里南广义堂百年纪念特刊》，第 56 页。
③ 《会所章程》，库拉索华侨会所网站，http://www.cccur.com/about.asp? id = 4。

还设有财务办主任、侨务办主任、妇联主任、人力资源主任等，与国内的职员名称差不多，这在以往的社团中极少见到。

经过一百多年的变迁，中南美洲粤籍华人社团中的成员结构也发生了极大的变化。不少社团除了新近吸收的新移民，还有很多是老华侨或华裔。如厄瓜多尔华侨华人总会的副会长、秘书长等骨干人员，都是讲当地语言的华裔。正是有华裔和新移民的持续加入，华人社团才能保持活力，真正活动和服务于当地的华人社会。对于中南美洲粤籍华人社团来说，新移民领导层的崛起是最大的变化。秘鲁特鲁希略中华会馆是一个老会馆，目前的会长是来自广州的新移民。他们甚至通过修改章程，规定只有能讲中文的人才能担任会长，而在特鲁希略能讲中文的都是新移民，那些不懂中文但占会员多数的华裔只能当理事。目前，秘鲁的通惠总局、智利的智京中华会馆这些影响力较大的社团，均由广东新移民担任主席。新移民在中南美洲各国粤籍华人社团中，基本上是位处高层。在一些新成立的社团中，新移民也是挑大梁的。如成立于 2001 年的委内瑞拉全国华侨华人联合总会有 23 个会馆团体会员，分布在全国各个城市，成员祖籍地主要为广东恩平、开平、台山、新会等，现任主席是陈坚辉。[①] 新移民这么全面地接班是在任何其他地区的粤籍华人社团中较罕见的，可以说是中南美洲粤籍华人社团最突出的特点。

第二节　不忘初心，维护侨益

所有华人社团成立的最初动机都是呼应当地华侨华人的某种需要。一百多年来，虽然中南美洲华侨华人所面临的问题、主要需求、所处国内外局势都发生了很大变化，但粤籍华人社团助侨护侨的根本宗旨始终没有改变。

秘鲁中华通惠总局的网站上写着"通中外乐成团体　惠工商义重合群"，这十四个字由该局最根本的宗旨"通商惠工"扩展而来。现保存于秘鲁中华通惠总局内的立于光绪十五年（1889 年）的碑文《创设中华通惠总局记》载："郑公藻如奉命来使秘鲁，驻节之始，谙悉华民至此垂四十年，

---

① 《委内瑞拉华人华侨联合总会新一届委员就职》，网易，http：//news. 163. com/15/0607/22/ARHSL7FN00014JB6_ all. html，2015 年 6 月 7 日。

散处各境，其数六七万计，念非亟筹联络，无以资保卫而兴善良，乃命有众创设中华通惠总局，盖必先合众志而一之，然后一切善举得以次第兴办，意至深远也！"① 当时，清廷驻秘鲁公使郑藻如合众创办中华通惠总局的目的是集众侨之力以自我保卫，并做于侨有益的各种善举。之后，中华通惠总局便按其宗旨办事，如集资将部分华侨遣返故乡。根据记载，在 1909 年，中华通惠总局在广州设立秘鲁华侨安集所，"第一批资遣回国贫老无依华侨七名，一九一一资遣第二批华侨二十一名，一九一六资遣第三批三十六名，一九二三又资遣第四批四十二名，一九二四又资遣第五批四十九名"②，安置老弱无助的老华侨。智利智京中华会馆的前身智利智京亚洲会馆于 1893 年成立。一年之后，就集资在圣地亚哥总公墓购买了第一块华人墓地。③ 1947 年修订的《秘鲁古冈州会馆章程》，其第二条说明"本会馆以联络乡亲，互相援助，促进华侨社会团结，协助祖国建设事业为宗旨"；第四条写明该会馆的任务包括："一、关于联络感情增进知识事项。二、关于调解邑侨间之争执事项。三、关于发给会员需要之一切合法证明书事项。四、关于救济贫病，施赠医药，捐助葬费，救急留医，邑侨身没一时未有亲属负责，以及利便会员吉凶借用地方事项。"④ 1961 年 3 月 5 日由会员大会通过并施行的秘鲁《同升会馆重订章程》规定会馆的宗旨为"以联络桑梓感情，促进侨群团结，及办理公益福利事业"⑤。19 世纪后期到 20 世纪中叶，联络乡亲感情、为华侨办理各种公益福利事业、维护华侨利益，一再成为中南美洲的各粤籍华人社团的宗旨并予以践行。20 世纪后期至 21 世纪，各华人社团的宗旨与具体事项虽随时势相应有所变化，但核心维持不变。

2010 年修订通过《秘鲁中华通惠总局组织章程》，其第三款明确"本局宗旨是办理全体旅秘华侨各种福利事务"，具体内容包括："①提倡教育事业，弘扬中华文化，培育人才；②协助安置贫老无依无靠之华侨住进老人院安度晚年；③协助属下各会馆社团办理公益慈善事业；④参照法律，依法调解华侨中发生的纠纷事件；⑤协助华侨向我使领馆申请发给回国护照

---

① 《创设中华通惠总局记》，《广东华侨史》调研团南美调研材料。

② 《秘鲁华侨安集所》，中华通惠总局编：《秘鲁中华通惠总局与秘鲁华人——秘鲁中华通惠总局成立一百周年纪念特刊（1886—1986）》，1986 年，第 61 页。

③ 智利智京中华会馆 120 年简史编委会编：《智利智京中华会馆 120 年简史（1893—2013）》，2013 年，第 27、28 页。

④ 《秘鲁古冈州会馆章程》，《广东华侨史》调研团南美调研材料。

⑤ 《同升会馆重订章程》，《广东华侨史》调研团南美调研材料。

所需一切证件；⑥维护华侨享受侨居国一切正常利益；⑦协助使领馆保护华侨的生命财产，及办理上述各项所需手续；⑧提高华侨爱国爱乡精神，加强国民外交，增进友邦联系。"① 依据这些事项，近几十年来，中华通惠总局开展了一系列慈善活动并创办福利事业，如开设免费诊所，为贫老华侨华人服务；每逢春节，向贫老华侨华人赠送红包；为新移居的华侨举办西班牙语补习班；为华裔办中文学习班；联合当地医院免费为华侨进行健康检查；创建中文图书馆，免费向侨胞开放借阅；设立律师、会计师免费咨询服务处，加强侨胞对住在国法律的了解，并为他们解决法律上的疑惑和问题；与秘鲁政府有关部门交涉，为侨胞争取平等权利和待遇；协助当地警方维持好民警关系，维持治安；协助和配合中国驻秘大使馆、国内涉侨单位举办各种座谈会、联欢会；接待来自中国的各级访问代表团；组织侨胞为秘鲁和中国捐赠自然灾害救济物资等。总而言之，该局三大信条是："'复畴无私'——努力办好侨事、管理好侨业。'通商惠工'——团结广大华侨、华人，维护侨胞权益，增进中秘友好交往。'义重合群'——共同求发展，和睦相处，维护、发展中秘友谊；爱国爱乡，支持祖国、家乡建设，支持祖国和平统一大业。"②

每个社团的历史、经济实力、社会影响力、与住在国政府部门的联系等方面各有差异，这使得各个社团实际开展的活动种类、规模、覆盖范围等会有差别。可是，联络侨胞感情、维护侨胞正当权益的根本宗旨，是各个华人社团共有的。成立于 1999 年的阿根廷广东同乡会的宗旨便是"联络旅阿广东籍侨胞，相互协助，共同发展"③。华人社团要办得好，关键在于凝聚人心，使侨胞对社团有家的感觉，愿意经常到会所活动，这样，社团必然有活力。中南美洲一些社团在这一方面做得很好。例如委内瑞拉华恋社中华会馆设有青年会、护侨小组、康乐文化部、醒狮协会、篮球协会、象棋协会、乒乓球协会等团体，配有室内大会堂、委员办公室、中文学校、餐馆、图书阅览室、卫生医疗室、律师咨询室及篮球场、乒乓室、台球室、儿童游乐场等。这些服务场所及设施设备绝大部分免费对侨胞开放，深受

---

① 《秘鲁中华通惠总局组织章程》，《广东华侨史》调研团南美调研材料。

② 《总局简介》，秘鲁中华通惠总局网站，http：//www.scbcperu.com/cn/zongjujianjie/。

③ 《阿根廷广东同乡会》，国务院侨务办公室网站，http：//www.gqb.gov.cn/news/2011/1031/24435.shtml，2011 年 10 月 31 日。

侨胞们的欢迎。①

当广东籍华侨华人个人或群体在住在国处于困境或发生危险时，粤籍华人社团便会想方设法采取行动，保护华侨华人的安全，维护他们的正当权益，帮助他们渡过难关。2016 年 12 月 15 日，位于智利首都的多宝餐馆遭遇两位持枪歹徒抢劫，餐馆老板、69 岁的鹤山老华侨罗宝林遭到歹徒枪击，不幸遇难，歹徒抢走柜台内的现金逃逸。罗宝林在智利生活了差不多40 年。事件发生后，智京中华会馆和智利鹤山同乡总会很快行动起来。一方面，第一时间赶赴现场协助家属处理后事；另一方面，针对此事征求侨胞意见之后，决定组织和平集会，为侨胞发声，表达对社会治安的不满，督促警方尽快缉拿凶手，呼吁政府改善治安状况。整个集会在智利智京中华会馆和智利鹤山同乡总会的组织安排和各大侨团的支持下开展，超过1 000 名华侨华人参加。令人赞许的是，此次集会不打国旗、不唱国歌，没有喧哗吵闹，没有叫喊口号，以文明的方式进行，集会结束后侨胞还专门回到集合点，将垃圾捡走。据当地华侨称，这是智利华侨华人史上首次大规模示威集会。而集会中华侨华人展现出的良好形象，在智利社会引起了很大反响。②

组织这次集会时，智利鹤山同乡总会才成立一年余。事后，该会也给予了此次活动较高的自我评价："在'罗宝林遇害'事件中，全力协助中华会馆为维护侨胞的合法权益，严惩凶手，讨回公道的大型和平集会中，充分发挥了极大的作用，取得了良好的效果，并引起了当地政府的高度重视。"③ 除了这次集会，智利鹤山同乡总会在总结其成立两年以来所做的"为侨胞排忧解难"的工作时，还提到了其他事例：黄姓侨胞店铺发生火灾后，该会第一时间派人慰问，并在有条件的担保下给予资金支持，帮助其尽快恢复营业；在杜姓侨胞突发脑卒中期间，该会三位会长立即前往医院探望并发动捐款活动，且在大使馆的帮助下，尽快帮中风侨胞的儿子申请到智利照顾家人。诸如此类的事件还有好几起。用该会会长李红光的话来

---

① 《华恋社中华会馆陈坚辉主席专访——记华恋社中华会馆五十载风雨历程及美好展望》，委国侨报，http：//grupopanda－vzla.blogspot.com/2011/07/blog－post.html。

② 《鹤山老华侨在智利不幸遭劫杀》，网易，http：//news.163.com/16/1227/06/C997ASPU000 18AOP.html，2016 年 12 月 27 日。

③ 李红光：《庆祝智利鹤山同乡总会成立两周年、欢度国庆、贺中秋敬老晚宴》，智利鹤山同乡总会实录微博，https：//weibo.com/ttarticle/p/show?id＝2309040416123155 5541513#_0，2017 年10 月 10 日。

说，是为鹤山人民在智利营造了一个"温暖港湾"。①

以维护侨胞利益为宗旨的粤籍华人社团，不仅仅是为当地的广东乡亲服务，当其他侨胞遭遇困难需要帮助时，这些华人社团也倾力相助。巴西广东同乡总会的网站登载过一个"突发事件"。2015年6月2日晚，中国驻圣保罗总领事馆接到电话，得知有一对广东籍的夫妇从委内瑞拉乘坐土耳其航空公司的飞机回中国，在圣保罗机场等候转机时，丈夫梁先生突然昏迷，被送往医院急救，其妻郑女士不懂英文及葡萄牙语。总领事馆当即将此事告知华助中心和巴西广东同乡总会负责人。广东同乡总会的两位副会长立即奔波于土耳其航空公司办事处和医院之间，与医生进行沟通。当时梁先生必须要动手术，但夫妇俩经济困难，虽在委内瑞拉打工八年，但由于委内瑞拉经济恶化，他们连回中国的机票都需要由中国的亲戚凑钱购买。对此，广东同乡总会召开临时会议，决定发动全体理监事及侨胞募捐。当时该会老会长苏均明说："梁先生虽是委国华侨，但是在圣保罗转机突然患病的，又是我们五邑乡亲，依情依理我们都要援助。"广东同乡总会的侨领纷纷带头捐款。可惜几天后，梁先生不幸去世。之后，广东同乡总会继续帮助郑女士处理梁先生后事，几经波折，经过近十天的努力，终得法院批准，让梁先生的遗体在巴西火化。其间，广东同乡总会还尽力安慰、照顾郑女士，使她逐渐能够接受现实，最终携其丈夫骨灰回广东省开平市赤坎镇沙溪入土。巴西广东同乡总会在报道此事时说："这次事件的发生，不但参与者甚至整个巴西侨胞没有一个人认识梁先生夫妇，素未谋面，只是凭着大家都是中国人、华夏子孙，同音同宗，同是龙的传人，同是海外游子而已。"② 即使是对素未谋面的来自异国的侨胞，粤籍华侨华人也本着社团的宗旨，尽力帮助侨胞。

局势动荡之时，侨胞更加需要华人社团的援助，因为单凭个人之力很难抵挡混乱时局的冲击。2017年，因委内瑞拉政府宣布推迟地方（省）市长换届选举，委内瑞拉陷入两派激斗之中，本已紧张的局势更为动荡不安。从4月中下旬起，因为游行抗议和镇压示威，委内瑞拉各地发生了几十起哄

---

① 李红光：《庆祝智利鹤山同乡总会成立两周年、欢度国庆、贺中秋敬老晚宴》，智利鹤山同乡总会实录微博，https：//weibo.com/ttarticle/p/show? id＝2309404161231555541513#_0，2017年10月10日。

② 巴西广东同乡总会：《一个突发事件始末充分体现巴西侨胞的爱心》，巴西侨网，http：//www.bxqw.com/userlist/hbpd/newshow－36389.html，2015年6月29日。

抢商铺事件，华人商铺自然也未能幸免。对此，委内瑞拉江门五邑青年联合会发出《致委内瑞拉侨胞书》，提供了关于自我防卫的方法供侨胞参考。其中一条意见为"请与各地会馆、青年会的护侨小组保持联络，遇事迅速求救"。该信还写道："委青联合会及各省分会永远是侨胞们温暖的大家庭。在这个大家庭中，大家要同舟共济，守望相助。各省分会的会长、副会长、委员一定要有所担当，并全心全意服务侨胞，努力维护侨胞们的权益。"最后，该信附上了该会总会和各省分会的联系人姓名与联系电话。①

粤籍华人社团在危难之中对侨胞的扶助令受难侨胞极为感激。2017 年 1 月 14 日，网名为"大名鼎鼎"的网友在委内瑞拉新闻网的论坛发了名为"致委京中华会馆众侨领和所有热心人士的一封感谢信"的帖子。帖中称："2016 年 12 月 16 日，对我们 tumeremo、guasipati 及 el callao de estado bolivar 的侨胞而言是一个黑色的星期五，这一天我们遭遇了在委内瑞拉以来最为严重的暴乱哄抢，一夜之间令我们变得一无所有、无家可归，在最艰辛、最彷徨无助之时，是委京中华会馆众侨领和委员及无数热心人士的捐款、捐赠物资、接济和安置，才给了我们安定的喜悦，给我们带来了温暖、希望以及重新有了家的感觉，……在这里，让我们所有的灾民，再一次多谢你们，……还有无偿提供房子住所的委京会馆委员、精英们。……祝委京中华会馆侨领和所有捐款、捐赠物资及关心我们的乡亲侨胞：身体健康……新年快乐！"落款为"……48 位及所有受哄抢的灾民真诚敬上"。② 华人社团和其他侨胞为受灾侨胞雪中送炭，真正展示了中南美洲的粤籍华人社团坚持"百年的助侨护侨、维护侨胞正当权益"的宗旨。

对于华人社团来说，传承中华文化是其重要的使命。中南美洲的粤籍华人社团很多都设有华文学校或者开展中华文化活动。智利智京中华会馆所开设的中文学校已经成为智利重要的华文学校。苏里南中华会馆于 2017 年创办中华梦想艺术学校，为当地培养艺术人才，该校所编导的节目在苏里南春节晚会上及各个表演场所中均获得好评，并应邀到法属圭亚那、荷属库拉索等地演出交流。③

---

① 《委内瑞拉江门五邑青年联合会致委内瑞拉侨胞书》，委国新闻网，http：//www. vennews. com/thread - 60832 - 1 - 1. html，2017 年 4 月 24 日。

② 《致委京中华会馆众侨领和所有热心人士的一封感谢信》，委国新闻网，http：//www. vennews. com/thread - 51036 - 1 - 1. html，2017 年 1 月 14 日。

③ 《苏里南中华会馆简介》，中华日报（苏里南），http：//www. chungfadaily. com/info. asp？id =9221。

第三节 致力构建和谐社会

要有效护侨助侨，维护侨胞的正当权益，华人社团还必须处理好华侨华人与住在国其他族群的关系，遵照当地的法规律令，构建一个内外和谐的社会。

在中南美洲各国，华侨华人属于少数族群，不仅在"二战"以前经常被主流族群或占统治地位的族群排挤、驱赶，20世纪80年代后，还不时因为各种原因而遭其他族群欺压。每每遇到这种情况，粤籍华人社团在保护侨民的同时，也会小心处理华侨华人与其他族群的关系，设法提高华侨华人在住在国的形象和地位，消除其他族群对华侨华人的误解与猜疑。

20世纪90年代，秘鲁与厄瓜多尔边境发生纠纷，厄瓜多尔民间传说秘鲁执政者是华裔，于是对华侨华人产生歧视。对此，以广东籍华侨华人为主的厄瓜多尔威奴埠中华慈善会（也称"克维多中华慈善会"）向该埠全体侨胞发出一份《紧急通告》，称："我等身居此地，应知环境形成，大家务其维护厄国政体，热心乐捐款助，为主动奉献之侨民，俾得讹解谣传疑听之议。侨为居安思危之远见，切莫袖手旁观。兹定于本月十日（星期五）晚上九时，本会立即召集'中厄联谊会'和'妇女会'及各界侨胞，举行临时紧急会议，出动捐款（乐捐者之姓名及款额登报诸知），并将所筹之款全部交给政府，作为响应善举。然后定期招待记①，宣布我侨之身份，澄清国籍，以免鱼目混珠，晓谕厄国人民，知之该国（秘鲁）执政者是日本后裔为要。希望各侨是晓，前来参加会议，寻求至善之策。"② 在厄秘冲突中，因为秘鲁总统长得像华人，而使厄瓜多尔的华侨华人无辜遭受池鱼之殃。但身处其地，又是少数族群，华侨华人只能主动采取温和而适当的行动，攻破谣言，并显示华侨华人为厄瓜多尔所能作出的贡献，说明华侨华人是厄瓜多尔内部的成员，他们与厄瓜多尔的其他族群一道站在厄瓜多尔的立场而非对立方的立场来看待这场与他国之间的冲突。

华侨华人要真正在住在国安居，必须有一个良好的族群形象，这也是当地的粤籍华人社团极为注重之事。即如厄瓜多尔威奴埠中华慈善会，以

---

① 此处应漏了一个"者"字。
② 马文彬、黄力旋：《紧急通告》，《广东华侨史》调研团南美调研材料。

"慈善"为名，他们帮助的对象不仅是华侨华人，还有当地人。2016年4月16日，厄瓜多尔发生7.8级地震，造成上万人死伤和失踪。地震发生后，中华慈善会以团体名义，其中部分侨领、会员也以个人名义向灾区捐助不少钱与物资。对此，克维多的老华侨、原厄瓜多尔威奴埠中华慈善会副会长方裕能说："这是应该的，我们在别人的地方揾食（谋生）嘛。"这种"滴水之恩、涌泉相报"的行为，也为华侨华人个人和社团在当地赢得了肯定和赞誉，方裕能先生称还有当地人鼓励他去竞选市长。①

不仅在受灾时，即使在平时，粤籍华人社团也会组织人员帮助其他族群的贫困民众，促进华侨华人与其他族群的接触与交流。2016年圣诞节前，巴西里约州广东同乡总会会长、江门五邑青年联合会执行会长和十多位理监事，进入市郊的苯菲卡贫民区，向当地贫困户发放价值近2万巴币的基本生活食品篮，内有大米、面粉、褐豆及调料等，用这种方式开展圣诞节的慈善救济慰问活动。据报道，当地居民管理委员会主席说，这是这么多年以来第一次有中国的侨民到这个居民区奉献爱心。而当地贫困居民得知此消息，也早早到管理会办公室排队领取物资。② 具有社会责任感的华人社团形象便在一次次类似的活动中树立起来，华侨华人与其他族群的和谐关系也由此得以推进。

2017年11月，智利鹤山同乡总会会长李红光向智利的鹤山籍华侨华人发出倡议书。这是针对智利每年12月份举办的一个全国性的27小时连轴转动的大型慈善公益活动Teleton发出的。倡议书写道："这项活动，上至国家总统，下到平民百姓，可以说是全体总动员，通过各种形式进行爱心传递正能量。我们从遥远的祖（籍）国来到智利，智利的政府和人民给予了我们极大的善意和包容，令我们在安居乐业的同时，生活环境也得到了改善，并获得令人满意的发展空间。中华民族是一个文明古国，广大侨胞更是一群懂得感恩的善长仁翁。智利人民给了我们幸福的生活，现在智利当地还有很多需要帮助和关怀的残疾人士。我相信智利大部分侨胞也是为善不甘人后，也会通过到银行存款的方式表达自己的支持。……目前，同乡总会联合会馆等华人社团组织开展广泛的募捐活动，寻求广大侨胞的响应和支持，通过统一汇总，将善款送达Teleton组委会手中，力争在电视上播放华

---

① 对方裕能先生的访谈，参见《广东华侨史》调研团南美调研材料。
② 《华人走进巴西贫民窟发放圣诞救济品受欢迎》，巴西侨网，http://www.bxqw.com/userlist/hbpd/newshow-44515.html，2016年12月11日。

人社团代表递交善款的画面，以宣传及提高我们华人在智利的正面形象。在此，我们鹤山同乡总会理事会发出呼吁，希望广大侨胞积极响应号召，向有需要的残疾人士伸出援助之手，向智利人民展示自己良好的精神风貌。募捐的形式可以采取先认捐数额，在稍后的时间里再汇款到一个指定的银行账户中。我们会统一公布善心人士的名字及数额，以资表彰他们的善举。全体鹤山侨胞团结起来，为打造鹤山人的新形象而贡献自己的一分力量。赠人玫瑰，手留余香！"[1] 整份倡议书，有倡议，有提醒，有鼓励，还有敦促：华侨华人不应把自己隔离在全国性的大型慈善活动之外。华侨华人在智利生活，无论是作为智利的社会成员，还是作为暂时侨居当地的民众，华侨华人都有义务回报智利社会，与智利的主流社会一道支持残疾人士。从这封倡议书来看，华人社团已经善于利用此类全国公益活动来为华人族群做宣传。在类似的公益活动中，粤籍华人社团一方面引导成员参与活动，在共同参与活动的过程中，模糊华侨华人与其他族群的边界，强调华侨华人与其他族群作为同一社会的成员在住在国的共同性；另一方面又强调参与这些活动对提升华侨华人的正面形象的重要性，突出华侨华人与其他族群的边界，寓指作为少数族群和正在由他国陆续迁来的族群，华侨华人更需参与此类活动以形成善良、仁爱、积极融入主流社会、富有社会责任感的正面形象。从根本上说，还是为华侨华人在住在国的生活营造更为有利的环境，这与粤籍华人社团助侨护侨的宗旨也是一致的。

第四节　维护发展与中国的友好关系

海外华人社团一般会与中国保持一定程度的联系，这种联系可能以民间互动的方式表现，也可能以获得中国官方的正式授权与认可的形式体现。可能基于与中国的原生性情感，如血缘、宗亲、同乡之谊，也可能因为共同的利益基础，如商业贸易，两者间的这种联系在历史上久已存在，而联系的根基便是共通的血脉与被华侨华人内化了的中华文化。

为了维持族群特征和凝聚力，百余年来，粤籍华人社团始终坚持庆祝

---

[1] 李红光：《智利2017Teleton智利鹤山同乡总会会长李红光发出的倡议书》，智利鹤山同乡总会实录微博，https：//weibo.com/ttarticle/p/show？id＝2309404170255743216988#_0，2017年11月4日。

或纪念中国传统节日，举行一系列的仪式与活动，既继承与传播了中华文化，亦给予了华侨华人文化心理上的归属感。

在世界各地，多数华人社团依然会按照中国风俗，在每年当地的亡灵节举行扫墓祭拜仪式。中南美洲的粤籍华人社团亦不例外。厄瓜多尔威奴埠中华慈善会于1994年10月29日发出一份公告，称："一年一度清明扫墓之期将届，本会奉行中国古礼，兹定于本年十一月三日上午十时正，率领本埠侨胞，前往中华义庄，举行公祭先侨。……"① 虽然该会举行扫墓仪式的日期没有按照中国的二十四节气而定，但其祭拜仪式，尤其是祭文，完全体现了清明节悼念先祖、慎终追远的核心意义。与上述公告一道保存下来的还有扫墓当日所用的祭文，其中写道："威奴埠中华慈善会一年一度扫墓之期，本埠乡亲前来中华义庄，谨具鲜花、香烛、金猪、美酒，虔诚奉献故侨坟前举行公祭。全体肃立凭吊英灵，谏而祭文，词曰：节届清明，吉日良辰。慎终思远，拜祭隆情。远道来游，背井离亲。寻求美景，惨淡经营。君而不幸，误入幽冥。长眠异域，夫复无言，本会同等，宣告：尔等亡灵，莫恋番邦美梦，空幻难成，祈祷阴魂，早飞中土，千里归宗，团聚家人。伏惟尚飨。"② 20世纪90年代，离那些为寻"美景"而背井离乡、苦苦谋生于他国，却又终日期盼落叶归根的华侨华人生存的年代也已久远。体现了中华传统文化精神、家庭意识、生死观念的祭文，不仅安抚了逝者之魂，也再次向参加仪式的后辈讲述了先侨们不可忘也不应忘的充满艰辛的移民故事，并告诉后人他们与中国之间的密切联系，这种联系是天然的，是由他们的祖先传承下来的——祖先们纵使逝于异邦，灵魂也终是要回归故土的，中国才是他们最终的归宿。正是因为华侨华人与祖（籍）国之间的这种联系，无数华侨华人及其后代从海外走向中国，走进他们的祖籍地，去寻找他们的"根"，中南美洲的粤籍华人社团也根据华侨华人的这种需求，为他们组织、安排各种寻根之旅。如2018年1月5日，由秘鲁华助中心、秘鲁中华通惠总局组织的有46名华裔青少年参加的"江门寻根"冬令营在广东省江门市的五邑大学开营，整个寻根之旅持续了11天。③

除了文化上的联系，中南美洲粤籍华人社团与中国也存在政治上和行

---

① 马文彬、黄力旋：《公告》，《广东华侨史》调研团南美调研材料。
② 《中华慈善会一九九四年十一月三日上午十时祭文》，《广东华侨史》调研团南美调研材料。
③ 《秘鲁华裔青少年开启"江门寻根"之旅》，秘鲁中华通惠总局网站，http：//www.scbcpe-ru.com/cn/huazhuzhongxin/1015.html，2018年1月16日。

政上的联系。秘鲁利马的中山隆镇隆善社内保存有一份《备案证书》，证书中写明社团情况：旅秘鲁中山隆镇隆善社；所在地址：秘京利马；当前负责人：常务理事缪华炳、萧万援、黄秀林。正文写着："右侨民团体经于五十二年十月呈报备案，核与法定手续相符，特给予备案证书，以昭核实此证。"落款为"侨务委员会委员长"。① 当时秘鲁和中华人民共和国尚未建交，在秘鲁的华人社团的备案证书仍由台湾当局发出。而这是对更早时期的中国政府对海外华人社团的管理手续的延续。以前，海外华人社团经清政府或中华民国政府批准、授权，具有在行政上管理海外侨民的权力，如为海外侨胞乘船回乡出具证明，为侨胞出具各类身份证明，对违背社团规定的侨胞处以具有行政权力的处罚等。如秘鲁古冈州会馆现存有一份新会籍华侨李祐于 1945 年 6 月 14 日写给古冈州会馆的信函，函中请求古冈州会馆为他出具证明，以确认他和胞弟李煜南之间的兄弟关系。李祐和李煜南于此前四十年前便到了秘鲁，共同经商。1944 年 5 月，李煜南因病身故。"兹为法律上问题起见"，李祐向古冈州会馆发出了此函。② 因此，在清政府、中华民国政府管理时期，包括中南美洲的粤籍华人社团在内的海外华人社团与中国政府具有法理上的管理与被管理的关系，彼此的联系自然紧密。

随着中南美洲国家相继与中华人民共和国建立外交关系，中南美洲各国的华人社团内部和社团之间也发生分化，绝大多数华人社团倾向于支持中华人民共和国，与中华人民共和国建立联系，其与中国的政治关系也相应发生变化，由管理性的关系向支持性的关系转变。这种支持，既包括中国的政府机构和民间社团对华人社团的支持，也包括华人社团对中国政府和民间的支持。

近年来，在中国民间组织的支持下，一些着眼于加强当地华侨华人与中国和世界各地华侨华人中的相应群体联系的组织在世界各地包括中南美洲逐渐成立。如巴西广东商会是向巴西政府注册并在广东省贸促会和广东国际商会的指导和支持下，由巴西、中国广东省以及其他地区的经贸界人士，企业法人团体等组成，其秉承"服务家乡建设，服务侨胞经济发展，服务工商企业开拓巴西市场"的宗旨，为巴西和广东省搭建友好交往和商贸交流的平台。依据巴西的法律和国际贸易的法规，积极开展会务，团结

---

① 《备案证书》，参见《广东华侨史》调研团南美调研材料。
② 李祐给利马古冈州会馆执行委员会的信函，参见《广东华侨史》调研团南美调研材料。

发展会员并提供相关服务，配合广东经济转型升级，为广东企业开拓巴西市场，宣传广东的招商引商政策，开展招商引资工作，促进巴西和广东之间的经贸合作交流活动。① 成立于 2013 年底的巴西广东商会其实是广东国际商会为了"拓展国内外市场，延伸服务网络，帮助企业抱团出海"而设置的 11 个境外广东商会之一。② 应该说，它的成立既是为了满足中国经济走向世界和广东企业开拓巴西市场的需要，也是为在巴西的一批有文化且富有开拓精神的广东籍年轻人牵线搭桥，使他们在中巴经贸交流与合作中能够寻找到适合事业发展的商机。③ 另外，近年来，多个有江门五邑籍华侨华人聚居的国家成立了江门五邑青年联合会，中南美洲的国家也不例外，巴西、委内瑞拉、秘鲁都有江门五邑青年联合会，智利江门五邑青年联合会也在筹备成立。据新闻报道称，江门市委常委、统战部部长易中强在 2017 年 8 月率队访问秘鲁期间，与智利江门五邑籍青年精英座谈交流，就筹备成立智利江门五邑青年联合会提出了建议：一是"江门大力支持成立智利江门五邑青年联合会，并会提供帮助"；二是"希望智利江门五邑青年联合会成立过程中，争取智利五邑各社团的支持，共同参与"；三是"搭建侨青服务平台，明确为侨服务。希望智利江门五邑青年联合会能够广泛吸纳各类人才，通过世青会这个平台促进交流，寻找商机，相互提高，共同发展"。④ 实际上，各国江门五邑青年联合会是世界江门青年大会在境外的联络分会。世界江门青年大会的宗旨是"加强世界各地青年的交流与合作，增进亲情乡谊，汇聚力量，展现活力，合作共赢，促进江门市社会经济和海外青年事业的发展"。⑤ 这些由中国民间组织支持和推动成立的粤籍华人社团，在当地注册成立，由其宗旨可知，协助促进中国经济发展，实现中国方面的利益是它们的重要目标，实现住在国与中国的共赢发展则是其终极目标。

更常见的是，每当中南美洲的粤籍华人社团举行重大活动，受到邀请

---

① 《巴西广东商会》，广东国际商会网站，http：//www. gdefair. com/gcoic/overseas. asp？ArticleID = 467。

② 《广东国际商会简介》，广东国际商会网站，http：//www. gdefair. com/gcoic/aboutgcic. asp。

③ 《专访巴西广东同乡会广东商会会长苏梓佑》，巴西侨网，http：//hbpd. bxqw. net/userlist/hbpd/newshow - 30356. html，2014 年 2 月 23 日。

④ 《大力支持成立智利江门五邑青年联合会》，中国江门网，http：//dzb. jmrb. com：8080/jmrb/html/2017 - 08/22/content_492395. html，2017 年 8 月 22 日。

⑤ 《成立背景》，世界江门青年大会网站，http：//www. jmwyc. com/newsShow. asp？dataID = 1，2014 年 8 月 4 日。

的中国驻当地的使领馆通常会派代表出席活动。如 2016 年 9 月 15 日，驻圣克鲁斯总领事欧箭虹出席了玻利维亚圣克鲁斯两广同乡会举行的中秋联欢会；① 2017 年 1 月 27 日，欧箭虹又再次应邀出席该社会的春节联欢会暨新老会长换届仪式。② 2009 年 12 月 6 日，驻苏里南大使袁南生夫妇应邀出席法属圭亚那东莞同乡会成立暨第 1 届理事会就职仪式。③ 2011 年 2 月 27 日，中国驻伊基克总领事韩莉应邀出席智利华裔社团青年会举办的茶话会。青年会创立于 1943 年，会员多为第二代旅智广东华侨的后裔，当年的青年如今已成耄耋老人，第二代旅智广东华侨唯一健在者是当时已 102 岁高龄的胡里奥·冯。根据报道，社团会员和中国总领事都作了相互肯定和赞许的发言。社团会员表示，现在华侨华人在智利受尊重，要感谢中国政府和中国的发展，因为这让他们感受到了尊严和自豪。他们关注中国的发展，因为他们在当地的社会地位随着中国国力的增强和中国在国际上的影响力的加大而提高。韩莉总领事则表示，青年会代表着一种永远年轻的精神，欢迎老会员访问中国，亲眼见证一个不断发展的、强大的中国。④ 粤籍华人社团访问领事馆，通常会受到领事馆的热情接待。2017 年 7 月 7 日，巴西广东同乡总会第 12 届领导班子成立，社团代表在永久名誉会长苏均亮和几位创会元老的带领下访问中国驻圣保罗总领馆，受到了副总领事和侨务领事的热情接待。⑤ 给予广东籍华侨华人切实帮助和支持中国政府开展侨务工作的粤籍华人社团到中国访问，亦会受到相应的侨务部门的接待。2014 年 1 月 10 日，智利智京中华会馆的主席、副主席和青年团团长一行 3 人访问广东省侨办。智京中华会馆主席胡金维表示，广东省侨办没有忘记离中国万里之遥的智利华侨华人，还派出中医团到当地慰问侨办。此次智京中华会馆组团访问广东省侨办，也是响应编修《广东华侨史》的号召，带来智利华

---

① 《驻圣克鲁斯总领事欧箭虹出席两广同乡会的中秋晚会》，中华人民共和国外交部网站，http：//www. fmprc. gov. cn/web/zwbd_673032/jghd_673046/t1398128. shtml，2016 年 9 月 17 日。

② 《驻圣克鲁斯总领事欧箭虹出席两广同乡会春节联欢会暨新老会长换届仪式》，中华人民共和国外交部网站，http：//www. fmprc. gov. cn/web/wjdt_674879/zwbd_674895/t1434797. shtml，2017 年 1 月 29 日。

③ 《驻苏里南大使袁南生出席法圭东莞同乡会成立仪式》，中华人民共和国驻苏里南共和国大使馆网站，http：//sr. china‐embassy. org/chn/sbgxyw/t632334. html，2009 年 12 月 9 日。

④ 《智利华裔社团青年会举办茶话会　中领事应邀出席》，中国新闻网，http：//www. chinanews. com/hr/2011/03‐02/2878545. shtml，2011 年 3 月 2 日。

⑤ 《巴西广东同乡总会新班子拜访圣保罗总领馆》，巴西侨网，http：//www. bxqw. com/userlist/hbpd/newshow‐45012. html，2017 年 7 月 10 日。

侨华人的历史书籍，希望智京中华会馆能与广东省侨办继续保持紧密的联系。① 双方对彼此的工作都给予了支持。2016 年，阿根廷广东广西华侨商会广州联络处在广州成立，目的在于促进阿根廷与中国广东、广西地区经济、文化、科技等的合作和交流，得到了广州市各级涉侨单位的支持。②

接待从中国来访的官方或民间团体，是当今中南美洲粤籍华人社团的工作之一。2016 年 7 月 20 日，广东省侨办访问团参观智利智京中华会馆，双方成员进行了座谈交流。③ 2012 年 8 月 9 日，阿根廷广东同乡联谊会和阿根廷华侨华人联合总会在阿根廷福清会馆组织座谈会及侨宴，欢迎广东省侨务政策宣介团一行。宣介团在此次活动中向与会侨领介绍广东侨务政策的框架体系、主要内容以及工作实践情况，目的在于密切与阿根廷侨界的联系交往与合作，维护旅阿侨胞在广东省的各项合法权益，完善广东侨务政策。④ 2017 年 7 月 17 日，阿根廷广东商会举办活动，欢迎中国法学专家代表团访问阿根廷，随团专家向与会华商讲解中国商法，敦促华商合法经营，树立华商合法形象。参加欢迎会的除了阿根廷部分华人社团的侨领、广东华商会的会员，还有中资企业代表和部分旅阿华商。⑤ 再如 2016 年 11—12 月，《广东华侨史》调研团到秘鲁、智利、厄瓜多尔三国进行调研，搜集资料，得到了多个粤籍华人社团的热情接待和鼎力支持。他们不仅向调研团提供社团的历史材料，还为调研团做向导，帮调研团进行各种联络、安排。中南美洲的粤籍华人社团对到访的中国组织，往往给予相应的接待与帮助。这些接待与帮助的确密切了粤籍华人社团与中国的联系，在某种程度上提高了这些社团在当地华人社会中的地位，并为社团成员在住在国的生存或他们在中国的发展提供了种种资源。更应看到的是，中国的相关组织若没有这些社团给予的支持和帮助，它们在住在国开展工作会困难得多，甚至寸步难行。众多粤籍华人社团利用本组织在当地积累多年的人脉、

---

① 《智利智京中华会馆组团访粤》，中国新闻网，http：//www. chinanews. com/zgqj/2014/01 –10/5724121. shtml，2014 年 1 月 10 日。

② 《阿根廷广东广西华侨商会举办广州联络处成立仪式》，广州市情网，http：//www. gzsd-fz. org. cn/xyzc/qt/shl/201607/t20160729_50779. html，2016 年 7 月 29 日。

③ 《蔡伟生率团访问智利 冀智京中华会馆更好服务侨胞》，广东侨网，http：//www. qb. gd. gov. cn/news2010/201607/t20160727_784034. html，2016 年 7 月 27 日。

④ 李健：《广东侨务政策宣介团到访阿根廷受到热烈欢迎》，广东侨网，http：//www. qb. gd. gov. cn/news2010/201208/t20120813_307250. html，2012 年 8 月 13 日。

⑤ 柳军：《中国法学专家团访问阿根廷 敦促华人合法经商》，中国侨网，https：//www. chi-naqw. com/hqhr/2017/07 – 19/153654. shtml，2017 年 7 月 19 日。

社会资源，为中国组织和机构进入当地开展工作牵线搭桥，为其提供各种便利与条件，即使是中国的官方机构，往往也要借力于这些社团。因此，众多粤籍华人社团与中国之间的关系是互惠，而非单向性受惠。

除了相互间的访问、参会、接待，中国的侨务部门近年来还通过更新侨务服务的形式，为粤籍华人社团和华侨华人社会提供支持。2014年9月29日，国务院侨务办公室主任裘援平在北京为首批18家华助中心揭牌。华助中心的全称是"海外华侨华人互助中心"，由中国驻外使领馆推荐，经国务院侨务办公室遴选、审核，最后会同有关海外华人社团建立。华助中心是"本着依靠侨、服务侨、为了侨的原则，积极开展敬老、扶弱、助残、救急等活动，增强侨胞生存发展能力，反应侨胞诉求，维护侨胞合法权益等，充分发挥融入、帮扶与关爱职能，惠及侨民，回馈当地，推进海外和谐侨社建设"。首批"华助中心"设立在南美洲的就有巴西华人协会、秘鲁中华通惠总局、苏里南广义堂。① 这些华助中心已开始运作，如圣保罗华助中心已举办过四期免费的基础葡萄牙语培训班，学员在培训班中进行为期两个月的基础葡萄牙语课程学习，这是为侨胞掌握葡语、融入住在国的生活提供帮助。② 为加强华社安全，巴西的华助中心还举办警民联合治安委员会讲座，邀请巴西军警上校主讲，由他介绍警民联合治安委员会 CONSEG 这个由警察相关部门直接领导的由警察、消防、社区代表等组成的民间治安联防机构的情况，并欢迎华侨华人加入到各区的 CONSEG 中，因为这会对巴西社会和华人群体发挥非常好的作用。③ 包括粤籍华人社团在内的各个华人社团和华人社会都可以受益。同时，华助中心的运作不只是依靠国内侨务部门的支持，实际是要整合华人社区的资源与力量，所以尽管它们主要依托于全侨性的华人社团，粤籍华人社团亦以不同的形式参与其中。

粤籍华人社团对中国的支持也是多样化的。当国际上出现分裂中国的声音时，华人社团往往会发声反对，在海外给予中国主权统一的支持。2008年3月21日，秘鲁中华通惠总局发出一则严正声明，控诉"藏独"分裂势力向中国政府施压，干扰北京奥运会，破坏中国社会安定和谐。声明列举

---

① 《国侨办为首批18家"海外华侨华人互助中心"揭牌》，中国新闻网，http://www.chinanews.com/hr/2014/09–29/6643076.shtml，2014年9月29日。

② 《圣保罗华助中心第四期免费葡语班圆满结业》，巴西华人协会网站，http://hbpd.bxqw.net/userlist/huaren/newshow–45104.html，2017年8月29日。

③ 《华协华助中心举办警民联合治安委员会讲座》，巴西华人协会网站，http://hbpd.bxqw.net/userlist/huaren/newshow–38091.html，2015年12月2日。

了"藏独"分子在中国驻多伦多总领馆、中国驻温哥华总领馆、中国驻荷兰使馆、中国驻慕尼黑总领馆进行示威和暴力犯罪活动，以及在秘鲁的报纸上呼吁抵制北京奥运会的事例，并对那些"反华小丑"进行严厉的指控。声明中写道："我们秘鲁侨胞表示义愤填膺，责无旁贷地声讨国际上那些'反华'势力的罪恶行径。中华通惠总局早在 2006 年期间就代表了秘鲁侨胞向祖国的奥运筹委会筹建的'水立方'体育场馆捐出了一份小小的心意，体现了我侨支持北京奥运、支持祖国人民和政府办好奥运的决心。……中华民族崛起之时，就是我炎黄子孙吐气扬眉之日，'反华小丑'们跳出来的拙劣表演充其量就是'螳臂当车''蚂蚁撼树'之举，丝毫无损我中华民族奋发图强、建立安定和谐社会和祖国统一的发展大势。"声明最后以一首七言诗结尾："北京奥运扬国威，跳梁小丑汗流背。伺机干扰大潮流，难挡中华续腾飞！"① 声明中反对分裂中国、坚决支持中国举办奥运会的立场极为坚定。这是与广东籍华侨华人相关的社团对中国的有力的政治支持。南美洲的粤籍华人社团还以举办纪念活动的形式对中国在某些历史和政治问题上的立场给予支持。中国人民抗日战争胜利 70 周年时，不少国家的华侨华人都举办了庆祝活动，如哥伦比亚的巴兰基亚中华总会馆、卡塔赫纳中华会馆、圣玛尔塔中华会馆三个社团联合举办座谈会，纪念中国人民抗日战争暨世界反法西斯战争胜利 70 周年。② 这三个地方的侨胞在抗日战争时期便以广东籍侨胞为主，积极捐款援助抗战。由阿根廷华侨华人联合总会发起，包括阿根廷广东同乡联谊总会、阿根廷广东广西商会、阿根廷广东广西联谊总会在内的旅阿全侨各社团共同参与了纪念中国人民抗日战争暨世界反法西斯战争胜利 70 周年活动。阿根廷的纪念活动规模宏大，仪式庄严。③ 而委京中华会馆则于 2016 年中国国庆节前夕，举办了有 600 多人参加的迎国庆晚会。委京中华会馆主席在活动致辞中表示，举办迎国庆晚会的目的是"让海外的乡亲不忘祖国，即使身在他乡也要时刻心系祖国"。④ 在

---

① 秘鲁中华通惠总局理监事会：《秘鲁中华通惠总局严正声明》，中华人民共和国驻秘鲁共和国大使馆网站，http：//www.fmprc.gov.cn/ce/cepe/chn/xwss/t417933.html，2008 年 3 月 24 日。

② 《哥伦比亚加勒比地区侨界联合举办座谈会纪念中国人民抗日战争暨世界反法西斯战争胜利 70 周年》，中华人民共和国外交部网站，http：//www.fmprc.gov.cn/web/zwbd_673032/jghd_673046/t1300671.shtml，2015 年 9 月 25 日。

③ 《阿根廷华侨华人纪念中国人民抗日战争胜利 70 周年》，福建侨网，http：//www.fjqw.gov.cn/xxgk/qwdt/sjdt/201505/t20150522_163220.html，2015 年 5 月 22 日。

④ 《600 多人参加委京中华会馆迎国庆晚会》，世界华声，http：//news.cri.cn/gb/39455/2016/09/29/5971s5226835.html，2016 年 9 月 29 日。

住在国举办规模不小的庆祝祖（籍）国国庆节的活动，这固然是华侨华人在中国强大之后强烈的自豪感的体现，也表明了他们在海外对中国的一种有力的政治支持。

粤籍华人社团对中国的支持，还常以经济资助的形式体现。2013 年 8 月 16 日，潮汕地区遭遇了 50 年来最大的暴雨，很多民众被困在家中，断水断粮。对此，巴西（南美）潮汕总商会募集了矿泉水、方便面、大米、食用油等，组织运送到灾区。当时市面上物资匮乏，运送又不方便，巴西（南美）潮汕总商会当时分处美国、巴西、中国等国家的会员群策群力，几经周折，终于购得两批救灾物资，及时送到了灾区。该商会还特意给每辆运送物资的卡车贴上红色横幅"巴西（南美）潮汕总商会支援家乡亲人抗灾"；给每箱食物贴上纸条"2 万公里的亲情！2 万公里的感动！巴西（南美）潮汕总商会拥抱你"。① 这是粤籍华人社团跨越大洋、从南半球到北半球、对家乡的切实支助和拳拳心意的表达。2017 年 8 月 23 日，强台风"天鸽"正面袭击广东，台山市受灾极为严重。为此，巴西江门五邑青年联合会开展"台风'天鸽'灾区重建家园爱心捐款活动"，29 位会员捐出了自己的一份爱心。② 中南美洲的粤籍华人社团不仅在住在国想方设法为中国解难，还直接在家乡对需要帮助的民众进行扶助。2018 年 2 月 6 日，正值春节前夕，委内瑞拉江门五邑青年联合会和委京中华会馆开展"敬老济困齐出力，委青委京献爱心"慰问活动，向恩平市东成镇、恩城街道办的困难归侨侨眷赠送慰问金和慰问品。③ 这种活动得到恩平市外事侨务局和恩平市侨联的支持，当地政府和媒体也赞赏有加。目前中南美洲的粤籍华人社团对中国的经济与物资的资助主要是针对灾民和贫困民众，他们的资助数额或许不是十分巨大，却显示了他们对中国的关心、友好、责任与奉献。这些粤籍华人社团对中国的支持秉承了一向的优良传统，亦基于他们对中国深厚的感情。

随着世界经济的发展和中国对外贸易体系的不断扩大，中南美洲的粤

---

① 林建国：《二万公里的亲情和感动——潮汕赈灾记》，巴西侨网，http：//hbpd. bxqw. net/userlist/hbpd/newshow－27801. html，2013 年 9 月 6 日。

② 《巴西江门五邑青年联合会为台山灾区捐款》，巴西侨网，http：//www. bxqw. com/userlist/hbpd/newshow－45163. html，2017 年 9 月 22 日。

③ 《委内瑞拉江门五邑青年联合会、委京中华会馆开展 2018 年新春慰侨活动》，中共恩平市委、恩平市人民政府网站，http：//www. enping. gov. cn/zwdt/xxsd/201802/t20180209＿878998. html，2018 年 2 月 9 日。

籍华人社团与中国合作互助的领域亦越来越广。前述的各类广东籍华侨华人商会的成立，以及中国政府部门和民间组织与广东籍华侨华人团体之间的商业性来往，是一类例证。此外，如巴西广州企业家协会安排 Antônio Fernando Dourado Delgado 到广州开展足球课，[①] 便是另一种形式的商业合作。

目前中南美洲的粤籍华人社团与中国关系良好，这既有历史积淀的基础，亦有现实形势的需要。

结　语

中南美洲粤籍华人社团的发展趋势可概括为以下几点：

第一，地缘性社团持续增加，业缘性社团逐渐发展。在中南美洲，以"广东"或广东省内的地域冠名的地缘性社团仍不断出现，如东莞同乡会、江门五邑青年联合会、鹤山同乡会等。即使到了当代，由某些或某一批成功的移民范例拉动或带动原籍地的其他民众迁往同一个住在国的传统迁移模式仍是国际移民的主要模式之一，因而广东省内同一地域的民众集中迁往同一个国家或同一个地区的现象依然极为常见，如恩平人移入委内瑞拉，花都人迁入巴拿马，鹤山人迁入智利，东莞人则迁入苏里南。移民人口的持续增加，使得秉持"同乡互助"观念的地缘性社团的数量也持续增加。与此同时，业缘性社团也有所发展。中南美洲广东华侨华人创办的业缘性社团并不多，种类也很单一，最突出的便是商会。而这与广东华侨华人在中南美洲主要从事的行业，以及广东经济发展迅速、对外贸易需求加大直接相关。根据世界经济发展的趋势，广东籍华侨华人在中南美洲创办的商会数量会继续增加，而其在当地社会的影响力则由其在住在国与中国的经济交往中所发挥的作用决定。

第二，中南美洲粤籍华人社团与中国的联系愈发密切，交流愈加频繁，双方互助合作的力度更大。中南美洲的多数国家与中国建立了外交关系，它们与中国的关系均比较友好，各国没有明显的"反华"情绪，这解除了当地的广东籍华侨华人与中国发展友好关系的后顾之忧。在建设"一带一

---

① 《巴西广州企业家协会成功运作巴西足球教练到广州任教》，南美侨报网，http：//wap. br－cn. com/news/qs_news/20180129/101772. html，2018 年 1 月 29 日。

路"的背景之下，中国的对外投资和贸易继续增加，中国与中南美洲的合作向深、宽两个维度拓展也成必然。粤籍华人社团作为联系中国与住在国的中介，可以动员与整合双边的资源，促进双边进出口贸易的发展。这也是广东省内相关地区的各级侨务部门与机构，乃至地方政府与中南美洲的粤籍华人社团不断互访并探索不同的合作方式的原因。而中国国力的发展，成为中南美洲的广东籍华侨华人得以维护自身在当地权益的一个重要保障。近年来，中南美洲的广东籍华侨华人并没有形成以参与住在国政治为导向的社团，却形成了以参与祖（籍）国的政治活动和经济活动为主旨的多个社团，而且这类社团还在不断增加和发展。而此类社团的可持续发展，则是建立在同时有利于住在国和中国发展的基础之上的。

第三，社团的事务更为公开化、程序化，符合当地法律的要求。在中南美洲各国的华侨华人论坛中，不难看到有网民对某些社团的作用、财政收支等存在质疑。无论是在中国还是在住在国出生，当代华侨华人的民主意识和法制观念均越来越强，华人社团要合法存在并得到相应的华侨华人群体的支持，必须要让社团事务公开透明并依规矩而行。因而越来越多的粤籍华人社团通过官网、微博、论坛等平台向公众报告社务和近况。这是大势所趋，尽管现在有些粤籍华人社团因为人手不足、经济有限等原因而在这一方面尚有不足。

第四，中南美洲的粤籍华人社团与住在国的其他华侨华人组织，以及与其他国家和地区的华侨华人组织的联系增多，各社团之间的整合逐渐增强。中南美洲部分国家的老的全侨性社团，还是以广东人为主，因而近年来，来自中国其他地区的移民逐渐建立了自己的地域性社团。即便如此，新老社团、各个地域性社团之间的联系仍在逐渐增多。各种社团不时联手组织华人社区的大型活动，如庆祝春节和中秋节，纪念抗日战争胜利等。在华侨华人人数本来就不多的中南美洲，华人社团之间的隔离不利于整个华人社会的和谐发展。同时，随着全球贸易体系的不断深化，各国之间的经济联系越来越紧密。这必然促使中南美洲的粤籍华人社团，尤其是商业组织，加强与其他国家的华侨华人组织的联系，让社团成员从全球经济贸易中获益。而由中国主导和支持建立的一些全球性的华侨华人组织，更直接地为中南美洲的粤籍华人社团突破国家与区域界限，深入地参与到全球性的华侨华人人口、资金、商品和技术的交流与整合之中，创造了机会。

第六章

老树新芽

欧洲粤籍华人社团

尤云弟

浙江大学马克思主义学院

近代以来，广东省以较快的速度发展成为中国最著名的华侨大省。历史上，广东向海外移民的高峰出现在清朝中后期，广东向海外的移民无论是在数量还是在目的地上都在逐渐增多，他们不仅移往东南亚地区，还涌向北美洲、欧洲和非洲。就世界华侨华人史来说，广东人是中国人移民欧洲的先驱，但欧洲并非广东人移民的主要目的地，时至今日，欧洲仍然不是广东人重点移民的地区。粤籍华侨华人在欧洲的分布范围不是很广，相对集中在若干个国家。这种特点表现在粤籍社团历史上就是老华人社团多、社团地域分布相对集中，与其他地区的粤籍华人社团相比具有自身的特点。随着新移民的流入，欧洲粤籍华人社团也展现出新的发展面貌。

第一节　欧洲粤籍华人历史概貌

自地理大发现以后，广东与欧洲的海上联系越来越密切，越来越畅通。毗邻广东的香港与澳门在国际贸易和国际航运上的崛起以及由此带来的广东与欧洲的密切联系，为广东人的海外移民活动提供了更为便捷的条件。因此，广东人移民欧洲的历史也就具有浓烈的"海洋"特性。

在欧洲华侨华人史上，广东人是欧洲中国移民的先驱。广东人移民欧洲的历史大致分为三个阶段：①以香港为基点的华工自由移民阶段；②因社会动荡引起的"再移民"阶段；③中国改革开放后多元化移民阶段。

20世纪70年代以前为第一个阶段。早期移居欧洲的广东华侨主要来自珠江三角洲，如四邑（台山、恩平、新会、开平）和东莞、宝安一带。他们多数是在欧洲轮船公司当船员，在亚洲与欧洲的航行中，有的人上了海岸，留在当地，成为首批旅欧粤籍华侨。早期广东籍华侨主要居住在英国、荷兰、比利时等国的国际港口城市，如利物浦、伦敦、鹿特丹、阿姆斯特丹、安特卫普等。在主要西欧国家的"唐人街"，都流传着最早的华人移民故事。据大英博物馆资料记载，有三名祖籍潮州的香港吴姓华人海员，经常出海行船至暹罗（今泰国）、安南（今越南），漂洋过海，经验丰富。在1899年的冬天，他们随着一艘英国轮船来到伦敦后，因没有盘缠而流落当地，于是只好在伦敦东部的船坞区落户，后来和当地贫困劳工一起开设杂货店、餐馆。十年后，他们居住的地区成为初具规模的华人社区。这三名

吴姓海员被视为英国华侨史上最早到达英国的华人。① 也有资料记载：在 19
世纪末，华人中最早到达英国的是台山人余进，他到了英国，最初在某轮
船公司服务，后在利物浦埠改以洗衣为业。② 两则资料虽然有待进一步考
证，但已有一个重要共识，即最早抵达英国的华人是广东人。

　　最早来到荷兰的广东人从事的也是相当辛苦的船员工作。19 世纪末，
荷兰船只上最辛苦的是司炉工，工作条件恶劣，待遇差。广东一些农民因
生活所迫选择了司炉工的工作，他们忍受了工作的艰辛和不合理的工资待
遇。1911 年，开始有大批华人受雇于荷兰远洋公司，次年在阿姆斯特丹出
现专供华人水手临时居住的"水手馆"。1914 年，广东人吴福（Ng Fook）
在鹿特丹卡登区开办第一家华人水手馆。至 1931 年，卡登区水手馆的数量
多达 47 家，③ 广东宝安大鹏人周玉经营的义和水手馆是当地最大的两个水
手馆之一。因此，鹿特丹卡登区就被称为"欧洲大陆上最大的唐人街"。到
20 年代末，华人有 3 000 人以上。④ 华人水手馆为在欧洲的中国人提供食
宿，当中国船员失业或者等待轮船轮候时，他们便住在水手馆等候下一次
的工作机会。虽然水手馆内居住条件恶劣，但毕竟为这些船员提供了栖身
之地，而且水手馆内多有同乡聚集，在精神上也是一种慰藉。

　　上了岸的粤籍华侨大多数从事洗衣和餐饮业。在英国，1920 年，利物
浦的华侨洗衣店多达 100 家。⑤ 除洗衣馆，很少有其他工作可做，因为语言
不通，也没有足够的财力，华人餐馆及杂货铺寥若晨星，华人各自为工为
商，毫无组织，更谈不上守望相助、组建社团。但 30 年代洗衣机发明后，
华侨洗衣店逐步没落，转行做餐馆成为欧洲粤籍华侨最主要的职业取向。
此外，华侨围绕生活需要，开办了杂货店。如 1908 年到达英国的台山华侨
刘操，开始当洗衣工，后转至船运公司，最后自己创办了英国第一家唐山
杂货店"广泰源"，货物行销英国各大城市。⑥ 在荷兰鹿特丹，为大批华人
水手服务的餐馆、杂货店、烟馆、赌场等也发展起来。20 年代初在鹿特丹

---

① 麦基洗德：《广东华人在欧洲（一）　哪些华人最早开拓欧洲"唐人街"?》，《神舟民俗》
2013 年第 21 期。

② 《英国四邑总会馆史略》，英国四邑总会馆网站，http：//seeyepuk. org/historych. php。

③ 荷兰百年华人志庆基金会编：《荷兰华人百年》，荷兰百年华人志庆基金会，2011 年，第 22 页。

④ 荷兰百年华人志庆基金会编：《荷兰华人百年》，荷兰百年华人志庆基金会，2011 年，第
28、32 页。

⑤ 《叶落英伦开出生命花》，《亚洲周刊》，2001 年 4 月 30 日—5 月 6 日，第 61－62 页。

⑥ 《历史人物简介》，英国四邑总会馆网站，http：//seeyepuk. org/earlymembersch. php。

出现的两家中餐馆"中山楼"和"中国楼"都是广东华侨开办的。①

1949年后，从中国内地移民到欧洲的人很少，但从香港等其他地方移民欧洲的广东人却是不少。1952年之后，来自香港新界的农民较多地移民到英国，到60年代，移民人数更多。英国允许香港新界居民到英国居住，因而一大批以种菜为主的香港新界农民便移民到英国，伦敦苏豪区的醉辣街（Gerrard Street）成为新的唐人街。② 香港移民的到来，为英国粤籍华侨华人社会注入一股新流。香港移民大多在伦敦唐人街经营中餐馆、杂货店、洗衣店、旅馆等，唐人街的范围进一步扩大。到70年代，伦敦西敏市政府把爵碌街列为步行街，这就是后来闻名世界的伦敦华埠唐人街。早期移居欧洲的华人通过自己的艰苦奋斗，慢慢地植根于住在国。而英国华侨以从事餐饮业为主，在20世纪70年代初，整个英国的华人酒楼、餐室、外卖店有3 000多家，其中在大伦敦地区的华人酒楼、餐室有350多家，华人外卖店200多家。③

第二个阶段是20世纪70—80年代。因一些国家发生政权更替，引起了社会动荡甚至掀起了"排华"浪潮，大批华侨华人被迫外迁。荷兰殖民地苏里南在70年代独立时，大批在苏里南的粤籍华侨华人（主要是东莞和宝安的客家人）便移民到荷兰。而越南、柬埔寨在70年代中期发生的政权更替以及随之而来的"排华"浪潮造成大规模难民逃亡，其中一部分难民被吸纳到法国、德国等国家。这批难民的涌入，大大改变了原先欧洲粤籍华侨华人社会的生态。

当年一位幸运到达德国的越南华侨黄玉液讲述：1975年4月30日，北越解放南越后开始全面"排华"，粤籍华侨被迫扶老携幼，匆忙逃离。黄玉液一家坐着舢板离开了越南。一艘长不到13米，宽5米的舢板，挤载了36名船民。在海上同狂风巨浪搏斗后，终于被一艘船尾挂着挪威国旗的大轮船发现，被救上货轮。这艘2 500吨级的货轮，名叫"海鸿号"，在海上巡弋救济船民。船上有3 000多名船民获救。从来不收中南半岛难民的德国，经联合国难民委员会历经数月的奔走呼吁，终于改变原先的决定。德国国会通过议案收容了"海鸿号"上的1 087名粤裔船民，并派直升机到货轮上接船民登记入境。数日后安排船员上岸，乘巴士到吉隆坡军用机场，搭乘

---

① 荷兰百年华人志庆基金会编：《荷兰华人百年》，荷兰百年华人志庆基金会，2011年，第32页。
② "旅英华侨近况"，《旅英华侨年鉴1972》，第6页。
③ "旅英华侨近况"，《旅英华侨年鉴1972》，第6页。

西德军机到达德国北部城市汉诺威。黄玉液一家是首批被接收的"船民"，也是德国史上最早的一批粤籍华侨。船民抵德的消息不胫而走，时逢圣诞节前两天，天寒地冻，军事基地外却挤满了德国民众，很多重要媒体都争相前来采访。[①] 这一时期，共有十几万印支华人进入欧洲，给欧洲华人社会带来了深刻的变化：一是明显改变了西欧华人社会的来源构成，除了原本的广府人之外，增加了祖籍潮汕的移民；二是促进粤籍华人社团的发展。印支粤籍华人到欧洲定居下来，组建了不少会馆和组织，进一步壮大了欧洲粤籍华人社团的队伍。当前在法国的华人中，潮籍人士占近 70%。法国潮州籍华人通过自身的不断努力，不仅在事业上取得成功，也回馈当地社会，赢得了当地各界人士的尊重。

第三个阶段是改革开放后。这一阶段主要是 90 年代或者 2000 年以后到欧洲的广东人。他们主要由两类人构成，一类是商人，一类是留学生，当然也有普通的劳工。与广东人向北美、澳大利亚和新西兰的移民相比，以及与同时期中国向欧洲移民的其他省市相比，在欧洲的广东籍新移民是比较少的。据估计，在改革开放后 40 年的时间里，经不同途径从中国移居西欧国家的总人数为 30 万~35 万。[②] 自 20 世纪 90 年代以来，欧洲华人社会进入了迅速发展的新阶段，总人口从 20 世纪 80 年代中期不足 60 万猛增至 2008 年的 250 万，其中新移民 170 万左右。另外，中国在欧洲的留学生已达到 17 万。显然，与这个数字相比，广东移民的比重并不大。这一阶段涌入欧洲的人群大多来自浙江和福建。欧洲的广东籍新移民主要集中在英国、法国、荷兰、比利时，以及北欧和西班牙、德国等国家。

按照华侨华人人口在欧洲主要国家的分布情况，可以划分为三个不同层次：一是法国和英国，各有 60 万~80 万人；二是意大利、俄罗斯、西班牙、德国、荷兰等，这些国家的华人总数都是 10 万~30 万。以荷兰为例，荷兰目前有华侨华人 15 万~16 万人，其中粤籍华侨华人有 6 万多人，主要从事餐饮、贸易等行业；三是华侨华人 10 万以下的国家，如爱尔兰、奥地利、匈牙利、葡萄牙、瑞典等。华侨华人最少的国家如捷克仅有 6 000~7 000 人。还有一些西欧国家对移民进入控制比较严格，也没有大规模的特

---

① 麦基洗德：《广东华人在欧洲（一）　哪些华人最早开拓欧洲"唐人街"?》，《神舟民俗》2013 年第 21 期。

② 李明欢：《欧洲华侨华人史》，北京：中国华侨出版社，2002 年，第 512 页。

赦，中国新移民进入的渠道也较少。① 在欧洲，粤籍华侨华人人口比例在不同国家的占比很不一样。如荷兰，粤籍华人差不多占 4 成，而在西班牙，这一比例只有 1.22%，相距甚大。根据 2013 年欧洲各国统计局公布的人数累计，当代欧洲的粤籍华侨华人总数是 59.24 万。

欧洲的粤籍新移民有些是做贸易的，有些是留学生转化的，主要居住在英国、西班牙、荷兰、德国等国。与早期粤籍华人的移民方式有所不同，此时的广东人以"知识型"为主，突破了老华侨华人以餐饮、洗衣等为主的传统职业取向，在经贸、文化、科技、金融等领域都有比较突出的贡献。粤籍新移民在经济、社会、地位上有了根本性的改变，改写了传统华侨华人受歧视、被压迫的艰辛历史。到欧洲的粤籍新移民主要来自广府地区，来自潮汕、客家地区的很少。不过，相对于北美和大洋洲的移民国家，欧洲的移民结构和移民规模有明显的局限。主要原因在于，欧洲政府和欧洲大学缺乏像北美那样吸引和资助中国留学生的政策，欧洲各国对中国留学生在学成后的求职和居留方面有严格的限制。加上 2008 年金融危机后，欧洲经济低迷，欧洲国家都限制外劳引进，导致欧洲的中餐馆人手不足，发展乏力。在大的经济环境不佳的情况下，欧洲的粤籍华人经济也受到打击。所有这些都影响到国际移民活动，影响到广东人移民欧洲的活动。

第二节　欧洲粤籍华人社团的演进

欧洲粤籍华人社团的组建是在 20 世纪以后的事，与亚洲、美洲、大洋洲地区的粤籍社团相比，历史要短一些。由于移民人数不多，欧洲粤籍华侨华人成立的社团数量不是很多。其中在英国比较出名且时至今日仍有较大影响力的是英国四邑总会馆。

1906 年 9 月，英国四邑总会馆在利物浦成立，初衷是"联络旅英梓里感情，增进团结互助精神，共谋事业发展及社会福利，安置及照顾老弱梓里，维护社员正当权益，发扬中国固有文化道德及优良传统，以不涉及政治及宗教为宗旨"。利物浦作为粤籍华侨较早在英国落脚的地方，早期的会馆数量相对多一点，如利物浦致公堂、崇正会等，在伦敦则有共和协会和

① 李明欢：《欧洲华侨华人社会现状与发展趋势》，王晓萍主编：《欧洲华侨华人与当地社会关系：社会融合·经济发展·政治参与》，广州：中山大学出版社，2011 年，第 4-5 页。

华侨互助工团等。[①] 近代以来的民族危机激发了华侨的爱国情感，处于欧洲社会的底层地位这一因素很自然地使华侨将个人前途与祖国命运相联系。如四邑总会馆在 1921 年加入"旅欧工商学监察总会"，呼吁太平洋诸国尊重中国主权，撤销在华特权与不平等条约。

在 20 世纪初荷兰华侨的诸多帮派中，宝安帮势力最强。为了联合华人的力量，同时壮大自己的实力，宝安帮在 20 年代初发起成立代表全体荷兰华人的统一团体。发起人为了强调这是团结全体华人、不计地缘差别的社团，将之命名为"荷兰华侨会馆"。但其所用的拼音则是依据粤语发音拼读的，即 Wah Kiu Wei Kun。其理事会的九名成员中，除荷文秘书外，其余均为广东人，而且包括会长、副会长在内的五人均为宝安人。因此，其地缘性的色彩十分明显。据该会于 1930 年向荷兰政府提交的申请资料可知，该会共有会员 600 人，而据荷兰调查员的报告可知，该会会员中 70% 以上是广东人。[②] 荷兰华侨会馆章程规定：本会会员如不幸染病，可向会馆申请补助；会员如丧失工作能力希望回乡，可要求会馆协助安排返回中国；会员如意外身亡，会馆将负责安排后事。荷兰华侨会馆的经费主要来自华侨老板及生意人的月捐和会员会费。1937 年"七七事变"爆发后，荷兰华侨会馆积极联络、组织荷兰华侨投入抗日救国运动中。

这些早期欧洲粤籍华人社团大致呈现出以下三个特点：

第一，欧洲粤籍华人社团的建立与发展，受到美洲及东南亚华人的影响。由于欧洲有些华人是从东南亚或北美移居而来的，因此在组团结社时，理所当然以原居地的华侨组织为参照样板。如欧洲的第一个华人社团英国致公总堂的成立受到美国致公堂的推动；荷兰第一个华人社团中华会馆则受到当时荷属东印度华侨成立的不分界限、行帮的中华会馆的影响。

第二，欧洲早期华人社团与华人水手馆关系密切。如荷兰华侨会馆的发起人和领导人均以华人水手馆老板为主，收缴会费也以水手馆为单位。汉堡中华会馆则直接建立在汉堡水手馆的基础上。

第三，欧洲早期华人社团中以姓氏组建的社团很少，直至 1965 年才出现。这是因为早期欧洲华人群体基数小。欧洲华人的主要祖籍地如宝安、温州、四邑等，村落多为杂姓村，同姓要达到一定实力而结成社会团体，

---

① "旅英华侨近况"，《旅英华侨年鉴 1972》，第 5 页。
② 李明欢：《欧洲华侨华人史》，北京：中国华侨出版社，2002 年，第 225－226 页。

条件不成熟。①

二十世纪六七十年代以来，因香港工业化、城市化的发展，许多世代务农的新界居民无以谋生。此时英国中餐业空前繁荣，人手不足，不少新界居民纷纷以家属团聚的方式移居英国。英国华侨人数的增加，促进了英国华人社团的发展。一些老社团得以复苏，宗亲会、同乡会勃然兴起，同时出现了专业性、职业性团体以及跨国性社团组织。如老牌华人社团共和社在一度沉寂后，自 60 年代起大量吸收会员。为照顾低收入会员的福利，共和社开办廉价食堂、放映廉价电影、卖廉价中药，并举办各种文化、娱乐及体育活动等。伦敦华人互助工团原以海员为主，国民党人起领导作用，却率先改挂五星红旗，于 1962 年在唐人街附近的蝙蝠侠街购得会所。伦敦以外地区的华侨看到互助工团会务兴旺，也纷纷要求参加工团。

一些跨国性的宗亲会、同乡会之类的组织纷纷成立。1965 年欧洲张氏宗亲福利会成立。1976 年，来自香港的文氏族人成立了旅欧文氏宗亲会。1981 年，时逢香港粉岭村十年一届的太平清醮，英国海外彭氏宗亲会在粉岭村族人的支持下购置了会所。在英国，还有廖氏宗亲会、侯氏宗亲会、邓氏宗亲会等。

在新界移民中，以村落命名的跨国性社团十分引人注目，如赤径旅欧同乡会、旅欧吉澳同乡会、吉澳渔联会、林村旅欧同乡会、鸭洲联谊会、乌蛟腾海外联谊会等。吉澳岛位于新界东北、大鹏湾西、沙头角之东。20世纪 50 年代有水陆居民 4 000 余人。自香港渔业衰落后，吉澳居民于六七十年代大量移居英国及欧洲大陆。1982 年，吉澳渔民成立旅欧吉澳渔业联会，设会所于格拉斯哥，首任会长何胜。1983 年，在狄更斯的故乡漆咸市建立旅欧吉澳同乡会。过去吉澳岛上的水陆居民长期分隔，互存偏见，现在形成共同的"吉澳意识"，联合在格拉斯哥合办"天后宝诞"，成为当地苏格兰华人的一大盛事。

各种职业性、专业性社团的出现，使社团的职能开始脱离早期的"全能"状态而出现职能分化。1968 年，英国华商总会成立。该会致力于联络在英各行业侨胞之感情，守望相助，发展商业前途，不涉一切相关政治活动。其他的专业性、职业性团体还包括 1982 年成立的英国西北华商会，1983 年成立的英国北爱尔兰华商总会、英国华侨粮油业商会和 1988 年成立

---

① 李明欢：《欧洲华侨华人史》，北京：中国华侨出版社，2002 年，第 233 - 234 页。

的英国中华饮食业总商会等。除上述商业性社团，还有一批文化、艺术、学术类社团成立。如1971年成立的英国香港海外专业协会，1988年成立的英国华文作家协会、英国中华艺术协会、英国中华文化中心和1995年成立的英国中医药学会等。

各类社团联合会的成立标志着社团力量的整合。1968年，英国华人社团联合总会成立。最初有19个团体参加，现已发展到40多个团体。另一个较大的团体联合会是1980年成立的英国华侨团体联谊总会（后简称"侨团联合会"），由7个华侨团体发起，后增加到30个左右。地区性的华人社团联合会还有1986年成立的苏格兰华人社团联合会，由当地7个华侨团体组成。

20世纪70年代末80年代初，一种新型的华人社团——华人社区中心出现。这是由英国政府部分资助、旨在帮助华人获得主流社会的服务的华人社区组织。它打破了华人社会自给自足的封闭状态，寻求与主流社会的沟通与融合，是华人社群从边缘走向主流、从封闭走向开放的一个起点。[①]20世纪90年代后期出现了致力于整合、代表全英华人社区中心的全国性组织——英国华人社会论坛（Chinese in Britain Forum）。

英国华人社团的历史演变，不仅表现在数量上的增加和规模上的扩大，也表现在结构上的深刻变化。这就是历史上组织结构、功能性质和活动方式的转换。这种变化与英国华人社会由以第一代移民为主体的社会转变为以土生华人及专业技术新移民为主体的社群的进程互为因果，相互影响。历史上，华人社会的权益，是在中华民族主义的诉求中获得其正义性的。而随着时代的变迁，如今更需在多元文化的话语下求得自身利益。促进华人社会的整合与发展，是华人社团应该承担的功能之一。

从组织结构上看，传统华人社团虽在形式上模仿西方社团的章程，设有董事会、执委会、会员大会一类民主制度的机构，但维持社团运作的仍然主要是"人治"而非"法治"，不少社团靠侨领支撑，会长一职十年，甚至数十年不变，还有人数不少的名誉会长、永久名誉会长之类。除了极少数社团有本身的会所以及依赖物业出租而有收入来源，多数社团的经济靠一两位会长的支持。华人社区中心则基本按照有关志愿团体的组织方式建立，设有专兼职职员和义工岗位，经费来源有政府拨款及社会募捐，每年

---

① 班国瑞、邓丽兰：《英国华侨社团的历史演变与当代华人社会的转型》，《华侨华人历史研究》2005年第2期。

公布年度报告、财政状况，工作人员由专业人士充当，管理上趋向于公开化、专业化、规范化，对于未来的工作也有相当的规划与研究。

从宗旨与职能上看，华人社团明显地由关注中国政治转而关注华人社群本身的利益。以著名的华人社团——共和社为例，该社的创始人是老海员陈天声。陈天声在利物浦加入英国共产党国际部，与他有过密切接触的中共早期领袖邓发则被视为该会的精神领袖。1947 年，该会正式成立时要求"拥护祖国新民主主义建设"，"有钱出钱，有力出力，帮助人民解放事业的宣传任务"。50 年代末 60 年代初，共和社改名为"共和协会"。1968 年香港爆发"反英"风潮时，该会部分成员因支持祖国抗英运动上街示威而遭拘捕。60 年代末，共和协会从激烈的政治活动中退出，开始创办中文教育。80 年代，该会进一步淡化政治色彩，宗旨修订为"团结侨胞，发扬中华文化，宣传中华民族优良道德传统，促进中英人民友好及中英文化交流"。90 年代，共和协会首创全英华人运动会、全英中文学校校运会，成为因专办体育运动而负有盛名的社团。

人数的增多，有利于社团组织的建立。英国著名侨领回忆道，1965 年他刚到英国曼彻斯特时，当地只有 380 名华人，而到 2008 年时，曼彻斯特华侨华人总数已在 10 万以上。[1] 据英国《华夏》杂志的记录，2009 年英国主要的粤籍华人社团如表 6-1 所示。

表 6-1　2009 年英国主要粤籍华人社团[2]

序号	社团名称	序号	社团名称
1	欧洲张氏宗亲福利会	17	伦敦五邑同乡会
2	全英华商总会	18	旅英惠东宝同乡会
3	东伦敦华人协会	19	英国共和协会
4	英国华人慈善总会	20	伦敦华埠商会
5	伦敦华人互助工团	21	伦敦印支华裔会
6	致公总堂	22	英国珠海联谊会
7	伦敦正义工商会	23	欧洲文氏宗亲会
8	英国中山协会	24	旅欧邓氏宗亲会

---

① 《英首位华人太平绅士陈廷炎获颁 OBE 勋章》，《星岛日报》（欧洲版），2008 年 6 月 30 日。
② "华人社团"，《华夏》，2009 年，第 57-62 页。

（续上表）

序号	社团名称	序号	社团名称
9	越南华侨联谊会	25	英国崇正总会
10	广东华侨华人联合总会	26	深圳市海外同乡会
11	英国广州华侨联谊会	27	利物浦华商会
12	侨英海宴同乡会	28	旅英五邑联谊会
13	旅欧吉澳同乡会	29	旅欧林村同乡会
14	英国顺德联谊会	30	英国四邑总会馆
15	利物浦华声社	31	英国岭南文商总会
16	英国广州文化经贸协会	32	英国广东总商会

　　而在法国巴黎，潮州会馆成为当地影响力较大的粤籍华人社团。法国印支难民建立的社团主要有法国华裔互助会、潮州同乡会等。1982 年 5 月 1 日，由粤籍华人郑辉等 17 人发起的法国华裔互助会在巴黎成立，其宗旨是"联络感情，互助合作，共谋福利"。1984 年法国华裔互助会购置了会所，1986 年举办法国首届春节华人嘉年华。1986 年 5 月 5 日，另一个重要的社团——法国潮州同乡会（后改名为"法国潮州会馆"）正式成立，从此法国的粤籍华侨华人有了一个坚强的领导中心，潮州会馆成为当时法国最大的华人社团。其宗旨是"敦睦乡谊，弘扬文化，服务侨社，维护华人尊严"。1991 年潮州会馆主办了国际潮团第 6 届年会，2001 年又主办了第 2 届国际潮青联谊年会。通过主办这两次世界性的联谊大会，法国潮州会馆展示出强大的能量，对推动粤籍华人社团的国际化作出了巨大的贡献。

　　此外，还有法国广肇同乡会、法国番禺富善社、法国崇正会、华裔融入法国促进会、法国百华联谊会等粤籍华人社团等。法国广肇同乡会成立于 1989 年 7 月 2 日，成员主要为来自中国、老挝、柬埔寨、新加坡、马来西亚、泰国等地的广府肇庆籍华侨华人。成立后得到乡亲的大力支持，很快购置会所，并在会所内设置佛堂。[①] 2006 年改名为"法国广东会馆"，周吉庆任会长。其宗旨是"促进乡亲互助互爱，开展康乐福利事业，发扬中华优良传统，传播中国文化艺术，维护华人合法权益，协助会员顺利融入

---

　　① 陈湃：《法国广东会馆创会历程》，http：//chenpai. blog. sohu. com/280264960. html。

法国社会，促进广肇乡亲的国际交往"。①

在荷兰，欧洲的粤籍社团数量比前一阶段多了很多。如荷兰广东总会、荷比卢崇正总会、荷兰松柏联合总会、荷兰华人华侨妇女社团联合总会、旅荷华人联谊会、旅荷林堡华侨总会、荷兰广州同乡会、荷兰潮州同乡会、全荷华人联合体育运动总会、欧陆文氏宗亲会等。在比利时，主要有比利时华商会、比利时广东总会、旅比华侨联合会、比利时潮州同乡会、旅比华侨老人中心等。

此外，还有西班牙王国广东（粤港澳）同乡总会、瑞士潮州同乡会、德国潮州同乡会、瑞典潮州同乡会、丹麦潮州同乡会、意大利波罗尼亚市潮州同乡会等。由于西班牙的广东籍华侨华人有些是从巴拿马移民过来的，因此在社团活动方面，西班牙的粤籍华人社团与巴拿马保持着密切关系。2010 年 2 月 7 日，巴塞罗那广东（粤港澳）同乡会在巴塞罗那举行成立典礼，给同乡会送来贺词的，除了广东省和广州市有关部门，其余的华人社团全部都是巴拿马的，有中南美洲和平统一促进会、巴拿马和平统一促进会、巴拿马中华总会、巴拿马花县同乡会、巴拿马清远从化同乡会、巴拿马西部中华公所。②

可以说，早期海外广东华人社团具有地缘性和血缘性的明显特点。从现在的视角来看，传统欧洲的粤籍华侨华人主要分为两大族群：广府帮和客家帮。70 年代以后，潮州帮成为重要的一翼。粤籍华侨华人背井离乡，远在异地工作、生活，面对周围生活文化习惯迥异的外族人，非常需要与"自己人"在精神上相互寄托，疏解心理上的压力，互相倾诉思乡之情。各族群由于乡音各不相同，文化各有特色，在海外分别组织了不同的商人会馆、同乡会、宗亲会等以地缘性、血缘性来区分的社团组织。这些社团组织联系乡情，团结互助，互相支持，共同发展商业贸易，同时也共同抵抗侨居地土著人民对外来移民的侵犯和歧视。值得注意的是，近十几年来，欧洲有的粤籍华人社团的成立得到广东地方政府或者其他有关部门的支持和推动，例如在西班牙，原先因粤籍华侨华人较少，没有组建社团，在广东省侨办的推动下，2008 年 7 月 20 日在首都马德里注册并成立了西班牙王

---

① 《成立已十七年　法国广肇同乡会正式正名广东会馆》，中国侨网，http：//www.chinaqw.com/hqhr/stzx－oz/200608/30/43051.shtml，2006 年 8 月 30 日。

② 《巴塞罗那广东（粤港澳）同乡会成立》，西班牙侨网，http：//www.lavozchina.com/portal.php? mod＝view&aid＝11624，2011 年 1 月 10 日。

国广东（粤港澳）同乡总会。[1]

第三节　欧洲粤籍华人社团的特点

如今，粤籍传统华人社团既延续了以往互扶互助的宗旨，又把重心转向促进华人融入当地社会，为华人争取在当地应享有的权益和福利等。以往由华人社团承担的很多功能（如救助贫病），现已转由相关政府部门或专业性的社会服务机构来负责，它们在支持华社文教、赞助慈善公益、振兴华埠工商业以及为华人争取权益和福利等方面仍发挥着不容忽视的作用。

一、华人社团组织形式多样化

随着经济全球化的发展，一方面海外华人社团要求加强跨地域、跨国家的联系与合作，促进优势互补、共同发展的愿望更加迫切；另一方面新移民突破了以往老华侨以开餐馆为主的行业取向：从教育背景方面来看，接近30％的华人有大学或以上的学历（英国白人的比例为17％）；从华人年龄结构来看，也趋于年轻化。较高的起点，丰富的专业知识，再加上中国人勤奋上进的良好品性，使他们更容易融入欧洲主流社会，成为住在国所需要的人才。职业向多元化方向发展，涉足住在国的科技、教育、金融、服务业等诸多领域，发展"三师"（工程师、医师、会计师）等技术性或管理性工作。随着组织形式的多样化，欧洲华人社团的活动内容更加丰富，联系范围更加广泛，其区域性、国际性交流合作不断加强，组织活力、凝聚力和影响力不断提升。比如成立于2012年的荷兰广东总会由30多个广东籍华人社团组成，其成立的宗旨是"团结在荷兰的广东籍侨胞"，目前活跃于教育、商贸、文化、宗教、妇女、青少年、体育、老人和宗亲等领域，并作出了积极的贡献。[2] 成立于2017年9月的欧洲荷比深圳总商会暨联谊会推动建设和谐华社，维护旅荷、旅比侨胞权益，弘扬中华文化，开展侨

---

① 《西班牙广东同乡总会举行两周年庆暨换届庆典活动》，中国新闻网，http：//www.chinanews.com/hr/2010/07－22/2418136.shtml，2010年7月22日。

② 《荷兰和英国广东籍社团访问广州　促两地友好交流》，国务院侨务办公室网站，http：//www.gqb.gov.cn/news/2015/0414/35517.shtml，2015年4月14日。

务公共外交，为进一步促进荷兰、比利时与中国之间在经济贸易、科技文化等方面的全方位交流合作搭建更高的平台、开创更广阔的局面，在中国与荷兰、比利时的友好交往方面发挥了重要的桥梁纽带作用。这些不同内容和形式的华人社团，与过去以血缘、地缘为主联系起来的华侨华人宗亲、乡团组织有明显的区别。

二、华人社团成为传播中华文化的中坚力量

华人社团是传播和弘扬中华传统文化、促进中外文化交流的倡导者和组织者，是沟通华社与住在国政府和各民族的桥梁，是促进祖（籍）国与住在国友好交往的使者。华侨华人通过开展各种形式的活动传播中华文化，如为庆祝中国传统节日所开展的文化活动（春节舞龙舞狮活动、元宵节灯会等），为弘扬中华文化而举办的文化活动（开办民族舞蹈、书法、气功等学习班，举办普通话比赛等）。这些活动在推动住在国多元文化发展方面发挥了重要作用。法国广东会馆所设的粤剧组、歌唱组、舞蹈组、太极组、龙狮组、成年中法文班近年来都得到长足发展，在弘扬中华文化、促进中法关系发展等方面作出了自己的努力和贡献。[1] 在英国，从 2003 年开始，伦敦华埠商会每年都要在伦敦地标性场所——特拉法加广场举办春节庆典，每年都吸引数十万民众观看，是亚洲以外最大的中国春节庆祝活动，同时也成为伦敦当地的特色庆典之一，2017 年更是破纪录地吸引了 70 万人观看。除了新春，伦敦华埠商会在端午、中秋等中国传统节日期间都会举办庆祝活动，向中外民众展示中华文化的独特魅力，有力地促进中英两国的文化交流。商会主席邓柱廷表示，在唐人街举办活动，永远只能是华人的活动，一定要到伦敦标志性的特拉法加广场去办，春节庆典才能走向英国主流，走向国际。2011 年，基于在中英文化交流上作出的巨大贡献，邓柱廷获得了由英国女王颁发的 OBE 勋章（大英帝国官佐勋章）。[2] 2015 年是中英文化年，6 月，在英国肯特郡的汤桥市里有着悠久历史的夏日嘉年华活动中，英国广东华侨华人联合总会策划组织的 100 多人参加的巡游队伍向当地

---

① 《法国广东会馆举办 27 周年庆祝会　周吉庆蝉联会长》，广东侨网，http：//www. qb. gd. gov. cn/hrst/201609/t20160922_ 795034. html，2016 年 9 月 22 日。

② 《大英帝国官佐勋章获得者邓柱廷：心系中华文化　胸怀桑梓真情》，欧洲时报，http：//www. oushinet. com/news/qs/qsnews/20160318/224865. html，2016 年 3 月 18 日。

居民展示了中华文化的风采。在嘉年华活动中，首次出现了一个华人组织的方阵，包括舞狮、旗袍秀表演者以及挥动着中英小国旗的华人。文化年期间，英国广东籍华侨华人通过组织参加嘉年华活动促进中英文化交流，切切实实地传播了中华文化。汤桥市政府和嘉年华组织者也非常欢迎华人改变观念，走出厨房，走上街头，与本地人交朋友，与大家分享欢乐，融入当地社会，真正做到中英文化"接地气"的交流。

三、华人社团与祖（籍）国联系紧密

新移民社团的主要负责人，一般都在中国受过不同程度的教育。他们离开中国的时间不长，对中国有着深厚的感情，与家乡保持着密切的联系。过去的"乡情"建立在华侨对故乡朴素的情感上，而现在的"商情"除了感情，还有因祖国发展变化给欧洲华侨华人带来的莫大经济机遇，让华侨华人积极返乡投资，支持家乡建设。不少负责人经常以社团名义组织新移民回国参观考察、访问、洽谈投资意向。2016年新成立的荷兰广东华商总会，主席是陈敬丰，执行主席是钟麟昌。他们在荷兰经商日久，具有丰富的知识、经验以及人脉，希望为中荷之间的商贸沟通作出新的贡献。2017年5月，荷兰广东华商总会代表团访问广州，和广州白云国际机场相关负责人进行洽谈，详细了解白云机场的发展计划，特别关注机场商场的扩建，以寻找商机。[①]

与祖（籍）国联系密切，还表现在华侨华人对中国的强大和统一的关心上。每逢家乡来人，华人社团都热情接待；每逢中国队到国外参加比赛，当地的华人社团多是啦啦队的组织者。这些都充分体现了他们对祖（籍）国的热爱和希望祖（籍）国繁荣、强大的良好愿望。尤其是近几年来，欧洲的粤籍华人社团在"反'台独'、促统一"方面发挥了重要作用。2015年5月，台湾地区领导人蔡英文在就职演说中对两岸同胞最关切的两岸关系性质这一根本问题采取模糊态度，没有明确承认"九二共识"并认同其内涵，没有提出确保两岸关系和平稳定发展的具体办法。对此，旅法华侨华人反应强烈，纷纷组织相关活动和通过各种渠道发言，表示蔡英文应该交一份"完整答卷"。中国和平统一促进会理事、法国潮州会馆吴武华会长表

① 《荷兰广东华商总会代表访粤考察环境　寻合作机遇》，中国侨网，http://www.chinaqw.com/jjkj/2017/05 – 11/141117. shtml，2017年5月11日。

示，蔡英文避而不谈"九二共识"的历史事实，也不认同两岸同属一个中国，她先拖延以便日后否认的态度和动机，令旅居海外的华侨华人深感忧虑和气愤。[1]

四、华人社团争取民族平等权益的自觉性进一步提高

随着华人经济、科技实力的增强，华侨华人在住在国的公民意识和参政意识进一步加强，他们以多种形式参与住在国的政治。华人社团在推动和支持华人参政方面发挥了重要的作用。2015 年英国大选，麦艾伦在汉普郡哈文特选区当选，成为英国历史上首位华裔议会下议院议员，2017 年再次当选，连任英国议会下议院议员。祖籍广东普宁的华裔陈文雄，2017 年 6 月在法国立法选举中战胜对手，成为法国本土首位华人国会议员。陈文雄于 2008 年成为巴黎十三区政府议员，2014 年成为巴黎首位华裔市议员，2017 年当选国会议员。陈文雄认为，华人在巴黎生活了几百年，如果无人从政，华人内部一些亟待解决的问题就无法与上层沟通，他认为成功参政后自己能起到良好的桥梁作用，帮助落实华裔族群"实实在在的事"。当选华人议员后，陈文雄不仅勤于政务，还不遗余力地在各种场合推广中华文化，包括设立中医研究中心、争取中医在法国的合法化、开设中文班、利用中国节日组织活动。陈文雄在从政道路上得到法国粤籍华人社团的支持。出生在香港的成世雄，2009 年身兼郡、市、地区议会会员，在 2010 年英国大选中和出生于汕头的吴克刚以及其他 6 名华裔候选人，共同参选国会议员，打破了华人在英的纪录。尽管他们最终都未能获得议员席位，但他们大大激发了华人社区参与公众事务的热情。为了推动华人参政，2006 年，英国华人李贞驹发起英国华人参政计划，发动民众支持华人参政。2017 年 5 月，李贞驹与三大政党代表——保守党伊岭区前任区议员杨庆权法官、华人工党主席梁辛尼及华人自民党联席主席杜淑真呼吁华人积极在 5 月 22 日前登记为选民。李贞驹表示，希望华人珍惜机会，有票的投票，无票的也可当义工支持华人参选。[2] 目前，欧洲华人参政水平还是比较低，当选议员

---

[1] 《从海外侨胞到欧洲媒体各方关注蔡英文两岸论述》，欧洲时报，http：//www. oushinet. com/news/china/chinanews/20160523/231350. html，2016 年 5 月 23 日。

[2] 《英国华人参政计划发起行动 呼吁华人积极参政》，中国侨网，http：//www. chinaqw. com/hqhr/2017/05 - 06/140383. shtml，2017 年 5 月 6 日。

的人数较少，但正因为如此，才需要动员更多的华人参与到相关的政治活动中来，更多地关心和支持华人积极参政。

第四节　欧洲粤籍华人社团的角色与作用

欧洲的粤籍华人社团所呈现的新特点，显示了其在社会上发挥的作用，尤其是在以下几个方面：

一、热心支持华文教育事业发展

广大华侨华人之所以能够始终与祖（籍）国保持着血肉联系，得益于他们对民族语言文化的传承。华文教育是广大华侨华人学习民族语言、传承民族文化、保持民族特性的重要手段，是维系华侨华人与祖（籍）国联系的心灵依托和精神纽带，也是国家一项具有长期重要战略意义的基础性工作。海外华侨华人特别是华裔青少年开展中文学习对中华文化传承意义重大，不仅是中华文化在海外的"希望工程"，也是华侨华人社会的"民生工程"。中国政府历来高度重视华文教育工作，国家在人力、物力、财力等方面对华文教育的投入持续加大。国务院侨务办公室和中国海外交流协会采取了一系列新措施、新办法支持海外华文教育发展。

欧洲粤籍华侨华人一向将华文教育当作一件大事，为华文教育的发展作出了不懈的努力。许多华人社团积极创造条件，兴办华文学校，为华人子女提供教育的机会。法国潮州会馆中文学校成立于 1986 年，最初只有一间教室，后来规模逐步扩大，从最初的两个班级、两名老师、56 名学生发展到今天的 34 个班级共 800 多名学生。学生中不仅有华人子弟，还有法国少年儿童。[①] 2009 年，潮州会馆中文学校被中国国务院侨务办公室授予首批"华文教育示范学校"的称号。法国华裔互助会也创办了中文学校，规模稍小。除此之外，法国潮州会馆多年来组织"中国寻根之旅"夏令营活动，希望学生通过在旅途中看到祖籍国的繁荣，自发产生民族自豪感，让"中国根"可以更积极地在华裔青年中生成。法国番禺富善社成立 20 多年来，

---

① 《法国潮州会馆中文学校举行 2016—2017 结业典礼》，搜狐，http：//www.sohu.com/a/152921672_ 169838，2017 年 6 月 29 日。

连续 20 年组团去中国参加青少年夏令营、寻根旅游团、商务考察团、番禺恳亲大会等活动。社里也组织了形式多样的文化活动，如书法表演、赈灾义卖会、摄影艺术展、敬老联欢会、春节彩装游行、世粤联会等，凝聚了番禺乡亲的力量，弘扬了中华文化。[①] 德国的粤籍华侨华人人数不多，但广州人卢康乐在担任波恩华侨中文学校校长的几十年间，在当地华人社团的支持下，为发展华文教育尽心尽力，使该学校成为欧洲最好的中文学校之一。

二、热心赞助慈善公益

无论身处何地，华侨华人都用行动阐释着慈善公益精神，让爱成为一股春风，温暖世界。2010 年 9 月，强台风"凡亚比"突袭广东。由于降雨强度大、成灾快，山体滑坡、泥石流等次生灾害严重，灾害发生时间特别、地域特殊、救灾难度大。广东全省受灾人口达 156.9 万，因灾死亡 100 人，失踪 41 人，因灾伤病 328 人，紧急转移安置 12.9 万人，直接经济损失 51.5 亿元人民币。一方有难，八方支援，广大海外侨胞、港澳同胞情系灾区，纷纷通过省侨办、省海外交流协会、省侨心慈善基金会询问灾情或捐款，支持抗灾救灾。为使海外侨胞、港澳同胞的爱心捐款发挥最大效益，切实帮助受灾群众渡过难关，广东省侨办将海外侨胞、港澳同胞的善款集中用于帮助房屋倒塌或严重损毁、无家可归需要重建住房的灾民重建家园。西班牙王国广东（粤港澳）同乡总会召开紧急会议，会议决定响应号召，组织募捐，用实际行动支持家乡的赈灾活动，用爱心温暖灾区的父老乡亲。[②] 2016 年 2 月，在猴年春节来临之际，台湾发生 6.7 级大地震，死伤多人，家园被毁。地震同样震痛了生活在法国的华侨华人的心。他们纷纷通过各种渠道和方式，向台湾同胞表示慰问，对不幸遇难的同胞表示深切哀悼，表示旅法华侨华人愿意做台湾同胞抗震救灾、重建家园的坚强后盾。时任法国潮州会馆会长吴武华表示，会密切关注台湾灾情，及时伸出援助之手。华人社团从过去到现在，都在凝聚华侨华人民族精神、继承民族传统、团

---

① 《法国番禺富善社举行社长团就职典礼 方显秋任社长》，欧洲时报，http://www.oushinet.com/news/qs/qsnews/20160223/222074.html，2016 年 2 月 23 日。

② 《西班牙广东（粤港澳）同乡总会公告》，欧华网，http://www.ouhua.info/2016/0314/6166.html，2016 年 3 月 14 日。

结互助等方面发挥了很大的作用，谱写着联系乡邦、促进友谊的历史篇章。①

三、牢记历史，积极组织纪念日活动

记忆不曾褪色，历史仍有回响，华侨华人身居海外，仍与祖（籍）国人民同步开展纪念活动。不忘历史，才能更好地捍卫正义。2014 年 4 月 6 日，在中国传统节日清明节期间，旅法华侨华人自发前往位于法国庇卡底大区滨海努瓦耶勒市诺莱特村的"一战"华工墓园进行公祭，缅怀和凭吊长眠在此的中国劳工。时任法国潮州会馆会长吴武华代表旅法侨界向"一战"华工敬献花圈。在清明节中华儿女祭先人、悼亡灵的特殊日子里，旅法华侨华人前来公祭，追忆先人的苦难生活，缅怀前人为中法两国的友好往来作出的贡献，令人感动。在第一次世界大战期间，中国人民远离家乡，为尽早结束战争付出了血汗甚至生命。追忆过往，是为了更加珍惜今天的和平生活。2014 年，英国华侨华人在伦敦举办座谈会，支持中国将 9 月 3 日定为中国人民抗日战争胜利的纪念日，将 12 月 13 日定为南京大屠杀死难者国家公祭日。在座谈会上，英国广东华侨华人联合总会会长黄亮表示，确定纪念日有助于提升民族精神，激励青年一代为民族荣誉挺身而出；设立公祭日则可以强化民本思想，铭记每一位在战争中失去生命的人，教育子孙后代珍惜每一个生命，珍惜和平。② 此外，受南京市归国华侨联合会和侵华日军南京大屠杀遇难同胞纪念馆的委托，由荷兰广东华商总会主办，得到荷兰多个华人社团、机构和个人支持的"南京大屠杀死难者国家公祭日悼念活动"，12 月 12 日下午在海牙议会国际新闻中心举行。中国驻荷兰大使馆领事部秘书袁春华，荷兰广东华商总会执行主席钟麟昌，荷中友好协会会长、海牙市前副市长 Henk Kool，海牙市政府代表 Ronald Koster，全荷华人社团联合会主席季增斌，以知名侨领胡志光为首的荷兰侨界代表、留学生代表及荷兰友人等近 200 人出席。③

---

① 《台湾地震：旅欧侨胞心系台湾愿做台湾同胞的坚强后盾》，欧洲时报，http：//www.oushinet.com/news/qs/qsnews/20160209/220698.html，2016 年 2 月 9 日。

② 《英国侨界举办座谈会：牢记历史　珍爱和平》，中国新闻网，http：//www.chinanews.com/zgqj/2014/03 – 01/5898017.shtml，2014 年 3 月 1 日。

③ 《荷兰举行南京大屠杀死难者国家公祭日悼念活动》，中国侨网，http：//xinwen.eastday.com/a/171213153806448.html？xx = 1&recommendtype = e，2017 年 12 月 13 日。

四、发挥中外交流的重要桥梁作用

在促进中外交流方面，广东华侨华人能够发挥作用的领域是非常多的。2002 年 6 月，英国广东华侨华人联合总会在英国成立，这是一个由在英广东籍华侨华人自愿组成的联谊性、非营利、非宗教的社会团体。该社团为促进中英两国的经济建设、贸易往来、文化教育交流等领域的合作和发展作出了诸多贡献。在 2010 年第 16 届亚洲运动会于广州召开之际，英国广东华侨华人联合总会和英国番禺工商联谊会特举办向全英华侨华人征集对广州亚运会的祝福和寄语有奖活动。来自英国各地，包括伦敦、利物浦、苏格兰丹地、纽卡素等地的华侨华人通过登录英国广东会网站、写邮件等方式表达了海外华侨华人对广州亚运会胜利召开的美好祝愿，使更多的在英华侨华人关心亚运、支持亚运。在 2012 年英国广东华侨华人联合总会成立十周年的庆典上，来自广东顺德的醒狮武术团受邀到访，为晚会献上了精彩的表演。醒狮武术是顺德的文化品牌。这次的越洋醒狮表演展示了岭南传统文化，推动了中外文化交流。在英国四邑总会馆会长谭广的带领下，四邑总会馆成为一个充满活力的社团，为会员提供了一个安全、温暖的环境，将尊重长辈的传统美德及价值观传递给下一代。二十几年前，当谭广还是副会长时，他打破旧观念，率先让女性参与四邑总会馆的活动，增加社团的凝聚力。他把太极文化带进利物浦并传播出去，成立非营利性的默西郡太极学校。他是太极宗师，现在很多太极学校和太极班，都是他的学生学成后开办的。与此同时，谭广热心于慈善活动，举办了许多以太极为主题的慈善筹款活动，筹集到的资金用于建设当地的慈善机构。法中文化交流促进中心自 1987 年成立以来，一直致力于推动法中之间的友好交流合作，希望通过努力可以促进双方的合作和交流，为广东文化"走出去"提供服务。法国粤籍侨胞为法中友好交流作出了积极贡献，希望通过该中心让更多法国人了解中国、了解广东，继续推动广东与法国的友好往来与合作交流。中华文化的海外传播十分重要，特别是对促进"一带一路"沿线国家的文化交流和民心相通有着重要意义。广东省侨办近年将加大对海外华社开展中华文化活动的支持力度，将依托海外华社主要机构组织设立"广东书屋"和"广东文化展示中心"，为海外侨胞提供文化服务，推动广东文化"走出去"。

五、经济贸易作用日益明显

随着改革开放和全球化趋势的不断加强，华侨华人成为我国"走出去"的重要载体。改革开放以来，我国政府颁布了多项鼓励外商来华投资的法律、法规，通过法制配套工作的完善，引导华侨华人为外国企业投资中国"穿针引线"。华侨华人积极响应国家的号召，在投资贸易上引荐企业到中国投资办厂，发挥"以侨引外"的作用。欧洲的粤籍华人社团与国内往来频繁，访华时多以广东省或者当地侨务部门为媒介，再深入国内的具体相关领域开展合作交流。

2017 年 9 月，法国广东会馆在巴黎组织珠海投资环境推介会。法国广东会馆会长周吉庆致辞说，欢迎家乡的城市到欧洲举行推介会。中国的"一带一路"倡议，得到欧洲各国的回应，旅法华侨华人也十分关心这一巨大的市场和潜在的商机，表示会充分发挥自己的优势和能量，为家乡引智引资，为中法两国的经济、文化发展贡献自己的力量。法国华侨华人会主席任俐敏代表旅法侨界对代表团一行表示欢迎。他说："作为最早实行对外开放政策的四个经济特区之一，珠海又迎来了'一带一路'的机遇。法国有 65 万华侨华人，始终与祖（籍）国心连心。法国有很多华人在珠海投资创业，都取得了很好的成绩。今天，'华二代'正在利用自身的优势，为当地经济社会发展作出贡献。珠海代表团的到来，让法国华侨华人可以进一步了解这个城市的优势，为其提供海外人才和优秀项目，搭建对接平台。只有加强了解，才能携手共赢。双方可以通过推介会更好地交流和沟通，也为各位侨胞的事业发展搭建了一个新的平台。希望大家发挥旅法侨界的桥梁作用，加强珠海与法国的经济、文化、人才的联系与合作。"[1] 2015—2017 年，先后有英国中华工商联合会代表团、英国东莞同乡会、英国广东华侨华人联合总会、荷兰广东总会、荷兰广州同乡会、比利时广东会、西班牙王国广东（粤港澳）同乡总会在各个负责人的带领下访问广东省侨办，希望以之为媒介，寻求合作机遇。

2015 年，荷兰广东总会和英国广东华侨华人联合总会组成的欧洲粤籍华人社团访问团访问广州，他们首先考察了南沙自贸区的发展情况，参观

---

[1] 《法国广东会馆为家乡"搭桥"　珠海投资环境推介会巴黎举行》，欧洲时报，http://www.oushinet.com/qj/qjnews/20170911/272000.html，2017 年 9 月 11 日。

了东方电气（广州）重型机器有限公司出海口基地及南沙汽车码头等企业。随后，访问团赴广州酒家集团利口福食品有限公司，参观了食品制作车间、中央厨房、产品展示厅，并与利口福负责人就食品的进出口、粤菜在荷兰和英国乃至欧洲的发展情况进行了座谈交流。荷兰广东总会和英国广东华侨华人联合总会积极发展会务，在促进华人社团内部团结、社团间和谐发展、华侨华人与当地族群和睦共处等方面发挥了积极作用。这些社团成员认为要加强与广州的联系交往，为经济建设、商贸往来、文化交流以及科技教育等领域的合作和发展作出更多贡献，推介广州，关注广州。同样在2015年，英国广州文化经贸协会和英国岭南文商总会在伦敦成立，旨在整合英国大功能圈资源，为广州和岭南侨商发现招商引资机会。①

2017年8月，欧洲荷比深圳总商会暨联谊会在荷兰成立，张挺宏当选首任会长。深圳市委统战部副部长、深圳海外联谊会副会长唐向群率深圳侨务代表团前往祝贺。中国驻荷兰大使馆领事部主任蒋华、荷兰外商投资局代表、荷兰中资企业代表、荷兰华商企业代表，以及欧洲荷比深圳总商会暨联谊会全体理事和荷兰华人社团侨领等约200人出席庆典。唐向群致辞时表示，长期以来，广大侨胞为推动深圳经济社会发展、促进深圳与世界各国友好交流合作作出了积极贡献。希望新成立的欧洲荷比深圳总商会暨联谊会进一步推动建设和谐华社，维护旅荷、旅比侨胞权益，弘扬中华文化，开展侨务公共外交，为进一步促进荷兰、比利时与深圳之间在经济贸易、科技文化等方面的全方位交流合作搭建更好的平台、开创更广阔的局面，为中国与荷兰、比利时的友好交往发挥桥梁纽带作用。欧洲荷比深圳总商会暨联谊会的成立不仅可以更好地将荷兰、比利时乃至欧洲的华侨华人凝聚在一起，而且也有利于更有效地开展商务交流和联谊活动，加深与世界各地深圳籍华人社团之间的联系。该会将努力扮演好商贸经纪人的角色，积极开展商务考察等活动，加强侨资企业与深圳的合作与交流，走共同繁荣的合作共赢之路。②

在荷兰，荷兰广东华商总会于2016年6月28日在海牙正式成立。这个华商团体由中荷农业科技经济合作基金会、海牙华商会、阿姆斯特丹华商

---

① 《英国广州文经会英国岭南文商总会成立仪式伦敦举行》，欧洲时报，http：//www.oushinet.com/news/qs/qsnews/20150529/194797.html，2015年5月29日。

② 《欧洲荷比深圳总商会暨联谊会成立 促友好合作》，中国侨网，http：//www.chinaqw.com/hqhr/2017/08-18/158110.shtml，2017年8月18日。

会、荷兰欧洲中国友好协会等组成。会长团成员包括何天送、冯锐彬、钟麟昌和陈敬丰。钟麟昌为首任执行会长。该团体涉足商业、农业、文化、科技和社会福利（养老）等各个领域，一直以来和荷兰主流社会保持密切联系，旨在加强中荷双方在有关领域的沟通与合作，维护广东华商在荷兰的经济利益。[①]

第五节　欧洲粤籍华人社团的发展趋势

尽管欧洲粤籍华人社团在住在国和中国之间扮演着重要的角色并发挥着重要作用，且取得了很多重要的进展，但仍存在一些不足之处。

一、传统社团欠缺活力

欧洲粤籍华人传统社团随着成员年纪增加，成员的老龄化现象比较严重。尤其是老侨，即使在欧洲工作、生活多年，但长期局限于狭小的工作范围，工作时间长，与外界接触不多，往往是到了做不动时才退休，才有时间到外面看看，所以许多人与时代和社会脱节。加上华人个人的住处与社团会所一般相距较远，许多人无法经常到会所参加活动。因此，不少社团会所其实平时都是关着门的。传统社团的会所通常变成老侨打麻将的地方。老侨与印支难民组织的社团多数有自己的会所，会馆内多数设有佛堂，法国潮州会馆的佛堂现在还是对外开放的景点。传统社团一般是在重大传统节日期间或者换届时集会，极少开展针对青年人的活动。尽管老侨团拥有会所，但他们在争取当地政府的支持以及加强与当地政府和其他社会团体的合作方面缺乏行之有效的思路和动力，会所起不到为社会服务的作用，多数还是局限于族群的小圈子活动。

二、新老社团缺乏密切的互动

当前欧洲的广东籍新移民成为一支重要的力量，年轻人一般都熟练掌

---

① 《荷兰广东华商总会在海牙正式成立》，海外网，http：//helan. haiwainet. cn/n/2016/0630/c457049 - 30051276. html，2016 年 6 月 30 日。

握当地语言，容易融入当地的经济、文化生活，有些甚至会参与当地的政治活动，但他们基本上对老社团的活动不感兴趣。当年轻华人要参加社会活动时，一般倾向于自己组建新的社团，对加入传统社团意愿不强。当前新一代华人很多是大学毕业生，与老华侨相比，层次和起点不一样，关注的事情也不一样。青年人刚开始只关注自己事业的发展和海外创业成功与否，对加入传统华人社团的愿望不迫切，但是随着自身和社会的发展，有一定经济地位的华侨华人也希望融入当地主流社会，这时他们就意识到华人社团的作用了。华人社团可以成为他们与当地社会联系的重要桥梁和纽带，因此便纷纷组建新社团。从总体上看，社团数量增加了，但是，新社团与老社团之间缺乏密切互动，多数情况下是各自行动的。

三、不少华人社团发展乏力

由于各种原因，有的地方同时存在两个同属一个方言区或一个行政区域的团体，这必然分散力量，影响共同事业。本来人数就不是很多，分立太多的社团只会造成力量的分散。而在同一社团内又常常因为领导人换届或人员更替而出现内部矛盾，造成彼此之间的撕裂。更重要的是，老社团普遍存在后继无力的困境。由于代沟及传统社团开展的活动与社会脱节、欠缺时代特点等原因，传统社团对青年人缺乏吸引力，青年华裔很少入会，致使社团老龄化。比如法国印支华人的社团组织，其后继无人的困境现在很明显，即使是法国粤籍华人社团潮州会馆也是如此。

四、华人社团普遍经济来源不足

虽然华侨华人的产业升级明显、经济贡献有所提升，但其经济实力仍然不够强大。在英国，公布的全英 1 000 名富豪排行榜中，华人的名字寥寥无几。在欧洲，华人企业的一个明显漏洞就是可持续性较弱。欧洲的粤籍华侨华人大多从事餐饮业，而且多数经营小型餐馆，经济实力不强。粤籍华人社团多数没有自己的物业，没有可以支撑社团日常运作的稳定经济来源。社团活动经费多数要靠临时募捐，富裕的粤籍华人并不多，这对社团拓展活动内容、提升社团建设水平是极大的制约。

虽然欧洲粤籍华人社团存在不足，但未来欧洲粤籍华人社团的发展趋势还是积极和乐观的。具体体现在以下几个方面：

（1）社团活动会有更多的合作。

欧洲粤籍华人社团人数和经济实力强弱不一，多数力量不是很强。因此，在开展社会活动过程中，彼此之间的合作和配合相当重要。每逢重要活动或重大节日，都会有一批社团联名在报纸登广告或者一起出席公开活动。2016 年 4 月 5 日，荷兰广东总会举行了第 2 届理监事就职典礼，来自荷兰各地广东社团的负责人、英国和卢森堡友好社团的负责人等约 120 人参加了典礼，与会者的来源地超出了荷兰。尤其每当当地社会发生影响华人社会权益的公共事件时，华人社会一起发声更显重要和必要，这样才能更好地维护和争取当地华人移民的权益。近年来一些社团的合作初显成效。如在西班牙，为了应对当前华商在西班牙所面临的问题，当地各大华人社团召开联合会，共同采取行动，如向媒体投信阐明立场、澄清事实，积极参与当地移民局或慈善机构组织的公益活动等。同时，相互合作有利于小社团对公共事务的参与，否则，实力较弱的小社团会被淘汰。广东的地方政府对欧洲华人社团的合作也是非常重视的，例如顺德侨胞在欧洲不过 500 人左右，在英国大约 200 人，① 但顺德区政府还是积极推动在英国举办世界顺德恩亲联谊会，并最终成功在伦敦举办。这样的大型活动，确实大大加强了华人社团之间的合作。

（2）加强与当地社会的互动。

粤籍华人社团不断地融入住在国政治、经济、社会、文化等领域，未来这一进程将会继续发展和深化。出现这一趋势的主要原因是华人社会已经深刻意识到，只有立足本土，融入本土社会，才能更好地表达本族裔的诉求。在政治上，华人社团参政意识的不断高涨和行动上的勃兴已显而易见。在经济上，华人社团一方面架起了住在国和祖（籍）国之间的商业桥梁，另一方面也进一步积极发挥协助华人移民顺利融入当地社会以及与当地经济利益团体进行沟通对话的功能。在社会文化事务上，华人社团在弘扬中华文化及价值观的同时，也肩负起促进社会和谐以及种族融入的责任。因此华人社团在功能上，能够与当地社团和组织互补。2015 年 4 月成立的卢森堡广东华侨协会，首届理事会会长文华兴在成立大会上表示，要把协会建设成为广东裔侨民的贴心人和代言人，同时协会还要引导侨胞遵守卢

---

① 《情满五大洲　顺德恩亲大会走进英国伦敦》，顺德城市网，http：//www.shundecity.com/a/szsd/2014/0410/126889.html，2014 年 4 月 10 日。

森堡的法律法规，促进侨胞努力融入当地主流社会，加强广东裔侨民与各界侨胞的相互交流和学习。卢森堡广东华侨华人从20世纪60年代就到卢森堡创业，是卢森堡最早的华人移民群体。他们早期从事餐饮行业，但从第二代开始，广东华人逐渐涉及贸易、财会、房地产、金融及律师等行业。[①]事实上，但凡组织大型活动包括社团的新一届就职典礼，粤籍华人社团通常都会邀请当地政府职员和社团出席活动。如2013年3月17日，英国四邑总会馆在利物浦举办的庆祝"三八"妇女节活动，中国驻曼彻斯特总领馆职员以及当地主要侨领、华侨华人、英国友人等120多人出席了活动。[②]2017年9月10日，英国四邑总会馆在利物浦举行第18届就职典礼。中国驻曼彻斯特副总领事赖波伉俪，领事吴刚以及利物浦市长马尔科姆·肯尼迪伉俪，副市长及文化部长Wendy Simon、曼彻斯特五邑联谊会社团代表等140多人出席典礼。[③]在荷兰，由多个华人社团组成的全荷华人社团联合会与荷国文化福利部、移民局建立了密切的联系，经常就华侨华人社会共同关心的问题进行沟通，争取其理解并帮助解决。经过联合会多年的努力，现已争取到了荷兰政府主管部门每年给联合会下属的30多个会员社团下发10万元荷兰盾的会务资助费。

（3）进一步发展与中国的关系。

在国际局势处于和平发展的前提下，华人社团与祖（籍）国的跨国联系、跨国网络不断拓展和延伸。随着中国大陆新移民的增加，社团的跨国网络覆盖面将会增大，与国内的互动往来将更加频繁。在经贸领域，近年来一些海外华人商会与中国各个地区的频繁互动，也进一步拓展了社团跨国网络辐射的广度。当今海外华人社团出现了明显的商业、文化取向无一不依托于中国经济快速发展和经济全球化这一深刻背景的现象。尤其是2013年以来，中国倡导"一带一路"，为与欧洲的经贸、文化往来提供了强有力的平台支撑。欧洲粤籍华人社团与广东省的交流越来越多。2015年4月8日，由荷兰广东总会、英国广东华侨华人联合总会组成的欧洲（荷兰、

---

① 《卢森堡广东华侨协会成立》，新华网，http：//www.xinhuanet.com/world/2015-04/29/c_1115127497.html，2015年4月29日。

② 《驻曼彻斯特总领事夫人朱宇出席英国四邑总会馆庆祝妇女节活动》，中华人民共和国外交部网站，http：//www.fmprc.gov.cn/chn//pds/gjhdq/gj/oz/1206_45/1206x2/t1022409.html，2013年3月18日。

③ 《四邑总会馆第18届就职典礼》，英国四邑总会馆网站，http：//www.seeyepuk.org/18thinaugurationch.php。

英国）粤籍社团访问团一行 16 人到广州市访问考察。2016 年 8 月 30 日，英国中华工商联合会代表团林健邦一行到广东考察；10 月 12 日，比利时华商会会长、比利时广东会会长杜基和德国广东商会顾问谢革新访问广东；同月 18 日，荷兰广东总会理事代表团一行访问广东省侨办；11 月 8 日，欧洲荷比卢崇正总会代表团张挺宏一行访问广东省侨办；同月 18 日，英国东莞同乡会张富强一行访问东莞市侨联；20 日，英国曼彻斯特洪门支部盟长冯家亮、新西兰华人协会会长黄德卫一行访问致公党广东省委员会。2017 年 3 月 28 日，会长关志辉带领挪威广东同乡会访问团访问广东省侨办；4 月 10 日，西班牙王国广东（粤港澳）同乡总会会长梁豪创一行访问广东省侨办；10 月 30 日，英国广东华侨华人联合总会主席卢少芳一行访问广东省侨办，等。通过这些考察、访问，进一步加强与广东省的联系。欧洲有的粤籍华人社团甚至连就职典礼都在广州举行。2017 年 11 月 8 日，英国广东华侨华人联合总会在广州举办第 8 届委员会就职庆典，参加仪式的还有法国广东协会会长李黄国平、法国番禺富善社名誉会长方显秋等欧洲侨领。

　　跨国化的深入发展是在经济全球化和中国经济持续发展的时代背景下，欧洲粤籍华人社团未来发展的必然走向。2017 年 5 月 15 日成立的英国广东总商会是一个很好的例子。英国广东总商会是由伦敦华埠商会、英国中华工商联合会、英国商会英中企业中心、英国岭南文商总会、英国广州文化经贸协会、英国中山商会、英国顺德商会、英国中华工商联合会牛津商会、英国珠海联谊会、英国华人房地产协会、英中语言家协会、英国潮汕商会、英国深圳商会、英中妇女商会等这 15 个商协会组成的。① 其宗旨是通过这个平台，为家乡广东做实事，为发展和促进英国和中国广东省之间的贸易、投资、技术、人才和服务作出努力；加强与广东省政府和国际商会的合作，通过广东省国际商会加强与广东省省级经贸机构及广东省各市区的经贸交流和合作；积极联络与广东合作有关的英国公司，积极推介广东省及广东省各市的招商政策和营商环境，主办、协办、承办广东省及广东各市、区与英国有关的活动，组织会员成员及其公司到广东省寻求商机和合作，经

---

　　① 《广东省国际商会访问英国　与英国广东总商会签署合作协定》，"星岛日报欧洲版"公众号，https：//mp. weixin. qq. com/s？＿＿biz＝MjM5NDM2OTI3OA%3D%3D&idx＝3&mid＝2651837481&sn＝c2122b1f2a31928a28e3e1ff4de84c11，2017 年 6 月 25 日。

营和参与有关经贸的项目和活动等。① 作为第一个成果，2017 年 6 月 13 日在伦敦与来访的广东省国际商会签约成为广东省国际商会在英国的境外商会，成为广东省国际商会的海外商会成员。广东省国际贸易促进委员会会长、广东省国际商会会长林涛在发言中说："希望英国广东总商会充分团结在英粤商，发挥桥梁和纽带作用，积极搭建广东与英国经济、贸易和技术合作交流的平台，积极服务广东招商引资引智以及广东企业抱团出海，推动英国和广东在科技网络、金融等高端服务业、生物医药、能源与低碳产业、基础设施及中小型企业交流合作等领域不断深化合作，作出更大的贡献。"②

由上可知，欧洲粤籍华人社团在协同化、本土化和跨国化三大趋势中稳步成长并逐步发展壮大，正走向更光明、更进步的未来。

结 语

欧洲的粤籍华侨华人社会，在不同时期移民来源不尽相同。最初以五邑地区的移民为主，接着是以原籍广东的香港移民和美洲再移民为主，而后是以原籍潮汕的东南亚华人为主，再后则体现了移民来源的多元化，其中来自广东本土的移民数量显著增加。与其他地区的粤籍移民稍微不同的是，欧洲粤籍移民从历史的脉络看，相互之间缺乏"继承性"。因此，欧洲粤籍华人社团在吸引新移民方面遇到的困难除了有和其他地区差不多相同的原因，还有其自身独特的原因。粤籍新移民到了欧洲之后，也面临加入老社团与组建新社团的选择问题。从目前情况看，由于移民的代际差异与来源差异，新移民更愿意在原来基础上组建新社团。由于欧洲粤籍华人社团的特殊性，新成立的社团与老社团之间重复性与冲突性不是很强，相反，不少新社团填补了原来的空白，对当地华人社团起补充和加强的作用。如成立于 1985 年的英国惠东宝同乡会，由旅居英国的东莞、宝安、惠州籍华侨华人组成，创会会长是英国著名华商叶焕荣，祖籍塘厦镇。其宗旨是

---

① 《英国广东总商会在英正式成立　共同探讨英粤合作前景》，欧洲时报，http://www. oushin et. com/qj/qjnews/20170602/263834. html，2017 年 6 月 2 日。

② 《英国广东总商会成立　助推中英经贸合作》，香港大公网，http：//news. takungpao. com. hk/ world/roll/2017－06/3463311. html，2017 年 6 月 21 日。

"联络同乡感情，加强团结，维护权益和福利，继承民族优良传统，发挥互助互爱精神，推动中英友好关系，积极团结当地侨胞，关心和支持家乡建设，促进中英之间的交流与合作"。惠东宝同乡会的成立，填补了当地社团建设的空白。据不完全资料显示，在欧洲仅仅2015年以来新成立的粤籍华人社团就有卢森堡广东华侨协会、英国岭南文商总会、荷兰广东华商总会、英国中山同乡会、英国广东总商会、欧洲荷比深圳总商会暨联谊会等。而这些新社团，就像老树抽新芽一样，正在茁壮成长。

第七章

兴旺与活力
澳大利亚、新西兰粤籍华人社团

费晟 吴楠

中山大学国际问题研究院

澳大利亚与新西兰作为现代民族国家的历史并不悠久，外来移民一直被视为这两个国家发展的关键。19 世纪中期以降，澳大利亚与新西兰都形成了相当规模的华埠与华社，深度参与了两国的建设事业。但是在 20 世纪之后，由于两国都采取排斥亚洲移民的种族歧视政策，华人社会不断萎缩，举步维艰。但自 20 世纪 70 年代以来，随着两国对亚裔移民的种族主义政策，尤其是"白澳政策"的废除，移居大洋洲的华人与日俱增。近年来，随着澳大利亚和新西兰经济的稳步增长、中国对澳大利亚和新西兰合作的密切及其多元文化社会建设事业的兴起，其华人数量日益增长。华侨华人在澳大利亚和新西兰的影响也越来越大。新兴华人社团如雨后春笋般崛起，形成了澳大利亚和新西兰多元文化中不可忽视的一支力量。

第一节　澳大利亚、新西兰华人社团概况

早期华人社团的出现是早期移民海外的华人未能立足、适应、融入主流社会而借民族传统势力自保、自助、自治，谋生海外的一种必然产物。它们主要是建立在家族、村社及宗教联系的基础上。[①] 澳大利亚与新西兰华人社团的起源与发展，基本符合这一历程。

一、澳大利亚华人社团概况

据官方资料显示，最早抵达澳大利亚的华侨是麦世英（Mai Shiying）。他以随船木匠的身份于 1818 年抵达悉尼，先后从事农业和零售业。但是直至 19 世纪中叶澳大利亚兴起"淘金热"，才有大批华人背井离乡，漂洋过海抵达澳大利亚。华侨来到异国他乡，对一切都不熟悉，而且社会地位低下，再加上语言不通，没有经济基础，受到的种族歧视日益严重，在澳大利亚立足显得困难重重。中华民族历来有同舟共济、患难与共的传统。为了自我保护，华人互助共济、合谋生计，避免和当地白人或政府发生矛盾冲突，调解华人群体内部发生的纠纷，且仍然采用国内世代相袭的习惯，以宗亲、乡土和业缘为基础，汇聚同乡、同姓、同宗人士，继而建立起许

---

① 颜清湟著，粟明鲜等译：《新马华人社会史》，北京：中国华侨出版社，1991 年。

多以互助、联谊为目的的社团组织和少数秘密会社。

早期华人社团的兴起与广东独特的地理位置有关，广东临近澳门、香港，海岸线长，境内河川如织，这一地理环境十分便于开展对外交往和移民活动。且这一地区素来有对外交流的传统，鸦片战争前就已经出现了较具规模的海外移民活动。一方面，国内的生存环境堪忧；另一方面，前往海外看似充满机遇。在这样的背景下，广东地区的大量华工踏上了出国谋生的艰辛道路。因此，早期在海外谋生的大部分都是原广东地区的穷苦人民，他们也最早在海外建立了自己的社团组织。

表7-1 澳大利亚早期华人宗亲团体成立情况[①]

名称	成立时间	地点	备注
合福	19世纪80年代	新南威尔士	广东16个县
中福	19世纪80年代	新南威尔士	广东16个县
兴新	19世纪80年代	新南威尔士	广东16个县
光新	19世纪80年代	新南威尔士	广东16个县
博生堂	19世纪80年代	新南威尔士	广东16个县
公义堂	1875年	新南威尔士	东莞
保安堂	1880年	新南威尔士	中山
荫德堂	1880年	新南威尔士	中山
南番顺会馆	19世纪50年代	维多利亚	南海、番禺、顺德
四邑会馆	1854年	维多利亚	四邑
岗州会馆	1854年	维多利亚	新会

19世纪80年代以来，随着赴澳华人的日益增多，移民地域分布的扩展，职业与经济模式的变化，华人社团有了新的发展，陆续建立了许多以地缘为基础、以业缘为桥梁、以血缘为纽带的社团组织，它们在澳大利亚华人彼此扶助、相互恤救方面起了重要作用，也表现出与早期社团不同的特点。

20世纪初，西澳华人苦心经营的菜园、家具厂、洗衣店和零售店已有一定规模，成为西澳经济的一个组成部分。华人经济的发展，导致了种族

---

① 笔者根据《澳大利亚华人年鉴（2015）》整理。

歧视的现象日益严峻。团结互助、维护自身合法权益、保持民族传统文化，已成为西澳华人迫切的共同愿望。在这种背景下，1910 年，西澳华人在珀斯创建了澳大利亚第一个大型华人社团——中华会馆。西澳中华会馆成立之初，共有 260 名会员。其主要活动有：一是筹集资金，资助老弱病残者返回祖国；二是汇款回国救济广东、安徽等地的受灾贫民；三是捐款给当地的慈善机构，服务澳大利亚；四是支持孙中山推翻清王朝的革命活动。西澳中华会馆已成为当时澳大利亚华人社会中一个比较有影响力和凝聚力的重要社团。

"二战"以后，国际形势发生了巨大而深刻的变化，中国于 20 世纪 50 年代宣布废除双重国籍，鼓励华侨取得住在国国籍，与住在国人民共同建设国家。

1972 年中澳建交，澳大利亚政府宣布废除"白澳政策"，中澳关系进入了一个新阶段。20 世纪 70 年代后期，澳大利亚政府安置了大批印支华人难民。1978 年改革开放后，大批以自费留学生为主体的新移民进入澳大利亚。目前澳大利亚华人已经突破 100 万，占澳大利亚人口的 5.6%，是澳大利亚最大的非欧洲裔移民群体，新兴华人社团如雨后春笋般涌现。

庞大的华人人口和优秀的华人社区历史带动了各类社团的发展。据不完全统计，新南威尔士州正式注册的华人社团约有 260 个，如果加上未曾注册的小型社团，总数超过 500 个；而维多利亚州华人社团从 10 年前的 150 个左右增加到 2015 年的约 400 个；堪培拉正式注册的华人社团不到 20 个；南澳、西澳等地的社团若干。[①]

二、新西兰华人社团概况

新西兰华人的情况，学界和大众相对了解较少。根据官方记载，第一位中国移民是在 1842 年到新西兰的尼尔森定居的，名叫黄鹤廷（Appo Hocton）。他最初当管家，后来从事马车运输、牧场地产等行业。不过，新西兰华侨华人成批出现，还是因为南岛奥塔哥（Otago）地区的"淘金热"。1866 年，为了应对澳大利亚"淘金热"导致的新西兰人口外流问题，奥塔哥地区从澳大利亚金矿邀请了华人矿工前来开发废旧矿，从此打开了吸纳

---

① 冯小洋主编：《澳大利亚华人年鉴（2015）》，新南威尔士：澳大利亚华人年鉴出版社，2016 年，第 316 页。

华人劳工的闸门，短短一年内新西兰华人就达到了 1 219 人。[1] 以南岛为起点，新西兰华人逐步向北扩散，直到遍布全境，后续抵达的华人劳工则普遍从事农牧业、家政服务业以及小商品零售业。但是由于新西兰整体的经济体量有限以及其后推行歧视华人的移民政策，华人移民的规模在 19 世纪 70 年代后的近 80 年里一直维持在 4 500 人左右。[2]

新西兰最早的华人社团是依据乡缘建立的，随后也有同行业互助会以及针对时局成立的团体组织。这些自发形成的组织大体在 19 世纪 80 年代已有雏形，但直到 20 世纪初才开始活跃。主要有洪门致公堂（1907 年）、新西兰中华会馆（1909 年）、冈州会馆（1921 年）、东增会馆（1926 年）、番花会馆（1927 年）、四邑会馆（1930 年）、新西兰华侨抗日后援会（1937 年）、新西兰华侨农业会（1941 年）。[3] 其中，东增会馆（东莞与增城）、番花会馆（番禺与花都）以及四邑会馆（开平、恩平、台山及新会）具有特别重大的历史意义，它们在 1935 年合并成立了"华联会"。此外，还有慈善救济功能的狮子会等。

自中国改革开放以来，新西兰华人开始增加，主要是因为来自中国大陆的移民持续增长。1986 年，新西兰华人达到 19 506 人，比 40 年前增加了 14 566 人；2001 年华侨华人已达 105 057 人，2006 年增加至 147 570 人。从 2006 年至 2013 年，新西兰华人数量增长了 16 百分点，达到 17.1 万人，占全国人口比例的 4.6%。[4] 华人主要分布在北岛、奥克兰和其他个别区域（中区、南区）。1990 年后，华人移民开始在奥克兰东区、北岸这些新城区汇聚，随后在惠灵顿、基督城、哈密尔顿等地购买新西兰学区房，因此也开始形成华人的聚居点。随着新移民的增加，目前新西兰华人社团组织在 100 个以上，其中全国性的主要有新西兰华侨联合会、新西兰华侨农业总会、新西兰中国团体联合会等。

总体来说，澳大利亚与新西兰华人社团的发展历史具有相似性，两国

---

① 《新西兰华人概况》，中国侨网，http：//www. chinaqw. com/hqhr/2014/04 – 21/1148. shtml，2014 年 4 月 21 日。

② Immigration Regulation，https：//teara. govt. nz/en/immigration – regulation/page – 6.

③ 关于新西兰华人社团最初创立的准确时间，各个社团都有不同的记载。此处说法参见宫宏宇：《从广东淘金客到谭盾——中华传统音乐文化在新西兰的传播（1865—2013）》，《星海音乐学院学报》2014 年第 3 期，第 3 页。

④ 本统计参照新西兰最近一次全国人口普查（2013 年）的数据整理而得。参见 http：//www. nzherald. co. nz/nz/news/article. cfm? c_ id = 1&objectid = 11170288。

华社都经历了从矿业城镇兴起到进入中心城市集中发展的过程，这是由澳新两国社会和经济产业发展的特征所决定的。相比较而言，新西兰华人社会中，除了同乡会，专业社团尤其是农业社团建立较早，影响力较大，这是由新西兰产业结构中农业所占比例较高这一国情决定的。澳大利亚和新西兰两国华人社团都发挥了凝聚人心、互助互利以及传承文化的功能。

第二节　澳大利亚、新西兰华人社团的特点与发展趋势

澳大利亚和新西兰华人社会历史悠久，华人社团源远流长。历经风霜，华人群体逐渐发展壮大，华人社团依旧焕发出强大的生命力，在不同的历史时期呈现出不同的发展特点。由于澳大利亚与新西兰结社门槛很低，因此许多华人社团可能在短期内就经历兴衰，另一些社团的历史跨度则逾百年。因此，澳大利亚和新西兰两国不同的华人社团在规模、主要活动、会员特点和发展模式等方面存在一定差异，但是澳大利亚和新西兰两国华人社团仍具有相似性。

一、当代澳大利亚和新西兰华人社团的类别和特点

就种类而言，澳大利亚与新西兰的华人社团主要包括地缘宗亲社团、职业类社团、科教文卫体社团、综合性社团、妇女青年老人社团、政治性社团、慈善服务类社团、宗教社团等。

1. 科教文卫体社团大放异彩

科教文卫体社团约占澳大利亚和新西兰华人社团的三成，是占比最大的一类社团。

这类社团一般以某一学科、某一专业或某一兴趣为基础，为加强华人知识分子之间的联络、增进了解、加强学术交流以及推广中华文化而创设。科教文卫体社团既从微观层面满足了各个社区的文体需求，又从宏观层面弘扬了中华文化。

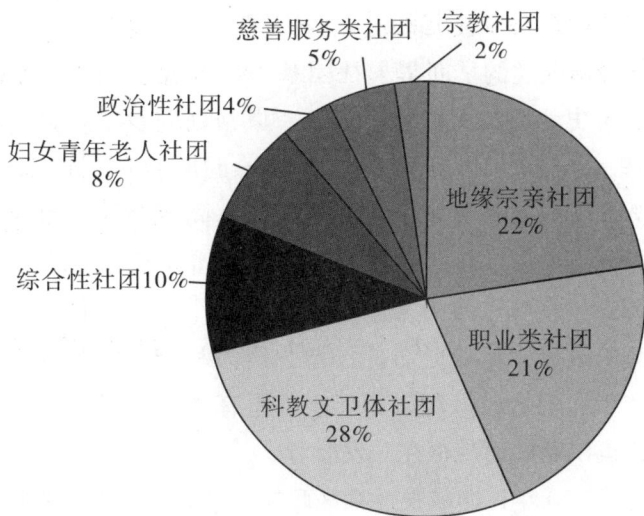

图 7 - 1 澳大利亚各类华人社团所占比例①

例如，悉尼的三大中医协会与其他各州中医协会团结协作，有效推动了澳大利亚中医注册的进程。② 澳华文联和澳中文化科技促进会是两个主要的文化类社团，他们依托当地政府的文化政策，探索出一条本土化的建设移民文化道路，每年邀请、接待中国一线文艺类团体访澳，策划组织大型文化活动，在中华文化海外传播方面作出了重要贡献。③ 在新西兰，各类中医协会也是非常活跃的华人专业团体组织，比如在 2003 年，依托奥克兰自然医学院（Auckland College of Natural Medicine）与克赖斯特彻奇自然医学院（Christchurch College）合并，成立了新西兰中医学院（New Zealand College of Chinese Medicine），在奥克兰当地获得很高的知名度，并跻身新西兰一流中医院校行列，稳固了中医在新西兰的合法地位。该医学院目前由新西兰中医药针灸协会牵头主持，对华人社团也起有利作用。

2. 地缘宗亲社团占比依旧较大

在目前的澳大利亚和新西兰华人社团中，地缘宗亲社团依旧占了一大部分，约为 22%。尤其是新移民成立的各种同乡会，与历史上遗存下来的

---

① 笔者根据《澳大利亚华人年鉴（2015）》汇总整理。

② 冯小洋主编：《澳大利亚华人年鉴（2013）》，新南威尔士：澳大利亚华人年鉴出版社，2014 年，第 302 页。

③ 冯小洋主编：《澳大利亚华人年鉴（2013）》，新南威尔士：澳大利亚华人年鉴出版社，2014 年，第 303 页。

同乡会构成了一种复杂多层次的地缘性团体群。

澳大利亚、新西兰的早期华人社团基于血缘或地缘形成，以宗亲会为主，这类团体历史悠久，大多置有产业，以帮助同乡、同族为宗旨，最早可以追溯到19世纪50年代华人大批赴澳淘金时期。早期同乡会如澳洲要明洪福堂同乡会、洪门致公总堂、澳洲雪梨四邑同乡会、澳洲东莞同乡会公义堂、澳洲增城同乡会、新西兰的东增会馆、番花会馆，均有近百年甚至超过百年的历史，会员主体为来自中国广东各个县市的移民。后来，随着华人经济状况的改善、行业分布的扩散，澳大利亚、新西兰华人逐渐摆脱了早期华人社团狭隘的地缘观念和界限，原有的宗亲同乡会组织经过多年的整合嬗变，也以新的面貌存在并发展着。

随着20世纪70年代非歧视性移民政策的确立，澳大利亚与新西兰迎来第一个亚洲移民高峰，推动了一系列新同乡会的建立。20世纪80年代成立的主要同乡会，如澳大利亚和新西兰的各类潮州同乡会以及澳洲中山同乡会等，都起到了承前启后的作用。

到20世纪90年代，随着中国与澳大利亚、新西兰关系的深入发展和中国"出国潮"的兴起，华人移民的地域来源也由广东、福建等南部沿海地区扩展到内陆的各个省市，包括藏族同胞联谊会、新疆华人协会等，吸纳了中国不同省份、不同城镇、不同民族的华人。大批新移民同乡会如雨后春笋般成立，凭借与故土千丝万缕的联系，整合两地资源，在政治、经济、文化和教育交流等方面都起到了重要的纽带作用。

3. 职业类社团占比突出

职业类社团在澳大利亚华人社团中约占21%。这类社团起着扶持、发展华人经济、交流信息等作用，往往是在澳大利亚和新西兰从事某一职业人数较多的华人为维护自身经济利益自发建立的，在促进亚裔主流化和国际交流方面都起到了不可忽视的作用。

较有代表性的职业类社团最早有由四邑华商组建的悉尼联益堂、墨尔本洗衣协成行、维多利亚州华侨家具协会、悉尼织绣公会、新西兰华人农业协会等。如今范围越来越广泛，囊括了各行各业，比如华人生物医学科学协会、亚太摄影协会、华文作家协会等。最为突出的是各大商会，如中华经贸文化交流促进会，在商界元老林辉源的领导和号召下，集合悉尼政商界诸多重量级人物，在推动澳中的贸易合作和文化交往、开展公益活动、促进两国人民友好往来等方面做了大量卓有成效的工作。[1] 又如于 2010 年 5 月注册成立的新西兰华人青年商会，是新西兰第一个专为青年华商服务的非营利性社团组织，是新华侨、新移民的代表性团体，商会遵守新西兰法律法规，积极从事促进新中两国民间的经济、贸易交流等活动。这种商会更接近现代互联网商业模式，崛起迅速，亦非偶然。[2]

4. 慈善服务类社团发挥不可忽视的作用

妇女青年老人社团和慈善服务类社团加起来约占澳大利亚华人社团的 13%。这类社团的主要活动以联谊、服务、慈善公益为主，知名社团包括澳华公会、华人服务社、澳洲华裔相济会等。其突出的特点是公益性，早期是自发服务，后期逐渐获得政府资金补贴，针对华侨华人开展包括托儿、养老和移民安居在内的各项服务，在社区中有着重要的地位。

具有典型性的如 1880 年创立的澳洲要明洪福堂同乡会。它作为同乡会性质的组织，以"造福侨胞、增进乡谊"为宗旨，是一个以在澳大利亚的广东高要、高明两县乡亲为核心的非营利、纯慈善性质机构。经过多年的不断发展，目前已有会员 1 万人。该会的特点是秉承中华文化的优良传统，格外重视和倡导团结互助、扶贫济困的良好风尚，历年来坚持不懈地积极开展扶贫赈灾、扶老济困、助学助医等慈善公益工作，且有专门的养老院，为孤寡老人提供集体赡养服务。[3] 再以澳华公会为例，成立于 1974 年，有 40 多年的历史，登记会员也达万人，面向社区提供各类服务，包括高龄家居服务、日间中心、失智症服务等。另一家著名的社区服务社团是成立于 1981 年的慈善机构华人服务社。本着"协助广大亚裔背景移民定居和融入澳大利亚社会"的宗旨，华人服务社开展内容丰富、覆盖地域广泛的一系列服务项目，每周有超过 1 800 个家庭从中获益。[4]

中澳正式建交后，华侨华人的数量日益增多，华人社会中有一些高龄老人饱受疾病的煎熬，加上语言不通、生活和饮食习惯不同，生活有诸多

---

① 冯小洋主编：《澳大利亚华人年鉴（2013）》，新南威尔士：澳大利亚华人年鉴出版社，2014 年，第 297 页。

② 《新西兰华人青年商会章程》，新西兰华人青年商会网站，http://cycc - org - nz. boeisolutions. org/article/，2010 年 7 月 1 日。

③ 《澳洲要明洪福堂同乡会》，广东侨网，http://www. qb. gd. gov. cn/ztzl2010/zxzt2010/2010cssd/csjt/201010/t20101020_ 123027. htm，2010 年 10 月 20 日。

④ 冯小洋主编：《澳大利亚华人年鉴（2013）》，新南威尔士：澳大利亚华人年鉴出版社，2014 年，第 296 页。

不便。考虑到这个问题，澳华公会于 1978 年筹备成立澳华疗养院基金，后经社会各界的华侨华人踊跃支持，澳华疗养院在悉尼落成，为老华侨华人服务，使更多的华侨华人晚年生活更加幸福。澳华疗养院基金会属下现有三间疗养院，分别为爱尔活区的周藻泮疗养院、宝活区的陈秉达疗养院及好市围区的钱梁秀容疗养院，总计 160 多个宿位，为华裔长者提供优质高龄住宿服务。[①]

与政府的密切合作使得社区服务类社团具有特别强烈的主流化意识，它们不仅积极推行各类改革措施，提高机构治理水平，使社团走向正规化和制度化，还作为华裔社群的代表，活跃于各级政府之间，在影响华人的各项事务上发挥自己的作用，成为主流社会和华人社区之间的重要桥梁。

5. 政治性社团现实意义重大

就参与当地社会的政治活动而言，尽管澳大利亚和新西兰华人社团在规模、主要活动、会员特点和发展模式等方面有着相当的差异甚至矛盾，但是它们普遍具有的特点是不够热衷甚至不关心当地政治活动，尤其是议会选举。1909 年成立的中华会馆，章程规定其宗旨为：联络侨民团体；沟通华侨情谊，互相扶助与排难解纷；推进华侨智识，拟设英文夜课。要求华侨商贾热心公益及社会之进化，不涉党派和宗教、政治。这首先与华人社团建立的初衷有关。华人社团主要活动是维护经济利益、互助互利、联谊乡亲以及自授中文，其功能集中在自保生存与固本培根之上。

除了在辛亥革命与抗日战争中，华人社团出现过以民族主义政治目标为统一指向的大规模募捐和宣传行动，其他时候基本不关心政治议题。华人政治社团的数量在第二次世界大战后日趋减少，目前约占 4%。但是随着华人移民数量在最近三十年的迅猛增加，华人政治参与度不断提高，进步的华人政治团体也有所增加。例如华人在澳大利亚和新西兰参与促进中国国家统一以及推动中澳、中新政治交流的活动，代表性社团有澳洲中国和平统一促进会（简称"澳洲和统会"）和澳大利亚华人团体联合会。澳洲和统会与新西兰和统会都在 2000 年创会，自成立以来一直活跃在全球反"独"促统运动的前线。[②] 澳大利亚华人团体协会则团结了悉尼的 150 个社

---

① 《澳洲华人疗养院迎来 24 周年庆 为无数华人提供服务》，中国侨网，http://www.chinaqw.com/hqhr/2016/11-02/110815.shtml，2016 年 11 月 2 日。

② 冯小洋主编：《澳大利亚华人年鉴（2013）》，新南威尔士：澳大利亚华人年鉴出版社，2014 年，第 297 页。

团，在维护华人社区利益和推动澳中友好关系方面形成统一的立场和行动方针。澳大利亚华人团体协会每年举办的中国农历新年和澳洲日庆贺晚会，均受到中澳两国政要的重视和支持。① 约于 2012 年，澳大利亚华人总工会依托澳大利亚工党的支持，开始积极投身于维护华人利益的政治活动中，包括在 2015 年举办了声势浩大的淘金华人矿工公祭活动。2017 年工会主席陈青松接受工党提名参加堪布兰市（Cumberland）格兰围（Granville）选区市议员选举。

二、当代澳大利亚和新西兰华人社团的地域分布特点

就地域分布而言，澳大利亚的华人社团主要分布在新南威尔士州和维多利亚州，其他州也有，但数量较少，中心城市往往是华侨华人社团比较集中的地区。

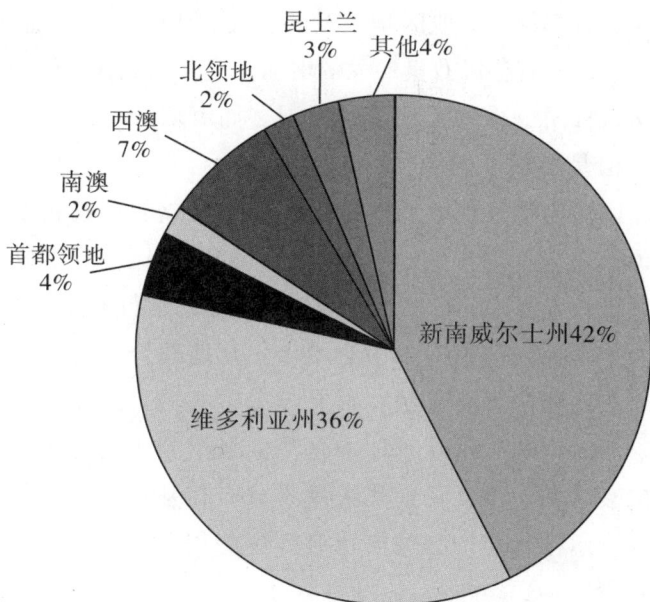

图 7–2　澳大利亚华人社团地域分布情况②

---

① 冯小洋主编：《澳大利亚华人年鉴（2013）》，新南威尔士：澳大利亚华人年鉴出版社，2014 年，第 297 页。

② 笔者根据《澳大利亚华人年鉴（2015）》汇总整理。

1. 新南威尔士州占据四成比例

新南威尔士州有澳大利亚最著名的大都市悉尼，悉尼大都市圈具有悠久的历史、蓬勃的多元文化和成熟的商业环境。同时它又是世界知名的移民门户城市，吸纳了全澳五分之一以上的移民。[①] 多种文化的碰撞、整合和交融，造就了悉尼城市建设的国际化视野、兼收并蓄的文化氛围和繁荣的少数民族社区。从澳大利亚华人定居史的角度来看，新南威尔士州具有不可取代的枢纽地位，其华人总数、社区历史、社团发展以及华人的经济政治影响力都堪称澳大利亚各州之最。

2. 维多利亚州占据近四成比例

维多利亚州作为澳大利亚面积最小的大陆州，却成为澳大利亚人口最密集、农牧业生产最发达的一个州。维多利亚州的华人社团从 10 年前的 150 个左右增加到 2015 年的约 400 个，有些来自统一地区的华人社团，从原来的一两个增加到现在的五六个，增加了数倍。[②]

3. 西澳、首都领地等地区亦有进展

有关西澳、首都领地等地区华人社团的记载相对较少，总共占比约为 22%。但近年来，随着移民数量的大幅增加，澳大利亚各州的华人社区不断充实扩展，华人社团也得到了长足的发展。如堪培拉正式注册的华人社团不到二十个，但是囊括了同乡会、学生会、综合服务型机构、商会、华文教育机构、新闻机构和其他业缘性组织，这种构成能有效涵盖华人社区各方面的利益诉求。与悉尼、墨尔本等国际大都市相比，堪培拉独有的小城镇环境更有利于形成紧密的社区纽带和团结协作的运行模式。

而新西兰华人社团则集中于中心城市。其地理分布目前呈现出集中于北岛的状况，主要存在于奥克兰、惠灵顿等中心城市。在南岛，奥塔哥地区的达尼丁、西海岸的尼尔森等地本是华人最早到达的地区，但是随着矿产业及农业的衰落和转型，目前华人基本分布在基督城等中心城市。此外罗特鲁阿、汉密尔顿等非中心城市也有零星的华人社团分布，但与其他华人组织交流较少。

---

① 冯小洋主编：《澳大利亚华人年鉴（2013）》，新南威尔士：澳大利亚华人年鉴出版社，2014 年，第 295 页。

② 冯小洋主编：《澳大利亚华人年鉴（2013）》，新南威尔士：澳大利亚华人年鉴出版社，2014 年，第 316 页。

三、澳大利亚和新西兰华人社团的发展趋势

海外侨胞对祖国有天然的归属感和家乡情结，具有深厚的情感基础。在大陆移民尤其是技术移民不断增多的基础上，澳大利亚与新西兰华人与其他海外华侨华人一样，绝大部分都对中国具有强烈文化认同感，对于中国发展取得的成就也积极关注。从历史上看，澳大利亚和新西兰华人社团曾积极参与中国的革命与建设，包括筹集资金资助老弱病残者返回祖国，汇款救济贫民，捐款给当地的慈善机构，支持孙中山推翻清王朝的革命活动等。早期华人社团已经具有一定的凝聚力和影响力。

澳大利亚和新西兰华人为了生存和发展，在政治价值观和社会价值观上基本认同住在国，但在文化认同方面仍然具有比较鲜明的中华传统文化指向，中文已经成为澳大利亚第一通用外语。[1] 由于澳大利亚与新西兰都不属于地缘政治意义上的超级大国，华侨华人新移民往往也还和祖（籍）国保持比较频繁的交流和联系，澳大利亚和新西兰华人社会对中国的现状有比较及时的关注和了解，但是也有可能出现一些误解和偏见。华人新移民数量的持续快速增长、华人社会内部的矛盾和冲突、中国与澳大利亚和新西兰关系的变化以及澳大利亚和新西兰内政问题，都影响着华人社团的未来发展趋势。

1. 华人社团规模持续扩大

随着新移民数量的增加，华人社团的增长也可能呈现一种迅猛上涨态势，但是华人社团数量的增长，不一定意味着华人社会凝聚力和影响力的增强，也可能意味着华人社会代沟的加大以及组织的碎片化。以澳大利亚维多利亚州为例，这里有整个大洋洲最早建立的华人社团四邑会馆，目前已经有400多个组织，其成分和宗旨各不相同。如果去到华人集中的唐人街地区，遇到的"三个华人中就有一个是会长"。[2] 事实上，功能相同或基于乡缘建立的华人社团比比皆是，比如澳大利亚与新西兰普遍存在多个名称只有微小差别的广东同乡会、福建同乡会或潮汕同乡会。

---

① 《汉语热持续升温　普通话成澳大利亚第一通用外语》，国际在线，http：//gb. cri. cn/42071/2014/09/25/7551s4706975. html，2014 年 9 月 25 日。

② 《澳大利亚华侨华人聚会讨论华人社团合作问题》，凤凰网，http：//news. ifeng. com/a/20140522/40415477_0. shtml，2014 年 5 月 22 日。

这种情况反映出澳大利亚和新西兰华人社团有一种自创立以来就存在的问题，即团结性和凝聚力差的问题。相比之下，由于老华人社团普遍经历了比较漫长的岁月的锤炼，形成了相对完整且系统的运作制度，拥有比较稳定的会员和家族代际传承习惯，协商机制成熟，同时掌握的公共资源较多，部分成员早已在当地主流社会中具有相当的影响力，因此威望较稳固，出现一些利益分配难题时，不容易出现严重的分化。新华人社团就相对不够稳定，可持续性比较差。因为新华人社团往往由一些掌握大量私人财富的投资移民或企业家所立，他们一方面拥有较强的经济实力，能够支撑社团的活动，另一方面出于对与财富地位相当的社会声望的追求，愿意投入精力和资源来打造新华人社团。因此，部分新华人社团崛起之时往往发展非常迅猛，同时也容易与一些境况类似的同行或同乡产生竞争关系，这就容易导致社团因为领导权分配不均而分化的现象，结果可能导致部分成员"另立山头"。此外许多新华人社团的核心团队往往是依赖牢固的私人关系组建的，会长或核心领导人的个人意志与精力对社团的命运有关键性的影响。一旦领导人个人状况出现意外或者因换届等发生权力更迭，就容易出现因人废事的情况。

还有一个需要注意的现象是，新移民群体中的相当一批技术移民因为立足和谋生压力比较大，且交际圈较窄，很少与重视人际关系的商业移民产生交集。他们很少正式加入华人社团，但是并不等于缺乏组织力和群体活动意愿，事实上他们保持了依托于职业和住在地的社会交际网络，举行不定期的集体活动，客观上分散了有组织的正式华人社团的影响力。

因此需要注意的是，华人移民数量和华人社团数量的增加可能恰恰意味着华人社会力量的分散。但是面对这种华人社团分化或碎片化的倾向，华人社会是有所警觉和行动的。比如 2014 年 5 月，澳大利亚维多利亚州近百名各界社团侨领、政界领袖、学者与小区活动人士共聚一堂，就如何发挥华人社团积极合作、团结向上的精神，克服华人缺乏凝聚力的问题，进行了研讨和磋商。这个论坛由四邑会馆发起，新金山中文图书馆举办，维多利亚州联盟党议员麦克·吉德勒（Michael Gidley）到场参会。可以相信，相当一批华人社团尤其是新社团可能在昙花一现后就走向沉寂，同时进一步的整合工作也会持续跟进，功能相近的社团完全可能在面临较大的共同危机或者社团领导层大批更迭后走向新的融合与整合。许多社团需要在经历一种平稳的人事更迭之后，才能被证明是拥有相当强的生命力的。

2. 新老社团的此消彼长可能加速

澳大利亚与新西兰是传统的移民国家，但是因为 20 世纪长期执行种族主义政策排斥华人移民，华人社团的成分和历史因革差别甚大，这使得新老华人社团之间的隔阂甚至矛盾一直是无法回避的问题。随着新移民的不断涌入，两者之间此消彼长的态势可能加速。

老华人社团往往拥有比较明确的谱系传承，成员比较稳定，移居澳大利亚和新西兰的历史较长。老华人社团成员的认同其实比较复杂，一方面，他们的身份背景相对接近，以小资本家为主，兼有专业人士如律师和医生等，但主要还是面向华人社会。如果是华人二代或移民后代，往往在社会价值观和世界观方面也与欧洲裔的移民群体保持较多共识。另一方面，老华人社团成员对中华传统文化的认同和传承较为自觉，能够通过定期的团拜、公募和祭祀活动维持凝聚力，部分老华人社团还可以通过修建关帝庙或佛寺等场所或出租会所的场地获取组织活动的经费。但是，老华人社团老龄化问题严重，尤其是骨干成员虽然拥有较高的社会地位和公共知名度，但大多年事较高，与年轻人代沟较大，而且由于老华人社团和会馆熟悉、擅长的活动对年轻人缺乏足够的吸引力，因此老华人社团能吸收的新鲜血液不足，特别是缺乏现代的群体性消遣活动。比如老华人社团往往更多地提供卡拉 OK 及麻将这样的娱乐设备，还有部分老社团以演绎华南地方戏曲作为主要的文娱形式，对地域背景更多样化的新一代移民缺乏吸引力。更重要的是，老华人社团自视更熟悉澳大利亚与新西兰社会的各项制度而习惯于将自己作为当地华人社会的主要代表，对个性更强的新华人社团容易流露出不屑与不满。

新华人社团往往数量较多，成员的背景比较复杂。由于面临较大的生存压力，新华人社团成员活动往往出现分化。一方面，特别是部分经济实力较为雄厚的新移民有可能急于追求符合自身期待的社会地位，在组织华人社团和吸收成员时破坏了老华人社团的成员招募规则，对老华人社团缺乏敬意，甚至有所冒犯。另一方面，一些新移民因为对澳大利亚和新西兰当地法律和习俗了解较少，较多地保留着国内的生活和处事习惯，结果可能引发一些不必要的民事纠纷甚至违法问题，损害华人移民的整体形象，招致老华人社团的不满。比如一个突出的问题表现为，在参与当地政治选举活动时，老华人社团为了防止分散选票，往往推出一个被视为能够代表华社利益的候选人，同时压制其他可能的候选人，但新华人社团则希望推出更多候选人，根据各自实际活动能力进行选举，不一定只推出一个候选人。这就很可能引发矛盾，甚至引起华人社团的相互攻讦。在赢得中国国内认可，争取国内外交、侨务以及统战部门资源的时候，新老华人社团也容易出现矛盾。

第三节　澳大利亚、新西兰华人社团对中国外交的意义

华人社团在中国与澳大利亚和新西兰的关系上具备传递信息和思想的独特优势，是联系中澳、中新交流的重要纽带，尤其是对中国的公共外交具有重大意义。因为公共外交的核心是信息和思想的跨国流动。[①] 从传统上看，澳大利亚华人社团在介绍中国政治、经济、社会发展成就，传播和弘扬中华文化，推动双边友好交往方面一直具有传统优势，近年来对提升中国国家形象也起特殊作用。

一、澳大利亚和新西兰华人社团的公共外交功能

公共外交的目标函数由低到高依次为知晓度（知名度或认知度）、美誉度、认同度。知晓度（知名度或认知度）是公共外交的首要目标，也是实现其他目标的前提和基础。如果没有一定的知晓度，就谈不上赞赏和认同，对目标国开展公共外交最直接、最初始的目标就是让对象国民众认识了解自己，通过与其联系密切的华人群体或华人社团的介绍从而更容易被主流社会所接受。[②] 国家形象是一个国家展示给外界的象征符号，它可以给公众带来对于这个国家的整体认知和综合评价，而澳大利亚和新西兰华人社团在中国形象传播和建构中发挥着独特的作用。总的来说，澳大利亚和新西兰华人社团在维护中国主权和国家统一、介绍中国发展的真实成就、搭建中国外交平台、提升中国软实力、维护海外华人集体利益方面具有重要影响。

[①]　Edmund A. Gullion，What is Public Diplomacy?，转引自刘贞晔：《非政府组织及其非传统外交效应》，《国际观察》2012 年第 5 期。

[②]　李亚：《马来西亚华人社团与中国对马公共外交》，华侨大学硕士学位论文，2016 年，第 32 页。

1. 维护中国主权与国家统一，搭建双边交流平台

华人社团可以通过多种形式向华社和海外主流社会介绍中国的真实情况，传递中国声音，加强住在国主流社会和民众对中国的认知，提升中国的国家形象。2008 年 6 月，针对达赖喇嘛赴澳大利亚这一事件，澳大利亚中国和平统一促进会、澳大利亚中华年组委会等多个华人社团发表了公开信，呼吁澳大利亚国会对达赖喇嘛要有真实、客观的认识和了解，对中国对达赖喇嘛的态度有所认知，不要以任何方式支持达赖喇嘛在海外分裂中国的活动。

特别值得一提的是，2016 年 7 月，针对"南海仲裁案"的结果，澳大利亚和新西兰华人社团组织了一系列座谈和游行，支持中国的立场。如新西兰中国和平统一促进总会、新西兰中国和平统一促进会、新西兰中国团体联合会等上百个华人社团在当地各大华文报纸和网站发表声明或举办座谈会，表示新西兰华侨华人及社团坚决支持中国政府对此案的原则和政策，支持中国政府关于通过直接当事国谈判协商、和平解决争端的主张。设在新西兰最大城市奥克兰的新西兰 TV33 华人电视台发起联署倡议，坚定维护中国在南海的主权，积极配合中国政府的行动，坚决反对非法仲裁。7 月 23 日，澳大利亚墨尔本的一百多个华人社团进行了一场声势浩大的游行，抗议所谓的"南海仲裁"非法出笼，支持中国政府对南海的主张，三千多名华侨华人参与了这次游行，这是澳大利亚华侨华人近年来声势最为浩大的一次游行。

除了维护中国国家利益，华人社团为中国与住在国之间的互动沟通积极主动地搭台筑桥，如以举办大型活动为契机，邀请两国高层出席，为会面和沟通创造机会，加强了双方在商界、政界、文化界等领域的交流互动，尤其是一些高水平、高层次的交流。比如 2010 年"世界华人金融精英陆家嘴峰会"在上海召开，澳大利亚华人金融专家协会是此次峰会的协办单位，该协会是银行与金融领域的高级专业协会，宗旨是为华人金融水平的普及与提高而宣传与努力，通过举办金融、法律等方面的专题讲座，促进澳中两国金融服务业的交流与合作。[①] 澳大利亚国际商会搭建了多元化的交流平台，促进中澳两国政府、民间在政治、经济、文化、教育等方面的交流与合作。比如政府间建立友好城市、行业间进行项目考察以及民间进行文化

---

① 《2010 世界华人金融精英陆家嘴峰会》，新快网，http：//www.xkb.com.au/html/cnc/shet-uandongtai/2010/0217/28144.html，2010 年 2 月 17 日。

教育培训等，为增进中澳友谊，促进中澳两国友好交往作出了一定的贡献。① 2017 年 3 月 23 日，正值李克强总理访澳，"陕西省—澳大利亚投资贸易洽谈会"在悉尼举行，这次洽谈会正是由澳大利亚国际商会主办的，以全新的姿态展现了中国积极与澳大利亚拓展投资和深化合作的大趋势。②

新西兰发展对华关系始终走在西方国家前列，创造了多个"第一"。新西兰是第一个与中国结束中国入世双边谈判、第一个承认中国完全市场经济地位、第一个与中国开展双边自贸协定谈判并签署协定、第一个加入亚洲基础设施投资银行的西方发达国家，还是第一个与中国推进自贸协定升级谈判的西方发达国家，这与华人社团代表的推动密切相关。新西兰国家党议员杨健是多个华人社团的顾问及公共活动参与者，他积极推动华人社团代表团结一致，主动参与中新双边交流与互访的活动。事实上，早在 2011 年，由部分活跃的华人团体代表推动的中新商贸交流考察团就已经开始崭露头角。比如新西兰华人华商圆桌议会组织的新西兰—纽埃商贸代表团自 5 月 25 日开始对中国进行商务访问。代表团由新西兰华人华商圆桌议会主席陈克恩率领，其成员包括新西兰前国会议长、前新西兰驻英国大使乔纳森·亨特（Jonathan Hunt）等。代表团先后访问了北京市、江西省、福建省等地，对天然乳品集团公司位于江西南丰的产品生产基地和位于福建福州的天然乳品专卖店进行现场考察，深入了解天然乳品集团在中国的总体运营情况。

2. 弘扬中华文化，提升中国软实力

华人社团是中华文化的重要载体，承担着传承和弘扬中华文化的重任。华人社团在住在国开展各式各样的文化活动，将中华传统文化呈现给当地主流社会，推动华人社团与住在国居民的良性互动，传播和弘扬中华传统文化，有助于中国软实力的建设。

澳大利亚的华人社团承担着发扬和传承中华传统文化的责任。每逢春节，澳大利亚各州政府及各级政要都会通过参加当地华人社团举办的各种新春活动和迎新宴会，向广大华人拜年。春节既是海外华人共聚一堂的日子，也是中华传统文化在澳大利亚境内大放异彩的日子。2015 年 1 月，澳

---

① 《澳大利亚国际商会简介》，澳大利亚国际商会网站，http：//www.aita.com.cn/aita－about/introduction.html。

② 《陕西省经贸团访澳 投资贸易洽谈会悉尼举办》，新快网，http：//www.xkb.com.au/html/cnc/shetuandongtai/2017/0323/189264.html，2017 年 3 月 23 日。

大利亚华人团体协会为了庆祝澳洲日和春节，在悉尼举办了"双喜"晚宴。澳大利亚各级政府和议员以及新南威尔士州一百多个华人社团共同参与了这一盛大的活动。①

2017 年，新西兰中文电视台（NCTV）在除夕夜举办了"思乡情——首届新西兰海外华侨春节联欢晚会"。在新西兰历史上，如此大规模的春晚尚属首次，也是新西兰华人社团中最大规模的春节主题文化演出。据新西兰中文电视台董事长彭明达介绍，举办晚会的目的在于以文化盛宴的形式，在农历新年为新西兰数十万华侨华人送上新年祝福，并向主流社会展示中华文化，提升华人社团在本地的影响力，推动多元文化的融合。晚会得到新西兰华裔群体及个人的广泛支持，在晚会筹备前期，许多人就通过电话、邮件、信函等形式表达对晚会的关切和期望；晚会播出后，电视台热线电话更是接连不断，众多观众表示晚会给自己带来了丰富的精神享受，让身在异乡的华侨华人感受到浓浓的年味。由于晚会融合了多元文化，打来电话的甚至还包括其他族裔观众，他们也表达了自己对晚会内容的喜爱。这种活动面向华裔和主流社会，宣扬了中国声音，推广了中国形象。

随着全球化的不断发展和中国对外开放程度的加大，中国与世界沟通的渠道越来越多，世界对中国的偏见逐渐减少，但语言的差异始终是中国与世界沟通的一大障碍。孔子学院作为中国推行公共外交的一张重要名片，一方面通过汉语教学帮助世界了解中国，另一方面则向世界宣传"中国梦"，以期让世界更加了解乃至认同中华文化。澳大利亚共 14 所孔子学院，新西兰共有 3 所孔子学院。基于类似模式的孔子课堂设在中小学，在澳大利亚共有 67 个。2007 年 12 月，澳洲孔子研究会捐造的首尊孔子标准像在新州落成。该研究会成立六年来，已在澳大利亚、英国、奥地利等地捐造了 17 尊孔子像。2009 年 9 月，澳洲孔子研究会与澳洲福建会馆、悉尼大学孔子学院等共同主办了首届澳洲孔子文化节。该协会秉承"传承中华文化，弘扬和谐理念"的宗旨。②

除了响应中华文化海外传播工作，华人社团也积极组织华裔青年寻根问祖活动。中华优秀传统文化是中华民族的共同文明遗产。从 1995 年开始，

①《多项活动庆新春　悉尼华人欢欣过年选择多》，新快网，http：//www. xkb. com. au/html/news/zuirehuati/2015/0206/143287_ 2. html，2015 年 2 月 11 日。

②《澳洲孔子研究会在世界各地捐立 17 尊孔子圣像》，中国新闻网，http：//www. chinanews. com/hwjy/2012/08 – 20/4119112. shtml，2012 年 8 月 20 日。

澳洲侨青社就开始组织华人青年寻根团。以2001年的活动为例，华人青年学生首先到广州参加了由暨南大学主办的包括国画、书法、中文、武术等在内的课程，随后又参观了故宫、长城、兵马俑、桂林山水等风景名胜。这类活动在澳大利亚和新西兰较大规模的华人社团中都已经形成惯例，而且内容越来越细致与深入。最近的一次是2017年12月新西兰华联总会组织新西兰华裔青少年寻根团一行11人前往广州增城开展寻根活动。这些人的祖居地是新塘镇瓜岭、新街、平地、田心等地，其先辈在20世纪初远赴新西兰谋生。虽然家族几代人在新西兰生活、工作，但家中长者仍牵挂家乡及亲人。寻根活动中，新西兰华裔青少年特别到新塘镇雅瑶村前吴氏宗祠和瓜岭村宁远楼等地探访，通过走访深入了解博大精深的中华文化和中华儿女一脉相承的精神传统，记录下点点滴滴，向新西兰的亲属讲述难忘的经历。①

二、澳大利亚和新西兰华人社团参与公共外交的实例分析

林林总总的华人社团有大有小，历史有长有短，在规模、主要活动、会员特点和发展模式等方面有着巨大差异。在此选取三类具有代表性的社团加以分析，他们分别在政治、经济以及文化传播领域作出了突出的贡献。其共有的特点是制度较规范、规模较大、影响较广泛、活跃度较高。由此可以认识到在中国发展对澳大利亚和新西兰关系，尤其是在公共外交中，华人社团可以发挥的具体作用。

1. 澳洲中国和平统一促进会

海外侨胞与祖国的命运休戚与共，祖国的和平统一是海外侨胞的坚强后盾，是他们在海外获得尊严和发展的基础。近年来，"台独""藏独""疆独"等分裂中国的势力在海内外日益猖獗，世界各地的华侨华人联合起来，开展了声势浩大、形式多样的反"独"促统活动，纷纷成立反"独"促统组织，打击各种分裂势力的嚣张气焰，充分体现了华侨华人的凝聚力及强烈的爱国主义热情。可以看出，海外侨胞是促进祖国和平统一的一支重要力量。

2000年，澳大利亚和新西兰分别成立了和平统一促进会。澳洲和统会的性质是由支持中国和平统一的侨居澳大利亚的各界人士自愿结成的一个在澳大利亚政府注册的全国性、非营利性的社会组织。在1972年中澳两国

---

① 《新西兰华联总会青少年回新塘寻根》，广东侨网，http：//www.qb.gd.gov.cn/xgbd/201712/t20171215_ 910299.htm，2017年12月15日。

建交的联合公报中，澳大利亚政府明确表示"承认中华人民共和国政府是中国的唯一合法政府，承认中国政府关于台湾是中华人民共和国的一个省的立场"。2009 年，在中澳联合声明中，澳大利亚政府"重申其在《中澳建交联合公报》中关于台湾问题的'一个中国'立场"，并确认"1972 年以来澳历届政府的一贯立场，即澳在包括涉及西藏、新疆等问题上尊重中国主权和领土完整"。① 澳洲和统会就是致力于推动和落实澳大利亚政府的这一外交政策和政治主张的。其宗旨是：高举和平发展、和平统一的旗帜，团结旅澳及海外华侨华人，推动中国海峡两岸的民间交流和往来，推动澳中两国友好关系进一步发展，促进亚太地区和世界的和平发展。澳洲和统会的主要任务是：①广泛联系海外华侨华人及相关社团，促进两岸的交流和合作，共同推动中国和平统一大业；②促进和加强澳大利亚同中国以及世界各地区的交流，发挥民间社团的桥梁作用；③推动和实施有助于澳中两国关系发展的扶贫计划和慈善事业；④在实现上述任务时，统一策划和协调各分会的活动。②

　　澳洲和统会自成立以来，组织召开了一系列旨在反对分裂中国、促进和平统一的主题会议以及参访活动，并发表相关声明，收到了良好的效果（活动内容参见表 7 - 2）。此外，该组织也能充分发挥海外华人社团专业人士的特殊作用，在关注和支持台湾、西藏等地经济建设发展的同时，通过访问、义诊、展会等多种形式加强与台湾等地的联系。

　　2002 年 4 月，邱维廉会长率领澳洲和统会访问团访问了西藏、香港，并同林芝县签订协议，由澳洲和统会向林芝县泥池村捐赠人民币 30 万元。邱会长说："我们为西藏建设作一点微薄的贡献，是想帮助西藏人民发展经济，提高人民生活，以此来反对'藏独'。"③ 2006 年 9 月，为帮助新疆贫困地区的白内障患者重见光明，澳洲和统会的品牌活动"侨心光明万里情"来到了新疆南部和田地区，为患者进行复明手术。④ 这类义诊活动是白求恩

---

　　① 黄向墨：《澳洲和统会要当好澳中两国和平与友谊的使者》，网易，http：//money. 163. com/16/1221/13/C8QGJ58S00254TI5. html，2016 年 12 月 21 日。

　　② 《澳洲中国和平统一促进会简介》，澳洲中国和平统一促进会网站，http：//www. acpprc. org. au/schinese/jin. asp。

　　③ 《邱维廉会长率团访问中国三地》，澳洲中国和平统一促进会网站，http：//www. acpprc. org. au/schinese/jinqi/chinavisit02. html。

　　④ 《澳洲中国和统会组织赴新疆义诊受到各界鼎力支持》，腾讯，http：//news. qq. com/a/20060801/001040. html，2006 年 8 月 1 日。

国际人道主义崇高精神的延续和发展，在中国以及澳大利亚社会、国际社会上都产生了影响，受到好评，医疗队成员本着人道主义及慷慨奉献的精神无偿奉献爱心，使那些因为穷困而看不起病的白内障患者重见光明。2009年8月，台湾南部遭受五十年来最猛烈的台风"莫拉克"，澳洲和统会联合西区华人社团组织了"悉尼华人联合赈济台湾风灾筹款委员会"行动，将逾20万澳元善款转交慈济会，帮助受灾灾民，表达了海外华侨华人与台湾同胞血浓于水的深厚感情。①

事实上，澳洲和统会在每一个危及中国国家领土和主权完整的重要关头都能挺身而出，发表声明，反对海内外分裂势力。2009年7月5日，中国新疆乌鲁木齐市发生打砸抢烧严重暴力犯罪事件后，澳洲和统会第一时间强烈谴责了"疆独"分裂分子的暴力犯罪行为。荣誉会长周光明表示，海外华侨华人相信，这起暴力事件不会动摇和破坏新疆民族的团结、和谐。"疆独"分子不可能改变新疆稳定发展的趋势，更不可能达到分裂中国的罪恶目的。稳定是福，动乱是祸。一个稳定、强大、和平、统一的中国，不仅是全体中国人民之福，也是包括海外华侨华人在内的世界人民之福。②2009年7月22日，"藏独"分子对中国驻悉尼总领事馆进行暴力冲击，造成财产损失和人员受伤，澳洲和统会暨广大澳大利亚华人社团对这类倒行逆施的暴力行径义愤填膺，发表声明强烈谴责：和谐相处是国际社会的总趋势，安居乐业是中华各族人民的共同愿望。澳大利亚华侨华人生活在一个友好、平稳、安定、多元的社会中，而"藏独"分子以"民主、自由、人权"的幌子冲击中国驻悉尼总领事馆，损害了中国外交领事机构的安全和尊严，也是对包括六千万华侨华人在内的海内外中华儿女尊严的侵犯和损害。在事关国家主权、领土完整的大是大非问题上，海内外中华儿女历来是团结一致的，具有强大的向心力和凝聚力。③事后，澳洲和统会发布《告全澳华人青年书》，号召在澳大利亚的爱国华人青年承担历史责任和使命，把爱国热情转化为实际行动。

在维护中国海洋领土完整以及海上权益的活动中，澳洲和统会也是重

---

① 《澳洲和统会和西区华社赈济台湾风灾善款交慈济会救助灾民》，澳洲中国和平统一促进会网站，http：//www. acpprc. org. au/schinese/jinqi/2009/twzjyijiao09. html。

② 《强烈谴责"疆独"分裂分子7·5暴力犯罪事件》，澳洲中国和平统一促进会网站，http：//www. acpprc. org. au/schinese/jinqi/2009/fanjdcon09. html。

③ 《澳洲和统会联合华人华侨社团发表声明强烈谴责"藏独"分子冲击中国驻悉尼总领事馆》，澳洲中国和平统一促进会网站，http：//www. acpprc. org. au/schinese/jinqi/2015/shengmingJul15. html。

要的参与者。2012 年后，在澳洲和统会的网站首页上，有一个显著的声明："坚决支持中国捍卫钓鱼列岛主权——大洋洲中国和平统一促进会和澳大利亚中国和平统一促进会与五大洲各主要华人社团共同联署发起严正声明"。2016 年 7 月 12 日，菲律宾公布了严重损害中国领土主权和海洋权益的所谓"裁决"后，澳洲和统会即刻发出严正声明：我们坚决反对菲律宾单方而提起"南海仲裁案"，坚决反对仲裁庭强行进行的仲裁，我们坚决支持中国政府采取不接受、不参与、不承认、不执行的立场。中国政府的声明有充分的国际法依据，传递了国际正义的声音，也说出了包括六千万华侨华人在内的全体海内外中华儿女的心声。南海诸岛自古以来就是中国领土，"仲裁"无法否认中国在南海的领土主权和海洋权益。[1]

除了发表声明，澳洲和统会还举办了各种大会和论坛，如 2002 年 2 月 21 日，由澳洲和统会主办的"中国和平统一与世界和平全球华侨华人反'独'促统大会"在悉尼举行，来自亚洲、非洲、欧洲和南北美洲的 700 多位代表出席，凝聚了全球反"独"促统的力量，沉重地打击了"台独"势力，并把全球华侨华人反"独"促统的运动推向新高度。2010 年 8 月 6 日，澳洲和统会在新州议会大厦隆重地举办了"两岸和平发展高峰论坛"，通过发言和讨论，一致认为：两岸在加强经济交流的同时也要增强政治互信，坚决打击"台独"分裂势力，才能最终实现和平统一。[2] 此外，举办小规模的座谈会则更加频繁和灵活。如 2012 年 9 月 14 日，澳洲和统会举行"坚决支持中国捍卫钓鱼列岛主权暨纪念'九一八'事变 81 周年座谈会"，与会侨胞表示，全世界华侨华人要行动起来，与祖（籍）国人民一道，坚决维护中国对钓鱼岛的主权，为保卫中国领土完整而奋斗。[3]

澳洲和统会用各种行动向澳大利亚社会昭示，在事关中国主权和领土完整的大是大非问题上，海内外华人历来是团结一致的，具有强大的向心力和凝聚力。

---

① 《澳洲华人社团斥"南海仲裁"罔顾事实》，新快网，http：//www. xkb. com. au/html/news/aozhoushizheng/2016/0714/173808. html，2016 年 7 月 14 日。

② 《澳洲和统会十周年庆典暨"两岸和平发展高峰论坛"在悉尼召开》，中华人民共和国驻悉尼总领事馆网站，http：//wcm. fmprc. gov. cn/pub/ce/cgsy/chn/lsqw/t723108. html，2010 年 8 月 11 日。

③ 《澳洲和统会坚决支持中国捍卫钓鱼岛主权》，人民网，http：//news. qq. com/a/20120914/002091. html，2012 年 9 月 14 日。

表 7 - 2　澳洲和统会成立以来主要活动①

时间	地点	主要参与方	主题	活动形式
2000 年 7 月	悉尼	澳洲和统会 澳大利亚联邦政府 中国驻澳大利亚大使馆	成立澳洲中国和平统一促进会	会议
2002 年 2 月	悉尼	澳洲和统会 澳大利亚前总理、美前总统 中、澳外交部	2002 年全球反"独"促统大会,"呼吁大陆和台湾的同胞们为祖国的和平统一贡献自己的力量"	会议
2002 年 4 月	西藏	澳洲和统会 西藏自治区政协 林芝地委	访问西藏并捐赠 30 万元,"帮助西藏人民发展经济,提高人民生活水平,以此来反对'藏独'"	访问
2002 年 4 月	香港	澳洲和统会 香港特别行政区政府 中联办	访问、交流	访问
2005 年 11 月	马尼拉	澳洲和统会 大洋洲和统会 菲律宾和统会	第 2 届中国和平统一亚洲论坛,为两岸关系稳定发展积极献计献策	会议
2006 年 1 月	悉尼	澳洲和统会 中国驻悉尼总领事馆	举行"江八点发表十一周年"座谈会,表示"进一步促进两岸的和平往来,保持台海形势的和平稳定"	座谈
2006 年 3 月	悉尼	澳洲和统会 中国驻悉尼总领事馆	坚决拥护"胡四点",反对陈水扁"终统"行径,表示"团结广大的澳大利亚华侨华人,致力于捍卫中国国家主权和领土完整"	座谈
2006 年 3 月	悉尼	澳洲和统会	纪念《反分裂国家法》发布一周年座谈会	座谈

---

① 本表由笔者根据澳洲中国和平统一促进会官网资料整理而成。

时间	地点	主要参与方	主题	活动形式
2007 年 9 月	悉尼	澳洲和统会 大洋洲和统会 澳大利亚华人团体协会	澳大利亚华侨华人强烈谴责陈水扁"台独"行径	集会
2009 年 11 月	悉尼	澳洲和统会等 60 个华人社团	60 个华人社团联合在华文报纸上发表声明——《"藏独"卖国天怒人怨》，对达赖喇嘛即将窜访澳大利亚进行"藏独"分裂的恶行与走向，表示强烈愤慨并将坚决进行抵制	发文
2009 年 12 月	悉尼	澳洲和统会等 8 个华人社团	举行"反分裂大会——向达赖说不！"集会	集会
2012 年 11 月	悉尼	澳洲和统会 香港特区驻悉尼经贸代表处 中台办	举办"两岸四地关系论坛"	论坛
2014 年 6 月	悉尼	澳洲和统会	举办两岸侨胞联欢晚会，"让海外侨胞为两岸的和平发展作出更多的努力与贡献"	晚会
2015 年 7 月	悉尼	澳洲和统会联合华侨华人社团	发表声明强烈谴责"藏独"分子冲击中国驻悉尼总领事馆	发表声明
2015 年 7 月	悉尼	澳洲和统会	和统会青委会发表《告全澳华人青年书》，号召所有在澳华人青年坚决与一切敌对势力分裂祖国的卑劣行径斗争到底	发文
2016 年 8 月	西藏	澳洲和统会 新西兰和统会 斐济和统会 西藏自治区统战部 西藏自治区政协	大洋洲和统会联合访问团赴藏考察，表示"关注和支持西藏经济建设发展的同时，继续在海外反击各种分裂势力，维护国家主权和领土完整"	访问

2. 澳中友好交流协会

澳大利亚资源丰富、技术先进，中国人口数量庞大，市场广阔，两国经济互补，合作发展潜力巨大。近年来，经济贸易方面的合作是推动中澳关系发展的重要力量，中国已然成为澳大利亚最大的贸易合作伙伴，中澳关系有着良好的发展前景。随着中国"一带一路"的深入开展以及中澳自贸协定的签订实施，两国经贸合作进入了"黄金时期"，中澳关系有了更好的发展前景。中国经济的快速发展给澳大利亚带来了很多商业机会，中澳两国的交流合作对中国的经济转型升级起到了促进作用。中国和澳大利亚要形成一个综合的、多维的、立体的经济关系，双方需要扩大在市场领域的合作，这与两国的需求和利益相符。[①] 澳中友好交流协会在积极响应中国相关战略部署的实践中积极促进中澳友好交流往来。

澳中友好交流协会（简称"澳中友协"）于 2005 年在悉尼注册成立，由侨鑫集团董事长周泽荣任会长，前外长鲍勃·卡尔任名誉会长。协会理事由澳大利亚相关政府官员与相关领域权威人士组成。周泽荣是澳大利亚著名的爱国侨领、实业家，他创立的侨鑫集团是经中国政府批准成立的首批外资企业集团之一。在投资中国发展实业的同时，周泽荣积极推动中澳两国的文化合作交流，受到两国领导人的好评和接见。可以说澳中友协是澳大利亚商界华人精英投身公共事务推动华人社团建设的典型。自成立以来，协会致力于推动中澳友好文化合作交流，特别是在政治、经贸、文化、教育、科技等领域开展了全方位、高层次的交流活动，成为中澳两国官方正式外交活动的重要补充。

澳中友协最令人瞩目的活动旨在促进中澳友好经贸交流。因为澳大利亚是一个能源出口大国，对国际市场依赖性极强，需要像中国这样的稳定资源性消费市场，而对于中国目前的市场来说，十分需要澳大利亚的技术和资源，包括农业、矿业及第三产业。

一个具有标志性的事件是从都论坛的建立。2011 年 8 月 31 日，由中国人民对外友好协会和澳中友协共同主办的"2011 中澳友好经贸交流会议"在广州从化从都国际会议中心举行。[②] 此次会议建立了中澳两国高层次的交

① 《澳大利亚华社响应"一带一路"战略 促进中澳经贸合作》，人民网，http：//world. people. com. cn/n1/2016/0107/c1002－28025847. html，2016 年 1 月 7 日。

② 《2011 中澳经贸友好交流会议在穗举行》，中国新闻网，http：//www. chinanews. com/cj/2011/08－31/3297892. shtml，2011 年 8 月 31 日。

流机制，通过会议，政府、企业、民间多个层面进行了广泛的对话。经过酝酿和经验积累，2014 年 7 月 7 日，由中国人民对外友好协会主办，澳中友协协办的"从都峰会——2014 中澳经济论坛"在广州从化区举行。包括全国政协副主席马培华、澳大利亚前总理约翰·霍华德在内的 200 多位中澳政界、商界领袖及知名企业家出席了此次论坛，就中国与澳大利亚之间经贸往来的热点、难点及疑点问题进行深入探讨，为推进中澳全面伙伴关系和中澳经贸关系的可持续稳定发展建言献策。①

　　近年的从都论坛达到了促进中澳高层交流的新层次，主题也更加凸显专业性和多样性，不再拘泥于狭隘的经贸话题。比如 2016 年的从都论坛将主题定位在城市治理问题上。2016 年 5 月 29 日，中共中央政治局委员、广东省委书记胡春华，全国人大常委会副委员长张宝文出席了从都论坛开幕式。来自世界 20 多个国家的前国家元首、政府首脑、专家学者以及商界领袖等 100 多人出席论坛。其中包括拉脱维亚前总统瓦伊拉·维凯·弗赖贝加、澳大利亚前总理约翰·霍华德、玻利维亚前总统豪尔赫·基罗加、新西兰前总理珍妮·希普利、芬兰前总理埃斯科·阿霍、韩国前总理韩升洙、坦桑尼亚前总统本杰明·姆卡帕、尼日利亚前总统奥卢塞贡·奥巴桑乔、希腊前总理乔治·帕潘德里欧、哥伦比亚前总统安德烈斯·帕斯特拉纳、罗马尼亚前总理彼得·罗曼等国际政要。本届论坛以"一带一路框架下：包容、可持续发展和可抵御风险的城市"为主题，讨论"一带一路"背景下中外城市发展面临的共同机遇和挑战，寻求最佳合作和应对措施，以建设人类美好的未来与和谐发展的城市。通过高层论坛的举办，澳中友协推动了双方政府与企业之间的广泛对话。

　　值得一提的是，澳中友协还积极支持和资助增进中澳双方相互理解的文化互动以及学术研究活动。比如 2012 年 7 月至 10 月举行的"中澳沙漠大穿越"活动是庆祝中澳建交 40 周年的重大活动之一，是一次官民同办的大型高规格国际交流项目，由中国人民对外友好协会、澳中友协主办。"中澳沙漠大穿越"是由中国、澳大利亚、新西兰和日本四国队员组成的跨国探险队，行程分为澳大利亚段和中国段，其间，队员先是穿越澳大利亚内陆沙漠，随后又转战中国西北，克服了高原反应，实现了人类有史以来的首次库木库里沙漠大穿越。此次中澳两国联手举办"中澳沙漠大穿越"活动，

---

① 《"从都峰会 2014 中澳经济论坛"在广州从都举行》，中国日报网，http：//www.chinadaily.com.cn/hqgj/jryw/2014－07－07/content_11964928.html，2014 年 7 月 7 日。

探险团队包括专家学者、沙漠知识能人、环保记者等，他们在穿越过程中对环保话题进行了热烈而深入的探讨，并进行了全方位的宣传，希望借此唤起公众的环保意识，互相交流并学习沙漠治理的方法。中澳双方在此次"中澳沙漠大穿越"活动中不仅加深了彼此间的友谊，而且对环保问题进行了深入的探讨，取得了良好的效果。

澳中友协还积极与中山大学以及广州美术学院等珠三角侨乡地区的大学开展文化活动，特别是促成与澳大利亚相关高校如澳大利亚国立大学和悉尼科技大学的交流与合作，同时资助相关机构开展针对中澳关系研究、大洋洲地区问题研究的科研项目。比如 2012 年由中山大学澳大利亚研究中心及大洋洲研究中心联合推出的《中澳关系大趋势：利益共同体的构建与展望（纪念中澳建交 40 周年)》总共约 20 万字，书中的论文作者大多是在中国从事中澳关系、国际关系、国际经济贸易等领域研究的专家、学者。文集回顾了中澳关系 40 年的发展历程，并探讨了双边关系中的一些热点问题和存在的挑战。

2015 年以来，澳中友协推动了一系列研究和纪念澳大利亚华裔军人以及澳大利亚在华战俘的工作。比如 2015 年秋季，澳中友协与澳大利亚战争纪念馆联合举办了澳大利亚华裔军人祭祀典礼，并出版了由中山大学与澳大利亚华人历史学会合作完成的《无声的忠魂：澳大利亚华裔军人纪念》档案图册。澳大利亚外交部部长毕晓普与中国驻澳大利亚大使马朝旭出席了典礼并致辞，引起了澳大利亚国内社会的高度重视。华裔军人为澳大利亚的发展作出奉献和牺牲的历史是长期以来遭受忽视的，如今得到昭彰，意义非凡。值得一提的是，在第二次世界大战中，还有澳大利亚战俘被日军遣送至海南岛服苦役，包括著名的"海鸥支队"。为了纪念澳大利亚士兵经受的苦难，提醒澳大利亚人民不忘前事，澳中友协在海南省东方市捐资树立全新的澳洲受难军人纪念碑。

澳中友协是典型的由澳大利亚成功的粤籍华商发起、积极参与公共服务、主动致力于增进中澳关系发展的组织。澳中友协善于组织高水平和高层次的活动，尤其有助于增强中国在地区和国际事务中的影响力和感召力，是近年来比较醒目的华人社团。

3. 澳大利亚华侨青年社与新西兰屋仑华联会

澳大利亚华侨青年社（Chinese Youth League of Australia，简称"侨青社"）于 1939 年成立，成立之时正值"二战"，其成员积极为祖国筹款募捐，为抗战贡献了海外华人的力量。侨青社成立 79 年以来，作为澳大利亚华人社团的重要力量，在促进中澳关系友好发展、维护华人权益、发扬中华文化方面开展了大量工作。侨青社的宗旨是：增进澳中友谊，推动澳中文化交流，促进华侨华人福利。[①]

侨青社近年来最主要的活动是开展各式各样的文化娱乐活动，具体形式包括组织中国文艺形式的学习和演练。比如侨青社针对 5 岁至 16 岁的孩子开办中国民族舞蹈班、中国武术班，培养他们对中国舞蹈和武术的兴趣；针对 60 岁以上的老人开办了乒乓球高龄组、太极健身长者班、粤剧粤曲班，增强老人体质，丰富他们的晚年生活，弘扬了中华文化。侨青社开设的一系列中华文化课程，既受到当地居民的喜爱，也为传播中华文化打开了一个窗口。

1972 年 7 月，中澳建交前夕，中国乒乓球代表团访澳，侨青社发动悉尼华侨成立欢迎委员会，澳大利亚外交部部长应邀出席了招待会。侨青社主席郑嘉乐亲自陪同中国乒乓球代表团到澳大利亚各地进行比赛和表演，代表团所到之处受到澳大利亚各界人士的热烈欢迎。澳大利亚舆论认为，这次"乒乓外交"活动，对促进中澳建交具有重大作用，在中澳友谊史上写下了重要的一页。[②]

侨青社的体育活动和体育比赛开展得有声有色，比如颇具中华传统文化特色的醒狮武术和龙舟竞赛。历届醒狮暨武术观摩大会都是由侨青社主办的，每届观摩大会都会吸引澳大利亚各地的舞狮武术团前来竞技，观摩大会上各路舞狮艺术团各显身手，使中华武术在澳大利亚大放异彩。2008 年 7 月，在马来西亚世界醒狮锦标赛中，侨青社醒狮组取得第十名的好成绩。龙舟竞赛已成为澳大利亚最受民众欢迎的体育活动之一。2009 年 4 月，在澳大利亚龙舟协会举办的全国龙舟锦标赛上，侨青社最终以优异的成绩名列全澳十二强，其中的队员还代表新南威尔士州参加了州际竞赛，并最终赢得了冠军。[③]

举行各式文艺会演也是侨青社所擅长的。1988 年 7 月，侨青社为了庆祝澳大利亚建国 200 周年，组织了数百名华人青少年，先后在墨尔本、悉尼、布里斯班及堪培拉等地巡回表演大型舞蹈史诗——《龙腾澳大利亚》。

---

① 《侨青社简介》，侨青社网站，http：//www. cyl. org. au/main. html。
② 郑嘉锐：《澳大利亚侨青社五十五年》（六），《华声日报》，1994 年 9 月 28 日。
③ 《龙舟组战绩》，澳大利亚侨青社通讯，2009 年。

《龙腾澳大利亚》回顾了 1848 年以来华人先辈在澳大利亚艰苦创业的历程，记录了中澳两国人民友好关系的发展，歌颂了华侨华人对澳大利亚的贡献。时任澳大利亚总理霍克高度赞扬，称："《龙腾澳大利亚》极具重要的文化和历史意义，澳大利亚华人历史上第一次有这么多姿多彩并且富有想象力的表演。"①

2008 年中秋，侨青社成功举办了"香之城"中秋嘉年华，当天演出的节目包括绚丽的中华民族传统舞蹈，激动人心的醒狮，壮观的舞龙，行云流水的剑舞，美妙的民乐演奏，充满了浓浓的节日气氛。特别是新颖的粤曲大连串，描绘了独具特色的历史故事"狄青闯三关"和"嫦娥奔月"等传说。舞蹈组也初次展示了新编的傣族舞蹈《月光下的凤尾竹》和佤族舞蹈《姑娘生来爱唱歌》。②

2010 年，侨青社粤剧团主办了三次敬老粤曲活动，在 6 月 11 日"敬老粤曲欣赏会"活动上，侨青社呼吁来宾为青海玉树遭受 7.1 级地震的灾民尽微薄之力，共筹得 1 600 美元，全数捐献给灾区人民③。

不仅如此，侨青社也积极组织华人青年学生寻根团，领略多彩的中华文化。华裔学子如果只在课堂上学习有关中国的知识，难免感受不深，但在寻根之旅活动中，可以零距离观察祖籍国的发展、领略祖籍国的山水、体会祖籍国的强大、学习博大精深的中华文化。许多学子在参加寻根活动之后，会对灿烂独特的中华文明着迷，对中华文化和中文的兴趣倍增，为祖籍国的繁荣富强而深感自豪。组织寻根团意义深远而重大，澳大利亚华裔青年还可以通过与当地中学生交友互动、走入社区等多种形式，搭建起友谊的桥梁。

侨青社最初只是抗日演出剧团，后来不断发展慈善事业，传播中华传统文化。侨青社的宗旨逐渐发展成为传承和发扬中华文化及促进中澳人民友好交往。侨青社开展的舞龙舞狮、龙舟竞赛、粤剧表演等活动在悉尼很有名气，这加深了澳大利亚民众对中华文化的了解。

侨青社开展的活动不仅获得了华人的好评，也深得澳大利亚政府的赞扬。新南威尔士州前总理雷恩曾说："侨青社自 1939 年成立以来，一直将中国艺术如书法、舞蹈、国画及音乐加以发扬，不单在华人社会推广，还

---

① 郑嘉锐：《澳大利亚侨青社五十五年》（六），《华声日报》，1994 年 9 月 28 日。
② 《悉尼华埠香之城中秋嘉年华》，澳大利亚侨青社通讯，2008 年。
③ 《侨青社粤剧团活动》，澳大利亚侨青社通讯，2010 年。

吸引了不少澳大利亚人，毫无疑问，新南威尔士州的人在过去几十年里从侨青会的活动中得益匪浅，因为它将中国丰富的文化与大家分享。"① 前联邦政府总理基廷曾称赞说："侨青社的工作提供了一个光辉的榜样，充分显示了澳大利亚华人的勤奋、智慧、活力和事业，并对澳大利亚社会、文化和经济生活方面作出了贡献。"②

虽然遭遇了老龄化的问题，澳大利亚粤籍老华人社团仍然有相当的活跃度，而且也自觉坚持扮演中华文化传播者的角色。他们的优势是经受得住时代变局的考验，对澳大利亚社会传统文化和价值观的了解相对较多，是澳大利亚大众认知中澳大利亚多元文化的核心代表。博大精深的中华文化是维系中国与海外华侨华人关系的纽带。毫无疑问，老华人社团是两国文化交流的重要载体和有力推动者。澳大利亚侨青社紧跟时代步伐，团结广大侨胞，为传播和弘扬中华传统文化作出历史性的贡献，增强了澳大利亚民众对中华传统文化的认知，增进了中澳两国人民的友谊，繁荣了澳大利亚多元文化，促进了中澳文化交流。

在新西兰，"屋仑"是奥克兰的粤语旧称，作为新西兰华联支会以及奥克兰最早的华人社团，屋仑华联会的历史可追溯到1937年的华侨抗日救国代表大会。八年全面抗日战争中，新西兰华侨捐款约24万英镑，其中屋仑支会捐款4.2万镑，600多名会员平均每人捐款71镑。这是一个具有爱国精神的老华人社团。

1961年5月，屋仑华侨会所正式揭幕成立，观礼华人群众达2 000人以上。这是具有剧院表演和群体性聚会功能的场所，为后续开展中国传统文娱活动提供了平台。会所落成后，先后排演了《芙蓉仙子》《明月向谁圆》《帝女花》《牡丹亭·惊梦》以及《桃花扇》等经典粤剧，并且前往惠灵顿举行群演。自20世纪70年代以来，屋仑华联会专门成立了戏剧社、歌唱团和舞蹈团。新西兰至今是中国传统戏剧尤其是粤剧海外传播的重要对象，应该说凝聚了屋仑华联会的心血。

与澳大利亚侨青社类似的是，华裔青少年教育及华文教育一直是屋仑华联会的重要工作内容。1968年起，屋仑华联会开办华文义校，坚持至今，

① 《1985/1986青年学生文化学习寻根团》，澳大利亚侨青社通讯，1986年。
② 参见百度百科，http：//baike. baidu. com/link？url＝2mSa8yKbf6OoAML6BM_ K2KFI4v771g WrCbnxgR9mSJFSN4BFUgaAV1YAT5－IT0ZqF92xRZHYAMiVRSsYmg－hd_ SJlCr54elahVGBSNMcE1Ue THxEl1qVL2S8Hc－CQU－jY4TmDrE－ddlWvf00mnbo5a。

任何华人子弟都可入学。早期课本全部采购自香港，课程与香港学校无异，学生除自备文具外，一切费用全免。到 21 世纪初，华文学校仍然有 200 名学生，分五个班级，此外还有普通话班、英语班、书画班、象棋班、咏春拳班等，均有专人指导。[1]

2011 年 6 月 11 日，新西兰屋仑华侨会所举行盛大活动和宴会，庆祝屋仑华侨会所成立 50 周年。参加此次庆祝活动的嘉宾有来自新西兰民族事务部部长、大奥克兰市市长林·布朗（Lim Brown），中国驻新西兰奥克兰领事馆总领事廖菊华，国家党国会议员玛丽撒·李（Malisa Lee），工党国会华人议员霍建强以及一些地方政府官员、社会各界代表，共计 500 多人。会长卢亚瑟（Arthur Lu）表示，目前屋仑华侨会所在奥克兰有两个可以活动的会所，都是当年老华侨捐款买下的。这不仅为老移民，也为后来的新移民提供了一个很好的活动和交流的场所。为了使当地的移民子女能够接受和保留中国的文化，针对华侨开设的中华文化研习班是新西兰首屈一指的，比如绘画班是新西兰最大的，一共有 100 多名学员。

三、澳大利亚和新西兰华人社团参与公共外交需要注意的问题

随着全球化的深入发展和信息化的推广，公共外交的行为主体不断拓宽，非政府组织、精英群体、智库甚至个人纷纷登上公共外交舞台，使公共外交的内涵和形式不断丰富。多年来，澳新华人社团的存在与发展不仅起到服务移民社会的作用，更增进了澳洲社会对中国尤其是中华文化的了解和认知，也有助于推动中澳关系的发展。随着华人社团社会影响力的不断显现，澳大利亚与新西兰华人社团凭借自身独特的优势，成为中澳、中新公共外交的重要参与者，但在发挥越来越大作用的同时，受到多种因素和条件的限制，也存在着进一步调整和改善的空间。

首先，要认识到澳大利亚与新西兰是有种族歧视传统的国家，制度性的种族主义政策废除后，心理和文化上的排外意识并不会轻易消除。澳大利亚与新西兰是白人殖民者在亚太地区建立的所谓"新欧洲国家"，地理认同从建国伊始就比较矛盾。19 世纪中期面对开始增加的华人移民，澳大利亚奉行的政策是种族歧视以及禁止有色人种移民，这一政策深深影响华人

---

① 杨汤城口述、丁身尊整理：《新西兰华侨史》，广州：广东人民出版社，2001 年，第 73－108 页。

移民利益。"白澳政策"酝酿和正式颁行前后长达一个世纪，直到 20 世纪 70 年代中期才正式废止，这造成了澳大利亚白人移民社会对华人的固有偏见和歧视并不会轻易消除。从地缘政治层面上看，澳大利亚对中国及华人的警惕感和威胁感始终没有完全解除。在新西兰，"反华"传统相对较轻，但是历史举措与澳大利亚基本相似。华人社团在很大程度上是澳大利亚与新西兰基于族裔身份建立的社团中比较边缘的一支，政府给予的重视以及社区关怀是不够的。

其次，澳大利亚和新西兰与中国长期存在意识形态方面的对立。进入"冷战"后，澳大利亚与新中国在意识形态上是极端对立的。澳大利亚政府长期以来将中国判定为敌手以及潜在的侵略者。"冷战"结束后，这种意识形态上的不信任感并没有消除，澳大利亚主流政治人物普遍使用"民主—独裁"二元对立的分析框架看待中国的行为。

再次，基于前述两点，澳大利亚无法在政治和地区安全问题上靠拢中国，但是随着中国经济的全面崛起以及澳大利亚经济对中国市场和投资的日渐依赖，澳大利亚和新西兰非常担心甚至恐惧被中国"渗透"。在政治"反华"成为一种政治正确的扭曲氛围下，华人社团的活动尤其是一些坚决拥护中国政府立场的活动很容易被判定为是受到了中国政府的操纵。一些具有较深中国官方背景的华人社团甚至被视为中国干预澳大利亚的"第五纵队"。这使得华人社团可能日益受到澳大利亚官方势力以各种形式的干扰甚至监控，并且需要为媒体舆论的抹黑及正名斗争消耗大量精力。如果中国对澳大利亚与新西兰时不时泛起的"反华"言行表现出坚决回击的态度，可能还会加大澳大利亚华人社团的压力，尤其会造成许多老社团在是否继续公开支持中国官方立场上发生分歧。中澳、中新关系的总体向好有助于华人社团的发展壮大，但是华人社团需要做好双方关系不定期变化的准备。未来华人社团需要有更专业的媒体和高超的应对技能与有效的危机公关。

最后，华人社团本身的公共宣传与大众活动要更加注意方式和方法。华人社团在参与维护国家主权与领土完整的活动时，要注意与其他族裔的社团以及当地英文媒体的沟通，减少直接引用中国官方的口号，降低在海外直接使用中国国内媒体宣传材料的比例，多发挥华人社团成员的专业才智，尤其是应该使用符合英语语言习惯、符合澳大利亚和新西兰两国历史、能够引起当地民众文化和精神共鸣的措辞与表述，比如强调澳大利亚和新西兰两国在历史上与中国的合作，中澳、中新关系发展取得的成就，历史上华人对澳大利亚与新西兰文化的尊重与塑造，尤其是已经加入当地国籍的海外华人，要积极表现出自己能够认同和融入当地社会，接受当地的主流文化、人生观与价值观。

此外，华人社团需要认识到自己诸多活动的观众，不仅仅是中国的驻外机构或官员，不是只为了争夺中国的外事资源。华人社团自身的地位和命运，更关键的还是在于普通华人群体的认可度以及当地其他族裔民众的接受度，要多学习其他族裔社团活动的先进经验，主动与其他族裔的社会组织尤其是在澳大利亚和新西兰影响力较大的民间组织交流，联合开展活动。除了经济商贸领域和多元文化建设领域，澳大利亚与新西兰强调环境保护、性别平等以及阶级平等的社会活动是两国社会活动的主流。这些活动中，很少出现华人的身影，这是需要新老华人社团一起努力改进的。澳大利亚和新西兰华人社团在主观意识上对住在国的政治认同和文化认同还有很多未到位之处，而因为缺乏沟通与认同，澳大利亚和新西兰华人社团有时不能获得澳大利亚和新西兰政府应有的支持和必要的理解以及当地社会的包容和整体接纳。比如参政，相当一部分华人认为政治与己无关，这就不能适应现代华人政治发展的需求，也无法满足华人社团自身的权益保护需要。2016 年澳大利亚工党推举的国会华裔候选人周硕就认为，华人在政治上的影响力还远不及其他主要移民社群，与在商界、学界及其他行业的成就相比，华人在政界的影响力还远远不够。政治和个人生活息息相关。在澳大利亚不可能远离政治，一个人可以选择不直接去参选，但是没有办法脱离政治。每个人手中都有一张选票，每个人的生活，包括衣食住行方方面面，都会受到各种政策的影响。[1] 实际上，随着华人经济实力和社会影响力的增强，随着在澳华人越来越深入了解主流社会，华人需要也能够拥有更大的舞台和更多的平台表达意见和传达诉求，这也是融入主流社会、维护权益的必经途径。

四、政策建议

在中国与世界联系日益紧密的新形势下，加强中国侨务公共外交，增进住在国民众对中国的亲近感，提升中国的国际形象，是今后中国侨务工

---

[1] 《留学生到国会候选人　华人移民参政新力量》，新快网，http://www.xkb.com.au/html/news/zuirehuati/2016/0725/174404.html，2016 年 7 月 25 日。

作的重要拓展方向。中国政府要积极引导澳大利亚和新西兰华人社团提高组织领导水平，发挥华人社团在澳大利亚和新西兰社团中的主导地位，妥善解决华人社团内部存在的分歧，以理性的方式加强沟通，防止矛盾扩大。华人社团要团结一致，互助互利，才能更好地服务华人社团和发挥公共外交的作用。

首先，中国国内的舆论和政策导向需要尊重海外华人社团的具体情况，不宜将其视为工具，要在了解和尊重澳大利亚与新西兰国情的基础上，注意海外华人社团资源的使用。澳大利亚和新西兰华人社团不是一个统一的整体，而是多元性的，其结构、性质、宗旨、目标都存在较大的差异，对中国的情感依附、关注度和联系度也有所差异，因而并不是所有的华人社团都能参与到中国的公共外交中来。比如许多新兴的华人社团规模小，活动范围局限，不能为中国公共外交发挥作用；又如有的华人社团对中国大陆的认识存在一定误解，短时间内也不可能改变立场；再如有些华人社团把关注的重心放在当地社会公共事务上，与中国的联系甚少或者根本没有联系。这些都不利于澳大利亚华人社团发挥公共外交的作用。

对此，要注意侨务和外交事务的区别，尤其是要注意到一些历史比较悠久的华人团体，由于其成员大都加入当地国籍，从法律意义上讲，他们已经是澳大利亚或新西兰公民，不是中国公民。他们参与和执行中国政府的战略部署，不是义务。他们表现出对中国政府的无条件支持，反而会加大澳大利亚或新西兰社会对华侨华人社团的疑虑和担心。此外，针对具体的突发事件，尤其是涉及中国国家利益的根本性事件，华人团体的表态和集体活动应该注重规模和质量，而不是频率和数量，缺乏公众影响力的闭门活动要少，一些主旨不涉及政治领域的小型华人社团，不需要积极出头。尤其是对新华人社团要注意观察，而不是对任何主动表现的团体都立刻给予明确表态。

其次，中国国内对澳大利亚和新西兰的舆论报道也需要注意口径与分寸。对一国公共外交起制约作用的重要因素是国内公众的舆论影响，包括中国公众通过媒体宣传和网络技术等渠道发出的声音。另外，澳大利亚华人社团的传播方式还有待调整和完善。按照当代公共外交专家汉斯·塔什的说法，所谓公共外交，其本质就是"政府与外国民众进行交流的一个过程，目的是使自己本国的理念和理想、制度和文化，以及国家目标和现行政策获得理解"①，因此，要进一步调动华侨华人参与中国侨务公共外交的积极性，就有必要调整与完善传播方式。中国国务院新闻办主任王晨曾提出："许多情况下，传播力决定影响力，话语权决定主导权，时效性决定有效性，透明度决定公信度。"② 这说出了中国侨务公共外交中有效传播方式调整与完善的主要方向所在。

随着近年来传播媒介和方式越来越国际化、社会化，一方面，国际社会对中国国内极端民族主义色彩的公众舆论也越来越关注、担忧和警惕，进而间接影响到对海外华人社团的看法。在中国媒体的宣传中，除了强调自身的强大，也要对澳大利亚和新西兰的发展成就有所尊重，对他们可以持有不同意见的权力表示尊重。国内舆论应该认识到杂音泛起是一种常态，听到不同的声音不必激烈反击，要引导国民培养冷静、客观、大气的大国国民心态。另一方面，海外华侨华人社会通过血缘、地缘和商贸等与祖（籍）国有着千丝万缕的联系，国内公众舆论环境肯定会对海外华侨华人或多或少产生影响。中国内部社会矛盾和治理效果的改善，与宣扬中国国家整体的崛起是同样重要的任务和话题，应营造良好的舆论环境，做好侨务服务，特别应做好针对华人社团的解释和说明工作。

再次，要加强与重点华人社团的联系。澳大利亚华人社团数量庞大，具有多元性，并不是一个统一的整体。我国在进行公共外交时，要更多地关注那些与中国联系密切、情感依附程度较高、规模较大且有一定实力的重点华人社团，他们在澳大利亚主流社会能产生一定的影响力，可以更有效地向澳大利亚主流社会和民众推介中国，提升中国的国家形象。在重点联系华人社团的基础上，要鼓励意见领袖发挥作用。澳大利亚与新西兰华人虽然拥有选举权，但参政程度不高，华人议员很少，因此华人社团往往成为住在国政府与华人之间的桥梁和参与当地政治必不可少的媒介。政府在讨论处理华人问题诸如移民问题、教育问题时，一些有影响力的华人社团的领导人便往往成为华人代言人，他们向政府反映华人的意见和要求，争取政府采取有利于华人的政策与措施。华人社团举行活动，常邀请政府有关人士和当地政党负责人参加，加强相互了解，许多社团领导人也亲自参与政府的一些咨询活动。

---

① Hans N. Tuch. *Communicating with the World*：*US Public Diplomacy Overseas*. New York：St. Martin's Press，1990，p. 3.

② 王晨：《积极推进党委新闻发言人制度建设》，《求是》2010 年第 10 期。

可以从以下几个方面界定意见领袖：一是海外华侨华人中的后起之秀，二是海外华侨华人中的各界名流，三是海外华侨华人中的知名媒体人，四是华侨华人中非政府组织的负责人。近年来，由于海外华侨华人实力不断增强，在当地的社会地位不断提升，经济、政治、文化、科技等各个领域都涌现出一批华人精英，越来越被住在国主流社会和当地民众所关注和重视，有不少人已经融入主流并且在政界、商界、学界有较大的号召力和影响力。这些意见领袖的影响力越来越大，对住在国主流社会的了解也更加深入，因而他们是我国开展公共外交的重要对象和渠道，是我国公共外交的重要资源和财富。

对于积极走出"唐人街"或"中国城"、直接接触当地社会和当地民众的新兴华人社团和意见领袖，应该予以特别支持和鼓励。要强化向新兴华人社团灌输这种"零距离"交流的思想，因为"零距离"交流可以直接有效地加深当地民众对中国的认知和了解，提升华人形象和国家形象，增加海外华侨华人的话语权，扩大中国的海外影响，华侨华人的友好行为能够增加当地政府和民众对中国的好感，继而增加对中国的支持度和认同感。

总之，澳大利亚和新西兰华人社团在参与中国公共外交时遇到的问题，提醒我们应该关注两国华人社团所处的环境，加以引导和关怀，适时调整政策，维护华人社团的利益，更好地发挥华人社团的公共外交作用。

结　语

概括来说，澳大利亚与新西兰华人社团在凝聚海外华人群体、维护海外华人利益以及在强化华人社会活动能力方面起着重要的作用。近年来更重要的作用则是通过介绍中国国情、传递中国声音，搭建交流平台、加深合作友谊，弘扬中华文化、推动文化交往，融入主流社会、改善族群关系，加强经贸往来、促进人员交流等途径参与中国对澳大利亚和新西兰的公共外交。华人社团在提升中国国家形象、增进主流社会对中国的认知、传承和推广中华文化等方面作出了突出贡献。

作为联系中澳、中新的桥梁纽带，澳大利亚和新西兰的华人社团具备思想和信息传递的独特优势，且经受了历史的筛选和考验，成为中国对澳大利亚及新西兰公共外交的重要载体。同时，澳大利亚与新西兰其他族裔的居民通过当地的华人社团加深了对中国的了解，对构建良好的中国国家形象发挥了特殊的作用。

澳大利亚和新西兰政府推行的多元文化政策，为澳大利亚华人社团的正常发展提供了有利条件，使华人社团的运作和模式更加自由、广泛和多样化。澳大利亚和新西兰华人社团在求同存异的原则下，加强团结，敦厚族谊，在促进多元文化共同发展的同时，繁荣中华传统文化，为澳大利亚和新西兰社会竭诚贡献，为中澳、中新关系的发展发挥了积极的作用。

第八章

互联互通
粤籍华人社团的国际化

张应龙

暨南大学华侨华人研究院

在海外华人社团历史上，粤籍华人社团是国际化的先驱。1971 年，客属社团首先举办了世界客属恳亲大会，开启了粤籍华人社团国际化的时代。这种国际化的思想源于国际化大都市香港，不但客属社团的国际化起源于香港，潮州社团的国际化也是始于香港。从那之后，海外华人社团纷纷走上国际化的联合道路。进入 21 世纪，海外华人社团的国际化程度越来越高，国际化活动越来越多。

在广东三大方言群社团中，首先举办世界性恳亲大会的是客属社团，其次是潮州社团，而广府社团则要迟很多年才举办世界性恳亲大会，而且仅仅是在广东省内召开，还没有走出国门。除了三大方言群社团，还有很多地方性的社团也开展了国际性活动，广东省级的联谊活动是世界广东同乡联谊大会。

海外粤籍社团的国际化联谊大会分为三个层次：一是全省性的世界广东同乡联谊大会，二是属于不同方言群的世界客属恳亲大会、国际潮团联谊年会、世界广府人恳亲大会，三是地方性的世界中山同乡恳亲大会、世界顺德联谊总会恳亲大会、世界会宁联谊大会、世界河婆同乡联谊大会、国际深圳社团大会、世界东莞社团大会、世界惠州同乡恳亲大会、世界台山宁阳会馆（同乡会）联谊大会、世界赤溪客属恳亲大会、世界海宴都同乡联谊恳亲大会、世界丰顺同乡联谊大会、世界大埔同乡联谊大会、世界鹤山乡亲联谊大会、世界南海联谊总会恳亲大会等。以上所举三个层次的联谊大会是以我们熟知的行政级别相对而言的。事实上，在海外，华人社团在当地的影响力大小并不是按照这种行政级别来划分的，它是与它所代表的华人群体大小相联系的。

粤籍华人社团的国际化活动分成两种类型，一种是以恳亲大会、联谊大会的形式定期开展活动；一种是成立世界性的组织，如国际潮团总会等，设立常设性机构，策划和推动社团活动。这两类活动的共同特点就是轮流在世界各地举行恳亲大会、联谊大会。国际恳亲大会、联谊大会是粤籍华人社团以地缘、血缘为中心的交流活动，目的在于搭建一个国际平台，加强彼此之间的联系和合作，带动社团组织建设，培养年轻人，强化族群的文化认同感，提升社会影响力，加强与祖（籍）国的联系。

互联互通是粤籍华人社团国际化的目的和动力，粤籍华人社团的国际化大大加强了各国粤籍社团之间的联系和往来。在粤籍华人社团走上国际化道路之前，许多华人社团先在本国进行联合和统一，组成全国性的联合会、总会。在海外，往往是先成立一个地方的华人社团，然后各地成立类似的社团，最后才在全国层面上组建社团组织，即从分散走向联合集中的道路。华人社团的国际化一般经历了从全国化到国际化的演变过程。世界恳亲大会的举行，将不同地方的华人社团与乡亲聚在一起，尽管时间短暂，但一能建立彼此之间的联系，方便以后发展更大的朋友圈；二能拓展视野，吸收先进事物和经验；三能培育华侨华人对祖（籍）国的感情和认同。

随着中国国际地位的提升，粤籍华人社团在国际化进程中，以广东、以中国为中心推进自身的国际化。有的社团一开始就将世界恳亲大会放到故乡举行，有的社团则是先在海外举行恳亲大会，若干届之后便转移到故乡举办。在华人社团国际化的过程中，侨乡政府对海外华人社团的整合也起到重要的作用，这是当前粤籍华人社团国际化的一个鲜明特点。例如世界顺德联谊总会、国际深圳社团大会、世界东莞社团大会等，就是在广东地方政府的推动下成立和开展活动的。换句话说，广东对粤籍华人社团的国际化也起了重要的促进作用。

第一节　粤籍三大方言群恳亲大会

一、世界客属恳亲大会

1971 年 9 月 28 日，香港崇正总会举行庆祝成立 50 周年暨崇正大厦落成典礼，世界各地 47 个客属团体的 250 位代表应邀参加活动。在这个盛会上，与会代表认为应该将客家社团的联谊活动国际化和制度化，提议将这次活动定为"世界客属第 1 届恳亲大会"，规定每两年在世界各地轮流召开一次世界客属恳亲大会（简称"恳亲大会"）。这个提议得到与会者的大力支持。[①] 会议还通过第 2 届恳亲大会由台北中原客家联谊会主办的决议。于是，粤籍华人社团的国际化由此开始。

从 1971 年到 2017 年，世界客属恳亲大会一共举办了 29 届，平均不到两年举办一届。除了第 2 届与第 3 届的间隔时间是 3 年，其他或是两年一

---

① 石炳祥：《香港崇正总会概况》，《海内与海外》2000 年第 12 期。

届，或是不满两年一届。从 1998 年到 2000 年，连续 3 年每年举办一届，从 2002 年到 2006 年，连续 5 年每年举办一届，从 2010 年到 2015 年，也是连续 6 年每年举办一届。作为一个世界性恳亲活动，以如此频密的节奏召开规模庞大的会议是非常突出的。

世界客属恳亲大会的规模从小到大。第 1 届在香港召开时是 56 个社团的 450 人参加，当然那时情况特殊可以不计。第 2 届在台北召开，参加的社团虽然只有 67 个，但与会代表一下子增加到 2 400 名。在二十世纪七八十年代，参加世界客属恳亲大会的人数以几百人居多。但从 1990 年以后，除了 2002 年在雅加达举行的第 17 届恳亲大会只有几百人，其余的各届都是上千人。其中在广西北海举行的第 24 届恳亲大会多达 6 500 人，而在广东河源召开的第 23 届和在雅加达召开的第 26 届，都有 6 000 人参加。参加恳亲大会的社团，在 20 世纪 90 年代中期之前是几十个，1996 年在新加坡召开的第 13 届世界客属恳亲大会，参加的社团多达 130 个，人数达 3 000，规模庞大。自此以后，参加世界客属恳亲大会的社团都是在 100 个以上，最多的有 200 个。

世界客属恳亲大会只在亚洲、美洲和非洲举行过，美洲在美国旧金山举行过两次，非洲只在毛里求斯举办过一次，其余的 26 次恳亲大会均在亚洲地区举行，其中中国大陆 10 次、台湾 7 次、香港 2 次，印度尼西亚 2 次，马来西亚 2 次，其余都只举办过 1 次，如新加坡、泰国和日本。有趣的是，在 1999 年之前，中国台湾在召开恳亲大会方面起到重要的作用，在总共 14 届恳亲大会当中主办了 5 次。1999 年之后，在总共 14 届恳亲大会当中，中国大陆主办了 9 次。世界客属恳亲活动的重心向中国大陆转移的趋势十分明显。

世界客属恳亲大会在中国大陆召开时，通常与祭祖和客家文化寻根等内容结合在一起。中国梅州号称客都，1988 年美国旧金山举办第 9 届世界客属恳亲大会时，梅州派代表团到美国参加大会，这是中国大陆第一次有客家团体参加世界客属恳亲大会。1994 年 12 月，由梅州客家联谊会主办的第 12 届世界客属恳亲大会在梅州举行，这也是中国大陆第一次举办世界客属恳亲大会。此后，多地争先举办世界客属恳亲大会。中国大陆主办恳亲大会有其天然优势，尤其像梅州、河源、龙岩、赣州这些客家人集聚的地方，更是以客家人祖地、客家摇篮等为号召。例如福建三明在举办第 25 届世界客属恳亲大会时打出的主题是"根系祖地，客聚三明"，参加世界客属恳亲大会的代表被安排前往宁化县石壁村参加客家祭祖大典，在全球第一座客家人的总家庙"客家公祠"祭祀客家先祖。①

世界客属恳亲大会在举办的过程中逐步对相关问题予以完善。1973 年在台北召开的第 2 届恳亲大会提出要成立世界客属总会，意在推动世界各地客属团体的成立和发展，并通过世界客属恳亲大会的会旗和会徽图案。美国客属团体虽然只主办过两次恳亲大会，但这两次恳亲大会都作出了重要的决定，如 1978 年在旧金山举行的第 4 届世界客属恳亲大会作出决议：为保持客属传统固有语言口音，今后凡客属人士集合，均应采用客家话发言；1988 年在旧金山再次召开第 9 届恳亲大会时，大会提议各地应该尽快成立客属社团。

从世界客属恳亲大会的内容看，大会开始阶段以谈论乡情为主。1990年马来西亚沙巴客属公会联合会主办的第 10 届世界客属恳亲大会对客家文化进行专题讨论，并通过决议，要求以后的世界客属恳亲大会应增加客家学术研讨会的举办次数。1992 年，香港崇正总会促成国际客家学会成立，举办首次国际客家学研讨会。国际客家学研讨会这类学术活动以后便与世界客属恳亲大会结合起来。一般的世界客属恳亲大会在召开期间都会举行团长会议、经贸洽谈会、文化艺术展、学术研讨会、乡情报告会、客家风情小吃展、文艺表演等活动。例如 2000 年在福建龙岩举办的第 16 届恳亲大会，有开幕式、乡情报告大会、客家学研讨会、闽西族谱展、客家风情书画摄影展、书画音像制品展销、经贸展销和项目洽谈、侨建工程奠基和落成典礼、"公正在"雕塑揭幕仪式、广场联欢晚会、品尝闽西风味小吃、参观永定土楼和宁化石壁客家公祠等活动。② 2015 年在台湾新竹召开的第 28届恳亲大会，主要活动内容有世界客家文化嘉年华、世界客家民俗展演、客家文艺晚会·客家婚俗迎娶、客家山歌民谣比赛、客家美食比赛、客家民俗技艺展示、客家文化论坛等。③ 2017 年在香港举行的第 29 届世界客属恳亲大会以"世客齐心，扬帆同行"为主题，开幕式之后举行了"千帆并举迎世客"多媒体表演，会议期间还举办"客家杯"赛马、客家文化论坛

---

① 《世界客属第 25 届恳亲大会在福建三明开幕》，东南网，http：//www. fjsen. com/zhuanti/ 2012－11/21/content_9887305. htm，2012 年 11 月 21 日。

② 《国际时报》，http：//www. intimes. com. my/old/kejia/fx6. html。

③ 《第 28 届世界客属恳亲大会》，《国际日报》，http：//www. guojiribao. com/shtml/gjrb/20151017/ 239276. shtml，2015 年 10 月 17 日。

及世界客属青年高峰会等活动。

每一届世界客属恳亲大会的召开在当地都是一件重大的事件。每次召开大会时，当地领导人都会应邀出席和发表讲话。1996年在新加坡召开的第13届世界客属恳亲大会上，时任新加坡副总理李显龙到会并致词。1999年第15届恳亲大会在马来西亚举行，时任马来西亚总理马哈蒂尔参加开幕式并致辞。在印尼雅加达召开的两次恳亲大会上，印尼副总统均有到会。2017年第29届世界客属恳亲大会在香港召开，全国政协副主席李海峰和梁振英、香港特别行政区行政长官林郑月娥、外交部驻港特派员公署特派员谢锋、中央政府驻港联络办副主任何靖、国务院侨务办公室副主任郭军、中国侨联副主席李卓彬等出席开幕式。① 各地方政府借助举办恳亲大会的时机，大力整修当地的交通环境，兴建建筑物，以举办大型国际性活动来推动城市建设和城市管理走上一个台阶。如第12届世界客属恳亲大会，梅州市兴建了华侨博物馆和梅州客家文化村；第19届世界客属恳亲大会，赣州市建设了客家先民南迁纪念坛等。开封市为第27届世界客属恳亲大会专门建设了珠玑巷、守望阁作为客家祖根地的标志性建筑，② 因为开封人认为开封是客家人南迁的出发地。同时，主办地政府希望借举办恳亲大会之机建立与海外的联系，提高当地对外开放和对外交往的水平。河源市为了筹办恳亲大会，两年共投入40亿元用于基础设施建设，全面提升河源的城市形象。③ 河源市认为举办恳亲大会大大提高了河源的知名度和美誉度，奠定了河源在客家地区的历史地位，有助于河源抢占文化发展的制高点。④ 时任陕西省省长袁纯清在第22届世界客属恳亲大会上说，恳亲大会对推进陕西与海内外客属的交流与合作具有积极而深远的意义，希望更多朋友走进陕西，寻根谒祖，旅游观光，投资兴业，共谋发展。⑤ 举办恳亲大会首先要互联互通，然后谋求进一步的发展。

---

① 《世界客属第29届恳亲大会在香港开幕》，新浪网，http：//news. sina. com. cn/o/2017 - 10 - 13/doc - ifymvuys9321325. shtml，2017年10月13日。

② 《世界客属第27届恳亲大会在开封隆重开幕》，开封市人民政府外事侨务办公室网站，http：//www. ekaifeng. gov. cn/html/news/detail_2014_10/21/1140. html，2014年10月21日。

③ 《第23届世客会荣誉主席吴惠权：世客会让河源声名远扬》，河源网，http：//www. heyuan. cn/xw/20101202/50094. htm，2011年4月26日。

④ 《世客会助河源抢占文化制高点》，河源网，http：//www. heyuan. cn/xw/20101204/50151. htm，2010年12月4日。

⑤ 《世界客属第22届恳亲大会在西安隆重开幕》，《西安日报》，http：//www. xiancn. com/gb/news/2008 - 10/17/content_1469221. htm，2008年10月17日。

表 8 - 1　历届世界客属恳亲大会一览表

届别	时间	地点	主办单位	主题
第 1 届	1971 年 9 月 28 日	香港	香港崇正总会	
第 2 届	1973 年 10 月 5—8 日	台北	台北中原客家联谊会	
第 3 届	1976 年 10 月 7—9 日	台北	世界客属总会	
第 4 届	1978 年 9 月 29 日—10 月 2 日	旧金山	美国旧金山崇正总会	
第 5 届	1980 年 10 月 3—7 日	东京/大阪	日本崇正总会	
第 6 届	1982 年 9 月 25—26 日	曼谷	泰国客属总会	
第 7 届	1984 年 10 月 7—9 日	台北	世界客属总会	
第 8 届	1986 年 5 月 19—22 日	路易港	毛里求斯与留尼汪客属团体	
第 9 届	1988 年 10 月 21—22 日	旧金山	美国旧金山与五大客属团体	
第 10 届	1990 年 6 月 8—10 日	亚庇	沙巴客属公会联合会	
第 11 届	1992 年 10 月 6—8 日	高雄	世界客属总会高雄分会	
第 12 届	1994 年 12 月 6—8 日	梅州	广东梅州客家联谊会	
第 13 届	1996 年 11 月 9—12 日	新加坡	新加坡南洋客属总会	
第 14 届	1998 年 10 月 6—8 日	台北	世界客属总会	
第 15 届	1999 年 11 月 4—7 日	吉隆坡	马来西亚客家公会联合会	

（续上表）

届别	时间	地点	主办单位	主题
第16届	2000年11月19—21日	龙岩	闽西客家联谊会	
第17届	2002年11月2—6日	雅加达	印尼客属联谊总会、印尼梅州会馆、印尼客属总公会	和平开拓·迈向世界
第18届	2003年10月26—28日	郑州	河南省客家联谊会	
第19届	2004年11月18—20日	赣州	赣州客家联谊会	客家亲·摇篮情
第20届	2005年10月12—14日	成都	四川客家海外联谊会	全球客家·天府情缘
第21届	2006年10月28—30日	台北	世界客属总会	
第22届	2008年10月16—18日	西安	陕西客家联谊会	炎黄根、客家情、促和谐、谋发展
第23届	2010年11月29日—12月1日	河源	河源市客家联谊会	古邑情，客家亲
第24届	2011年12月1—3日	北海	北海市客家联谊会	南海故郡·客家情缘
第25届	2012年11月21—23日	三明	三明市客家联谊会	根系祖地，客聚三明
第26届	2013年9月10—11日	雅加达	印尼客属联谊总会	同谋客家福祉，共创社会繁荣
第27届	2014年10月17—19日	开封	开封市人民政府、开封市客家联谊会	开封，让客家人圆梦
第28届	2015年10月16—18日	新竹	世界客属总会	
第29届	2017年10月12—15日	香港	香港梅州联会	世客齐心，扬帆同行

二、国际潮团联谊年会

国际潮团联谊年会起源于马来西亚。20世纪70年代马来西亚政治经济环境特殊，促使马来西亚的华人社团思考社团的未来，这样的背景催生了社团国际化的理念，促成了国际潮团联谊年会的诞生。1981年11月18日至20日，来自泰国、马来西亚、新加坡、印度尼西亚、菲律宾、加拿大、英国、美国以及中国香港的10个代表团662名代表齐集香江，举行第1届国际潮团联谊年会。大会的主题是"敦睦乡谊，加强团结，促进贸易，发扬互助"。大会还举办了金融投资、工商贸易、促进乡谊三个研讨会，决定在香港设立国际潮团联络中心，并确定了会徽、会旗、每届开会时间。两年后的1983年，第2届国际潮团联谊年会在泰国曼谷举行，来自中国香港、马来西亚、新加坡、印度尼西亚、菲律宾、美国夏威夷、美国旧金山、美国纽约、美国南加州、英国、加拿大东区、泰国的12个代表团1 042名代表出席了大会，人数比首届多了近一倍。会议的主题是"加强联系，紧密合作，促进经济建设，推动国际贸易"。会上决定由香港潮州总会负责编辑出版国际潮团联谊年会刊物《国际潮讯》，刊载海外潮团的活动动态，加强海外潮人资讯联通。作为国际潮团联谊活动的创始者之一，1985年马来西亚潮联会承办了第3届国际潮团联谊年会。第4届和第5届分别于1987年和1989年在新加坡和中国澳门举行。在第4届联谊年会上，马来西亚代表团建议以后年会举行期间同时举办"潮州文化国际研讨会"，以汇集海内外潮人专家学者共同探讨并发扬潮汕文化。

20世纪80年代的国际潮团联谊年会以亚洲为活动阵地。到了90年代，国际潮团联谊年会首次走出亚洲，走向世界。1991年9月1日至3日，第6届国际潮团联谊年会在法国巴黎举行，来自世界各地16个国家与地区的33个代表团近千名代表出席了大会。第6届国际潮团联谊年会不但走出亚洲，而且推动了国际潮团走向世界。紧接法国巴黎的年会之后，1993年9月3日至6日，第7届国际潮团联谊年会在美国加州圣何塞市国际会议中心举行。与以往大会由一个会馆主办不同的是，这次大会由全美潮团联合主办。2007年11月2日至4日，第14届国际潮团联谊年会在澳大利亚悉尼隆重举行，来自世界各地20个国家和地区95个潮团的2 676名代表出席了大会。在国际潮团联谊年会创办34年之际，加拿大于2015年8月承办第18届国际潮团联谊年会。北美作为亚洲以外潮团的重要地区将进一步展示他们的实力。印尼的华人社团在 1998 年以后逐步复苏，如今在印尼的潮籍社团有 19 个，具备承办重要国际会议的能力。因此，2017 年 10 月 6 日至 8 日，由印尼潮州总会主办，雅加达潮州乡亲公会和印尼各地潮团协办的第 19 届国际潮团联谊年会在雅加达举行。①

从第 8 届国际潮团联谊年会开始，年会邀请中国内地官方代表出席大会，海内外潮人通过联谊年会这个平台更紧密地结合在一起，有力地推动海外潮团与内地潮团关系的发展。1995 年 11 月在香港举行的第 8 届国际潮团联谊年会有一个重要的转变，那就是接受马潮联会主席谢玉麟等人的提议，同意第 9 届国际潮团联谊年会在海外潮人祖籍地汕头市举行。这是国际潮团联谊年会成立之后首次接纳两岸潮州社团为正式代表团，并首次决定在国内举行国际年会，从而赋予国际潮团联谊年会全新的内涵。1997 年 11 月 18 日至 20 日，第 9 届国际潮团联谊年会在汕头市林百欣国际会展中心隆重举行，来自世界 25 个国家和地区的 3 255 名代表和嘉宾参会。为了彰显国际潮团联谊年会的影响力，提升国际潮团联谊年会的知名度，第 11 届国际潮团联谊年会于 2001 年 10 月 18 日至 20 日在北京人民大会堂举行，主办单位是北京潮人海外联谊会。来自全球五大洲 20 多个国家和地区的 77 个潮团代表共 3 000 多人出席了年会。中国政府对此次大会非常重视，时任全国政协主席李瑞环，全国人大常委会副委员长何鲁丽，全国政协副主席王兆国、罗豪才和北京市市长刘淇等接见全体代表并莅临年会开幕式。会议期间举行了西部大开发和北京投资环境报告会、侨情座谈会、中青年创业经验座谈会和中国民系（潮人）文化国际研讨会。

中国经济的发展不断强化海外华人与中国的关系，国际潮团与中国的关系在 21 世纪有了更加快速的发展。在北京举行国际潮团联谊年会后，第 15 届国际潮团联谊年会于 2009 年 11 月 17 日至 19 日在广州召开。这是国际潮团联谊年会第一次在祖籍地省会召开，具有特别的意义。时任中共中央政治局常委李长春，中共中央政治局委员、广东省委书记汪洋等出席了开幕式。这次大会的主题是"联谊、奉献、发展、和谐"，来自全球 27 个国家和地区的 112 个潮团共 3 500 多人出席了大会。2013 年 11 月，第 17 届国际潮团联谊年会第一次在一个与潮人关系较小的城市——武汉市举行。年

---

① 《第十九届国际潮团联谊年会在雅加达举行》，中国新闻网，http：//www.chinanews.com/gj/2017/10 - 08/8347506.shtml，2017 年 10 月 8 日。

会由湖北潮人海外联谊会主办，主题为"大潮汇荆楚，万邦展鸿图"，大气并富有想象力。来自全球138个潮团的3 500余名代表参加了此届年会。其中，国际潮团总会潮团会员达88人。

从1981年第1届国际潮团联谊年会成功举办以后，国际潮团联谊年会每两年举行一次的制度安排不管遇到什么样的环境都没有任何动摇和改变，这是非常难得的，是海外潮团共同努力的结果。三十多年来，参加年会的团体和人数不断增多，到第9届年会在汕头市举行后，参加年会的人数上了一个新台阶，此后人数虽然有变动，但基本稳定在3 000多人的规模，参加的代表团数和国家与地区数基本同步。国际潮团联谊年会原来不是一个常设机构，经过发展终于成为世界性潮团组织。在2013年第17届年会上，该组织正式改名为"国际潮团总会"（Teochew International Federation）。而早在2005年第13届年会时，已确定总会的宗旨是"团结乡亲，增进乡谊，弘扬文化，促进工商，服务社会，共谋发展。促进世界各地潮团及潮籍人士与其他族群和睦相处，共创人类文明"。第15届国际潮团联谊年会的主题强调要借助当前发达的网络科技，为潮人精神与文化、潮学研究、经贸合作、人才资本的全球性交流打造一个全新的国际平台，构建一个"全球潮起"的新局面。

表8－2　历届国际潮团联谊年会一览表

届别	时间	地点	出席人数	代表团数	代表国家和地区数	主题
第1届	1981 年 11 月 18—20 日	中国香港	662	10	9	敦睦乡谊，加强团结，促进贸易，发扬互助
第2届	1983 年 11 月 18—20 日	泰国曼谷	1 042	12	9	加强联系，紧密合作，促进经济建设，推动国际贸易
第3届	1985 年 11 月 16—20 日	马来西亚云顶高原	1 150	12	8	巩固联系，开创互惠互利新领域
第4届	1987 年 11 月 17—19 日	新加坡	1 360	19	10	发扬乡谊合作精神，促进经济文化交流

（续上表）

届别	时间	地点	出席人数	代表团数	代表国家和地区数	主题
第5届	1989 年 11 月 17—19 日	中国澳门	1 388	26	15	增强乡谊，弘扬文化，促进工商，服务社会
第6届	1991 年 9 月 1—3 日	法国巴黎	998	33	16	敦睦乡谊，弘扬文化，促进工商，造福社会
第7届	1993 年 9 月 3—6 日	美国加州圣何塞	1 118	40	19	增进乡谊，弘扬文化，推广工商，繁荣社会
第8届	1995 年 11 月 30 日—12 月 2 日	中国香港	2 102	64	23	敦睦乡谊，弘扬文化，促进工商，服务社会，培育新俊，继往开来
第9届	1997 年 11 月 18—20 日	中国汕头	3 255	86	25	敦睦乡谊，共谋发展
第10届	1999 年 10 月 17—20 日	泰国芭堤雅	2 185	53	20	情谊系乡，心联桑梓
第11届	2001 年 10 月 18—20 日	中国北京	3 000 多	77	20 多	爱我中华，敦睦乡谊，加强交流，共谋发展
第12届	2003 年 11 月 22—23 日	新加坡	2 413	74	21	敦睦乡谊，促进经济，弘扬文化，共谋发展
第13届	2005 年 11 月 29 日—12 月 2 日	中国澳门	3 065	96	24	增强乡谊，弘扬文化，促进工商，服务社会
第14届	2007 年 11 月 2—4 日	澳大利亚悉尼	2 676	95	20	敦睦乡谊，凝聚力量，和谐发展，共创辉煌
第15届	2009 年 11 月 17—19 日	中国广州	3 500 多	112	27	联谊、奉献、发展、和谐
第16届	2011 年 11 月 1—3 日	马来西亚云顶高原	3 500 多	73	25	国际潮联，全球潮起
第17届	2013 年 11 月 12—14 日	中国武汉	3 500 多	138		大潮汇荆楚，万邦展鸿图
第18届	2015 年 8 月 20 日	加拿大温哥华	3 000 多	200	80	大潮兴四海，乡谊盛五湖

（续上表）

届别	时间	地点	出席人数	代表团数	代表国家和地区数	主题
第19届	2017年10月6—8日	印度尼西亚雅加达	1 760多	200多	50	共聚海丝路，再创新辉煌

资料来源：①《第15届国际潮团联谊年会报告书》，2009年。

②国际潮团总会网站，http：//ct. chaoren. com。

三、世界广府人恳亲大会

尽管广府人很早就在海外成立社团，但作为一个整体召开恳亲大会却是在广东三大方言群中最迟的。世界广府人恳亲大会是在广府人珠玑巷后裔海外联谊会的努力下举办起来的。目前已举办的三届恳亲大会的主办地点分别在广东省的广州市、珠海市和江门市，还没有走出国门，不像世界客属恳亲大会和国际潮团联谊年会一开始就是在海外举办的。这是世界广府人恳亲大会区别于其他两大方言群社团活动的显著特征。

世界广府人恳亲大会的目标主要有三个：①高举"爱国爱乡"大旗，发挥社团优势，广泛团结、凝聚世界各地广府人的力量，用实际行动为广东的发展、为中华民族的伟大复兴、为实现"中国梦"作出努力和贡献。②传承广府文化，弘扬广府人精神。广府文化是岭南文化的重要组成部分，是广府人的精神载体，是连接世界广府人的桥梁。传承广府文化，有利于让后人不忘"异姓一家、同舟共济"的古训，让"慎终追远、开拓奋斗、包容共济、敢为人先"的广府人精神世代薪火相传。③群策群力，壮大广府文化教育慈善基金，使之进一步帮助粤北等重点贫困地区发展慈善公益事业，推动当地经济、社会、民生发展，体现广府人的爱心。同时，为党和政府做些力所能及的工作。①

首届世界广府人恳亲大会于2013年11月13日在广州举行，由广东省广府人珠玑巷后裔海外联谊会、广州市侨办等共同举办，以"世界广府

---

① 《世界广府人恳亲大会的三个目标》，广东新闻网，http：//www. gd. chinanews. com/2013/2013 – 08 – 14/2/268036. shtml，2013年8月14日。

人·共圆中国梦"为主题，来自全球近 40 个国家及地区、300 多个社团的 3 000 名嘉宾参加会议。会议的规格较高，中共中央政治局原常委李长春，时任中共中央政治局委员、广东省委书记胡春华，全国政协副主席罗富和、何厚铧，全国政协原副主席、广东省原省长叶选平，时任广东省长朱小丹等出席了开幕式。① 从第 1 届开始，世界广府人恳亲大会就举办"十大杰出人物"和"十大杰出青年"称号的评选活动。获得首届"十大杰出人物"称号的是王锦辉、邓小颖、古润金、石汉基、红线女、苏志刚、李学海、欧初、萧德雄、翟美卿。获得"十大杰出青年"称号的是古巨基、冯珊珊、李慧琼、吴杰庄、岑钊雄、余威达、易建联、赵广军、袁玉宇、霍启刚。② "双十"的评选是世界广府人恳亲大会与其他方言群恳亲大会在内容上的区别之一。

2015 年 11 月 3 日，第 2 届世界广府人恳亲大会在珠海开幕，来自 53 个国家和地区的约 2 500 人参加了大会。大会以"世界广府人·共圆中国梦"为主题，大力推进经贸合作项目，长隆二期、航空大世界等 27 个项目签约落户珠海，投资总额超千亿元人民币，这是与第 1 届恳亲大会最大的不同。大会还表彰了第 2 届"十大杰出人物"：方伟侠、吕志和、李桂平、何镜堂、邵建明、郑家纯、胡智荣、莫华伦、蔡惠玲、霍震寰，以及"十大杰出青年"：庄创业、苏炳添、李森、张勇、邵汉彬、林治平、欧阳浩东、夏俊英、黄铣铭、萧嘉敏，并通过了《"一带一路"倡议书》。③

第 3 届世界广府人恳亲大会于 2017 年 11 月 17 日在江门召开，这次恳亲大会与 2017 年中国侨都（江门）华人嘉年华结合在一起，其主题是"世界广府人·共圆中国梦""让世界认识侨都·让侨都走向世界"，有 70 多个国家和地区的 2 300 多人出席。会上李文达等十人获"十大杰出人物"称号，霍启山等十人获"十大杰出青年"称号。大会围绕侨都、文化、经贸三个主题展开，包括 2017 年中国侨都（江门）华人嘉年华、特色华侨文化、考察投资环境等一系列活动。江门市发挥主场的优势，精心组织筹划，促成 199 个投资项目达成合约，总投资金额达到 1 269 亿元，再次显示世界

---

① 《首届世界广府人恳亲大会开幕　三千嘉宾共叙乡谊》，中国新闻网，http：//www. gd. chinanews. com/2013/2013 – 11 – 14/2/283576. shtml，2013 年 11 月 14 日。

② 《广州评广府人杰出人物和青年　古巨基等领奖》，中国新闻网，http：//www. gd. chinanews. com/2013/2013 – 11 – 14/2/283582. shtml，2013 年 11 月 14 日。

③ 《第二届世界广府人恳亲大会在珠海横琴开幕》，中国新闻网，http：//www. gd. chinanews. com/2015/2015 – 12 –03/2/362859. shtml，2015 年 12 月 3 日。

广府人恳亲大会在促进经贸合作方面的优势。大会最后通过《第 3 届世界广府人恳亲大会倡议书》，呼吁海内外广府人要争当"一带一路"倡议的践行者和"中国梦"的实践者，争当"粤港澳大湾区"的建设者和"全球创新高地"的打造者，争当"广府精神"的传承者和"中国好故事"的传播者。①

第二节　地缘性联谊大会

一、世界中山同乡恳亲大会

中山籍华侨华人有 40 多万人，分布在世界 40 多个国家和地区。在海外华人社团国际化的浪潮下，马来西亚中山会馆联合会首先提出要加强世界各地中山同乡会之间的联络，寻求国际经贸合作机会，这个想法得到认同。1996 年 9 月 14 日，马来西亚中山会馆联合会在吉隆坡举办了第 1 届世界中山同乡恳亲大会，来自美国、新西兰、新加坡、马来西亚以及中国香港和澳门等 10 多个国家和地区的 600 多名乡亲参加了大会，中山市派出代表团与会。会议的主题是"加强团结世界各地同乡之乡谊，展望经济合作之契机"。会议通过了三项提案，一是恳亲大会每两年举办一次，使恳亲大会制度化、常态化；二是下一届恳亲大会在香港举行；三是在中山市设立联络处，方便各地中山会馆的联络。首届世界中山同乡恳亲大会无疑是成功的，它规划了以后海外中山同乡恳亲大会的发展路向。

第 2 届世界中山同乡恳亲大会于 1998 年 10 月 22 日在香港举行，香港以其独特的地理位置发挥了独特的作用，参加的人数与社团明显比第 1 届多了许多。大会的主题为"动员年轻人参与同乡会活动，鼓励海外出生乡亲回乡寻根，认识家乡"，开宗明义地直指"乡"这个核心，这在所有世界性恳亲大会中颇具特色。在大会结束后，有 800 名乡亲到中山观光探亲。爱国

---

① 《第三届世界广府人恳亲大会在江门开幕》，人民网，http：//gd. people. com. cn/n2/2017/1118/c123932 – 30937406. html，2017 年 11 月 18 日。

爱乡成为恳亲大会的关键词。①

2000 年的第 3 届世界中山同乡恳亲大会第一次走出亚洲，于 9 月 23 日至 24 日在美国檀香山举行。虽然参加会议的人数比上两届有所减少，但会议安排了一系列的专题讲座，包括中山市政府负责人介绍中山市社会经济概况的报告等，成为这次会议的特色。②

2002 年的第 4 届世界中山同乡恳亲大会首次在中山召开。参加大会的社团和人数都达到了空前的规模，国家与省侨务部门领导出席了大会。此次大会的主题是"缅怀先贤，畅叙乡谊，合作发展，振兴中山"，此次大会相比之前，加上了"振兴中山"的内容，因此在大会期间举行了授予"中山市荣誉市民"称号的仪式。由于恳亲大会是在与会人士的家乡举行，会期有所延长，并增添了恳亲队伍巡游和大型文艺晚会的内容。③

此后各届恳亲大会都在境外举行。第 5 届在澳大利亚悉尼，第 6 届在中国澳门，第 7 届在加拿大温哥华，第 8 届在马来西亚吉隆坡，第 9 届在美国旧金山，第 10 届是在新加坡，第 11 届在南太平洋的斐济。

历次大会的主题基本上包括联络乡谊、发展商机、交流文化、增进团结、情系中山这些内容。在第 5 届恳亲大会时，大会专门创作了会歌。恳亲大会还结合中山的传统和主办国的优势，为恳亲大会注入新内容，例如2010 年在马来西亚举行第 8 届恳亲大会的时间，恰是一百年前孙中山先生在槟城召开"庇能会议"的日子。因此，第 8 届恳亲大会专门举办了"纪念辛亥革命，弘扬中华文化"的文化讲座。④ 又如 2012 年在美国举行第 9届恳亲大会时，举办了"高科技与教育"论坛讲座。⑤ 恳亲大会很注重对年轻人的培养，在第 6 届恳亲大会时，通过了《世界中山社团青年交流合作协议书》；到第 8 届恳亲大会时，举办了"凝聚侨青力量，创建美好未来"讲座，又签订了《世界中山青年友好合作协议书》。

---

① 中山市外事侨务局、中山市港澳事务局编：《中山市华侨志》，广州：广东人民出版社，2013 年，第 490 页。

② 中山市外事侨务局、中山市港澳事务局编：《中山市华侨志》，广州：广东人民出版社，2013 年，第 489 – 490 页。

③ 《第四届世界中山同乡恳亲大会隆重开幕》，《中山日报》，http：//www. zsnews. cn/newspaper/2002/11/10/413356. shtml，2002 年 11 月 10 日。

④ 《第八届世界中山同乡恳亲大会将在吉隆坡举行》，中国新闻网，http：//www. chinanews. com/hr/2010/10 – 13/2583684. shtml，2010 年 10 月 13 日。

⑤ 《市侨联组织民间团赴美参加第九届世界中山同乡恳亲大会》，中山市归国华侨联合会，http：//www. zsql. gov. cn/Article/view/cateid/53/id/23923. html，2012 年 9 月 5 日。

世界中山同乡恳亲大会与中山市政府从一开始就有紧密的合作关系。第1届恳亲大会在马来西亚召开时，中山市就派出了副市长到会，介绍中山的情况。每一届恳亲大会举行时，中山市政府都会派出代表团与会，规模最大的一次是2004年第5届恳亲大会在悉尼举行时，中山市委书记崔国潮率领200多人的代表团出席了大会。中山市政府为了办好恳亲大会，专门派出人力筹办大会，如第6届恳亲大会由澳门中山同乡联谊会主办，但主要协办单位包括中山市海外联谊会、中山市侨务局、中山市归国华侨联合会。第11届恳亲大会在斐济召开时，由于斐济中山社团的人手不够，中山市有关部门毫不犹豫地出手相助，使恳亲大会取得圆满成功。

表8-3　历届世界中山同乡恳亲大会一览表

届别	时间地点	主办单位	主题	规模
第1届	1996年9月14日 马来西亚吉隆坡	马来西亚中山会馆联合会	加强团结世界各地同乡之乡谊，展望经济合作之契机	10多个国家和地区的600多人
第2届	1998年10月22日 中国香港	中国香港中山社团联合会	动员年轻人参与同乡会活动，鼓励海外出生乡亲回乡寻根，认识家乡	23个国家和地区的1 500人
第3届	2000年9月23—24日 美国檀香山	美国檀香山中山同乡会	联络乡谊，促进交流合作	16个国家和地区的400多人
第4届	2002年11月9—11日 中国中山	中国中山海外联谊会	缅怀先贤，畅叙乡谊，合作发展，振兴中山	48个国家和地区的1 600多人
第5届	2004年10月6—7日 澳大利亚悉尼	澳大利亚中山同乡会	联系乡谊，发展商机，交流文化，增进团结	20多个国家和地区的千余人
第6届	2006年4月10日 中国澳门	中国澳门中山同乡联谊会	爱国爱乡，薪火相传	23个国家和地区的1 500多人

（续上表）

届别	时间地点	主办单位	主题	规模
第7届	2008年7月5—7日 加拿大温哥华	加拿大温哥华铁城崇义总会	念祖，爱乡，联谊，合作	14个国家和地区33个社团的1 100多人
第8届	2010年10月16—18日 马来西亚吉隆坡	马来西亚中山会馆联合会	四海同心，情系中山	16个国家和地区的1 000多人
第9届	2012年8月26日 美国旧金山	美国旧金山阳和总会馆	情系中山，欢聚金门，共襄盛举，续谱新章	16个国家和地区40个社团的近千人
第10届	2014年8月10日 新加坡	新加坡中山会馆	中山情，新梦想	近20个国家和地区的1 100多人
第11届	2017年10月27日 斐济楠迪	斐济（西区）中山同乡会	传承博爱，共融共享	14个国家和地区的约400人

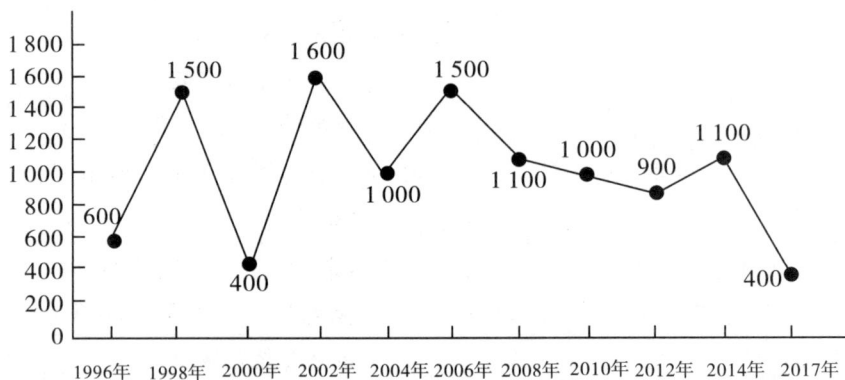

历届参加世界中山同乡恳亲大会人数示意图

二、世界惠州同乡恳亲大会

世界惠州同乡恳亲大会由新加坡惠州会馆的赖德操、魏利庆及印度尼西亚棉兰鹅城慈善基金会的林如光等人倡议发起。新加坡惠州会馆为此专门组团访问马来西亚、印度尼西亚和中国惠州等地。在得到支持之后，1994

年 4 月 16 日在新加坡举办了第 1 届世界惠州同乡恳亲大会。两年后，第 2 届恳亲大会转到惠州市举办。1998 年，第 3 届在中国香港举办。在第 3 届恳亲大会上，决定举办频率由两年一届改为三年一届。2001 年 11 月 11 日，第 4 届恳亲大会在马来西亚吉隆坡召开，来自美国、英国、新加坡、马来西亚、加拿大、澳大利亚、印度尼西亚、泰国、文莱以及中国香港和台湾等国家和地区的惠州乡亲代表 1 500 多人出席大会。2004 年第 5 届恳亲大会在泰国合艾举行，并举办了经济论坛、专题讲座、乡情座谈会、歌舞联欢会，把联谊、经贸与文化交流结合起来。2007 年 11 月 16—17 日，第 6 届恳亲大会在印度尼西亚苏门答腊棉兰举行，参加人数近 3 000，规模空前。2010 年 12 月 1—3 日，第 7 届恳亲大会暨 2010 年汕尾市经贸洽谈会在中国广东汕尾隆重举行。会议以"联乡谊、聚侨心、谋合作、促发展"为主题，将恳亲大会与当地经贸洽谈会连接在一起。参加大会的有惠州市、汕尾市、深圳市、东莞市、河源市和新丰县 5 市 1 县的政府代表团，还有新加坡惠州会馆、新加坡海陆丰会馆、马来西亚雪隆惠州会馆、印度尼西亚嘉丰集团、美国纽约惠州工商会、泰国曼谷惠州会馆、英国惠东宝同乡会、法国华人电脑商会、荷中友好交流协会、加拿大惠东安会馆、香港广东汕尾同乡总会、澳门海陆丰同乡会、台北市惠州同乡会等来自 12 个国家和地区的 51 个社团的共 700 多人。① 2013 年，第 8 届恳亲大会在泰国曼谷举行，来自马来西亚、新加坡、泰国以及中国内地、香港、澳门等国家和地区的 45 个代表团的 1 000 多人参加了恳亲大会，其中中国内地的代表团来自惠州市、河源市、汕尾市、东莞市、深圳市和韶关市新丰县等地，属于"大惠州"的范围，为恳亲大会的扩容开拓了道路。这次恳亲大会还通过惠州市代表团的提议，设立秘书处作为大会的常设机构，秘书处就设在惠州市外事侨务局。② 2016 年 6 月 24 日至 26 日，第 9 届恳亲大会在马来西亚召开，改名为第 9 届世界惠州（府署）同乡恳亲大会，加上"府署"二字是要以历史上"大惠州"的概念开展恳亲活动，不限于现在惠州行政区划范围。大会以"同根同源同血脉，四海一心惠州情"为主题，凸显了"大惠州"的情怀，并分别举办了"惠州历史文化论坛"及"一带一路经贸论坛暨企业形象展

① 《第七届世界惠州同乡恳亲大会在汕尾隆重举行》，广东侨网，http：//www.qb.gd.gov.cn/lykq/201104/t20110426_155573.htm，2011 年 4 月 26 日。

② 《第八届世惠恳亲大会曼谷圆满落幕》，《好报》，http：//www.haobaodaily.co.id/news/read/2013/08/20/13977/#.WpAiKUqWaUk，2013 年 8 月 20 日。

示与行业交流会",在恳亲大会上引入"一带一路"的理念。①

三、国际深圳社团大会

深圳是中国新兴都市侨乡。海外深圳社团多数很年轻,原来深圳宝安一带的老华侨作为客家人的一部分在海外参加了东安会馆。深圳市成立之后,市区范围不断扩展,人口不断流入,对外交流不断发展,国际移民活动不断增加,如今深圳在海外的华侨华人超过百万人,成为一个新兴的重点侨乡。近几年,海外的深圳新侨不断组织社团,作为团结乡亲、加强与深圳交流的平台。新成立的社团一般冠以深圳的地名,如2014年在多伦多成立的加拿大深圳联谊会,是加拿大首个深圳籍华人社团,此后相继成立的有加拿大深圳国际总商会、加拿大深圳留学生联合会和加拿大深圳慈善基金会,一律冠以深圳之名。近几年海外深圳社团的发展与深圳侨务部门的推动有很大的关系。深圳侨务部门发挥后发优势,因势利导,制定海外社团"一城一会"的工作方针,促成海外深圳社团走联合、集中的道路。加拿大深圳社团联合总会就是为了响应这一方针在2016年成立的,距加拿大第一个深圳社团成立的时间仅两年。②

海外深圳社团国际化起步较迟,但开会的频率却是最高的。首届国际深圳人联谊大会于2015年8月在美国洛杉矶召开(第2届起改名国际深圳社团大会),参加大会的有13个社团,并发表了《首届国际深圳人联谊大会共同宣言》。③ 与通常每两年或者更长时间举办一届大会不同的是,国际深圳社团大会一开始便明确每年举办一次。因此在2016年9月17日,第2届国际深圳社团大会便在加拿大多伦多召开,这届大会由深圳海外交流协会、深圳侨联与加拿大深圳社团联合总会共同主办,来自16个国家和地区的36个深圳社团的侨领、工商科技界人士及嘉宾超过千人参加了大会。④

---

① 《第九届世界惠州(府署)同乡恳亲大会》,马来西亚惠州联合总会网站,http://huizhou-malaysia. my/webpage/index. php/2016 – 04 – 30 – 01 – 37 – 04/2016 – 05 – 11 – 08 – 42 – 22。

② 《加拿大深圳社团联合总会成立 将办深圳社团大会》,广东侨网,http://www. qb. gd. gov. cn/hrst/201607/t20160729_784606. htm,2016年7月29日。

③ 《第二届国际深圳社团大会闭幕:谱写海外侨团建设新篇章》,中共深圳市委统战部网站,http://www. tzb. sz. gov. cn/xwzx/gzdt/tzsx/qbgz/gwqw/201609/t20160921_4951173. htm,2016年9月21日。

④ 《第二届国际深圳社团大会在多伦多举行》,人民网,http://world. people. com. cn/n1/2016/0919/c1002 – 28724438. html,2016年9月19日。

2017年7月29日至30日，第3届国际深圳社团大会在澳大利亚悉尼举行，有2 500多人出席了开幕式，规模空前。[①]

新侨多、人才多和资本厚是深圳侨情的主要特点。国际深圳社团大会很注意将海外高层次人才座谈会与海外华人社团交流联谊、经贸合作活动结合起来。第2届国际深圳社团大会暨国际华人创新创业领袖峰会，将社团大会与创新创业领袖峰会结合在一起，举办了创新科技论坛与海外高层人才座谈会，吸引了1 200多名各国深圳侨领与工商科教领袖与会。第3届国际深圳社团大会首次创新性地举办"深圳·澳大利亚经贸交流会"这一平行主题活动，其中包括澳中投资分论坛、2017国际深圳社团圆桌会议、深圳海外高层次人才座谈会、澳大利亚生物医学科技发展论坛等活动。其实，其他社团的恳亲大会也会举办商贸论坛，但国际深圳社团大会在商贸、科技、人才方面的交流与合作是其他社团的恳亲大会所不能比拟的。

国际深圳社团大会已经不仅仅限于恳亲活动，它更重要的是要发挥社团大会这个平台，将主办国与深圳连接起来。第2届国际深圳社团大会的主题是"创想深圳，联通世界"，点出了历届大会的目的。

四、世界东安恳亲大会

世界东安恳亲大会的构想始于1991年，经过一番筹备，马来西亚雪隆东安会馆于1992年5月主办了第1届世界东安恳亲大会，参加恳亲大会的人员包括祖籍东莞、宝安的乡亲。1994年7月的第2届世界东安恳亲大会由东莞市人民政府、香港东莞同乡总会暨港九各分会联合主办，会议采取了两地接力召开的形式，先是在香港召开，然后转到深圳、东莞，以后凡在香港召开的恳亲大会都是采取这个模式。第3届于1996年11月在新加坡举行，这三届的时间间隔是两年。从第4届开始，改为三年一届。第4届恳亲大会于1999年11月在马来西亚怡保举行。第5届于2002年11月在中国香港、深圳、东莞举行。2005年新加坡东安会馆主办第6届恳亲大会。第7届于2008年在马来西亚古晋举行。第8届于2011年转回中国香港、深圳、东莞举行。第9届于2014年11月在马来西亚吉隆坡召开。2017年5月，第10届在中国香港、深圳、东莞举行。在这十届恳亲大会之中，马来西亚举

---

① 《第三届国际深圳社团大会在澳大利亚悉尼举行》，新浪网，http：//news. sina. com. cn/c/2017 - 08 - 08/doc - ifyitayr9755716. shtml，2017年8月8日。

办了4次，新加坡举办了2次，深圳、东莞和香港合办了4次。其实东莞与宝安的华侨乡亲不仅仅分布在马来西亚、新加坡、中国香港这几个地方，例如参加第8届恳亲大会的海外乡亲有来自美国、德国、意大利、马来西亚等40多个国家和地区的华人社团领袖以及500多名海外东安乡亲。① 但由于其他地方的东安会馆势力较弱，无法承担起主办大型国际会议的能力，所以世界东安恳亲大会来回集中在几个地方举行，其世界性不是很强。

迄今为止，世界东安恳亲大会一直得到深圳、东莞政府的大力支持。每一次恳亲大会，两地政府都予以大力扶持，包括派出庞大代表团参加会议、接待参会的海外乡亲等。如2005年11月在新加坡举行的第6届世界东安恳亲大会上，东莞市侨联、市委统战部及市外事侨务局联合组成第6届世界东安恳亲大会东莞代表团，人员多达334名。② 几次由香港、深圳、东莞联办的恳亲大会，深圳和东莞都成为接待的主力。在第8届世界东安恳亲大会时，海外东安乡亲先是在深圳参观前海新区、下沙博物馆、黄氏宗祠、凤凰山景区、万福广场，随后在东莞参观粤晖园和东莞市展览馆。③ 参加第10届世界东安恳亲大会的海外来宾近300人在结束恳亲会议之后到东莞参观，受到东莞有关部门的欢迎和招待。④

五、世界顺德联谊总会恳亲大会

世界顺德联谊总会的成立是侨乡政府整合海外社团资源的重要举措。世界顺德联谊总会成立于1995年10月，而首届世界顺德联谊总会恳亲大会于1998年在顺德举办。顺德联谊总会的成立和恳亲大会的举办都发生在顺德。世界顺德联谊总会每两年举办一次恳亲大会，前十届举办地分别是顺德、香港、吉隆坡、澳门、悉尼、旧金山、顺德、约翰内斯堡、伦敦、顺德。2016年第10届恳亲大会对举办地做了修改，规定以后境内、境外轮流举办恳亲大会，即在顺德举办一届，然后在境外举办一届，然后再回到顺

---

① 东莞市侨联网站，http://ql. dg. gov. cn/about. asp? DonforKenbest = 19&DonforListId = 5437。

② 《东莞市侨联组团出席世界东安恳亲大会》，广东省侨联网站，http://www. gdql. org/jc-qldt/ShowArticle. asp？ArticleID = 641。

③ 《第八届世界东安恳亲大会圆满落幕》，《国际日报》，http://www. guojiribao. com/shtml/gjrb/20110822/35638. shtml，2011年8月22日。

④ 《东莞市侨联接待第10届世界东安恳亲大会乡亲》，东莞市侨联网站，http://ql. dg. cn/about. asp？DonforKenbest = 25&DonforListId = 6092。

德，这是在所有国际化恳亲大会中最为特别的。[①]

2010 年 11 月 4—5 日在南非召开的第 8 届世界顺德联谊总会恳亲大会，有来自 14 个国家和地区 28 个社团的约 1 300 名顺德海外乡亲参加。恳亲大会期间，举行了顺德—南非经贸洽谈会、顺德—世界青年交流会等活动，还举行"全球同心　共享盛举"中国顺德优秀文化海外行活动，展示顺德本土的粤剧曲艺、器乐演奏、武术、香云纱、书法，并举办顺德发展成就图片展等。顺德是经济发展水平较高的侨乡，政府对海外顺德社团的支持，不是一门心思要从海外引进什么，而是开始考虑对海外乡亲支持什么。在第 8 届恳亲大会举行期间，世界顺德联谊总会向南非顺德联谊会赠送了一批文化物资，扶持当地顺德社团文化活动的开展。[②]

2014 年 7 月 8—10 日，由欧洲顺德总会主办的第 9 届世界顺德联谊总会恳亲大会在英国伦敦举行，来自 20 多个国家和地区 60 多个社团的代表 600 多人参加了大会。此次恳亲大会主题是"传承与发展"，内容涉及文化、经贸、体育、青年交流等方面。顺德区组织顺德小金凤艺术团到会表演。恳亲大会期间，举办顺德区政府与纽卡斯尔大学教育培训合作协议签署仪式、中欧经贸洽谈会、顺德优秀文化专场表演、顺德青年足球队与英国纽卡斯尔足球队友谊赛等多项交流与合作活动。在 7 月 9 日举行开幕式那天，举行英国顺德商会成立仪式。在英国举行世界顺德联谊总会恳亲大会，意味着恳亲大会已经实现在全球五大洲轮流举行的目标。[③] 作为一个区级地域单位，能够在五大洲举办恳亲大会非常不易。据欧洲顺德总会会长伍善雄介绍，整个欧洲的顺德人只有 500 人左右，其中住在英国的有 200 人。[④] 人数虽然不多，但恳亲大会办得非常成功。

最近的第 10 届恳亲大会于 2016 年 4 月 22—24 日在顺德举行，来自世界 20 多个国家和地区 75 个顺德社团的约 1 200 位海外乡亲及友好人士参会。恳亲大会的活动内容非常丰富，主要包括经贸推介和交流、青年交流、

---

① 《世界顺德联谊总会恳亲大会举办　乡贤关心家乡变化》，中国侨网，http：//www.chinaqw.com/gqqj/2016/04-25/86483.shtml，2016 年 4 月 25 日。

② 《世界顺德联谊总会恳亲大会南非开幕》，新浪网，http：//news.sina.com.cn/c/2012-11-05/093925510109.shtml，2012 年 11 月 5 日。

③ 《恳亲乡情浓郁，英国顺德商会今日成立》，每日头条，https：//kknews.cc/other/kzxgrvv.html，2014 年 7 月 10 日。

④ 《情满五大洲，顺德恳亲大会走进英国伦敦》，顺德城市网，http：//www.shundecity.com/a/szsd/2014/0410/126889.html，2014 年 4 月 14 日。

文化体验和交流三个主题。其中，经贸推介和交流活动有顺德—海外经贸交流会、参观中德工业服务区或同盟企业展厅；青年交流活动有世界顺德青年企业家经济文化交流活动；文化体验和交流活动有顺德华侨博物馆启动仪式、顺德民俗文化嘉年华、大型图片展、龙舟文化节、顺德美食推介、顺德海外书画名家作品展暨"中国华侨国际文化交流基地"揭幕仪式等。① 从历届恳亲大会的活动内容看，经贸、文化、美食是主要的内容，其中联谊与文化传承是恳亲大会的重点。

六、世界会宁联谊大会

会宁是四会、广宁两地的合称，均属于肇庆市，因为两地地理与语言习俗相近，在外的乡亲便一起组织会馆，称会宁会馆。四会与广宁的海外乡亲多数在东南亚，主要在马来西亚和新加坡。一百多年前三水孝廉邓恭叔带四会、广宁等地乡亲到马来西亚沙捞越诗巫建立广东垦场是著名事件，这也是华侨史上少数有组织的集体移民之一。② 1950 年，四会、广宁华侨在新加坡成立了马星会宁总会，后因新加坡与马来西亚分别立国，总会在1973 年注销，新马两国分别设立会宁会馆。马来西亚会宁总会于 1973 年成立，下属分会 15 个，数量最多。除了马来西亚会宁总会，还有新加坡会宁公会、印度加尔各答会宁会馆、越南堤岸会宁同人社、香港会宁同乡会、香港会宁海外联谊总会、澳门四会同乡会等，其他国家的四会、广宁人因为人数较少，一般是加入当地的冈州会馆、肇庆会馆、广肇会馆。③

在粤籍华人社团国际化的浪潮中，马来西亚会宁总会在 1991 年开始筹划召开世界会宁联谊大会的事宜，1993 年 11 月 9 日与四会县侨联在四会县举办第 1 届世界会宁联谊大会。此后，联谊大会多数轮流在四会与广宁举行。1997 年 11 月 25—26 日第 2 届世界会宁联谊大会在广宁县举行，来自马来西亚、新加坡、泰国以及中国香港、澳门等国家和地区的四会、广宁籍华侨华人及港澳同胞共 300 多人参加。此后，每两年举行一次联谊大会，到

① 《第十届恳亲大会本周办，千名海外乡亲齐聚顺德》，顺德城市网，http：//www. shundeci-ty. com/a/szsd/2016/0421/176317. html，2016 年 4 月 21 日。

② 刘子政：《黄乃裳与新福州》，砂拉越华族文化协会，1998 年，第 66 - 70 页。

③ 参见马来西亚会宁总会网站，http：//www. huiningmalaysia. org/about/% e6% 80% bb% e4% bc% 9a% e7% ae% 80% e4% bb% 8b。

第 9 届联谊大会后改为每三年举行一届。历次参加世界会宁联谊大会的社团数量和人数基本上保持稳定，一般都是 20 多个社团、三四百人，但在马来西亚沙捞越和怡保举行的两次联谊大会，参加的人数较多，都是近千人。2012 年 11 月 24—25 日，由马来西亚会宁总会主办的第 9 届世界会宁联谊大会在马来西亚怡保举行，来自四会、广宁和肇庆侨联以及新加坡、加拿大及中国香港、澳门等地的会宁社团乡亲近 1 000 人参加了大会。① 2015 年 12 月 18—19 日，以"凝聚会宁情·共筑中国梦"为主题的第 10 届世界会宁联谊大会在四会举行，来自马来西亚、新加坡、印度、加拿大及中国香港、澳门等国家和地区的 400 多人参加了大会。会上决定成立"世界会宁联谊大会委员会"，并选举了宋伟文为主席。联谊大会朝着制度化方向前进了一步。②

世界会宁联谊大会的宗旨是沟通联系，增进亲情乡谊，为乡亲构筑交流、沟通与合作的平台，加强经济、文化的交流与合作。四会与广宁县政府都认为联谊大会对促进四会与广宁社会经济的发展起到了很大的作用。国外会宁会馆组团回乡参加联谊大会时通常会顺便到周边旅游，增进对祖（籍）国的认识。例如，马来西亚雪隆会宁公会组团参加第 8 届世界会宁联谊大会时，特发出通告，组织旅游团到深圳、广州、广州番禺、佛山南海与三水、肇庆广宁与四会、珠海观光 7 天，然后再到澳门参加第 8 届联谊大会。③ 从历届联谊大会的情况来看，世界会宁联谊大会的定期举行，对加强海外社团与侨乡的关系起到了非常重要的作用。

七、世界河婆同乡联谊大会

海外河婆人主要分布在东南亚，尤其以马来西亚、新加坡和印度尼西亚（山口洋、勿里洞）居多，马来西亚河婆人号称有 50 万人。④ 因此，第一间河婆会馆于 1958 年在马来西亚成立。此后，新马各地陆续成立了河婆会馆，在河婆人较多的马来西亚霹雳州，村镇一级还成立了互助联谊会。

---

① 《四会市组团参加马来西亚第 9 届世界会宁联谊大会系列活动》，四会侨联网站，http://qlh. sihui. gov. cn/Item/741. aspx，2012 年 11 月 29 日。

② 《世界会宁联谊大会在四会举办 400 侨胞欢聚》，南方网，http://zq. southcn. com/content/2015 – 12/20/content_139196949. htm，2015 年 12 月 20 日。

③ 《第八届世界会宁联谊会》，雪隆会宁公会网站，http://wuileng. org. my/654. html。

④ 《祖自何方·河婆》，霹雳河婆同乡会网站，http://perakhopoh. org. my/祖自何方. html。

至 2016 年，马来西亚有 8 家河婆同乡会和 11 家互助联谊会。① 东马的沙捞越是河婆人较多的地方。为了加强马来西亚河婆人的团结，1978 年 3 月 27 日，第 1 届河婆联谊大会在古晋召开，这体现了马来西亚河婆人在全国层面加强联谊的努力。第 2 届河婆联谊大会于 1981 年 4 月 19 日在柔佛州召开，台湾河婆同乡会派人参加了这次大会，突破了原来只有马来西亚本国河婆会馆自己联谊的局面。到了 1985 年，河婆联谊大会已经举办了四届，但它还不是一个组织，而是一项活动。马来西亚河婆人认识到应该制度化，因此在 1985 年正式向政府申请注册组织，社团名称为"马来西亚河婆联合会"，简称"河联"，1986 年 1 月 4 日获得政府批准。河联的宗旨是：①维护马来西亚河婆同乡会及同乡之利益和权利；②灌输团结精神和促进河婆同乡会、河婆同乡及各民族之间和谐及合作；③促进民间文化、教育和社会活动，加强亲善、谅解及合作精神；④设立奖贷学金；⑤支持慈善和社会福利。1998 年 8 月 31 日，马来西亚河婆联合会改称"马来西亚河婆同乡会联合总会"，简称"河婆总会"。② 马来西亚河婆联谊大会的举办为世界性河婆联谊大会的举办打好了基础，而马来西亚河婆同乡会联合总会则直接筹划了世界河婆同乡联谊大会的召开。

2009 年 9 月 8—10 日，由马来西亚河婆同乡会联合总会主办的首届世界河婆同乡联谊大会在吉隆坡云顶举行，大会以"促进世界经贸合作，发扬揭西河婆精神"为主题，约 1 500 名来自中国广东深圳、广州、汕头，海南，香港，澳门，台湾以及澳大利亚、美国、越南、新加坡、泰国、印度尼西亚等地的河婆同乡出席了大会。马来西亚总理纳吉布、交通部部长翁诗杰、总理署部长许子根、财政部副部长曹智雄、新闻通信与文化部副部长王赛芝和中国驻马来西亚大使馆商务参赞高文宽等出席开幕式。对于举办联谊大会的目的，大会工委会主席蔡文洲讲得很清楚："希望通过主办联谊大会，不但增加凝聚力，让来自世界各地的河婆乡亲聚集一堂促进交流，也透过密切的人脉关系和全球网络的优势，建立互利互惠的合作伙伴关系，为河婆乡亲带来更大的利益。"③

---

① 《河总明年杪办世河大会》，南洋网，http：//www. enanyang. my/news/20160509/河总明年杪办世河大会。

② 《马来西亚河婆同乡会联合总会会史简介》，马来西亚河婆同乡会联合总会网站，http：//www. hepo. org/hlzh－new/hz－jianjie. htm。

③ 《发扬揭西河婆精神》，《国际日报》，http：//intimes. com. my/write－html/0909world%20hopo1. htm，2009 年 9 月 13 日。

第 2 届世界河婆同乡联谊大会于 2012 年 10 月 11—12 日在马来西亚沙捞越美里举行，承办单位是美里河婆同乡会，大会主题为"拥抱大自然，关爱全世界"，希望团结世界河婆同乡，加强经贸合作，提升人文素质，推广马来西亚旅游，真实地展现世界河婆人的团结与进取精神。马来西亚副总理慕尤丁、中国驻马来西亚大使柴玺出席大会并致辞，来自中国大陆、台湾及马来西亚、泰国、印度尼西亚、新加坡及文莱的 1 300 多名代表参加了大会。①

在成功举办了两届之后，马来西亚河婆同乡会联合总会认为，举办联谊大会有效地促进了河婆社团与乡亲之间的交流，但它一直是在马来西亚举办，不利于走向国际化。因此，2015 年底马来西亚河婆同乡会联合总会组成代表团，在总会长蔡文铎的带领下专程到揭西县访问，寻求与揭西县合作，决定第 3 届世界河婆同乡联谊大会在河婆人的家乡召开，以此彰显世界河婆同乡联谊大会的世界性。蔡文铎认为，继续在马来西亚举行世界河婆同乡联谊大会将会失去它的意义，如果将大会搬到揭西县举办，将能提高大会的层次，丰富文化与经济方面的交流，把世界的乡亲联系起来，提升河婆人的力量。② 这种将海内外河婆人更加紧密联系起来的想法得到揭西县各方的积极响应。

八、世界台山宁阳会馆（同乡会）联谊大会

台山是广东重点侨乡。台山籍华侨华人分布得很广，他们是中国人移民美洲和澳大利亚、新西兰的先驱者之一。在美国旧金山，宁阳会馆是重要的社团。改革开放后，台山与海外华人社团的关系越来越密切。2001 年美国旧金山台山宁阳总会馆首次回到家乡举行恳亲大会。会议期间，美国侨领伍旋灿倡议海外台山籍社团组织乡亲回家乡开世界台山宁阳联谊大会，以便更加深入了解祖国及家乡的发展，这个倡议得到华人社团的积极响应。2001 年 11 月 7 日，第 1 届世界台山宁阳会馆（同乡会）联谊大会在台山举

---

① 《第三届世界河婆同乡联谊大会》，马来西亚河婆同乡会联合总会网站，http：//www. hepo. org/hlzh－new/dongtaibaodao/2012/20121012m. html。

② 《第三届世界河婆同乡联谊大会移师河婆人老家揭西》，《国际日报》，http：//www. intimes. com. my/index. php/2013－09－09－13－07－36/2013－09－09－13－16－14/item/28873－2016－01－14－03－24－50，2016 年 1 月 14 日。

行，有 12 个台山宁阳会馆的 200 多名代表参加了此次大会。①

世界台山宁阳会馆（同乡会）联谊大会一个突出的特点就是它固定在台山市举办，但由不同地方的宁阳会馆主办，即以台山为中心开展国际化活动。2003 年 11 月 6 日至 8 日举行的第 2 届世界台山宁阳会馆（同乡会）联谊大会是由香港台山商会主办的，以"联谊、合作和发展"为主题，共有来自国内外的 300 多人参加。会上，香港台山商会向台山市政府捐赠 100万元用于赈灾，美国旧金山台山宁阳总会馆等社团向新宁中学捐赠建校善款 11.35 万美元。向故乡捐款可以说是世界台山宁阳会馆（同乡会）联谊大会的一大特色。2006 年 11 月 7 日至 10 日，美国旧金山台山宁阳总会馆主办的第 3 届世界台山宁阳（同乡会）联谊大会在中国澳门和台山举行，大会以"互相沟通，增进情谊"为主题，有 800 多人参加大会，其间还举行澳门台山经贸洽谈会等。② 2009 年 11 月 5 日至 8 日，由旅美台山宁阳总会馆主办的第 4 届世界台山宁阳会馆（同乡会）联谊大会在台山举行，大会主题是"同舟共济，和谐侨社，谋划未来，振兴台山"，来自 9 个国家和地区的 28 个台山宁阳会馆近 450 人参加大会。联谊大会前几届基本是由美国的台山宁阳会馆主办，2011 年 11 月 7 日至 10 日在台山召开的第 5 届世界台山宁阳会馆（同乡会）联谊大会则是由加拿大维多利亚宁阳总会馆主办，大会以"四海同心，和谐发展"为主题，有 11 个国家和地区的 35 个台山宁阳会馆近 800 位台山乡亲参加，人数和范围都是历届之最。③ 2013 年 11月 7 日至 9 日，新西兰台山同乡会主办了第 6 届世界台山宁阳会馆（同乡会）联谊大会，大会以"同圆中国梦，共聚侨乡情"为主题，有 8 个国家和地区的 34 个台山宁阳会馆 500 多位代表参加。④ 2015 年 11 月 10 日至 11日，第 7 届世界台山宁阳会馆（同乡会）联谊大会由美国冲蒌同乡总会主办，开了由镇级同乡会主办台山宁阳会馆恳亲联谊大会的先河，来自世界各地的 33 个台山宁阳会馆 700 多位台山乡亲欢聚家乡。⑤ 2017 年 11 月 8 日

---

① 《历届宁阳恳亲大会回顾》，百峰网，http：//www.tsbtv.tv/special/2017ningyang/index.shtml。

② 《第三届世界台山宁阳会馆（同乡会）恳亲联谊大会在澳门举行》，澳门台山同乡会网站，http：//macau.taishan.blog.163.com/blog/static/6462573820087910114 1981/。

③ 《广东台山举行第 5 届世界台山宁阳会馆联谊大会》，中国新闻网，http：//news.cntv.cn/20111111/112340.shtml，2011 年 11 月 11 日。

④ 《第六届世界台山宁阳会馆联谊大会开幕》，百峰网，http：//news.tsbtv.tv/2013/1108/18722.shtml，2013 年 11 月 8 日。

⑤ 《第七届世界台山宁阳会馆（同乡会）联谊大会在台山举行》，广东侨网，http：//www.qb.gd.gov.cn/lykq/201511/t20151117_700514.htm，2015 年 11 月 17 日。

至 10 日，第 8 届世界台山宁阳会馆（同乡会）联谊大会在台山举行，大会以"凝聚侨心侨力，共建美好台山"为主题，来自 17 个国家和地区的 54 个代表团（观礼团）的 800 余名乡亲出席大会。[①]

世界台山宁阳会馆（同乡会）联谊大会自 2001 年首届大会举办以来，已从最初只是各国宁阳会馆参加，扩大到如今各国台山同乡会、台山联谊会等社团都参加。每两年一届的联谊大会是世界各地台山籍社团乡亲联谊、沟通、合作的盛会，它为全世界的台山人搭建了一个共叙亲情、共谋发展的交流平台。[②]

九、世界赤溪客属恳亲大会

赤溪是重点侨乡台山市的建制镇，也是台山唯一一个客家人居住地。赤溪从 19 世纪开始就有较多的国际移民，主要移民到东南亚和美洲。东南亚以马来西亚为重点，这与 19 世纪马来半岛采锡业的快速发展有密切的关系。当 19 世纪马来半岛掀起采锡高潮时，大批广东人来到马来西亚，赤溪人是其中重要的一支，其代表人物叶观盛是雪兰莪最后一任华侨甲必丹。[③]在海外各国中，马来西亚的赤溪会馆数量较多，其中包括吉隆坡赤溪公馆、霹雳赤溪会馆、吉玻田头赤溪会馆、珠宝瓜拉光赤溪联谊会、雪兰莪赤溪会馆。[④]

20 世纪 90 年代时，赤溪人也走上国际化的道路。世界赤溪客属恳亲大会从 1997 年起，分别在马来西亚吉隆坡、巴拿马以及中国台山赤溪、江门、台山、广州等地举行，每三年举办一届，主旨是"传承客家文化，传递赤溪乡情"。恳亲大会的名称前后有所变化，最初为世界赤溪田头恳亲大会，第 1 届于 1997 年 11 月 15 日在马来西亚吉隆坡召开，由吉隆坡赤溪公馆主办；第 2 届于 1998 年 10 月 3 日在巴拿马召开，由巴拿马赤溪同乡会主办，名称没有变；第 3 届于 2001 年 9 月 29 日到台山赤溪召开时改名为"世界赤溪客属第 3 届恳亲大会"；第 4 届于 2003 年 11 月 8 日在马来西亚怡保召开

---

① 《第八届世界台山宁阳会馆联谊大会闭幕》，百峰网，http：//www. tsbtv. tv/trade/2017/1113/59069. shtml，2017 年 11 月 13 日。

② 《历届宁阳恳亲大会回顾》，百峰网，http：//www. tsbtv. tv/special/2017ningyang/index. shtml。

③ 《叶观盛传略》，载《吉隆坡仙四师爷庙庆祝 125 周年纪念特刊》，1989 年，第 90 页。

④ 《全马赤溪》，吉隆坡赤溪公馆网站，http：//chakkai. com/home/index. php？option = com_content&view = category&layout = blog&id = 47&Itemid = 61。

时称"世界赤溪同乡第 4 届恳亲大会",由吉玻田头赤溪会馆、霹雳赤溪会馆、珠宝瓜拉光赤溪联谊会联合主办。从中可以看出大会名称在海外举办时和在国内举办时不一样。但到第 5 届起,世界赤溪客属恳亲大会这个名称便确定下来了。第 5 届由江门赤溪同乡会主办,于 2005 年 9 月 16 日在江门召开,500 多人参加。第 8 届是 2014 年 12 月 20 日在赤溪举行的,有 1 000 多人参加。

世界赤溪客属总会是在世界赤溪客属恳亲大会举办近十年之后于 2006 年 5 月 28 日在广州成立的,参加成立仪式的有来自国内外 13 个赤溪客属团体的领导、赤溪镇委镇政府的领导、广州市赤溪籍乡亲共 300 多人。按照总会章程,台城赤溪客属联谊会会长王振平当选为首任总会长,国内外各赤溪同乡会会长任副总会长,国内外各同乡会正副会长、正副秘书长、正副理事长为理事。① 从组织结构上看,这是一个以国内成员为主导的社团组织。世界赤溪客属总会成立很长一段时间里,永久性会址落在何处一直悬而未决。2014 年 3 月 1 日,世界赤溪客属总会在赤溪镇政府召开会议,修改章程,决定设立总会秘书处,并任命台山市宣传部副部长傅文锐为秘书长。② 更重要的是,决定将总会会址和秘书处设在赤溪镇侨联大厦二楼,并于 2014 年 11 月 23 日举行挂牌仪式。世界赤溪客属总会的成立,在推动赤溪人国际联谊活动中发挥了重要的作用。

但是,赤溪毕竟只是一个镇,人力与财力略为薄弱。参加恳亲大会的赤溪乡亲除了海外乡亲,还有在赤溪以外的国内乡亲,他们也在不同地方成立同乡会,如江门赤溪同乡会、台城赤溪同乡联谊会、广州赤溪联谊会、佛山赤溪同乡会、深圳赤溪同乡会、珠海赤溪同乡会等。他们不但积极参加恳亲大会,还承办了恳亲大会,如第 5 届恳亲大会由江门赤溪同乡会主办,第 6 届恳亲大会由台城赤溪同乡联谊会与赤溪镇政府主办,第 7 届由广州赤溪联谊会主办,第 8 届由赤溪商会主办、赤溪镇政府承办。在已召开的八届恳亲大会中,在海外举办的只有三届,在赤溪本地举办的有三届,加上在江门和广州的两届,在国内举办的达到了五届之多,显然这是以赤溪为中心的国际化恳亲活动。

---

① 《庆祝世界赤溪客属总会成立》,世界赤溪客属总会网站,http://cxks. ts - cd. cn/Disp. Aspx? ID =784&ClassID =3。

② 《世界赤溪客属总会召开代表大会》,世界赤溪客属总会网站,http://cxks. ts - cd. cn/Disp. Aspx? ID =866&ClassID =4。

从内容上看，历届世界赤溪客属恳亲大会的主题以联络乡谊、情系家乡为主调，如第 8 届恳亲大会主题是"重叙客家情，共筑赤溪梦"，历届恳亲大会基本没有举办过商贸活动或者学术活动，这在恳亲大会这类活动中是极少见的。

十、世界丰顺同乡联谊大会

世界丰顺同乡联谊大会源于 1990 年。该年 7 月，新加坡丰顺会馆在举行成立 119 周年会庆时达成举行首届世界丰顺同乡联谊大会的协议，决定组建世界丰顺同乡联谊会，并讨论通过章程，其宗旨是"追根溯源，广开凝聚渠道；敦睦乡谊，促进文化交流，提高丰顺人之社会地位和声誉"。同时，决定成立丰顺控股有限公司，筹资 1 000 万新加坡元，与丰顺合作，在祖（籍）地兴建华侨新镇，发展房地产业，建设丰顺温泉乡村俱乐部，在广州兴建丰顺大厦综合楼，发展旅游业等综合服务。这项决定在其他世界同乡联谊会之中是较为难得的。

第 1 届世界丰顺同乡联谊大会在新加坡举行，第 2 届在中国丰顺，第 3 届在泰国曼谷，第 4 届在马来西亚吉隆坡，第 5 届回到中国丰顺，第 6 届又到泰国曼谷，第 7 届、第 8 届、第 9 届都在中国丰顺举行。从最近几届的联谊大会看，联谊搭台、捐赠唱戏成为突出的特征。

2013 年 3 月 1 日至 3 日在丰顺举行的第 8 届世界丰顺同乡联谊大会暨 2010 年北京大学地方经济发展论坛以"团结、友谊、隆重、高效"为主题，有千余名海内外乡亲参加。2 日晚上，丰顺县政府在会展中心大礼堂举办了"丰顺人 慈善心"慈善文艺晚会，时任丰顺县委副书记张锋代表县委、县政府宣读了倡议书，并进行了现场捐款仪式。参加第 8 届世界丰顺同乡联谊大会的海内外乡亲慷慨解囊，为丰顺的教育培生工程、市政怡生工程、文体健生工程、养老福生工程、交通富生工程等事关群众切身利益的八大民生工程捐款，捐款总额达 3.86 亿元，其中捐款 50 万元以上的乡贤有 148 位。这些捐款者多数是国内的乡亲。[①] 2015 年 10 月 11 日，第 9 届世界丰顺同乡联谊大会在丰顺会展中心大会堂召开。来自马来西亚、泰国以及中国香港、澳门等地的 1 000 多名丰顺乡亲聚在一起，泰国他信、英拉兄妹向联

① 《第八届世界丰顺同乡联谊会纪实——虎跃龙腾春风初起》，百度贴吧，https：//tieba.baidu.com/p/2784668954？red_tag=2870602445。

谊大会发来贺电。这届联谊大会的重头戏是举行"三个一批"项目竣工、开工、签约仪式，共有 48 个招商项目，投资总额达 153.2 亿元。①

十一、世界大埔同乡联谊会

世界大埔同乡联谊会始于 1995 年 5 月，当时马来西亚大埔社团联合总会会长提出要成立世界大埔联谊会的设想，并专门联络相关方面于同年 8 月 8 日在广州召开筹备会，最终达成共识，确定联谊会的宗旨是：通过多渠道、多层次的联络活动，增进亲情乡谊，提高大埔人的知名度，共同促进大埔与各地区大埔人经济的发展，为社会进步而努力。1995 年 10 月 8 日，第 1 届世界大埔同乡联谊会在大埔县召开，来自 12 个国家和地区的 380 多位代表出席。世界大埔同乡联谊会的召开，得到香港南源永芳公司董事长姚美良的大力支持，而姚美良也被选为荣誉会长。②

世界大埔同乡联谊会最初是两年召开一次，后来改为三年一次，近几届均在大埔县召开。世界大埔同乡联谊会事实上成为以大埔县为中心、连接海外大埔乡亲的平台。以联谊会召开为契机，大埔县推出一系列招商引资项目，并对那些为家乡贡献突出的海外乡亲进行公开嘉奖。例如 2005 年第 5 届世界大埔同乡联谊会在大埔县举行时，大埔县委、县政府为第 4 届联谊会以来在该县捐资公益事业总额 50 万元以上的 26 名海内外乡贤举行了捐资仪式，为 30 位第四批"大埔县荣誉市民"授荣，举行台商工业城等 18 个招商引资项目的签约仪式，为大埔县西湖公园等 23 个重点工程举行落成剪彩仪式。③

联谊大会常常与文化连在一起。2008 年 11 月 4 日至 8 日，第 6 届世界大埔同乡联谊会暨大埔国际广东汉乐周在大埔县举行，来自新加坡、马来西亚、印度尼西亚、泰国、法国和中国香港、澳门、台湾等十多个国家和地区的 500 多名侨胞参加活动。其间举行了联谊大会、剪彩奠基活动、美丽

---

① 《丰顺举行第九届世界丰顺同乡联谊大会》，南方网，http://mz.southcn.com/content/2015-10/11/content_134505658.htm，2015 年 10 月 11 日。

② 李受肩、文卿：《第 1 届世界大埔同乡联谊会隆重召开》，《侨园》1995 年第 6 期。

③ 《大埔县隆重举行第 5 届世界同乡联谊会暨文化旅游节大会》，大埔县人民政府网站，http://www.dabu.gov.cn/index.php?a=show&c=index&catid=56&id=3293&m=content。

大埔摄影展、画展、汉乐研讨会等，且每晚有广东汉乐音乐会的演出。①

2015 年 10 月 10 日，第 8 届世界大埔同乡联谊会在大埔县举行，主题是"联络乡谊乡情、凝聚各方力量、共谋振兴发展、建设幸福大埔"。经贸与文化成为主轴。大埔县政府对自 1995 年以来举办八届大会的成绩进行了总结，认为 20 年来同乡联谊会这个平台联络乡情，沟通感情，增进亲情，传递信息，加强了交流与合作。旅外乡亲积极为家乡举办公益活动，回乡投资兴业，捐资额达 8.98 亿元，捐建项目有 1 800 多宗。② 大会期间，大埔县连续两晚举行地方特色文艺晚会和广东汉乐专场演出，举办以"韩江（大埔）客家文化旅游特色带""青花瓷传承与发展""广东汉乐传承与发展"等为主题的研讨会。③

第三节　世界广东同乡联谊大会

世界广东同乡联谊大会是广东省级层面的联谊大会，它产生的时间要比其他恳亲大会晚许多。1998 年，马来西亚广东会馆联合会与新加坡广东会馆首先联合发起筹组世界广东同乡联谊大会。经过多次磋商及 1999 年 7 月在吉隆坡召开世界各地同乡代表交流会交换意见达成共识后，新加坡广东会馆被推举为第 1 届主办方。2000 年 10 月 19—20 日，由新加坡广东会馆主办的第 1 届世界广东同乡联谊大会在新加坡隆重举行，来自 13 个国家和地区的 800 多名嘉宾出席了大会。大会决定成立世界广东同乡联谊大会（简称"世粤联会"），通过了《世粤联会简章》，确定世粤联会的宗旨为：联络世界各地同乡、敦睦乡谊、促进商机、服务社会、加强团结、互惠互利。第 1 届世界广东同乡联谊大会的召开，开创了世界广东人联谊恳亲的新局面。

2002 年 12 月 3 日，第 2 届世界广东同乡联谊大会在广州中山纪念堂开幕，来自 70 多个国家和地区的 3 600 多位代表出席了大会，规模比第 1 届

---

① 《第 6 届世界大埔同乡联谊会暨大埔国际广东汉乐周开幕》，客家在线，http：//news. cri. cn/gb/1321/2008/11/19/3085s2330588. htm，2008 年 11 月 14 日。

② 《广东大埔举行第 8 届世界大埔同乡联谊会》，国际在线，https：//kknews. cc/world/g8pkrgy. html，2015 年 10 月 10 日。

③ 《第 8 届世界大埔同乡联谊会圆满成功》，大埔网，https：//kknews. cc/news/g84voom. html，2015 年 10 月 15 日。

大了许多。时任国务院副总理钱其琛出席开幕式并讲话，时任全国政协副主席霍英东、广东省长卢瑞华、国务院侨办主任郭东坡、海外嘉宾代表胡玉麟和黄镰分别在会上致辞。钱其琛说，广大海外华侨华人是中国了解世界、走向世界，以及世界了解中国、走进中国的重要桥梁。① 这次大会的主题是"联谊、合作、发展"，活动内容包括联谊大会、华侨华人图片展、经贸洽谈会、侨情交流会、侨乡考察等。在当天举行的经贸合作交流会上签下 22 个项目，总投资金额超过 16 亿美元。② 次日，海外嘉宾分成 15 条路线到广州、广州番禺、广州南沙、江门、深圳、东莞、中山、佛山南海、佛山顺德等地参观考察。晚上，各路乡亲汇聚深圳华侨城民俗文化村参加闭幕式，并通过《宣言》。③

第 3 届世界广东同乡联谊大会由香港广东社团总会主办，于 2005 年 12 月 3 日至 5 日在香港举行，大会以"叙乡谊、促和谐、谋发展"为主题，组织了乡情交流会、世界青年论坛、世界经贸论坛等活动。来自世界 36 个国家和地区的 157 个代表团的 2 000 多人参加了盛会。时任国务院侨办主任陈玉杰出席大会并致辞，时任全国政协副主席董建华、中央政府驻港联络办公室主任高祀仁、外交部驻港特派员杨文昌出席了开幕式。香港广东社团总会主席余国春在大会开幕式上致辞，认为是乡情、亲情、友情、民族情、祖国情将世界各地的粤籍乡亲、华侨华人聚集在一起，希望通过大会，使世界粤籍乡亲、华侨华人相互交流，广交朋友，寻找商机，共谋发展。④

第 4 届世界广东同乡联谊大会于 2007 年 11 月 19 日至 21 日在马来西亚吉隆坡举行，由马来西亚广东会馆联合会主办。来自世界 22 个国家和地区的近 1 500 名代表出席。时任中国驻马大使程永华、中国国务院侨办副主任许又声、马来西亚房屋及地方政府事务部部长黄家定、马来西亚中华大会堂总会长林玉唐、马来西亚广东会馆主席李剑桥等出席 20 日的开幕式。大会以"增乡谊、集卓见、缔宏献"为主题，通过了《吉隆坡宣言》，修改了

---

① 《世粤联会：第 2 届世界广东同乡联谊大会开幕》，中国新闻网，http：//www. chinanews. com/2002 - 12 - 04/26/249843. html，2002 年 12 月 4 日。

② 《世粤联会：粤籍华商聚羊城现场签约十六亿美元》，中国新闻网，http：//www. chinanews. com/2002 - 12 - 04/26/249859. html，2002 年 12 月 4 日。

③ 《第 2 届世界广东同乡联谊大会深圳圆满闭幕》，中国新闻网，http：//www. chinanews. com/2002 - 12 - 05/26/250247. html，2002 年 12 月 5 日。

④ 《第三届世界广东同乡联谊大会汇聚香港叙乡情》，网易，http：//news. 163. com/05/1204/17/2456D9540001124U. html，2005 年 12 月 4 日。

世粤联会简章，决定由广东省侨办设立世粤联会秘书处及行政中心。①

2009 年 5 月 23 日至 24 日，由印尼广东社团联合总会主办的第 5 届世界广东同乡联谊大会在印尼雅加达举行。来自世界 24 个国家和地区共 96 个社团的 2 500 多位广东同乡参加大会。大会以"同舟共济、和谐发展"为主题。时任印尼总统苏西洛、副总统候选人布迪约诺、内阁秘书苏迪、商务部部长冯慧兰、文化旅游部部长瓦吉克分别出席了大会开幕式或闭幕式。时任中国国务院侨办副主任马儒沛、中国侨联副主席林淑娘、中国驻印度尼西亚大使章启月出席了会议并致辞。会议还举办了华商、文化、妇女、青年论坛，就如何克服金融海啸，实现合作共赢，传承发展和谐文化，培养华社青年接班人等诸多议题进行讨论。② 大会主席、印尼广东社团联合总会总主席叶联礼说，在全球面临着复杂经济形势的情况下，大会的举行对汇集全球华侨华人的创见、共同应对国际金融海啸冲击的挑战具有重要的意义。③

第 6 届世界广东同乡联谊大会于 2011 年 8 月 12 日至 14 日在泰国曼谷举行，由泰国潮州会馆、广肇会馆和客属总会联合主办，来自世界 29 个国家和地区的 2 500 多位代表出席。是年适逢辛亥革命 100 周年，因此大会便以"纪念辛亥百年，推动革新发展"为主题，安排了以"辛亥革命与华侨华人"为主题的演讲、经济论坛、青年论坛、图片展等，并首次进行了"世粤侨青十杰"的评选。时任泰国副总理差霖·育班隆、中国国务院侨办副主任马儒沛、中国驻泰国大使管木、广东省政府秘书长唐豪等出席了开幕式并致辞。④ 大会通过了《曼谷宣言》。

第 7 届世界广东同乡联谊大会暨第 1 届世界广东华侨华人青年大会于 2013 年 11 月 10 日至 12 日在澳门举行，由澳门 21 个主要粤籍社团组成组委会联合主办，来自世界 41 个国家和地区的约 3 500 位代表出席。大会以"传承中华文化，构建和谐侨社"为主题，举办侨乡文化图片展、中华文化论坛、青年论坛等活动，通过第 7 届世界广东同乡联谊大会《濠江宣言》

① 《中国驻马来西亚大使程永华出席第 4 届世界广东同乡联谊大会》，外交部网站，http：//newyork. fmprc. gov. cn/web/wjdt_674879/zwbd_674895/t445276. shtml，2007 年 11 月 23 日。

② 《第 5 届世界广东同乡联谊大会在印尼举行》，中华人民共和国驻印度尼西亚大使馆网站，http：//id. china－embassy. org/chn/xwdt/t564487. htm，2009 年 5 月 26 日。

③ 《第五届世界广东同乡联谊大会在印尼举行》，人民网，http：//world. people. com. cn/GB/57507/9353231. html，2009 年 5 月 24 日。

④ 《第六届世界广东同乡联谊大会在泰国曼谷开幕》，凤凰网，http：//news. ifeng. com/gundong/detail_2011_08/13/8386675_0. shtml，2011 年 8 月 13 日。

以及第 1 届世界广东华侨华人青年大会《澳门共识》，进行了"世粤侨青十杰"和社团会歌评选，创作并通过了会歌。时任全国政协副主席何厚铧、澳门特别行政区行政长官崔世安、国务院侨办副主任马儒沛、中国侨联副主席李卓彬、广东省人大常委会副主任雷于蓝、广东省副省长招玉芳等领导率团出席。崔世安致辞表示，本届世界广东同乡联谊大会为增进广东华侨华人友谊、促进年轻一代传承创新、弘扬中华文化提供了一个良好的机会和平台。① 更重要的是，这一届增设世界广东华侨华人青年大会，联谊大会与青年大会一同举办。

2015 年 10 月 5 日至 7 日，第 8 届世界广东同乡联谊大会暨第 2 届世界广东华侨华人青年大会在澳大利亚悉尼举行，这是世粤联会第一次走出亚洲，在其他大洲举行，来自 36 个国家、186 个社团的 1 800 多名代表出席了大会。中国国务院侨办主任裘援平在致辞中表示，世界广东同乡联谊大会自创办以来已逐步发展成为全球粤籍乡亲联谊、交流、协作的重要平台。大会以"百载粤侨路，心系中国梦"为主题，连接历史与现在，让中华民族复兴的"中国梦"与侨胞更好发展的"幸福梦"相映生辉。大会主席黄向墨在致辞中说："我们将一起追踪溯源，向先辈致敬，让历史启迪未来，使现代继往开来。我们将秉承'奋起、拼搏、争先、实干'的粤侨精神，再接再厉，勇于开拓，为早日实现中华民族伟大复兴的中国梦，作出更大贡献，创造出新的奇迹。"澳大利亚联邦议员卢铎代表总理特恩布尔向大会致辞。澳大利亚联邦反对党领袖比尔·肖顿、中国驻澳大利亚大使马朝旭也先后在大会上致辞。毛里求斯副总统贝勒波、中国驻悉尼总领事馆总领事李华新出席了大会。② 这届大会有三个亮点：一是重温历史，专门制作了首部澳大利亚华侨移民历史纪录片；二是融汇文化，展示绘画、书法、刺绣等系列岭南特色文化；三是展望未来，举办"海洋视野下的中国与世界"和"粤商在大洋洲"两个论坛。③

第 9 届世界广东同乡联谊大会将于 2018 年 5 月在加拿大温哥华举行，世粤联会越走越远。

---

① 《第七届"世粤联会"在澳门开幕 何厚铧崔世安出席》，广东新闻网，http：//www. gd. chinanews. com/2013/2013 – 11 – 11/2/282953. shtml，2013 年 11 月 11 日。

② 《第 8 届世界广东同乡联谊大会在悉尼举行 裘援平致辞》，中国新闻网，http：//www. chi-nanews. com/hr/2015/10 – 05/7555819. shtml，2015 年 10 月 5 日。

③ 澳大利亚广东侨团总会：《澳广荟——2015 世粤联会特刊》，第 36 – 37 页。

表 8-4　历届世界广东同乡联谊大会简表

序号	时间	地点	主办单位	主题	参加人数
1	2000 年 10 月 19—21 日	新加坡	新加坡广东会馆		13 个国家和地区，800 多人
2	2002 年 12 月 2—4 日	广州	广东省侨务办公室	联谊、合作、发展	70 多个国家和地区，3 600 多人参加，其中来自海外和中国香港、澳门的有 3 000 人
3	2005 年 12 月 3—5 日	香港	香港广东社团总会	叙乡谊、促和谐、谋发展	36 个国家和地区，157 个代表团，共 2 000 多人
4	2007 年 11 月 19—21 日	吉隆坡	马来西亚广东会馆联合会	增乡谊、集卓见、缔宏献	22 个国家和地区，近 1 500 人
5	2009 年 5 月 23—24 日	雅加达	印尼广东社团联合总会	同舟共济、和谐发展	24 个国家和地区，2 500 多人
6	2011 年 8 月 12—14 日	曼谷	泰国潮州会馆、广肇会馆、客属总会	纪念辛亥百年，推动革新发展	29 个国家和地区，150 个社团，2 500 多人
7	2013 年 11 月 10—12 日	澳门	第 7 届世粤联会组委会	传承中华文化，构建和谐侨社	41 个国家和地区，约 3 500 人
8	2015 年 10 月 5—7 日	悉尼	澳大利亚广东侨团总会	百载粤侨路，心系中国梦	36 个国家和地区，1 800 多人

资料来源：广东侨网，http：//www.qb.gd.gov.cn/ztzl2010/qwzl2010/sylh/default.htm。

结　语

在海外华人社团中，粤籍华人社团的国际化走在前列。粤籍华人社团的国际化不但起步较早，而且广度和深度也名列前茅。粤籍华人社团的国际化首先从方言群社团的国际化开始，然后是地方性社团的国际化，再发展到省级层面社团活动的国际化，这个国际化历史进程符合粤籍华人社团的历史传统，也符合海外广东华侨华人社会的实际情况。粤籍华人社团在国际化方面所取得的进展和成就，与广东华侨华人人数多、分布广有着重要的关联。没有华侨华人人数和经济实力的支撑，粤籍华人社团的国际化道路是难以走远的；没有海外分布的广泛性，粤籍华人社团的国际化也不可能具有这么鲜明的多样性。

互联互通是粤籍华人社团走向国际化的动力，也是粤籍华人社团国际化所追求的目的。由于国际形势和各国侨情的变化，华人社团面临着内部动力不足、外部环境挤压的巨大挑战。走国际化道路其实是应对时代和社会挑战的重要战略。事实证明，走国际化道路不但使粤籍华人社团焕发了新的活力，而且催生了新粤籍华人社团的涌现。因此，国际化不但大大加强了粤籍华人社团内部的沟通和凝聚力，同时也从更大的范围上整合了粤籍华人社团的力量，大大提升了粤籍华人社团的社会能见度和社会影响力。

粤籍华人社团的国际化顺应了历史发展的潮流。从 20 世纪 70 年代以后，粤籍华人社团的国际化步伐越来越快，与经济全球化的进程差不多同步。所有世界性恳亲大会毫无例外地将国际经济交流作为重要的一环，经济交流的对象不局限于本族群的内部，它通常会突破族群内部交流的界限，扩展到当地主流社会。因此，华人社团的国际化有力地推动了海外华人社会的全球化，为经济全球化作出了积极的贡献。

广东作为中国经济最发达的省份，对粤籍华人社团的国际化起到了重要的支撑作用。在广东经济发达的地区，如佛山市顺德区、东莞市、中山市、深圳市、广州市番禺区等侨乡，当地政府以实际行动支持海外同乡社团的发展，向其捐赠物资或者资助经费，帮助其发展，甚至主导了海外同乡社团的国际化，主动组织和主办世界同乡恳亲大会或者成立世界性联谊会，将海外同乡的力量整合起来，强化海内外乡亲之间的互动。深圳市作为一个新兴侨乡，每年都举办国际深圳联谊大会，其力度之大无出其右。

中国经济的发展和国际地位的提升，加快了粤籍华人社团的国际化趋势。粤籍华人社团的国际化逐步呈现了以中国为基点的同心圆态势，一些世界同乡恳亲大会在侨乡设立了秘书处，进一步加强制度化的安排，世界同乡恳亲大会越来越多地在中国各地举行。例如，广州市番禺区自 1994 年 10 月举行首届旅外乡亲恳亲大会之后，1998 年、2002 年、2007 年、2012 年和 2017 年接连举行了番禺旅外乡亲恳亲大会。恳亲大会规模也在不断扩大，第 1 届只有 8 个国家和中国港澳地区的 19 个社团共 700 多人参加，而 2017 年的第 6 届，则有来自美国、加拿大、法国、英国、德国、瑞士、挪威、捷克、意大利、葡萄牙、澳大利亚、新西兰、日本、秘鲁、巴西、智利、马来西亚、新加坡以及中国香港、澳门、台湾等 21 个国家和地区共 91 个社团的代表约 1 300 人参加，其中，番禺旅外乡亲社团的代表共 940 人。[①]

粤籍华人社团的国际化包含了省、方言群、地方（市县镇）三级社团的国际化，包含了地缘、血缘、业缘三个类型社团的国际化，应该说是相当全面的。但是，这些社团内部也存在着人员互相交叉的弊端，存在着资源无谓消耗的地方。未来，粤籍华人社团的国际化需要对此进行必要的协调，以发挥更好的效益。

---

① 《第六届番禺旅外乡亲恳亲大会 11 月 11—13 日盛大举行》，广州市人民政府网站，http：//www.gz.gov.cn/gzgov/s5812/201711/e80f4d7d24dd4a689039483019a28c06.shtml。

大事记

（2015年1月1日—2017年12月30日）

2015 年

1 月

1 日，美国旧金山至孝笃亲公所举行 2015 年度新旧职员交接典礼。陈均发任主席。

美国夏威夷林西河堂举行新一届职员就职典礼。

6 日，由肇庆总会馆与合和总会馆组成的广福堂在美国旧金山举行职员交接典礼。肇庆总会馆主席关健中、合和总会馆主席胡建邦当选 2015 年度新一届主席。

11 日，文莱斯里巴加湾市广惠互助社新一届（2015—2016 年）理事会与康乐团执委会举行宣誓就职典礼。

12 日，美西华侨体育会 2015 年职员就职典礼在旧金山举行，方创杰任会长。

16 日，马来西亚东莞商会举行庆祝成立 5 周年纪念联欢晚宴。

18 日，澳洲广州同乡总会第 11 届会员大会在悉尼举行。选举何伟棠为会长，张洪民任监事长。

25 日，新加坡中山会馆举行 2015—2016 年度第 163 届执监委员宣誓就职典礼。邓福广当选新一届会长。

美国纽约朱沛国堂举行 2015—2016 年度就职典礼。朱永益、朱沃裕任主席。

26 日，新加坡潮州八邑会馆青年企业家代表团访问汕头。

2 月

8 日，美国纽约潮州同乡会举办第 31 届会长交接典礼。陈育昭任会长。

14 日，泰国潮州会馆举行第 72 次常年会员大会和潮州会馆文物馆潮州名人资料室揭幕仪式。

15 日，瑞典潮州同乡会选举第 5 届理事会。陈德忠当选会长。

21 日，新西兰潮属社团总会成立庆典在奥克兰举行。新西兰民族事务部部长比塞塔·山姆·乐图里格、国家党国会议员杨健、工党领袖安德鲁·利特尔、工党国会议员菲尔·戈夫和菲尔·图艾福德、新西兰潮属社团总会会长张乙坤等 200 多人出席成立庆典。

27 日，美国中山总商会在旧金山举行了新一届领导班子及职员就职典礼晚宴。

28 日，新加坡潮州八邑会馆举行第 81 次常年会员代表大会。

3 月

4 日，缅甸曼德勒广东同乡会举行第 28 届理监事就职典礼。

8 日，美国夏威夷潮州会馆举办 28 周年庆暨新春联欢会。

世界广东同乡檀香山联谊会在夏威夷举行第 40 届会长及理事就职仪式，近 240 名会员和来宾参加活动。周洁莹任会长。

英国四邑总会馆在利物浦举行庆祝"三八"国际妇女节活动，英国四邑总会馆会长谭广、利物浦市主要侨领及各界友人 150 多人参加了庆祝活动。

13 日，美国珠海联谊总会春节联欢暨新旧理事交接礼晚宴在旧金山举行。旧金山市长李孟贤、中国驻旧金山总领事馆副总领事毕刚到会致贺。阳和总会馆及属下各善堂、工商总会等团体以及侨领贤达 500 人出席了联欢晚会。

14 日，印尼广肇总会第 5 届理监事就职典礼在中爪哇龙目岛马打兰市 Lombok Plaza 国际大酒店举行。参加活动的各界人士有 400 多人。

15 日，法国番禺富善社在巴黎举行 2015 年新春及成立 20 周年庆典。

美国旧金山东莞宝安善堂会员大会在旧金山举行。陈金城连任主席。

20 日，美国广东华裔青年协会在马里兰州成立。协会宗旨是联谊美东地区青年粤籍华侨和在美国学习工作的广东青年，增进彼此了解，弘扬文化，促进广东与美国东岸地区在各领域的交流。首任会长陈夷非。200 多人出席成立大会。

22 日，美国西雅图开平同乡联谊会举行年度春宴晚会。华盛顿州副州长欧文以及社团侨领、会员 350 多人参加晚会。

南非客家联谊会第 4 届会长、理监事长就职典礼在约翰内斯堡举行。陈云生连任会长。

泰国大埔会馆举行第 35 届和第 36 届理事会交接就职典礼。邓玉清任第 36 届理事长。

马来西亚槟榔屿潮州会馆举行常年会员大会。

25 日，新加坡潮州八邑会馆在潮州大厦举办第 43 届董事会就职典礼。

28 日，新加坡丰顺会馆举行第 53 届董事部就职仪式。谢水泉任会长。

美国休斯敦安良工商会举行成立 70 周年庆暨会长交接典礼。新任共同会长李雄、陈灿基。

29 日，马来西亚瓜拉冷岳广东会馆举行 2015 年度会员大会暨 2015—2016 年度新一届理事选举，同时颁发会员子女学业成绩优良奖励金。

美国檀香山四邑会馆举行成立 118 周年春宴联欢。

4 月

4 日，加拿大魁北克省中山同乡会黄善康会长一行 14 人回中山省亲。

5 日，印尼旅椰西加东万律芳伯校友联谊会举行纪念罗芳伯冥诞 277 周年暨联谊会成立 12 周年庆典，近 600 人出席。

8 日，由荷兰广东总会、英国广东华侨华人联合总会组成的欧洲（荷兰、英国）粤籍社团访问团一行 16 人到广州访问考察。

12 日，美国洛杉矶开平同乡会举行春宴联欢晚会。

20 日，新西兰潮属社团总会会长张乙坤一行 24 人访问汕头。

25 日，泰国暹罗揭阳会馆举行第 67 次常年会员大会。

26 日，泰国广肇会馆举行常年会员大会。

27 日，澳大利亚广东总商会一行访问佛山市南海区外事侨务局。

28 日，卢森堡广东华侨协会在卢森堡东南部城市蒙多夫莱班成立。卢森堡国民议会副议长洛朗·莫萨、多国驻卢大使及在卢华人社团负责人等共 400 余人出席了庆典晚会。文华兴任首届会长。

30 日，澳大利亚广州同乡总会会长何伟棠率团到广州市侨办访问。

5 月

5 日，新加坡普宁会馆举行第 53 届董事会及第 33 届互助部理事会就职典礼。蔡纪典任会长。

9 日，老挝广东商会成立。

10 日，新加坡广西暨高州会馆举行庆祝会馆成立 132 周年暨天后圣母宝诞活动，并主办世界广西同乡联谊会第 17 届恳亲代表大会三庆联欢宴会。

12 日，英国广东华侨华人联合总会在伦敦举行第 7 届理事会就职典礼。黄亮连任会长。

13 日，新西兰广东总商会田国安会长一行到广州市侨办访问。

16 日，马来西亚河婆同乡会联合总会在古晋召开第 18 届会员代表大会。

17 日，加拿大铁城崇义会温哥华总会举行成立 101 周年暨加拿大中山友好协会成立 1 周年庆祝活动。

23 日，美国冈州总会馆在旧金山首次举行海外乡亲联欢盛宴。加州参议员雷诺、旧金山市长李孟贤、中国驻旧金山总领事罗林泉等到场祝贺，参加活动的成员约千人。

柬埔寨广东商会正式成立。蔡坚毅当选首届会长。

24 日，美东台中校友会在纽约举行庆祝成立 40 周年晚会，700 多位校友、嘉宾出席。

马来西亚雪隆东安会馆召开年度会员大会，举行春祭拜祖，颁发会员子女奖励金。

26 日，英国岭南文商总会在伦敦成立，薛方亮任会长。

30 日，泰国大埔会馆第 36 届理事会举行第一次常年会员大会。

30—31 日，马来西亚森美兰茶阳会馆举办成立 90 周年庆典暨大马大埔（茶阳）社团联合总会第 22 届全国代表大会。

31 日，美国五邑同乡联谊会在旧金山举行庆祝成立 27 周年晚宴，近 300 人参加。

6 月

2 日，加拿大粤籍社团侨领座谈会在广东省人民政府侨务办公室召开，会议通过了申办第 9 届世界广东同乡联谊大会的组织架构及筹款方案，表决通过推选林少毅、朱展伦、方君学为世界广东同乡联谊大会共同主席，负责制订方案并决定大会的相关重大事项。

4 日，美国海外客家文化交流协会会长罗焕瑜率团访问广州市侨办。

7 日，委内瑞拉全国华侨华人联合总会第 4 届委员就职典礼在加拉加斯举行。中国驻委内瑞拉大使赵荣宪、委内瑞拉外交部副部长诺亚应邀出席。广东省恩平市政府代表团、珠海市政府代表团专程赴会。新任主席为陈坚辉。

20 日，加拿大安大略省越棉寮华人协会举行成立 36 周年庆祝活动，出席的各界嘉宾有 400 余人。

21 日，泰国潮阳同乡会举行第 67 次会员大会，选举彭大立为第 38 届理事长。

马来西亚雪隆广东会馆举行第 71 届会员大会。

马来西亚雪隆会宁公会举行 2015 年度会员大会暨第 70 届（2015—2016 年）理事会选举，刘国强接任会长。

28 日，新加坡冈州会馆为庆祝新加坡建国 50 周年暨会馆成立 175 周年，在圣淘沙名胜世界举办"文化传承跨世纪，狮城共庆金禧年"千人音乐晚宴。

新加坡潮州总会举行庆祝会馆成立 3 周年纪念活动。

7 月

1 日，加拿大莞商联合会在温哥华成立，近 300 位来宾参加成立大会。

4 日，加拿大洪门民治党多伦多支部举行成立 121 周年庆典活动，中国驻多伦多领事馆官员、全加洪门盟长罗立、洪门民治党多伦多支部主委余卓文及相关社团华侨华人代表近 600 人参加。

5 日，马来西亚河源同乡会第 3 届（2015—2018 年）理事会就职典礼在沙巴州亚庇市召开。谭育良连任总会长。

泰国广肇商会举行第 3 届执委会就职典礼。关鸿强连任会长。

25 日，美国纽约台山侨界在华埠举办大型晚会，纪念世界反法西斯战争暨中国抗日战争胜利 70 周年，美国驻华第 14 空队老兵陈锦棠、伍觉良、李超和美国海军陆战队老兵邝荣耀应邀出席。

泰国客属商会举行第 13 届理事会就职典礼。黄建华连任理事长。

26 日，泰国潮州会馆暨九属九县同乡会联合主办庆祝中泰建交 40 周年巡游唐人街盛大活动。泰国副总理威沙努·克安，曼谷市长素坤攀·母里博亲王，中国驻泰国大使宁赋魁，潮州会馆、九属会馆、各县同乡会侨领近万人参加了庆典。

27 日，美国芝加哥五邑同乡会举行 2015—2016 年度第 16 届职员就职仪式。郑汝创任会长。

8 月

8 日，泰国曼谷高州同乡联谊会举行成立 10 周年联欢晚会。

新加坡番禺会馆举行成立 137 周年庆暨关圣帝君宝诞联欢晚宴。

9 日，加拿大洪门达权总社在维多利亚举行庆祝成立 100 周年活动。中国驻温哥华总领事刘菲、中国致公党常务副主席蒋作君及来自美国、法国、加拿大各地 20 个洪门分部的约 300 名代表参加了庆祝活动。

12 日，智利鹤山同乡总会在圣地亚哥举行筹备大会，选举了理事会，李红光当选会长。

15 日，加拿大安大略省潮州会馆举行庆祝成立 32 周年庆典活动。中国驻多伦多总领馆副总领事张传兵，加拿大联邦参议员胡子修，安大略省公民、移民及国际贸易厅厅长陈国治，安大略省议员黄素梅，多伦多市议员李振光，万锦市议员何胡景等加拿大三级政府政要和各界嘉宾、侨胞到场祝贺。

15—17 日，马来西亚潮州公会联合会在吉兰丹举行成立 81 周年纪念活动及第 76 届代表大会、马潮联青第 41 届代表大会、马潮联妇第 15 届代表大会。

20 日，国际潮团总会第 18 届国际潮团联谊年会在加拿大温哥华隆重举行，来自世界各地 200 个潮团的 3 000 多名海内外潮籍乡亲出席大会，大会主题是"大潮兴四海，乡谊盛五湖"。加拿大卑诗省省督古乔恩，第 18 届国际潮团联谊年会荣誉主席、加拿大国防部部长兼多元文化部部长康尼，中国国务院侨办副主任任启亮，加拿大上议院执政党副党领金玉儿，中国驻温哥华总领事刘菲，加拿大税务部部长冯杰妮，加拿大长者事务国务部部长黄陈小萍等嘉宾出席开幕式。

21—22 日，由美国深圳联谊会、美国深圳总商会、美国深圳青年联合会发起的首届国际深圳人联谊大会暨深圳走向世界高峰论坛在美国洛杉矶举行，来自世界各地的 100 多名代表参加会议。海外多国 13 个深圳籍社团分别与深圳市侨联签署了《侨界友好社团协议书》，并联合发布了主题为"团结、联谊、合作、创新"的《首届国际深圳人联谊大会共同宣言》。

22 日，新加坡茶阳（大埔）会馆举行茶阳（大埔）会馆成立 157 周年、茶阳（大埔）基金会成立 20 周年晚宴。

23 日，美国广东联谊会在洛杉矶举办第 8 届职员就职典礼，周赐轩任会长。

28 日，美国德州广东总会和广东河源公共外交协会签署建立友好合作关系备忘录，积极推动两地开展经贸、科技、旅游、文化、人员往来等领域多种形式的交流与合作，促进双方共同繁荣发展。

29 日，加拿大安大略省林西河堂举行成立 95 周年联欢晚宴，近 500 人出席晚宴。

9 月

3 日，美国波士顿台山乡亲联谊会举行纪念中国人民抗日暨反法西斯战争胜利 70 周年大会，450 人出席。

6 日，法国广东会馆在巴黎 13 区举行庆祝成立 26 周年庆典，300 多人出席。

马来西亚槟城开平会馆举行成立 66 周年会庆。

19 日，美国拉斯维加斯中山联谊会举行成立大会，首任会长为郑如藻。

20 日，厄瓜多尔中山同乡会在瓜亚基尔市举办中秋联欢晚会。

24 日，印尼东加巫劳广东同乡会举行庆祝 60 周年会庆及 2015—2018 年度理事就职典礼，约 300 人参加典礼。

10 月

3 日，美国中山喜善堂在旧金山举行晚宴庆祝成立 120 周年，近 900 人参加了大会。

新加坡潮阳会馆举办庆祝成立 89 周年、互助部成立 54 周年联欢宴会。

4 日，瑞典潮州同乡会举行第 5 届理事会就职典礼。

5—7 日，由澳大利亚广东侨团总会主办的第 8 届世界广东同乡联谊大会暨第 2 届世界广东华侨华人青年大会在悉尼举行，来自 36 个国家和地区 186 个社团的 1 800 多位广东乡亲参加活动。这次大会主题是"百载粤侨路，心系中国梦"，中国国务院侨办主任裘援平出席开幕式并致辞，澳大利亚联邦总理代表菲利普·卢铎、澳大利亚联邦反对党领袖比尔·肖顿、中国驻澳大利亚大使马朝旭以及新南威尔士州州长代表和反对党领袖等也在开幕式上致辞。毛里求斯副总统贝勒波、中国驻悉尼总领事李华新和副总领事童学军等出席大会。大会还举行了"世粤侨青十杰"颁奖典礼、"服务华社　真情奉献"荣誉人士授荣仪式、交流大会、主题论坛、专题讲座等。

7 日，澳洲中山商会在悉尼举行成立庆典，黄子彪任首届会长。

9—12 日，东非广东同乡会会长岑浩江带领访问团一行 6 人访问汕头。

11 日，日本广东同乡会在横滨中华街隆重庆贺成立 50 周年金禧。

新加坡潮州八邑会馆在新达城举行庆祝成立 86 周年联欢晚宴。

新加坡丰顺会馆与茶阳会馆、永定会馆联合成立的丰永大公会举行庆祝成立 175 周年晚宴。

南部非洲粤港澳总商会第 9 届理监事就职典礼在南非约翰内斯堡举行。中国驻约翰内斯堡总领事孙大力、副总领事杨培栋,南部非洲粤港澳总商会会长陈玉玲,南非华人警民合作中心主任吴少康,南部非洲上海工商联谊总会会长姒海,南非华文教育基金会主席韩芳等出席活动。近千名南非华侨华人到场并观看演出。

16 日,马来西亚柔佛潮州八邑会馆举办庆祝成立 81 周年联欢晚宴。

16—18 日,第 28 届世界客属恳亲大会在台湾新竹举行,来自 22 个国家和地区的 221 个客属社团组团参加,参加总人数为 6 000 多。中国国民党荣誉主席、世界客属总会总会长吴伯雄,中华海峡两岸客家文经交流协会理事长饶颖奇,新竹县县长、世界客属总会理事长邱镜淳等出席会议。恳亲大会举行了世界客家文化嘉年华、世界客家民俗展演、客家文艺晚会·客家婚俗娶、客家山歌民谣比赛、客家美食比赛、客家民俗技艺展示、客家文化论坛等系列活动。

17 日,美洲萃胜工商总会在加拿大温哥华成立支会,这是首个在美国以外地方成立的支会,第一批会员近 30 人,创会会长庄永编,全美多个分会逾 200 人专程到会参加庆祝仪式。

18 日,加拿大温哥华洪门民治党支部举行成立 127 周年暨达权支社成立 97 周年庆祝晚会。中国驻温哥华领事馆官员,加拿大不列颠哥伦比亚省、温哥华市政要,加拿大 6 个城市洪门分部及本地侨界代表约 500 人出席晚会。

23—25 日,泰国暹罗揭阳会馆理事长萧俊杰率访问团访问揭阳市。

28—29 日,新加坡揭阳会馆会长洪静源率访问团访问揭阳市。

11 月

1 日,泰国丰顺会馆举行第 52 次常年会员大会。

4 日,新加坡广东会馆举行第 35 届(2015—2017 年)董事会就职典礼。

6—8 日,暹罗揭阳会馆第 18 届乡亲联谊大会在泰国清迈举行,300 多人参加大会。

7 日,美国纽约东莞商会举行成立典礼,邓礼诗当选首任会长。东莞市政协副主席莫布兴率代表团出席当晚的活动,纽约当地主要商协会、华商企业家等 200 余人参加了成立典礼。

7—9 日，第 31 届全泰普宁乡亲联谊大会在泰国坤敬府举行。

8 日，新加坡澄海会馆举行会馆金禧纪念联欢晚宴。

10—11 日，由美国冲蒌同乡总会主办的第 7 届世界台山宁阳会馆（同乡会）联谊大会在台山隆重举行，开创由镇级同乡会承办台山恳亲大会的先河。大会主题是"情系家园，梦圆侨乡"，来自世界各地 33 个台山宁阳会馆（同乡会）的 700 多位台山乡亲出席了大会。

17 日，加拿大深圳国际总商会在多伦多成立，苏雄担任会长。

20 日，泰国饶平同乡会举行成立 50 周年典礼。

21 日，新加坡潮安会馆举行庆祝成立 51 周年纪念联欢宴会。

22 日，巴西洪门协会总监陈文添、副会长黄伟政等一行访问致公党中山市委会。

24 日，美国华侨华人联谊会主席马树荣一行 8 人访问江门市外侨局。

27 日，世界南海联谊总会第 3 届恳亲会在广东佛山南海开幕，主题为"龙腾南海，听音寻根"，来自世界 23 个国家和地区 61 个社团的南海乡亲参加了大会。

28 日，马来西亚广东会馆联合会举行第 43 届代表大会，选举古润金为第 44 届总会长。

29 日，新加坡高要会馆举行成立 75 周年庆典。

世界鹤山乡亲联谊会第六次会员大会在马来西亚隆重举行，来自美国、澳大利亚、新加坡、菲律宾、中国香港、中国澳门等 10 多个国家和地区的近千名海内外乡亲出席大会。

巴西里约热内卢江门五邑青年联合会举行首届理监事就职典礼，近 500 人参加典礼。甄广瑞任首届会长。

12 月

3 日，第 2 届世界广府人恳亲大会在珠海横琴开幕，主题是"世界广府人·共圆中国梦"，来自 53 个国家和地区的约 2 500 名海内外广府乡亲参加了大会。大会表彰了方伟侠、吕志和、李桂平、何镜堂、邵建明、郑家纯、胡智荣、莫华伦、蔡惠玲、霍震寰十位第 2 届世界广府人"十大杰出人物"，庄创业、苏炳添、李森、张勇、邵汉彬、林治平、欧阳浩东、夏俊英、黄铣铭、萧嘉敏十位"十大杰出青年"。

5 日，国际潮籍博士联合会第 3 届博士论坛在北京财富中心开幕，主题为"中国经济在世界经济中的角色"。斯坦福大学经济学教授约翰·B. 泰勒，哈佛大学资深研究员威廉·奥福尔霍特，香港岭南大学校长及经济学教授郑国汉，牛津大学经济学教授大卫·瓦因斯，新加坡国立大学商学院院长兼财政金融与战略管理学教授杨贤，北京大学国家发展研究院教授、副院长黄益平，清华大学中国世界经济研究中心主任李稻葵等应邀发表演讲。来自国家机关相关部委、潮汕各市相关部门、国际潮籍博士联合会、北京潮商会、北京潮商会青委会以及北京部分高校的师生共 300 多人参加了论坛。

5 日，马来西亚红坭山拿乞万里望东安会馆庆祝成立 122 周年、妇女组成立 9 周年及青年团成立 6 周年。

旅暹普宁同乡会举行第 69 次会员大会暨第 35 届会员子女奖学金颁发典礼。

7 日，美国芝加哥广州协会吴国勋会长一行访问广州市侨办。

9—18 日，新加坡潮州八邑会馆在滨海湾金沙 Hall A 举办"新加坡第 2 届国际潮州节"。

11 日，美国北加州潮州会馆在旧金山举行第 18 届理监事会就职典礼暨会员大会，林志斯连任会长。

13 日，东非广东同乡总会第 1 届大会在肯尼亚蒙巴萨市召开。来自肯尼亚、卢旺达、坦桑尼亚等国家的 30 多名广东同乡出席了会议，岑浩江任会长。

泰国潮安同乡会召开第 70 次会员大会暨会员子女奖学金颁发典礼。

18—19 日，第 10 届世界会宁联谊大会在广东四会举行，主题是"凝聚会宁情·共筑中国梦"。来自马来西亚、新加坡、印度、加拿大和中国香港与澳门地区的 400 多名四会、广宁籍侨胞出席活动。

20 日，澳大利亚要明洪福堂同乡会访问团一行到肇庆市考察交流。

越南穗城会馆举行代表大会，选举产生第 23 届理事会（2015—2020 年）。

26 日，美国纽约安良工商总会举行 2016 年度新职员就职典礼。

27 日，马来西亚森美兰芙蓉东安会馆举行成立 119 周年纪念活动，约 800 名乡亲及各界嘉宾参加了庆典。

美国冈州总会馆举行第 31 届新任职员宣誓就职典礼，蒋康荣任主席。

美国纽约龙冈亲义公所第 126 届新职员就职典礼在纽约举行。

31 日，美国台山宁阳总会馆在旧金山举行 2016 年主席交接典礼，甄国辉就任 2016 年主席。

2016 年

1 月

1 日，全美仪英工商总会在旧金山举行 2016—2017 年新旧职员就职典礼暨主席交接仪式，在中国驻旧金山总领事馆副总领事查立友的监交下，罗龙光从满任主席罗龙富手中接过印信，就任新一届主席。

全美英端工商总会在旧金山举行 2016 年总理交接暨新一届职员就职典礼，在中国驻旧金山总领事馆总领事罗林泉及总会元老团主席谭国材的监交下，刘荣浩连任总理。

美洲萃胜工商总会在旧金山举行 2016 年度职员就职暨总理交接典礼，在中国驻旧金山总领事馆总领事罗林泉和元老团主席池洪湖的监交下，朱树荣接任 2016 年总理。

2 日，旅美开平同乡总会在旧金山举行新一届职员就职暨主席交接典礼，在中国驻旧金山总领事馆副总领事查立友和元老潘伯就的监交下，潘强淋接任 2016 年主席。

3 日，全美俊英工商总会在旧金山举行 2016 年职员就职典礼，在中国驻旧金山总领事馆副总领事查立友的监交下，高华焜连任总理。

4 日，智利鹤山同乡总会在智利圣地亚哥正式成立，中国驻智利大使馆李宝荣大使、于洋领事、张景恩武官以及当地华人社团人士约 400 人出席成立仪式。

9 日，加拿大潮商会第一次理事会暨联谊聚会在广州南湖举行。会长林少毅，执行会长冯汝洁、郑焕明、蔡光及部分理事会成员共 30 多人参加了会议。

10 日，特立尼达和多巴哥中山同乡会举办新春联谊活动，300 余人参加活动。

泰国潮州会馆举行第 73 次常年会员大会，选举黄迨光任第 39 届主席。

新加坡茶阳（大埔）会馆在新加坡牛车水人民剧场举行第 10 届客家歌

谣观摩会。

17 日，特立尼达和多巴哥台山同乡会举办 2016 年迎新午宴，300 余人参加活动。

24 日，泰国饶平同乡会举行第 52 次常年会员大会，选举第 26 届理事会，徐光辉连任理事长。

31 日，特立尼达和多巴哥新会同乡会在首都西班牙港举办 2016 年春节招待会，300 余人参加活动。

2 月

2 日，秘鲁古冈州五邑会馆主席、秘鲁江门五邑青年联合会会长区仲贤一行访问江门市。

11 日，加拿大潮商会第 2 届理事会就职典礼在温哥华隆重举行，林少毅连任会长。同时，温哥华潮州同乡会成立 29 周年暨第 15 届理事会就职典礼举行，新任会长为冯汝洁。到会嘉宾有加拿大联邦国会议员黄陈小萍、加拿大联邦国会议员关慧贞、不列颠哥伦比亚省议员李灿明、中国驻温哥华副总领事樊晓东等。

13 日，新加坡潮州八邑会馆举行第 82 次常年会员大会。

14 日，泰国曼谷惠州会馆举行第 13 届理事会就职典礼，陈毓坤连任理事长。

18 日，泰国潮州会馆举行第 39 届执委会就职典礼，中国驻泰国大使宁赋魁、泰国立法院第一副议长、泰国各界代表以及国际潮团总会主席曾国奎等海外华人社团代表近千人出席了典礼。

18—19 日，委内瑞拉全国华侨华人联合总会主席陈坚辉率领访问团回恩平参加系列活动，汇报委内瑞拉最新局势，讨论如何稳定华人社团、安抚侨胞及保障侨胞在委内瑞拉的生命财产安全，举办回乡侨胞签证、复户政策咨询会，走访慰问特困委归侨胞，参加由恩平市外侨局与联合总会共同主办的"熠熠侨星耀恩平——中委 2016 年新春曲艺联欢晚会"等。

21 日，新加坡高要会馆举行第 60 届董事会就职宣誓典礼。

泰国饶平同乡会举行第 25 届和第 26 届理事会交接就职典礼，徐光辉连任理事长。

新西兰潮属总会在奥克兰举行"潮属庆周年，潮剧贺元宵"大型庆典。新西兰民族社区部部长 Hon Peseta Sam Lotu－liga、国家党议员 Jami－Lee

Ross、华裔国会议员杨健、韩裔国会议员 Melissa Lee、工党党魁 Andrew Little、工党主席 Nigel Haworth、奥克兰市长 Len Brown、中国驻奥克兰领事馆副总领事罗斌辉、奥克兰市长候选人（工党议员）Hon. Phil Goff 及 Victoria Crone、潮州市副市长余鸿纯、广东省潮剧艺术代表团团长林之达等约 500 名嘉宾出席了活动。

27 日，马来西亚河源同乡会第 3 届第一次会员大会在沙巴客联大厦礼堂宴会厅召开。

3 月

6 日，马来西亚沙巴州兰瑙县客家公会第 11 届第一次会员大会在兰瑙客家大厦礼堂举行。

7—9 日，新加坡潮州八邑会馆会长郭明忠率领访问团一行 15 人访问汕头、潮州、揭阳等地。

13 日，南非顺德联谊会第 7 届理监事成员就职典礼在约翰内斯堡举行，卢伟亮当选第 7 届会长，近 800 人出席了仪式。

19 日，马来西亚雪隆河婆同乡会举行成立 47 周年纪念联欢晚宴。

新加坡樟林旅外同乡会举行成立 57 周年纪念联欢宴会。

20 日，泰国客家总会举行第 45 届第二次常年会员大会，参加大会的有 400 多人。

22 日，南非客家联谊会第 4 届会长、理监事长就职典礼在约翰内斯堡举行，陈云生连任会长。中国驻南非大使馆参赞兼总领事乔杰、中国驻约翰内斯堡总领事孙大立、广东省梅州市统战部部长张丽霞及来自中国和南非各界的近千人出席就职典礼。

22—23 日，苏里南东莞同乡会张丰年会长一行来东莞参观考察。

27 日，新加坡潮州八邑会馆第 44 届董事会（2017—2018 年）举行就职仪式，蔡纪典任新会长。

4 月

5 日，荷兰广东总会举行了第 2 届理监事就职典礼。来自荷兰各地的广东社团负责人、英国和卢森堡友好社团负责人等约 120 人参加典礼。

8—10 日，马来西亚柔佛潮州八邑会馆在柔佛古庙举办"三月初三锣鼓响"丙申年乡音民俗庙会。

17 日，加拿大温哥华中华会馆理事会（2016—2017 年）举行就职仪式，姚崇英任理事长，吴俊誉、马威廉、朱展伦、滕达任副理事长。

马来西亚雪隆嘉应会馆举行成立 115 周年纪念联欢晚宴。

21 日，美东番禺同乡会张钧会长一行 11 人访问番禺区。

22 日，印尼潮州总会举行第 1 届理监事就职典礼，曾国奎任理事会会长，刘奕陞任董事会主席，蔡明盛任总会监事长，周沅瑶任总会秘书长。

23 日，第 10 届世界顺德联谊总会恳亲大会在顺德开幕。全国政协副主席何厚铧，国务院侨办国外司副巡视员李辉，广东省港澳办主任廖京山，顺德区领导，世界顺德联谊总会首席会长、顺德区委常委周驭洪，以及来自 20 多个国家和地区的 75 个顺德社团的 1 200 多名海外乡亲和友好人士参加大会。

马来西亚河婆同乡会联合总会召开 2016 年常年代表大会。

泰国潮安同乡会举行成立 90 周年庆典大会。

24 日，泰国揭阳会馆举行第 68 次常年会员大会，选举黄烈凯任第 35 届理事长。

泰国广肇商会举行常年会员大会。

30 日，第 5 届全泰丰顺同乡联谊年会在泰国南部举行。

马来西亚雪隆潮州会馆举行成立 125 周年纪念联欢晚宴。

5 月

1 日，巴西里约热内卢广东同乡会成立暨第 1 届理监事就职典礼在新伊瓜苏市举行。中国驻里约热内卢总领事宋扬、里约热内卢州议员罗莎女士以及来自巴西各州和秘鲁、加拿大等国的华人社团侨领代表等 300 多人出席典礼。陈锡钦任第 1 届会长。

8 日，澳大利亚悉尼珠海国际交流协会在悉尼举行成立仪式。

15 日，马来西亚雪隆广肇会馆举行第 120 届会员大会。

19 日，美国夏威夷四大都会馆方惠思主席一行 22 人访问中山市。

24 日，马来西亚槟榔屿广东暨汀州会馆寻根访问团一行 38 人访问惠州市。

27 日，美国潮商总会在圣盖博宣布成立，同时举行成立典礼暨首届理监事会就职仪式。美国潮商总会由纽约和洛杉矶 16 个潮商团体联合组成。总会主席为欧佳霖、陈育昭。美国国会议员赵美心、中国驻洛杉矶副总领事王雷等应邀出席。来自纽约和洛杉矶的潮商代表 400 余人与当地各界代表 160 余人参加了大会。

28 日，巴西广州企业家协会第 5 届理监事就职典礼在圣保罗举行。中国驻圣保罗总领馆官员、当地华人社团侨领、中资企业代表和巴西友好人士等近 200 人出席仪式。宋远雄连任会长。

越南中国商会广东企业联合会成立。

29 日，新加坡南洋客属总会举行第 41 届董监事就职典礼。

30 日，秘鲁江门五邑青年联合会在利马成立，会长邓振棠。

6 月

4 日，马来西亚雪隆广东会馆举行会员大会，选举第 73 届董事会。

印尼雅加达客属联谊会举行第 7 届会员代表大会，张和然任主席。

5 日，马来西亚嘉应联合会举行第 65 届全国代表大会。

7 日，委内瑞拉江门五邑青年联合会梁国锐总会长一行访问江门市外侨局。

11 日，泰国广肇会馆举行第 40 届和第 41 届理事会交接就职仪式，何国忠就任第 41 届理事长。

17 日，新加坡潮州八邑会馆举行"潮州企业家奖"颁奖典礼。新加坡副总理兼经济及社会政策统筹部长尚达曼担任主宾。新加坡国家发展部兼贸工部政务部长许宝琨，议员林伟杰、钟丽慧、颜添宝、陈佩玲、刘程强、林瑞莲，前国会议员成汉通、李玉云、中国驻新加坡大使陈晓东、参赞兼总领事王家荣以及各界贤达近 800 人出席典礼。

18 日，新加坡广东会馆举行 2016 年度常年会员大会。

19 日，马来西亚雪隆广东会馆举行第 72 届常年会员大会。

马来西亚雪隆会宁公会举行 2016 年度会员大会。

22 日，马来西亚顺德联合总会举行全国会员大会，选举第 19 届理事会，何兆荣当选会长。

24—26 日，第 9 届世界惠州同乡恳亲大会在马来西亚吉隆坡举行，马来西亚交通部长暨马华公会总会长廖中莱、马来西亚中华大会堂总会总会长方天兴、马来西亚惠州联合总会总会长李锦贤、中国驻马来西亚大使黄惠康、中国广东省惠州市政协主席陈训廷，以及来自马来西亚及世界各地的惠州乡亲 1 200 多人出席大会。

25 日，新西兰广州同乡会在奥克兰举行 2016 年年会。

26 日，马来西亚雪隆潮州会馆举行 2016 年度常年会员大会，并通过十项提案。

马来西亚惠州会馆举行成立 152 周年会庆晚宴。

27 日，美中芝加哥广海同乡会成立暨第 1 届职员就职联谊大会在美国芝加哥举行，中国驻芝加哥代总领事王永以及各界代表 500 余人出席。

28 日，荷兰广东华商总会在海牙正式成立，华商总会由中荷农业科技经济合作基金会、海牙华商会、阿姆斯特丹华商会、荷兰欧洲中国友好协会等组成，钟麟昌任执行会长。

7 月

2 日，新加坡潮州总会举行第 3 届理事会就职典礼暨 4 周年会庆。

3 日，中国驻加拿大多伦多总领事薛冰应邀出席第 5 届多伦多客家大会闭幕式暨"客家成就奖"颁奖典礼。来自美国、毛里求斯、马来西亚、印度等国家的客家人代表及多伦多客家侨胞数百人出席。

9 日，加拿大安大略省越棉寮华人协会举行成立 37 周年会庆，近 500 人出席会庆活动。

10 日，菲律宾广东侨团总会举行第 33 届理事会、第 16 届妇女组、第 2 届青年组职员就职典礼，朱民辉任新一届理事长。

12 日，世界广东同乡总会西澳分会两周年庆典在澳大利亚珀斯举行，中国驻珀斯总领事雷克中以及西澳大利亚华侨华人社团代表共 150 余人参加庆典活动。

马来西亚万里望音韵粤剧社举行庆祝成立 21 周年粤曲文化晚宴。

16 日，加拿大多伦多洪门达权支社成立 100 周年暨洪门民治党多伦多支部成立 122 周年、振洪声剧社成立 89 周年、体育会成立 43 周年、时代曲乐社成立 3 周年庆典在多伦多举行，500 多名嘉宾参加了活动。

美国纽约台山乡亲会成立。

17 日，马来西亚吉隆坡广东义山举行成立 121 周年联欢晚宴。

19 日，新加坡醉花林俱乐部举行 2016—2017 年度董事职员就职典礼。

23 日，新加坡番禺会馆举行 138 周年庆联欢晚宴。

26 日，加拿大深圳社团联合总会在多伦多宣布成立，齐佳任主席。

30 日，印尼苏南省广肇同乡慈善会成立 15 周年纪念活动暨第 5 届监理事就职典礼在巨港市举行，中国驻棉兰代总领事张洪、印尼广肇总会及 30 个分会的领导和代表、苏南省各华人社团代表等近千人出席活动。

英国中山同乡会成立典礼在伦敦市中心威斯敏斯特大学举行，首届会长周洁怡。这是在欧洲成立的第一个中山同乡会。

8 月

7 日，柬埔寨江门五邑同乡会成立。

9 日，阿联酋广东商会会长张钦伟一行访问广东省侨办。

13 日，国际潮团总会 2016 年度会员大会在深圳会展中心召开，来自中国、加拿大、印度尼西亚、马来西亚、新加坡、泰国、美国、法国等 120 多个国家的社团代表出席会议。会议由国际潮团总会主席、印尼潮州总会主席曾国奎主持。主要议题有年度工作报告、审核通过 2014 年度财务报告、申办第 20 届国际潮团联谊年会潮团代表演讲等。

14 日，新加坡揭阳会馆与潮州八邑会馆、义安公司、醉花林俱乐部、潮州总会、潮安会馆、潮阳会馆、普宁会馆、饶平会馆和惠来同乡会在醉花林俱乐部举办潮州传统成人礼——"出花园"活动。

15—17 日，马来西亚潮州公会联合会在怡保举行成立 82 周年纪念大会及第 77 届代表大会、马潮联青第 42 届代表大会、马潮联妇第 16 届代表大会。

18 日，泰国华人青年商会召开第 17 次常年代表大会暨第 9 届执行委员会会长选举大会，李桂雄连任会长。

19 日，巴拿马花县同乡会会长罗记添一行访问广东省侨办。

20 日，美国旧金山台山联谊会举行 2016 年新旧会长交接仪式，伍柱钧连任会长。

台山更开中学海外校友会暨美东校友会在美国纽约成立。

21 日，英国四邑总会馆在利物浦举行创会 110 周年及荣获英国女王志愿服务奖庆典仪式，默西赛德郡女王代表穆尔黑德女爵士、利物浦副市长米勒、中国驻曼彻斯特代总领事赖波、四邑总会馆会长谭广及当地各华人社团代表约 150 人出席仪式。

23 日，马来西亚客家公会联合会举行全国会员代表大会，选举第 18 届理事会，张润安当选总会长。

新加坡南洋客属总会举行成立 87 周年联欢晚宴。

26 日，以"津汇新潮、青春梦想"为主题的第 9 届国际潮青联谊年会在天津开幕，同时举办"把握新常态、抢抓新理念、实现新发展"津潮峰会、津潮青年创客论坛和经贸项目洽谈会等活动。

30 日，英国中华工商联合会代表团林健邦会长一行访问广东省侨办。

9 月

4 日，泰国惠来同乡会举行第 15 届理事会就职典礼，郑惠中连任理事长。

5 日，马来西亚东安会馆联合会及马来西亚东莞商会一行 14 人访问东莞市侨联。

6 日，澳大利亚深圳社团总会在悉尼市新州议会大厦举行揭牌仪式。

7 日，美中广东商会代表团一行访问广东省侨办。

9 日，新加坡潮阳会馆举办成立 90 周年暨互助会成立 55 周年纪念联欢宴会。

10 日，泰国大埔会馆举行庆祝成立 70 周年暨中秋节联欢晚会。

15 日，加拿大温哥华中华会馆举行 110 周年庆典暨中秋节联欢活动。中国驻温哥华总领事刘菲，卑诗省议员马兰妮（Melanie Mark），温哥华市副市长夏德昭（Heather Deal），温哥华市议员惠绮文（Andrea Reimer），广东省文化厅厅长方健宏，深圳市委常委、统战部部长林洁及社会各界人士逾千人参加庆典。

18 日，法国广东会馆在巴黎潮州城大酒楼举行庆祝成立 27 周年暨第 10 届会长团及理监事就职典礼，周吉庆连任会长。中国驻法国使馆领事部一秘王原、法国国会议员让一吕克·洛朗、旅法社团代表以及 500 多名广东会馆乡亲出席。

19 日，苏梓祐会长率巴西广东同乡总会一行 9 人访问广东省侨办。

19—22 日，澳洲中山同乡会会长余威达率澳洲中山同乡会应届委员一行 15 人访问中山市。

20 日，美国美东深圳总商会、美东深圳联谊会在美国费城举行成立庆典，美东地区 30 多个侨界社团负责人等 400 多人出席，梁鸿生任会长。

22 日，第 5 届世界江门青年大会在印度尼西亚雅加达开幕，会议为期 3 天。

24 日，新加坡茶阳（大埔）励志社举办 82 周年社庆联欢晚宴。

文莱广惠肇公会举行 40 周年会庆暨敬老会颁发会员子女学优奖励金晚会。

28 日，美国华人社团大联盟访问团一行 7 人专程访问广东省侨办。

29 日，旅哥斯达黎加广东华侨联合总会吴裕群会长一行访问广东省侨办。

是月，法国广东会馆在巴黎举行庆祝成立 27 周年暨第 10 届会长团及理监事就职仪式，500 多人出席活动。

10 月

5 日，印度尼西亚广东总商会宣告成立，印度尼西亚宝鹰建设集团总裁古少明任首任会长。

6 日，印尼客属联谊总会举行 2016 年会员代表大会，叶联礼连任新一届（2016—2021 年）总主席。

美国都斛同乡总会组织旅美乡亲 200 多人，并邀请加拿大、巴西、委内瑞拉、墨西哥以及在中国经商的乡贤在都斛镇举办恳亲联谊活动。

7 日，秘鲁花邑会馆举办成立 96 周年庆典。

8 日，新加坡端蒙校友会举行成立 20 周年庆典。

12 日，比利时华商会会长、比利时广东商会会长杜基和德国广东商会顾问谢革新访问东莞市侨联。

14 日，澳大利亚深圳社团总会第 1 届理监事会就职典礼暨"深圳梦·澳中情"文艺晚宴在悉尼举行。中国驻悉尼总领事馆大使衔总领事顾小杰、澳大利亚深圳社团总会总会长黄向墨、深圳市侨联主席马勇智分别致辞。澳大利亚联邦议员亚历山大，联邦影子助理财政部长、联邦议员悉苏伟，联邦议员席墨曼，前澳大利亚外长卡尔等澳大利亚与深圳两地嘉宾近 500 人出席活动。

马来西亚柔佛潮州八邑会馆举行成立 82 周年纪念联欢晚宴。

16 日，巴拿马广东同乡联谊总会在巴拿马城喜来登酒店举行第 3 届理监事会就职典礼，罗勇强任会长。

17 日，马来西亚沙巴州广东同乡会馆联合会总会长黄小娟率团访问广东省侨办。

苏里南东莞同乡会张丰年会长一行 8 人访问东莞市侨联。

18 日，荷兰广东总会理事代表团一行访问广东省侨办。

19 日，由美国檀香山良都会馆主席马彼得（Peter Ma）、副主席雷庆滔（Roland Louie）等 37 人组成的恳亲团到中山寻根访问。

20 日，马来西亚客家五属同乡会一行 50 人到访东莞市侨联。

24 日，美洲萃胜工商总会元老团主席池洪湖率团到访广东省侨办。

28 日，美洲至孝笃亲总公所第 33 届恳亲代表大会在江门举行，海内外 500 多名嘉宾参加了开幕式。

31 日，厄瓜多尔华侨华人总会新任总会长蔡志鹏率会长李树强、马文升和瓜亚基尔市美国中学校长罗杰·哈德伍德·外斯特、董事会主席菲特·罗哈德·莱昂·维拉马尔等一行 8 人访问广东省侨办。

11 月

4 日，世界广东同乡联谊大会常务理事会在广州召开第 9 届第一次常务理事会会议。新加坡广东会馆、中国广东省侨办、中国香港广东社团总会、马来西亚广东会馆联合会、印尼广东社团联合总会、泰国粤籍社团、中国澳门粤籍社团、澳洲广东侨团总会以及第 10 届主办单位加拿大温哥华粤籍社团联会等单位代表 49 人出席会议。

5 日，加拿大孟尝会在多伦多举行第 25 届孟尝之夜慈善晚宴。中国驻多伦多总领事薛冰，加拿大安大略省省督杜德斯韦尔，联邦众议员庄文浩、陈家诺、马万里、舒尔，前联邦参议员利德惠和各界嘉宾共 1 000 余人参加活动。

8 日，欧洲荷比卢崇正总会代表团张挺宏会长一行访问广东省侨办。

毛里求斯华商总会黎广来会长一行 10 人访问广东省侨办。

12—16 日，美国旧金山人和总会馆主席袁耀华一行 46 人访问惠州市、河源市。

14 日，加拿大温哥华禺山总公所乡亲一行 20 多人访问广州市白云区。

17 日，印尼广东社团联合总会 2016 年全体会员特别大会暨第 4 届总主席改选在雅加达广肇会馆举行，大会决定总主席一职由广东四大同乡（客属、广肇、潮州、海南）社团代表轮流担任。第 4 届广东社团联合总会总主席单位是印尼客属联谊总会。

美国旧金山人和总会馆访问团一行 45 人访问广东省侨办。

18 日，日本东莞商会尹沃棠会长等到访东莞市侨联。

英国东莞同乡会张富强会长一行到访东莞市侨联。

19 日，阿根廷广东商会正式成立。余永辉当选首任会长。

新加坡三水会馆举行庆祝成立 130 周年庆典。

20 日，美国纽约惠州工商会举行第 73 届新旧职员交接典礼，新任主席吕小平。

马来西亚东安会馆联合总会举行理事就职仪式。

新加坡鹤山会馆举行成立 77 周年、狮团成立 97 周年双庆纪念晚宴。

英国曼彻斯特洪门支部盟长冯家亮、新西兰华人协会会长黄德卫一行访问致公党广东省委员会。

21 日，新西兰奥克兰东增同乡会何鉴明会长一行 17 人到增城区新塘镇开展寻根之旅。

21—22 日，全泰客家第 16 届恳亲大会在泰国尖竹汶府召开，大会主席为泰国客家总会理事长巫碧珠。

24 日，马来西亚吉兰丹潮州会馆举行成立 58 周年纪念联欢晚宴。

25 日，荷兰广州同乡会访问团会长梁志超一行 6 人访问广东省侨办。

新加坡高要会馆访问团一行 46 人抵达肇庆开展为期四天的访问。

26 日，马来西亚雪隆广肇会馆举行成立 129 周年会庆纪念联欢晚宴。

27 日，新西兰惠灵顿番花会馆举行成立 100 周年庆祝晚宴，中国驻新西兰大使馆领事部主任王东、惠灵顿市长 Justin Lester 以及新西兰华联会、惠灵顿东增会馆、惠灵顿四邑会馆等华人社团的侨领近 300 名嘉宾到场祝贺。

泰国丰顺会馆举行第 53 次常年会员大会暨颁发奖助学金典礼。

马来西亚马六甲潮州会馆举行成立 194 周年纪念联欢晚宴。

12 月

3 日，马来西亚会宁总会举行第 22 届第一次会员代表大会。

4 日，泰国客家总会举行第 46 届理事会就职典礼。

旅泰港头乡张氏家族总会举行第 22 届会员大会，张创标当选理事长。

5 日，美国纽约协胜公会举行新旧职员交接典礼，新任主席何国昌、黄耀祥。

9 日，美国纽约东安公所举行第 99 届新职员就职典礼，中国驻纽约总领馆副总领事邱舰主持了宣誓和印信监交仪式，文宗鹏、郑植树任主席。

9—18 日，新加坡潮州八邑会馆一连 10 天在滨海湾金沙会议与展览中心举行"潮州节2016",这是集文化、艺术、展览、学术论坛、美食和传统工艺为一体的综合性大型文化活动。

9—10日,新加坡潮州八邑会馆与国际潮籍博士联合会联办,新加坡中文与东方语文资讯处理学会协办,猛狮科技赞助的第4届国际潮籍博士论坛在滨海湾金沙会议与展览中心举行,主题是"智能未来——机遇与挑战",出席的嘉宾有300多人。

13日,马来西亚吉隆坡广东义山董事会访问团一行21人访问广东省侨办。

16日,印尼玛琅客家福利基金会举行成立10周年纪念暨新任理事就职仪式。中国驻泗水总领事顾景奇、印度尼西亚玛琅县副县长萨努西、印尼客属联谊总会总主席叶联礼、玛琅客家福利基金会辅导主席李尚菲、新任主席潇飞招及印度尼西亚各地客属联谊会代表等约1 800人出席了活动。

马来西亚邦咯岛韩江公会举行成立80周年纪念联欢晚宴。

18日,旅美三邑总会馆举行2017—2018年度主席交接仪式。中国驻旧金山总领事罗林泉担任监交人。

新加坡茶阳(大埔)会馆举行2016年常年会员大会。

20日,印尼穗城会馆举行代表大会,选举产生第23届理事会(2015—2020年)。

25日,泰国潮安同乡会举行第71次常年会员大会,并选举了第36届理事会。

26日,美国纽约安良工商总会举行2016年度新职员就职典礼,新任会长陈启灵、伍自力。

27日,马来西亚增龙总会访问团一行30人首次访问龙门县。

27—29日,加拿大东莞同乡会曾康盛会长一行6人到东莞参观访问。

28日,泰国广东商会名誉会长洪金九、会长林国鑫一行访问广东省侨办。

30日,全美黄氏宗亲总会在旧金山举行新旧职员交接典礼。新任主席黄伟林。

31日,美国台山宁阳总会馆在旧金山举行新旧职员交接典礼,在中国驻旧金山代总领事查立友的监交下,黄惠喜就任主席。

2017 年

1 月

1 日，全美英端工商总会在旧金山举行新旧任职员交接典礼，新任总理余家举。

美洲萃胜工商总会在旧金山举行新一届职员就职典礼，朱树荣连任总理。

6 日，美国旧金山六山管理处举行新一届执委交接仪式，合和总会馆主席余武良、冈州总会馆副主席黄国康出任六山管理处正副主席。

7 日，柬埔寨柬华理事总会召开全体理事会议，推选加华集团董事长方侨生任第 5 届柬华理事总会会长。

泰国榕江颍川陈氏宗亲会大宗祠落成揭幕暨成立 50 周年庆典在曼谷举行，来自泰国及海外各地的嘉宾近千人出席了典礼。

8 日，旅美伍胥山总公所 2017 年职员就职典礼在美国旧金山举行，新任主席伍锦森。

10 日，美国费城中华公所举行新一届职员就职典礼，施文忠、卢统一任董事长。

印尼泗水惠潮嘉会馆举行新十届理监事就职仪式。中国驻泗水总领馆顾景奇总领事等官员、印尼客属联谊总会总主席叶联礼、泗水惠潮嘉会馆主席李汉雄、印度尼西亚全国各地客属公会社团领袖和东爪哇华人社团代表 800 余人出席仪式。

南非客家联谊会会长陈云生率访问团访问广东省侨办。

22 日，旅暹普宁同乡会举行第 37 届理事会成立就职典礼，李振来连任理事长。

2 月

11 日，加拿大温哥华潮州同乡会成立 29 周年暨第 15 届理事会就职典礼举行，新任会长冯汝洁。

美国费城中华公所举行新一届职员就职典礼，李永年、卢统一任董事长。

印尼雅加达广肇会馆举行 2017 年会员大会，何泉源当选主席。

12 日，南非西开普省广东商会暨同乡会举行庆祝建会 1 周年晚会。

14 日，印尼泗水广肇会馆举行第 8 届理监事就职仪式。中国驻泗水总领事顾景奇、印尼广肇总会永久名誉主席陈伯年和总主席谭栢叶、泗水广肇会馆新任主席黎毅三和印尼多地广肇会馆及其他社团代表近千人出席活动。

17 日，泰国客家总会举行第 46 届委员会就职典礼。

19 日，泰国李氏宗亲总会举行第 27 届理事会成立和就职典礼，李振来连任理事长。

印尼峇淡岛客属联谊会举行庆祝创会 3 周年庆典。

25 日，泰国潮州会馆召开第 74 次常年会员大会。

26 日，泰国大埔会馆举行第 36 届和第 37 届理事会交接就职典礼。黄家勇任第 37 届理事长。

27 日，美国潮商总会主席团主席欧佳霖、陈育昭率代表团一行访问广东省侨办。

美国旧金山东莞宝安善堂访问团一行 9 人访问东莞市侨联。

3 月

1 日，美国纽约中华公所举行新旧任主席交接典礼，新任主席萧贵源。

美国美东联成公所举行新旧主席交接典礼，邓学源任主席。

5 日，法国潮州会馆在巴黎庆祝"三八"妇女节，300 余人出席了活动。

11 日，印尼广肇总会在雅加达举行 2017 年全国会员大会，来自全国 31 个分会的代表出席大会，选举黄一君任第 6 届（2017—2020 年）总主席。

12 日，美国广州联合总会在纽约法拉盛举行成立庆典暨美国广州协会 22 周年联欢晚会，梁兆锦任会长。

13 日，牙买加中国东莞同乡会会长张力坚一行 6 人访问东莞市侨联。

17 日，印尼广东社团联合总会举行第 4 届（2017—2020 年）理监事就职典礼，中国驻印尼大使馆参赞祝笛、印尼中华总商会总主席纪辉琦和常务副总主席兼执行主席张锦雄、印尼华裔总会总主席许世经、印尼福建社团联谊总会总主席俞雨龄、印尼客属联谊总会总主席叶联礼、印尼潮州乡亲总会总主席曾国奎、印尼广肇总会总主席黄一君等嘉宾近千人出席。

印尼客属联谊总会举行第 2 届（2017—2022 年）理监事就职典礼，来自印尼 32 个地区的代表及雅加达 7 个客家社团的嘉宾共 500 多人出席。

18 日，泰国客家总会举行 2017 年会员大会，500 余人出席大会。

美洲萃胜工商总会在美国旧金山举行成立 150 周年纪念大会暨第 14 届恳亲大会，中国驻旧金山总领事罗林泉和前任总领事袁南生、中国致公党中央副主席曹鸿鸣、广西壮族自治区侨办主任秦春成等到会祝贺。

20 日，马来西亚槟城惠州会馆会长刘志荣一行 14 人访问惠阳。

27 日，新加坡潮州八邑会馆举行第 44 届董事会就职典礼。

28 日，关志辉会长带领挪威广东同乡会访问团访问广东省侨办。

是月，旅荷大鹏同乡会在荷兰 Delft 上海花园饭店举行第 14 届理事会就职典礼暨 2017 年春节联欢晚会，300 余人参加了活动。

4 月

10 日，西班牙王国广东（粤港澳）同乡总会梁豪创会长一行访问广东省侨办。

13 日，加拿大温哥华潮州同乡会冯汝洁会长一行访问广东省侨办。

16 日，全美英端工商会 2017 年春宴联欢晚会在美国圣地亚哥举行，约 220 人出席了联欢晚会。英端工商会前身为创办于 1881 年的瑞端工商会和创办于 1891 年的萃英工商会。1946 年，两会正式合并并取名为英端工商会。目前全美共有英端工商会会员约 3 000 名，分会分布于加州的奥克兰、佛瑞斯诺、贝克斯菲、洛杉矶、圣地亚哥，亚利桑那州的凤凰城、图森及内华达州的拉斯维加斯。

17 日，美国加州中山同乡会会长黄建成、副会长萧强一行 7 人访问中山市外事侨务局。

20 日，世界广府人联谊总会夏威夷分会在美国檀香山举行成立典礼，中国驻洛杉矶总领事刘健以及夏威夷州议员等 400 多人参加。

22 日，美国华盛顿州广府人联谊会成立庆典在西雅图隆重举行，400 余名嘉宾出席庆典。

加拿大多伦多新会同乡会举行庆祝成立 85 周年晚宴。中国驻多伦多领事馆副总领事徐伟，安大略省议员董晗鹏、多伦多市议员李振光、万锦市议员杨绮清等加拿大政界代表，多伦多新会同乡会会长叶国良，当地新会籍乡亲和华人社团代表共 500 余人参加活动。

23 日，泰国暹罗揭阳会馆在曼谷召开第 69 次常年会员大会，颁发 2015

年度奖助学金，出席的理事会员近 300 人。

24 日，巴拿马花县（花都）同乡会会长刘扬烈率队访问广东省侨办。

29 日，印尼广肇总会第 6 届理监事暨雅加达广肇会馆（2017—2020年）理监事就职典礼在雅加达举行，来自印尼全国 31 个分会的领导与代表、中国驻印尼大使馆官员、印尼总统代表及华人社团代表近千人出席了典礼。黄一君任印尼广肇总会总会长，谭柏叶任永远名誉主席，何泉源任雅加达广肇会馆主席，张锦泉任秘书长。

泰国潮阳会馆举行第 69 届会员大会，彭大立连任理事长。

美国纽约华侨衣馆联合会在纽约华埠举行成立 84 周年庆典活动。

美国南加州新会同乡会在洛杉矶蒙特利尔公园市成立，陈均铭任创会会长。

30 日，泰国惠州会馆举行 2017 年度会员大会。

5 月

1 日，巴西广东同乡总会举行欢度"五一"国际劳动节暨庆祝同乡总会成立 24 周年活动。

3 日，加拿大佛教会湛山精舍举行第 9 届庆佛诞千人素宴。中国驻多伦多总领馆副总领事徐伟，加拿大佛教会湛山精舍性空长老、住持释达义大和尚，加拿大安大略省国际贸易厅长陈国治、移民厅长阿尔芭内丝、科技与创新厅长莫伟力，安大略省议员黄素梅、董晗鹏、赵成俊及大多伦多地区各市多名市议员和本地各界嘉宾逾千人参加活动。

4 日，第 10 届世界东安恳亲大会在香港举行，由香港东莞社团总会主办，共 282 人参加。

6 日，世界东莞社团联合总会在香港举行成立 15 周年暨第 5 届会董就职典礼。

10 日，澳洲东莞同乡会公义堂会长刘景棠一行 12 人到东莞参观访问。

12 日，印度尼西亚廖内群岛省客属联谊会举办 5 周年庆典。

留尼汪华人联谊联合会一行访问顺德外侨局。

14 日，马来西亚雪隆广肇会馆举行第 121 届会员大会。

15 日，英国广东总商会在伦敦正式成立，鲁展雨任首届会长。

17—20 日，泰国潮州会馆主席黄迨光、马来西亚潮州公会联合会总会长黄赐兴、马来西亚潮州工商总会总会长吴源盛率领访问团一行 13 人访问汕头市。

20—21 日，由马来西亚惠州联合总会青年团主办的 2017 年第 4 届马来西亚全国惠州"壮惠强青"青年生活营顺利举办，其旨在吸引更多有为青年加入惠州青年团，凝聚各领域人才，加强团结，相互鼓励与支持，促进交流和发展。

27 日，南非—中国深圳联谊会（总商会）首届会长及理监事就职典礼在约翰内斯堡举行，陈云生任会长。

28 日，新加坡广东会馆举行庆祝成立 80 周年庆典。

马来西亚马六甲惠州会馆举行 212 周年会馆庆典暨三机构（理事会、青年团、妇女组）新理事宣誓就职典礼。

泰国简朴同乡会举行第 37 届理事会就职典礼。

30 日，智利广州总商会在圣地亚哥正式成立，何国强任会长。中国驻智利使馆领事部主任于洋、新华社圣地亚哥分社社长冷彤、智利智京中华会馆主席吕玉松、智利中国和平统一促进会会长王卫江、智利华商联合总会会长王何兴、智利福建总商会执行会长林斯辉、智利北京海外联合会会长关金涛等侨界知名人士参加庆典活动。

6 月

2 日，美国广东侨胞联合总会访问团一行 38 人访问广东省侨联。

3 日，泰国暹罗揭阳会馆召开第 35 届理事会暨榕江慈善福利会挽卿养老院第 23 届董事会联席会议。

美国安良工商会访问团一行 35 人访问致公党广东省委员会。

5 日，库拉索华侨会所举行第 38 届理事会第一次会议，选举容宇庭为主席。

5—11 日，应广东省侨办邀请，"美国中西部粤籍社团负责人"访问团一行 23 人到广东考察交流。

9 日，纽约端芬联谊总会在美国纽约举行成立庆典和首届职员宣誓就职典礼。

11—15 日，应广东省侨办邀请，印尼广东社团联合总会叶正欣总主席率领 23 人代表团到中国广东广州、东莞和惠州访问、考察。

14 日，为庆祝中国与巴拿马建立外交关系，巴拿马花县（花都）同乡会举办大型庆祝晚会。中国驻巴拿马大使王卫华及巴拿马大法官、巴京市长等当地政要 500 多人出席晚会。

17 日，河源同乡会（新加坡）举行成立大会暨第 1 届理事会就职典礼，张复往任创会会长，会员有 70 名。其宗旨是联络河源五县一市（龙川县、和平县、连平县、东源县、紫金县、河源市）及惠州十属同乡属人感情，促进团结互助合作，举办慈善、文教公益事业，共谋同乡福利及维护同乡会有关权益。

第 9 届泰南潮团联谊年会会议在泰国宋卡举行。

新西兰广州同乡会在奥克兰举行 2017 年年会。

19 日，美国夏威夷潮州会馆会长杜锦辉率团访问广东省侨办。

23 日，加拿大多伦多福慧教育基金会举行第 13 届慈善晚宴，各界嘉宾近千人参加活动。

23—29 日，应广东省侨办邀请，巴拿马华人工商总会访问团一行 15 人到广东考察交流。这是中国与巴拿马建交后，广东省侨办邀请来访的第一个巴拿马华人社团。

28 日，悉尼江门五邑商会成立大会及悉尼江门五邑青年会第三次会员大会在澳大利亚悉尼举行。

28—30 日，澳洲潮州同乡会董事局主席周光明率领代表团一行 11 人到汕头访问。

是月，马来西亚沙巴龙川联合总会在马来西亚沙巴州成立，张斯量任会长。

7 月

2 日，马来西亚雪隆会宁公会举行第 71 届（2017—2018 年）理事、第 15 届青年团暨第 10 届妇女组理事就职典礼。

巴西洪门总会成立 15 周年暨新一届理监事就职典礼在圣保罗举行，中国驻圣保罗副总领事傅长华及当地华人社团侨领等近 300 人出席典礼。

3 日，由钱桂源会长率领的澳大利亚西澳广东同乡会访问团访问广东省侨办。

9 日，加拿大安大略省黄江夏云山公所举行成立 105 周年暨公所合并 55 周年庆典。中国驻多伦多总领馆徐伟副总领事、加拿大联邦众议员伍凤仪、安大略省议员黄素梅、多伦多副市长黄旵南等 600 余人参加活动。

美国宾州印支华裔老人相济会在华埠举行成立 31 周年庆典，各界嘉宾及会员共百余人出席活动。

新加坡南洋客属总会、第 7 届客总客家文化协调委员会举办《好歌大家唱》交流会，新加坡客属黄氏公会、丰顺会馆山歌班、武吉班让客属公会、宝树客家歌唱团、金声联络所客家歌谣班、茶阳客韵团、应和会馆客家山歌团、茶阳客家合唱团等参加演出。

16 日，泰国潮阳同乡会举行第 39 届理事会成立暨就职典礼，彭大立连任理事长。

巴西广东同乡总会举行成立 24 周年暨第 12 届理监事就职典礼，巴西圣保罗州议员 Campos Machdos、中国驻圣保罗副总领事傅长华、巴西华人协会会长朱苏忠以及各华人社团侨领 500 多人出席。苏新建任会长。

24 日，美国大西洋城至孝笃亲公所成立。

29 日，菲律宾菲华潮汕联乡会举行成立 41 周年暨第 35、36 届就职典礼，黄秋发任会长。

29—30 日，第 3 届国际深圳社团大会暨深圳·澳大利亚经贸交流会在澳大利亚悉尼举行。来自全球 16 个国家和地区的 36 个深圳籍华侨华人社团的领袖、华商企业家以及澳大利亚当地政商要人共 2 500 多人出席开幕式。会议期间，举办了大型主题晚会"梦从这里开始"、深圳·澳大利亚高端经贸论坛、澳中投资分论坛、2017 国际深圳社团圆桌会议、深圳海外高层次人才座谈会、于丹教授"感悟中国智慧"讲座、澳大利亚生物医学科技发展论坛等活动，共同发表了主题为"聚菁英、逐激情，共携手、创未来"的《悉尼宣言》，决定第 4 届国际深圳社团大会于 2018 年在南非举行。

8 月

4 日，法国—中国深圳联谊会在法国巴黎成立，张红琳任首届会长。

5 日，新西兰深圳社团总会及其属会新西兰深圳联谊会、新西兰深圳商会举行成立大会。中国驻奥克兰总领事馆领事张宇，深圳市侨联特派代表李恩，新西兰国家党国会议员杨健、Jami–Lee Ross，新西兰工党国会议员霍建强，新西兰毛利党联合领袖 Marama Fox 等人出席了成立大会。曹誉恒任会长。

6 日，秘鲁古冈州会馆庆祝成立 150 周年，中国驻秘鲁大使馆、各大华人社团、中资企业和来自中国北京、江门等城市及智利、美国等国家的 11 个代表团共 800 多位嘉宾出席庆祝晚会。

7 日，印尼蕉岭同乡会举行第 17 届理监事就职典礼，徐胜文任新一届理事长。

13 日，南非顺德联谊会在约翰内斯堡举办成立 20 周年庆典暨首届南非—中国顺德文化美食节。南非总统第一夫人托贝卡·马迪巴·祖马、约翰内斯堡市公共安全局孙耀亨局长、中国驻约翰内斯堡总领馆屈伯勋副总领事、顺德政府团团长周文主席、全非洲中国和平统一促进会李新铸会长以及约翰内斯堡市相关政府部门的领导受邀出席。

南部非洲顺德商会举行揭牌仪式。卢伟亮任第 1 届会长。

美国旧金山台山联谊会在旧金山举行庆祝成立 15 周年宴会。

18 日，加拿大温哥华潮州同乡会举行成立 30 周年庆典。

19 日，美国旧金山中山积善堂举行敬老联欢庆会暨会所新落成 25 周年及奖学金颁发晚宴。中国驻旧金山总领事馆副总领事邓繁华、阳和总会馆主席梁仕勋、合和总会馆主席余武良等嘉宾 700 人出席晚宴。

美国加州中山同乡会在奥克兰举行庆祝成立 16 周年暨颁发奖学金庆会。

加拿大洪门民治党举行安大略省伦敦分部成立 97 周年暨达权支社成立 36 周年庆典。

20 日，菲律宾潮汕总商会成立，陈慎修当选首届会长。

23 日，泰国惠州会馆举行"惠州之夜"中秋敬老联欢大会。

新加坡南洋客属总会举行新加坡第 52 届国庆暨本会成立 88 周年双庆晚宴。

25 日，澳大利亚新州上议院副议长王国忠、澳洲广东侨团联合总会理事长黄翼强率澳大利亚广东侨团联合总会访问团访问中山。

27 日，泰国暹罗揭阳会馆召开第 35 届理事会暨榕江慈善福利会挽卿养老院第 23 届董事会联席会议。

缅甸曼德勒广东同乡会举行第 29 届理监事就职典礼。中国驻曼德勒副总领事刁明、曼德勒广东同乡会理事长李勤、曼德勒云南同乡会理事长尚兴玺、曼德勒福建同乡会理事长黄鹏飞、曼德勒金多堰慈善总会荣誉会长周天凤和会长李祖才、曼德勒华侨妇女联谊会会长江辉、曼德勒华助中心主任李继昌以及华中校友会、中资企业商会等华人社团侨领与广东乡亲 250 多人出席。

31 日，美国洪门致公总堂总理李伟强一行 11 人访问致公党广东省委员会。

9 月

3 日，美国纽约台山乡亲会在布鲁克林隆重庆祝该会成立 1 周年，来自各地的 600 多名嘉宾出席晚会。

4 日，澳大利亚中山同乡会举行第 17 届委员会委员就职典礼。

6—9 日，泰国中华总商会主席陈振治率领访问团一行 40 余人到汕头访问。

10 日，英国四邑总会馆在利物浦举行第 18 届就职典礼。中国驻曼彻斯特副总领事赖波伉俪、领事吴刚，利物浦市长马尔科姆·肯尼迪伉俪、副市长及文化部部长 Wendy Simon 和曼彻斯特五邑联谊会等社团代表 140 多人出席典礼。

10—12 日，全美昭伦公所第 22 届恳亲大会在美国芝加哥举行。

19 日，美国广东侨胞联合总会主席赵镜源、名誉主席钟学贤率访问团访问广东省侨办。

20 日，美东深圳总商会、联谊会在美国费城正式成立。首届会长梁鸿生，理事长叶慧民。

23 日，英国广东华侨华人联合总会（广东会）2017 班子重组会在伦敦唐人街新龙凤酒楼召开，言力当选新一届会长。

23—30 日，新加坡南洋客属总会华乐团特组团队 60 人在会长张家胜率领下到惠州、河源、梅县、大埔、潮阳与广州等地进行交流演出。

24 日，美国南加州台山联谊会在蒙特利尔公园市隆重举办庆祝中国国庆 68 周年暨联谊会成立 20 周年喜迎中秋盛大晚宴。

25—26 日，由阿根廷广东商会会长余永辉、巴西广东商会会长苏梓祐、巴拉圭广东商会会长张铁堃等拉美各国侨领组成的粤商大会拉美代表团一行 13 人访问惠州。

26 日，柬埔寨潮州会馆第 6 届理事会就职典礼在金边隆重举行。

28 日，南非—中国深圳总商会会长陈云山和南非客家联谊会候任会长温耀滨一行访问广东省侨联。

29 日，马来西亚马六甲茶阳会馆举行 210 周年庆联欢晚宴暨新一届理事就职典礼。

30 日，泰国大埔会馆举行成立 71 周年庆典暨中秋联欢晚会。

是月，法国广东会馆在巴黎举行庆祝成立 27 周年暨第 10 届会长团及理监事就职活动。

是月，欧洲荷比深圳总商会暨联谊会成立庆典在荷兰海牙市政府大楼举行，张挺宏当选首任会长。

10 月

1 日，委内瑞拉委京中华会馆举行第 7 届委员就职典礼，中国驻委内瑞拉大使馆官员，委内瑞拉各地会馆、商会、华人社团领导以及加拉加斯的侨胞共 700 多人出席，刘国振任主席。

2 日，法国潮州会馆举行第 16 届理监事会就职典礼，蔡汉忠任会长。

3 日，南非广州商贸文化交流协会在约翰内斯堡成立，陈玉玲任会长。

6—8 日，国际潮团总会第 19 届国际潮团联谊年会在印度尼西亚首都雅加达隆重举行。此届年会由印尼潮州总会及印度尼西亚 19 个潮团主办，主题为"共聚海丝路，再创新辉煌"，来自全球 50 个国家和地区、200 多个潮籍社团的 1 760 多名海内外潮人和嘉宾参加了会议。全国政协副主席梁振英，中国侨联副主席李卓彬，中国驻东盟使团大使徐步，印尼海洋统筹部部长 Luhut，印尼旅游部部长 Arief 以及第 19 届国际潮团联谊年会主席、印尼潮州总会会长曾国奎等嘉宾出席了开幕式并发表了热情洋溢的讲话。

9 日，印度尼西亚梅州会馆举行成立 15 周年庆典活动暨中秋联欢晚会。

9—10 日，第 3 届世界客属青年大会在中国澳门隆重举行。

10 日，加拿大蒙特利尔花都同乡会举行新会馆落成典礼暨两周年会庆，400 多人出席了庆典。中国驻蒙特利尔领事单承林称赞说这是蒙特利尔第一个拥有自己会馆的新社团，并走出了唐人街建立会馆，是蒙特利尔华人的骄傲。

12—15 日，第 29 届世界客属恳亲大会在香港召开。来自 24 个国家和地区的约 3 000 位客家乡亲齐聚香江。全国政协副主席李海峰、梁振英，香港特别行政区行政长官林郑月娥，外交部驻港特派员公署特派员谢锋，中央政府驻港联络办副主任何靖，国务院侨务办公室副主任郭军，中国侨联副主席李卓彬等出席 13 日举行的开幕式。该届恳亲大会由香港梅州联会主办，主题是"世客齐心，扬帆同行"，大会期间还举办"千帆并举迎世客"多媒体表演、"客家杯"赛马、"客家文化论坛"及"世界客属青年高峰会"等活动。14 日主席团会议表决了第 31 届世界客属恳亲大会（2021 年）将由加拿大客家联谊会承办，这是此大会首次在亚洲以外的地区举行。

13 日，巴拿马华人工商总会举行第 10 届理监事就职典礼，罗炳年任会长。

14 日，墨西哥中国洪门民治党访问团访问致公党广东省委员会。

16 日，印度尼西亚廖内群岛省客属联谊会会长姚武辉一行 27 人访问广东省惠州市。

22 日，马来西亚广东会馆联合会召开会员代表常年大会，举行第 45 届常务委员选举，古润金连任总会长。

23 日，澳大利亚维省客属崇正会会长谢年裕率团访问广东省侨办。

27 日，第 11 届世界中山同乡恳亲大会在斐济成功举办。大会以"传承博爱，共融共享"为主题。中国侨联副秘书长陈权、中国驻斐济临时代办谷雨、中山市海外联谊会会长梁丽娴以及来自全球 14 个国家和地区的约 400 名中山乡亲出席了大会。

加拿大魁省台山宁阳会馆举行庆祝成立 14 周年联欢宴会，中国驻蒙特利尔总领馆官员、加拿大国会议员及本地侨界近 300 人参加活动。

30 日，英国广东华侨华人联合总会主席卢少芳一行访问广东省侨办。

11 月

3 日，加拿大中国洪门民治党全加盟长郭英华、美国五洲洪门致公总堂书记长刘泽光等访问致公党广东省委员会。

4 日，新西兰基督城广东同乡会举行成立 10 周年庆典暨为西海岸 Kumara 淘金华人纪念公园筹款晚宴。

5 日，泰国丰顺会馆举行第 54 次常年会员大会暨奖助学金颁发典礼。

6 日，世界广东同乡总会西澳分会会长徐锡忠一行访问广东省侨办。

7—9 日，海外李氏宗亲总会第 13 届恳亲大会在中山市举行，260 多位来宾参加了恳亲会。

8 日，英国广东华侨华人联合总会在广州举办第 8 届委员会就职庆典。会长言力、主席卢少芳分别在会上致辞，法国广东协会会长李黄国平、法国番禺富善社名誉会长方显秋等欧洲侨领到场祝贺。

8—10 日，第 8 届世界台山宁阳会馆（同乡会）联谊大会在台山举行，来自世界各地宁阳会馆的代表和当地代表 800 多人参加大会。本次大会由秘鲁台山会馆主办。

11—12 日，泰国曼谷惠州会馆理事长陈毓坤率访问团一行 20 人到惠东参观访问。

11—13 日，泰国揭阳会馆第 19 届全泰揭阳乡亲联谊大会在砢叻府举行。

11—13 日，第 6 届番禺旅外乡亲恳亲大会在广州举行，来自 21 个国家和地区的 90 个旅外乡亲社团代表共 940 人参加了大会。

12 日，美国广州同学联合总会正式成立，该组织以"团结互助"为宗旨，团结来自广州各大中小学校的同学、校友和教职员工，有会员近千人，会长为陈杰民。

马来西亚雪隆会宁公会举办庆祝成立 94 周年、青年团成立 28 周年暨妇女组成立 18 周年纪念联欢午宴。

13 日，第 6 届白云旅外乡亲恳亲大会在广州举行，来自 17 个国家和中国港澳台地区的 68 个华人社团的 600 多名旅外乡亲参加大会。

14 日，新加坡茶阳（大埔）基金会在越南岘港召开 2017 年会员大会。

第 5 届世界客商大会在梅州举行。大会主题是"开放促发展·创新赢未来"，有来自 28 个国家和地区与中国 20 个省（直辖市）、45 个地级以上市的 1 000 多名客商和嘉宾参加大会。

大溪地洪门致公堂萧桂强盟长一行 5 人访问东莞市侨联。

17 日，以"世界广府人·共圆中国梦""让世界认识侨都·让侨都走向世界"为主题的第 3 届世界广府人恳亲大会暨 2017 年中国侨都（江门）华人嘉年华开幕，来自世界 78 个国家和地区的 2 300 多位广府人参加了大会。大会开幕式上宣读了《第 3 届世界广府人恳亲大会倡议书》，呼吁全体广府儿女要争当"一带一路"的践行者和"中国梦"的实践者，争当"粤港澳大湾区"的建设者和"全球创新高地"的打造者，争当"广府精神"的传承者和"中国好故事"的传播者，号召全体广府儿女吹响新时代奋进的号角，携手同心，为"中国梦"奋斗。

19 日，马来西亚槟榔屿惠州会馆举行庆祝成立 195 周年、孝亲敬老暨庆贺乡贤受封勋衔联欢宴会。泰国曼谷惠州会馆、泰国合艾惠州会馆、印度尼西亚鹅城慈善基金会、新加坡海陆丰会馆、新加坡惠州会馆及马来西亚各州属会馆的乡亲参加了活动。

20 日，英国伦敦华埠商会举行第 19 届执行委员会就职典礼。邓柱廷与林奕权分别当选新一任主席和会长。

25 日，瓦努阿图东莞同乡会暨总商会在瓦努阿图维拉港举行成立典礼。

梁黄美英担任会长，创会会员 70 人。

11 月 26 日—12 月 1 日，马来西亚潮州公会联合会和马来西亚潮州工商总会组团共 29 人访问广州、深圳、潮州、汕头、揭阳。

28 日，美国纽约崇正会举行第 64 届新职员就职典礼，中国驻纽约总领事章启月到场道贺并主持宣誓仪式。该会现有会员 6 000 人。共同主席为朱天长、刘满。

加拿大深圳社团联合总会访问团一行 19 人访问广东省侨办。

12 月

5 日，美国美东协胜公会举行新旧职员交接典礼，新任主席为何国昌、黄耀祥。

5—9 日，由马来西亚—佛山总商会总会长叶绍全率领的佛山考察团访问广东。

10 日，马来西亚会宁总会举行第 22 届第二次会员代表大会暨第 23 届（2018—2019 年）理事会选举。

11 日，英国广东华侨华人联合总会一行 5 人在卢少芳主席、冯秉良执行会长的带领下访问广东省侨办。

13 日，美国费城洪门致公堂举行新一届职员就职典礼，新任主席为许锦坤、刘伟强。

美国纽约协胜公会举行新一届职员就职典礼，新任主席为伍文达、何国昌。

17 日，加拿大温哥华中山各中学校友会 2017 年会员大会在会所举行，近百名会员出席。

18 日，美国费城鹤山公所举行新一届职员就职仪式，新任主席为李展鸿、李永华。

美国芝加哥洪门致公堂举行交接仪式，新任主席为马森柱、谭建国。

23 日，马来西亚广东会馆联合会举办主题为"跨越七十，再创辉煌"的 70 周年庆典。

25 日，澳大利亚广东联谊会访问团访问广东省侨办。

27 日，美国费城洪门致公堂召开职员大会，选举许锦坤、刘伟强连任主席。

30 日，美国广东侨胞联合总会成立并举行首届职员就职典礼，华人社团成员及民选官员等近千位嘉宾到场。